"

대법원

이의있습니다

"

재판을 통한 개혁에 도전한
대법원장과 대법관들

대법원
이의 있습니다

권석천 지음

창비

진실은 입장과 입장 사이에 있다

이 책을 쓰면서 부대껴야 했던 것은 입장의 문제였다. '서는 곳이 바뀌면 보는 풍경도 달라진다.' 최규석 만화 『송곳』의 지적은 날카로웠다. 같은 사건, 같은 사실도 입장에 따라 차이가 있었다. 나는 물음을 던지고 답을 듣고 책을 쓰는 내내 그것이 두렵고 힘들었다. 이 책의 한 축인 '독수리 5남매' 중 한 대법관은 이렇게 말했다.

솔직히 말해서 사회적 이슈가 대법원에 올라오면 일단 입장부터 정해집디다. 그건 상대편도 마찬가지인 것 같고…

어떤 대법관은 그렇다고 했고, 어떤 대법관은 그렇지 않다고 했다. 정답에 가깝다고 느낀 건 또 다른 대법관의 대답이었다.

입장이란 게 결국 그 자신의 철학이나 세계관, 신념 같은 거 아닐까요? 사회적 쟁점이 되는 사건이라면 그 사건이 올라오기 전부터 이미 생각을 해온 것일 테고… 중요한 건 그 입장을 얼마나 설득력 있게 설명하느냐는 것이겠지요.

'입장(立場)'이라는 명사에는 '서다' 혹은 '맞서다'라는 동사가 들어 있다. 다른 생각과 맞서는 데서 입장은 시작된다. 자신의 생각도 하나의 입장이라는 것을 부정하는 데서 모든 도그마는 시작된다.

나는 2005~11년의 이용훈 코트(대법원)*를 주목했다. 입장과 입장이 격렬하게 부딪히고 깨지면서 한국 사법부 역사에서 처음으로 '입장의 다양성'을 실험했기 때문이다. 서로 다른 입장이 공존하며 경쟁하는 생태계가 존재할 수 있음을 보여줬기 때문이다. 입장과 입장의 충돌이 새로운 판례(다수의견)를 낳았고, 빛나는 소수의견을 낳았다. 그것이 이용훈 코트가 남긴 위대한 이정표일 것이다.

이용훈 코트는 법정에서 진실을 추구했다. 신이 아닌 인간의 판결은 '가처분'일 따름이다. 진실은 손을 뻗으면 닿을 듯하지만 늘 먼 곳에 있다. 검찰 조사실이나 법원 판사실이 아닌 법정에서 당사자들의 입장이 제대로 부딪혀야 진실에 가까운 결론이 나올 수 있다. 분명한 것은 이용훈 코트가 과거로 되돌아가려는 관성 속에서 그 진실 찾기를 기획하고 실현하고자 했다는 사실이다.

이용훈 코트는 오래전 사라진 과거가 아니다. '오래된 현재'다. 그 6년의 시공간은 대법관들이 어떻게 생각하고 어떻게 재판하는지, '검찰 정치'가 왜 사라지지 않는지, 정치권력과 사법이 어떻게 상호작용하는지, 판사들이 왜 법원 내·외부의 압력과 싸워야 하는지 보여준다. 깨닫

---

* '코트'(court)는 법원을 뜻한다. 미국에서는 연방대법원장 이름에 코트를 붙여 시기를 구분한다. 예를 들어 얼 워런(Earl Warren) 대법원장 재임 시기를 '워런 코트'(Warren court)라고 부르는 식이다. 법원에서도 이용훈 대법원장 재임기(期)를 '이용훈 코트', 양승태 대법원장 재임기를 '양승태 코트'라고 부르곤 한다. 대체할 우리말을 찾지 못해 부득이 '코트'를 쓰기로 한다.

지 못하고 있을 뿐 우리는 그 시기에 나온 사건들과 판결들의 연장선 위에서 살아가고 있다.

나는 내가 파악하고 이해한 한도 내에서 대법원과 대법관, 판사, 그리고 판결을 이야기할 것이다. 여러 우려에도 그 내밀한 사정을 전하기로 한 것은 정의의 자유 시장이 열리길 바라기 때문이다. 그 누구도 정의를 독점할 수 없다. 법원이 판결한 이상 그 결론이 어떠하든 따라야 한다는 신화는 더 이상 유효하지 않다. 이제는 판사들도 정의를 선언하는 데 그쳐서는 안 된다. 그것이 왜 정의인지 설명하고 논증해야 한다.

법원이, 판사들이 독점한 정의는 정치권력이나 경제권력의 독점만큼이나 위험하다. 대법원의 구성을 다양화하고, 재판 과정에서 치열한 논쟁이 이뤄지도록 하는 것이 절차적 정의요, 이 시대의 정의다. 열정에서 출발하였으나 미완(未完)에 머물러야 했던 이용훈 코트 6년이 우리에게 주는 교훈이다. 나는 그 교훈에 따라 개혁의 노력들이 어떻게 움트고, 꽃피고, 공격당하고, 좌절했는지를 그려보고자 한다.

박근혜 정부의 참담한 폐허 위에 문재인 정부가 들어섰다. 박근혜 정부를 무너뜨린 것은 최순실만이 아니다. 패밀리 비즈니스가 가능하도록 비호해주고 권력과 자리를 나눠가졌던 검사들의 책임이기도 하다. '주식 대박' 검사장에서 안하무인 민정수석까지 검찰을 개혁해야 할 이유는 차고 넘친다. 수사권과 기소권을 두 손에 쥐고 스스로를 '칼잡이'라 부르는 검사들의 특권이 더 이상 유지되어서는 안 된다.

하지만 판사들이 깨어 있지 않으면 검찰개혁은 완성될 수 없다. 검찰개혁과 사법개혁은 동전의 앞뒷면이다. 두 개혁 모두 법정으로 귀결된다. 2017년 9월 임기를 시작하는 새 대법원장은 보수화하고 관료화한 사법부를 개혁할 책무를 지게 된다. 보수가 전부일 수 없듯 진보도 전부일 수 없다. 서열의 피라미드 속에서 '대한민국의 판사는 대법원장과 대법관 13명뿐'이라는 말이 나와서도 안 된다. 서로 다른 얼굴들이 대등하게 토론할 수 있는 장(場)이 펼쳐져야 한다.

비단 법조만의 문제가 아니다. 정의를 구할 수 없는 법정 앞에서 좌절하는 이들이 늘고 있다. 사건 때문에 법원과 검찰청사를 드나든 많은 이들이 법조계를 '협잡꾼의 소굴'이라고 부른다. 판사·검사·변호사가 한통속이 되어 돈을 뜯어내려 한다고 느낀다. '무슨 일이 있어도 법정에서 정의를 찾겠다'는 법조인 한 사람 한 사람의 각성이 없다면 한국의 법치주의는 살아남을 수 없다.

나의 입장이 이용훈 대법원장이나 다섯 대법관과 같을 수는 없다. 내가 서 있는 곳은 그들 사이 혹은 그 언저리일 테지만 인간 권석천의 시각으로 본 풍경일 수밖에 없다. 이 책은 내 눈과 귀로 보고 들은 대법원의 한 시기, 대법원의 한 단면이다. 나름의 노력에도 불구하고 렌즈의 각도에 따라 굴절되거나 중요한 단면을 놓쳤을 수도 있다. 그 책임은 오로지 나에게 있다.

모든 글은 상처다. 상처에서 시작되어 상처로 끝난다. 이 책도 상처에서 비롯되었고, 상처로 남을 것이다. 그 상처들이 정의를 바로 세우는 데 보탬이 되었으면 한다. 그리하여 이용훈 코트가 한때의 '에피소드'가 아니라 지속적인 변화로 이어지는 '이벤트'가 되기를 소망한다. 이것이 내가 이 책을 쓴 이유다.

차 례

양승태 코트
6년이 남긴
사법관료화의 역설

일러두기

본문에 인용한 판결문 내용은 대법원 종합법률정보 웹페이지(glaw.scourt.go.kr)에서 검색해
확인할 수 있다. 검색란에 사건번호를 넣으면 해당 판결문 요지와 그 내용이 나온다. 판결문의
해당 면수를 적는 대신 다음과 같이 출처를 밝혔다. 예) 대법원 2010. 12. 16. 선고 2010도5986
전원합의체 판결.

저는 개인에 대한 외부의 부당한 간섭을 단호히 배격하고, 제 자신 자유분방함을 추구하며, 인간을 불합리하게 일정한 틀에 묶어두려는 어떠한 시도에도 반대합니다. 따라서 각자가 자유로운 창의력과 성실한 노력에 의하여 자신의 가치를 극대화함으로써 행복을 추구할 수 있는 권리를 가장 중요한 기본권의 하나로 숭상합니다. 그러한 권리를 보장하기 위해서는 개인의 창의력과 노력에 대해 정당한 보상이 약속되는 일관성과 예측 가능성을 바탕으로 한 안정되고 평화로운 사회가 조성되어야 합니다. 우리 사회에서 법의 사명이 바로 이러한 사회를 조성하여 개인의 행복추구권을 완벽히 보장하는 데 있고 (…)[1]

2011년 9월 6일 오전 10시 국회 인사청문회가 개회된다. 양승태 대법원장 후보자가 자리에서 일어나 모두(冒頭) 발언을 시작한다. 양 후보자는 자신의 법철학을 진지하게 설명한다. 카메라 플래시가 터지는 가운데 6년간 사법부를 지배할 키워드가 등장한다. 개인, 행복추구권, 일관성, 예측 가능성, 안정, 평화…

그의 법철학은 선명하다. 근대적 의미의 개인주의*다. 평등보다 자유를 추구한다. 법은 개인이 이룬 것을 지켜주기 위해 존재한다고 믿는다. 문제는 개인주의가 지나치면 기득권을 보호하는 결과를 낳는다는데 있다. 개인의 권리와 안정을 지켜줄 국가가 시민사회보다 우위에 선

---

* 개인주의는 개인의 자유와 권리를 중요시하고, 개인을 기초로 하여 모든 것을 규정하는 입장을 말한다(정치학대사전편찬위원회 편 『21세기 정치학대사전』, 아카데미리서치 2002).

다. 다양성이나 변화 가능성보다 일관성과 예측 가능성이 중요하다.

'법원은 국민 속으로, 국민은 법원 속으로'를 모토로 내세운 양승태 코트는 출범과 함께 국민과의 소통에 나섰다. "사법부의 급격한 변화는 바람직하지 않다"[2]고 선언한 양 대법원장으로서는 현실적인 선택이었다. 법원마다 소통 태스크포스(TF)팀이 만들어졌고, '국민 초청 행사' 경쟁이 벌어졌다.

정작 법원 안에서의 소통은 이루어지지 않았다. 판사들에게 일관성과 예측 가능성을 요구했다. 법원 분위기는 경직되어갔다. 2012년 2월 9일 오후 4시 양 대법원장 주재로 대법관회의가 열렸다. 이날 3시간 동안 진행된 법관 재임용 심사에서 서기호 서울북부지방법원(서울북부지법) 판사가 탈락했다.

대법원은 서 판사의 근무평정 결과가 하위 2퍼센트에 해당한다고 설명했다. 판사들은 대법원 발표에 의구심을 나타냈다. 서 판사는 두 달 전 페이스북에 '가카의 빅엿'* 글을 올린 논란의 주인공이었다. "내 근무평정이 하위 2퍼센트라는 것을 납득할 수 없다." 그는 100장이 넘는 소명자료를 제출했으나 받아들여지지 않았다.

나흘 뒤인 2월 13일이었다. 대법원은 또 한 명의 판사에게 정직 6개월의 중징계를 내렸다. 이정렬 창원지방법원(창원지법) 부장판사였다.

---

* 서기호 판사는 자신의 트위터와 페이스북에 "오늘부터 SNS 검열 시작이라죠? 방통위는 나의 트윗을 적극 심의하라. (⋯) 앞으로 분식집 쫄면 메뉴도 점차 사라질 듯. 쫄면 시켰다가는 가카의 빅엿까지 먹게 되니. 푸하하"라는 글을 올렸다. '가카의 빅(big)엿'은 팟캐스트 '나는 꼼수다'(나꼼수)에서 이명박 대통령을 조롱하기 위해 만든 말이다.

이 부장판사는 영화 「부러진 화살」의 실제 주인공 김명호 전 교수의 재판 합의 내용을 공개했다는 이유로 징계를 받았다. 판사들은 중징계의 진짜 이유를 소셜 네트워크 서비스(SNS) 활동에서 찾았다. 그는 페이스북에 한미 자유무역협정(FTA) 비준의 문제점을 지적하고, 대통령을 풍자하는 패러디물 '가카새끼 짬뽕'을 올렸다.

전광석화 같은 재임용 탈락과 중징계는 충격이었다. 판사에 대한 공개 제재는 전임 이용훈 코트에서는 볼 수 없던 일이었다. 이옥형 서울고등법원(서울고법) 판사는 코트넷(법원 내부 통신망)에 올린 글에서 실망감을 감추지 않았다.

성군이 오기를, 그래서 모든 판사들이 오로지 헌법과 법률과 양심에 따라 독립하여 재판할 것을 기도하였으나, 그 반대로 억압과 배제, 통제와 관리의 시대가 도래하였다. 그래서 나는 쫓겨나는 그가 슬픈 것이 아니라 남아 있는 우리의 처지가 슬픈 것인지도 모르겠다.

전국 11개 법원에서 판사회의가 열렸다. "연임 심사 과정에서 나타난 문제점은 재판의 독립성을 해칠 우려가 있다." 법원장회의에서 '근무평정제도 개선' 방침이 나오자 판사들은 각자의 방으로 흩어졌다. 그들도 법정 밖에서는 평범한 샐러리맨이었다. '튀는 언행을 하면 판사 자리도 안전하지 않다'는 교훈이 집단기억으로 남았다. 법관 사회는 빠르게 위축됐다.

대법관 인선도 과거의 '안정적' 시스템으로 복귀했다. 법원장과 법원행정처 차장이 사법연수원 기수에 따라 차례로 대법관 자리에 올랐다. 여성인 박보영(사법연수원 16기), 김소영(사법연수원 19기) 대법관이 제청됐으나 어디까지나 안정 기조 위에서였다. '서오남'(서울대 출신·오십대·남성 판사)이라는 대법관 인사 공식은 지겹도록 되풀이됐다.

그 그림자는 대법원 판결에 드리워졌다. 다양성이 사라진 대법원을 지배한 것은 보수 이데올로기였다. 2012년 4월 '전교조 시국선언 유죄'를 필두로 보수적인 판결들이 이어졌다. 대표적인 사례가 국가정보원(국정원) 댓글 사건으로 기소된 원세훈 전 국정원장의 재판이었다.

2015년 7월 16일 대법원 전원합의체*(주심 민일영 대법관)는 공직선거법 위반과 국정원법 위반 혐의를 모두 유죄로 인정한 항소심을 뒤집고 원세훈 전 원장 사건을 서울고법으로 돌려보냈다.[3] '원심(항소심)의 판단은 핵심 증거인 국정원 직원 이메일 첨부파일의 증거능력이 부인됨으로써 더 이상 유지될 수 없다.'** 대법관 13명(대법원장 포함) 전원일치로 나온 '13 대 0' 판결이었다.

---

* 대법원 전원합의체는 대법원장과 대법관 12명 등 13명 전원이 합의에 참여하는 재판을 말한다. 대법관 4명씩 3개 부로 재판하는 소부(小部) 재판과 구분된다. 자세한 설명은 127~131면에 있다.

** 대법원이 문제 삼은 것은 국정원 직원의 이메일에 첨부된 '시큐리티' '425지논' 파일이었다. 서울고법 형사6부(김상환 부장판사)는 이 파일들을 증거로 국정원 심리전단 직원들이 269개의 트위터 계정을 사용·관리했다고 보고, 이 계정들을 통해 트윗·리트윗된 27만 개의 글을 국정원의 사이버 활동으로 판단했다. 재판부는 이메일 작성자가 법정에서 "내 이메일함에 있다면 내 이메일로 보아야 할 것 같은데 (문서파일을) 작성했는지는 기억이 나지 않는다"고 진술한 데 대해 '업무상 필요에 따라 작성한 통상문서'로 판단하고 증거능력을 인정했다. 그러나 대법원은 통상문서에 해당하지 않는다며 증거능력을 인정하지 않았다.

다른 사회적 이슈들도 대법원에 갔다 되돌아왔다. 쌍용자동차 해고 노동자들의 정리해고 무효 소송은 항소심에서 승소했으나 대법원에서 패소로 뒤집혔다. 항소심에서 효력이 정지됐던 고용노동부의 전교조 법외노조 통보 처분은 대법원에서 되살아났다.

과거사 판결의 흐름도 역류하기 시작했다. '진실·화해를 위한 과거사정리위원회(진실화해위원회) 결정이 있었다는 것만으로 사실이 확정되고 국가의 불법행위 책임이 반드시 인정돼야 하는 것은 아니다.'[4] '특별한 사정이 없는 한 재심무죄판결 확정일로부터 6개월 내에 권리를 행사해야 손해 배상을 받을 수 있다.'[5] '대통령의 긴급조치권 행사는 고도의 정치성을 띤 국가행위로서 대통령은 정치적 책임을 질 뿐 국민 개개인에 대한 관계에서 민사상 불법행위를 구성한다고는 볼 수 없다.'[6]

법정(공판정)에서 제시된 진술과 증거로 유무죄를 판단해야 한다는 원칙(공판중심주의)마저 흔들리고 있다. 2015년 8월 20일 대법원 전원합의체(주심 이상훈 대법관)는 한명숙 전 총리에게 징역 2년과 추징금 8억 8300만 원을 선고한 원심을 확정했다.[7] 불법 정치자금 9억 원을 받은 혐의 중 한만호 전 한신건영 대표로부터 3억 원을 받았다는 부분은 대법관 전원이 인정했다. 2차, 3차로 전달됐다는 6억 원을 놓고 대법관들의 의견이 갈렸다.

한만호 전 대표는 한 전 총리에게 정치자금을 줬다는 검찰 진술을 1심 재판에서 번복한 상태였다. 다수의견*은 한 전 대표의 검찰 진술에 신

---

* 양승태 대법원장과 민일영, 고영한, 김창석, 김신, 조희대, 권순일, 박상옥 대법관.

빙성이 있다고 봤다. '검찰 수사 당시 한 전 대표가 먼저 자금 전달 사실을 진술했고, 이후 검찰이 자금 조성 내역과 일치하는 금융자료 등을 증거로 제시했다'는 것이다.

이인복, 이상훈, 김용덕, 박보영, 김소영 등 대법관 5명은 다수의견을 강도 높게 비판했다.

'의심스러울 때는 피고인의 이익으로'라는 명제와 증거재판주의 원칙을 그저 헛된 구호에 그치게 해서는 안 된다. 유죄인정의 근거가 될 수 있는 증거는 증거능력뿐만 아니라 증명력에 대하여도 가능한 한 치밀하게 따져봄으로써 비록 진범이 처벌을 면하더라도 적어도 무고한 사람은 처벌받지 아니하도록 하는 것이 형사재판의 기본원칙이고 법원의 존재이유이기도 하다. 다수의견은 무죄추정의 원칙에 반하고 증거재판주의에 정면으로 어긋난다.[8]

이 판결은 한명숙 한 사람에 그치지 않는다. 형사법정에 서는 모든 피고인들이 대상이 될 수 있다는 점에서 중대한 방향 전환이었다.

'형사사건 성공보수 금지' 판결도 논란을 일으켰다. 2015년 7월 23일 대법원 전원합의체(주심 권순일 대법관)는 형사사건과 관련해 맺은 변호사 성공보수 약정은 무효라고 판결했다.[9] 이상한 점은 성공보수가 이 판결 전에는 유효하고 이 판결이 나온 이후부터 무효라는 것이다.

더욱이 대법원은 선고 공판 일정을 선고 직전에 알리고, 공개변론을 생략한 채 '비밀작전 하듯' 판결을 선고했다. 변호사가 상고를 취하하면 판결이 무산될 수 있음을 우려한 것일까. 성공보수 금지를 통해 재판의 공정성과 투명성을 높이는 것은 바람직한 방향이었지만 그 과정은 공정하지도, 투명하지도 않았다.

보수화 경향은 특히 노동사건에서 두드러졌다. '정기상여금은 통상임금에 해당한다. 하지만 노사 합의가 있었고, 기업 경영에 막대한 어려움을 초래할 수 있을 때는 근로자가 추가 임금을 소급해서 청구하는 것을 허용하지 않는다.'[10] '근로자단체에 준하는 지위를 가진 경우에는 산별 노조 지부가 기업별 노조로 조직형태를 바꿀 수 있다.'* 두 판결 모두 노동법 이론 대신 신의성실원칙과 '법인 아닌 사단' 같은 민법 이론이 동원됐다. 기업별 노조 전환 판결에 대해 김신 대법관은 소수의견에서 이렇게 개탄했다.

노동조합법이 규정한 조직형태 변경의 문제를 다루는 자리에 정작 노동조합법은 간데없고, 헌법과 민법의 이론만 난무하는 모습이 되고 말았다.[11]

양승태 코트 들어 대법원 전원합의체 판결의 특징은 전원일치에 있다. 2011년부터 2016년 8월까지 선고된 대법원 전원합의체 판결 108건 가운데 36.1퍼센트인 39건이 '13 대 0'이었다.[12] 원세훈 전 국정원장 사

---

* 발레오전장 노조는 2001년 금속노조에 가입했으나 2010년 5월 노사분규가 장기화하자 임시총회를 열어 금속노조를 탈퇴하고 노조 형태를 기업 단위 노조로 전환하기로 결의했다 (대법원 2016. 2. 19. 선고 2012다96120 전원합의체 판결).

건이나 형사사건 성공보수 금지 등 주요 사건에서 전원일치 판결이 많았다.

주목해야 할 것은 대법원의 '13 대 0' 판결이 하급심 판사들에게 주는 메시지다. 판례를 따르지 않거나 논란을 일으키곤 하는 하급심을 향해 '최고법원의 결론을 따르라'는 것이다. '생각의 다양성'에 대한 고민은 보이지 않는다. 법률 해석의 통일성만 돋보일 뿐이다.

3심제는 단순히 '삼세판'에 그치지 않는다. 세 단계의 재판을 통해 다양한 가치와 입장이 맞서고 토론하면서 결론의 설득력을 높이는 과정이다. 하급심 판사들이 치열한 고민 끝에 내놓은 판결 하나하나는 대법관들을 자극하고, 고루했던 판례에 생동감을 불어넣는다. 대법원이 할 일은 하급심의 목소리에 진지하게 응답하는 것이다.

대법원의 권위를 논리의 탁월성이 아니라 직급의 우위에서 찾는 것처럼 어리석은 일은 없다. 한 지방법원 부장판사는 말한다. "재판 경험은 판사 생활의 절반 가까이를 법원행정처에서 보낸 대법관보다 내가 더 많다. 하급심은 대법원 판결을 무조건 따라야 한다는 식이어서는 곤란하다."

위계질서를 강조하는 분위기가 굳어진 것일까. 민일영 전 대법관은 퇴임 후 부장판사들 앞에서 "선배를 힘들게 하는 판결을 자제하라"고 했다.[13] 발언 자체도 문제지만 그런 발언이 서슴없이 나올 수 있는 분위기가 더 문제다. 판사들은 '선배를 힘들게 하는 판결'이라는 문구에 자신의 판결을 비춰볼 수밖에 없다.

대법원의 권위적 분위기 속에 사법의 관료화는 심화되고 있다. 이용훈 코트에서 폐지 쪽으로 가닥을 잡았던 고등법원 부장판사 제도가 '계속 유지'로 방향을 틀었다. 지방법원 판사와 고등법원 판사를 이원화해 고등법원 부장판사 승진 시스템을 없애겠다는 계획은 백지화됐다. 양승태 코트 들어 법원행정처 근무 경험이 있는 판사들을 중심으로 고등법원 부장판사로 승진하는 현상이 심해졌다. 비(非)법원행정처 출신 판사들의 소외감은 커지고 있다.

양승태 코트 중반부터 시작된 '상고법원 도입' 드라이브는 사법의 관료화와 법원의 정치화를 증폭시켰다. 대법원은 2014년 6월 대법원 외에 별도의 상고심 법원을 설치하는 방안을 공식화했다. 이후 양승태 코트는 자원과 역량을 상고법원에 쏟아부었다. 법원행정처 간부와 판사들이 국회를 드나들며 여야 의원들을 접촉했다. 같은 해 12월 국회의원 168명 공동 발의로 상고법원 도입 법안*이 국회에 제출됐다.

법안이 좌초된 지금, 후유증은 인적·물적 자원 낭비만이 아니다. 판사들이 대국회·대언론 로비에 동원되면서 1970~80년대에나 있을 법한 '정치판사' 논란이 불거졌다. '상고법원 도입'을 접는 과정도 문제였다. 2016년 5월 고영한 법원행정처장은 19대 국회 임기 만료로 상고법원 법안이 폐기되는 데 대해 "사법행정의 책임자로서 진심으로 송구

---

* 상고법원 법안에 따르면 대법원은 상고사건 가운데 법령 해석의 통일에 관련된 사건, 공적 이익에 중대한 영향을 미치는 사건 등을 직접 심판하고, 나머지 사건은 상고법원에서 심판하도록 했다. 상고법원은 원칙적으로 최종심이지만 상고법원 재판부의 의견이 일치하지 않거나 대법원 판례와 상반되는 경우 사건을 대법원으로 이송한다. 또 상고법원 판결이 헌법이나 판례 등에 위반될 때는 대법원에 특별상고 또는 특별재항고를 할 수 있도록 하는 예외조항을 마련했다.

하다는 말씀을 드린다"는 글을 코트넷에 올렸다.*

'송구하다'는 글 어디에도 대법원의 반성이나 사과는 없었다. 국회의 이해 부족으로 법안이 폐기된다는 아쉬움만 진하게 느껴졌다. 삼권분립의 경계를 넘나들며 '재판의 독립'이라는 소중한 가치가 위협받게 됐는데도 누구 하나 책임지는 사람은 없었다. 고 처장의 글이 코트넷에 오른 것과 동시에 전국 법원청사에 붙었던 상고법원 홍보 플래카드들은 철거됐다.

관료사법의 문제는 양 대법원장 임기 만료 6개월을 앞두고 곪아 터지고 말았다. 법원행정처가 일선 판사들의 '사법개혁' 학술행사를 저지하기 위해 부당 개입했다는 의혹이 불거졌다. 그 후폭풍으로 법원행정처 차장이 사퇴했고, 진상조사위원회의 조사가 진행됐다.

조사 결과 양형위원회 상임위원이 법원 내 국제인권법연구회가 준비한 학술대회 축소를 위해 압박을 가한 것으로 나타났다. 판사들을 성향별로 분류했다는 '사법부 블랙리스트' 의혹은 규명되지 않았다. 판사들은 법원별 판사회의를 열고 대법원장의 입장 표명을 요구하고 나섰다. 전국법관대표회의는 블랙리스트 의혹 등 사법행정권 남용 사태 조사 권한 위임을 양 대법원장에게 요청했다. '대법원장 퇴진' 목소리가 터져나오기도 했다. 최순실 게이트 와중에서는 청와대가 대법원을

---

* 고영한 법원행정처장은 "2014년 12월 168명의 국회의원이 공동 발의한 상고법원 도입 관련 6개 법률안은 문제 상황을 타개하려는 입법적 노력의 일환이었고, 최고법원의 본질적 기능을 충실히 구현하면서도 개별 사건에서 상고심을 통한 권리구제의 기회도 보장할 수 있는 현실적 방안이었다. 그럼에도 이들 법안이 국회 심의의 첫 관문을 넘지 못하고 폐기에 이르게 된 데 대해서는 깊은 아쉬움을 느끼지 않을 수 없다"고 설명했다.

영향권 안에 넣으려 했다는 의혹까지 제기됐다.[*]

이런 흐름 속에서 시민들이 무엇보다 심각하게 여겨야 할 문제는 법정 중심의 재판 원칙이 후퇴하고 있다는 사실이다. 조서(調書)중심주의로 되돌아갔다는 말까지 들린다. 진실이 법정에서 가려지지 않다보니 법정 주변에 '재판 결과를 돈으로 살 수 있다'는 브로커들이 설치고 다닌다. 그 증거가 '정운호 게이트'다. 이 사건으로 구속기소된 최유정 전 부장판사의 남편이 교수로 있는 대학 캠퍼스 사물함에서 2억 원이 나왔다. 법정에 서는 시민들은 '무전유죄'의 비루함을 곱씹고 있다.

또 하나, 유죄추정의 원칙이 굳어지고 있다. 정치인·기업인 사건에서 종종 영장 기각도 되고 무죄가 나오기도 한다. 하지만 그건 특급 변호사들을 살 수 있는 사람들의 이야기다. 법원과 검찰의 사이가 좋아졌다고들 하지만 두 기관의 화목이 시민들에게 유익한 것일 수 없다. 법원과 검찰이 서로 앙앙불락할 때 시민들의 인권은 보장된다.

이명박·박근혜 정부에서 '검찰공화국' 시스템이 복원되고 '검찰정치'가 활성화됐다. 사법의 책임이 작다고 할 수 없다. '보수사법' '관료사법'의 전면적 부활은 한국 정치와 사회, 시민들의 일상에까지 영향을 미치고 있다. '개인의 존엄과 가치'를 추구하는 양승태 코트가 빚은 역설이다.

---

[*] 고(故) 김영한 전 민정수석 업무일지에는 "보수·진보 갈등 관련 판결 시 진보 쪽에 유리하게 선고하는 관행 문제" "법원 지나치게 강대. 공론화 견제수단 생길 때마다 다 찾아서 길을 들이도록 (상고법원 or) 다 찾아서" "법원 지도층과의 커뮤니케이션 강화" 등 김기춘 전 대통령 비서실장 지시로 추정되는 발언 내용들이 담겨 있었다.

양 대법원장이 의도했든, 의도하지 않았든 양승태 코트가 그려온 궤적은 이용훈 코트로부터의 탈피였다.

이용훈 코트는 무엇이었을까. 어떻게 시작됐고, 어떤 가치를 지향했고, 어떻게 막을 내렸을까. '재판의 독립'은 무엇을 위해 필요할까. 우리는 그 답을 이용훈 코트 6년에서 찾아야 한다.

우연일까, 필연일까. 공교롭게도 다음 장부터 펼쳐지는 2003년의 상황은 2017년과 그대로 오버랩된다. 주요 등장인물만 달라졌을 뿐 서열·기수 중심의 대법관 인사, 보수적인 대법원, 관료사법, 소장 판사들의 반발까지 모든 것이 겹쳐지고 이어져 있다. 마치 뫼비우스의 띠처럼.

01

그 모든 일은
2003년 여름
시작되었다

사법개혁에 불붙인
4차 사법파동

당신은 지금 막 서울 지하철 2호선 교대역 10번 출구로 올라왔다. 당신이 서 있는 곳은 서초역으로 이어지는 서초대로다. 양편으로 오피스 빌딩들이 당신을 내려다보고 있다. 빌딩과 그 뒤편으로 변호사 사무실 간판들과 함께 음식점·주점·커피숍 간판이 고개를 내밀고 있다. 멀리 언덕 위에는 두 개의 건물이 이 서초동 법조타운을 굽어보고 있다. 법과 정의를 상징하며 법조타운의 젖줄이 되는 법원과 검찰청 건물이다.

서초동 법조타운 거리와 골목에는 인간의 희로애락이 소용돌이친다. 죗값을 탕감받기 위해 돈다발을 들고 다니는 사람도 있고, 억울함에 눈물 흘리는 사람도 있다. 정의를 집행하려고 벼르는 사람도 있고, 정의를 집행당할까봐 전전긍긍하는 사람도 있다. 출세를 꿈꾸는 사람도 있고, 울분을 삭이는 사람도 있다. 저마다 다른 목적, 다른 욕망을 품은 사람들이 이 거리의 교차로를 지나가고 있다.

2003년 8월 11일 저녁 이곳에서 일어났던 일로 글을 시작하려고 한다. 그날은 월요일이다. 법조타운의 한 후미진 식당에서 와이셔츠 차림의 남자 세 명이 술잔을 기울이는 모습이 보인다. 박시환 서울지방법원[*](서

---

[*] 2004년 2월 서울지방법원은 서울중앙지방법원으로 명칭이 변경됐다. 동시에 서울지법 동부·남부·북부·서부지원과 의정부지원은 모두 지방법원으로 승격됐다.

울지법) 부장판사와 이용구 판사 등 후배 판사들이다.

"이근웅 대전고등법원(대전고법) 원장, 김동건 서울지법원장, 김용담 광주고등법원(광주고법) 원장. 이렇게 세 명으로 정해졌답니다."

다음 날 대법관제청자문위원회가 최종영 대법원장에게 추천할 대법관 후보자 명단이다. 세 명의 대법관 후보는 사법시험 10~11회 법원장들. 박 부장판사가 목소리를 높인다.

"어떻게 이럴 수가 있어! 판사들 뜻을 이렇게 무시할 수 있냐고."

"그러게 말입니다. 또다시 서열대로 갈 줄은… 개혁하는 시늉이라도 할 줄 알았는데."

막막한 얼굴들이다. 이제 대법원 개혁은 물 건너간 것일까. 이 국면을 타개할 방법은 없는 걸까. 그해 2월 노무현 정부 출범을 전후해 판사들의 개혁 요구가 코트넷에 물밀듯 올라왔다. 대부분이 대법관 인선에 거는 기대였다.

법관들 나아가 국민들에게 대법관은 '살아 있는 정의'를 의미합니다. 그럼에도 불구하고 이러한 '정의'를 임명하는 모습이 행정부 고급 관료를 선발하는 것과 대동소이하여, 그 결과 관료 사회의 최종 '승진' 단계로 받아들여진다면 이는 법원 스스로 '살아 있는 정의'를 무너뜨리는 결과가 될 것입니다.[1]

이번 대법관 선임의 가장 중요한 기준은 "진보성"이라고 생각합니다. 사회는 저만치 앞서가고 있는데 법원만 언제까지나 똑같은 노래를 부르고 있을 수는 없습니다. 이제 대법원에도 진보적 목소리를 낼 수 있는 대법관이 필요한 때가 되었습니다.[2]

이들에게 대법관 인선이 절박했던 것은 대법원이 '보수의 철옹성'으로 버티고 있기 때문이었다. 김대중 정부에서도 법원 조직은 달라진 게 없었다. 수뇌부 면면만 바뀌었을 뿐이다. 대법관은 여전히 사법연수원 기수에 따라, 서열에 따라 승진하는 자리였다. 살아온 길이 같다보니 생각도 같았다. 대법원 판결은 과거 판례에 묶여 사회 변화를 반영하지 못하고 있었다.

젊은 판사들을 더 답답하게 한 것은 법원의 과거사 문제였다. 유신시대와 전두환 정권 때 독재권력에 순응했던 법원이, 고문 피해자들의 호소에 귀를 막았던 판사들이 '사법권 독립'의 방패 뒤에서 한마디 반성도, 사과도 하지 않고 있었다. 그러면서 무슨 정의를 이야기하고, 인권을 이야기한다는 것인가.

변화에 목마른 판사들에게 노무현 정부 출범은 일종의 계시와도 같았다. 비검찰 출신 법무부장관 임명, 서열 파괴 검찰 인사, 국가정보원 개혁… 대법원도 대법관 후보 제청에서 최소한의 '성의 표시'는 할 것이라는 기대감이 부풀어올랐다. 그런데 그 희망의 풍선이 한순간에 터지고 말았다. 이대로 있을 수는 없었다. 박 부장판사 입에서 '사표' 얘기가 나온 건 그때였다.

"지금 꺾지 않으면 꺾인다고. 나라도 사표를 내야…"

"사표를 내신다고요?"

박시환이 흥분할 때마다 "섣불리 나서지 마시라"고 말리던 후배들이었다. 그들도 이번 사표 얘기에는 고개를 끄덕였다. "부장님께서 사직서를 내시는 것도 방법이겠네요."

박시환의 사표가 타개책으로 떠오른 이유는 그의 상징성에 있었다. 그는 1980년대 시국사건에 무죄를 선고한 뒤 좌천성 인사를 당하면서 법관 사회에 이름이 알려지기 시작했다. 이후 진보성향 판사들의 모임인 우리법연구회 회장을 하면서 법원 내 개혁세력의 얼굴로 부각되었다.

다음 날인 8월 12일 아침 박시환이 판사실에 출근하자 전화벨이 울렸다. 판사 시절 우리법연구회 활동을 함께했던 강금실 법무부장관이었다.

"박 부장님. 사표 내기로 했다면서요?"

"그걸 어떻게…"

강금실은 박시환의 사표 제출을 만류했다. 역시 우리법연구회 회원인 이광범, 한기택 부장판사가 박시환을 찾아왔다. 그들도 법원에 남아 힘을 모으자고 설득했다. 박시환은 "좀 더 고민해보겠다"고 했다.

그날 오후 3시 대법원 6층 회의실에서 대법관제청자문위원회가 열렸다. 비공개 회의 중 이변이 일어났다. 박재승 대한변호사협회(대한변협) 회장과 강금실 법무부장관이 돌연 퇴장했다. 박재승 회장은 뒤이어 대법원에 팩스를 보냈다. '자문위원직을 사퇴합니다.'

강 장관도 자문위원 사퇴서를 제출했다. '사회 각계의 다양한 의견을 수렴한다는 자문위원회 본래 취지와는 달리 대법원이 기존 관행대로 대법관 후보를 제청하려고 한다. 더 이상의 참여는 적절치 않다고 판단했다.'³ 두 사람이 문제 삼은 것은 두 가지였다. 대법원이 제시한 대법관 후보자 세 명이 서열 중심의 고위 법관들이라는 점, 그리고 자문위원회 운영 방식이 일방적 통보에 불과하다는 점이었다.

대법관제청자문위원회가 처음으로 열렸지만 대법원의 레퍼토리는 하나도 달라지지 않았다. "수많은 사건을 판결해야 하는 대법관의 최우선 조건은 업무처리 능력이다. 대법원과 헌법재판소가 분리되어 있는 만큼 대법원은 인적 구성의 다양성을 추구할 필요가 크지 않다."

두 사람이 사퇴하자 대법원은 진화에 들어갔다. "법무장관과 대한변협 회장이 중도에 회의장을 나가긴 했지만 두 분 모두 의견을 밝혔다. 두 분의 의견은 최종영 대법원장에게 전달됐다." 하지만 터져나오는 판사들의 반발은 막을 수 없었다. 문흥수 서울지법 부장판사가 코트넷에 글을 올렸다.

대법관이나 헌법재판관의 지위가 고위직 법관들의 승진 자리로 인식되어선 안 된다. 다양한 성향의 법조인사로 충원되어야 한다. 이러한 정당한 주장을 곡해하고 소수의 주장으로 폄하하려 들면서 개혁에 반대하는 기득권자들이 마피아처럼 움직이고 있다.

그날 저녁 박시환과 후배 판사들이 다시 모였다. "어제 얘기한 대로 해야겠지?" 후배들 뜻에는 변함이 없었다. 박시환은 사표를 내기로 마음을 굳혔다. 다음 날 오전 박시환은 김동건 서울지법원장에게 사직서

를 제출했다. 법원장실을 나온 뒤 기자실에 들러 A4 용지 한 장 분량의
'법관직 사직의 변'을 돌렸다.

우리 사법부는 외부의 흐름에 밀려 마지못하여 변신의 흉내만을 내었
을 뿐 그 속내에서는 아무런 변화를 가져오지 못한 채 과거 암울하던 권
위주의 정권 시대 사법의 기본 구조를 지금 이 시점까지 그대로 유지하고
있다. (…) 사법부의 변신을 간절히 기다리고 있는 국민과 법관들의 기대
를 저버리는 일이며, 시대의 엄숙한 요구에 대한 중대한 외면이라고밖에
달리 말할 도리가 없다. (…) 이제 그 기대를 철저히 저버릴 것으로 예상되
는 지금의 상황에 대하여 나는 허탈감과 참담함에 몸이 떨린다. (…) 그동
안의 비겁한 타협과 안일한 외면, 무책임한 침묵에 대하여 자괴심과 죄송
스런 마음을 금할 길이 없다. (…) 이 보잘 것 없는 제물이 새롭고 자랑스
런 사법부의 탄생에 작은 밑거름이라도 되기를 간절히 기원한다.

기자들이 판사실로 몰려들었다. 박시환은 "내가 기자실에 내려가겠
다"고 했다. 그는 기자들 앞에서 말을 이어가다 눈물을 쏟았다.
"저는… 좋은 재판을 하고 싶었습니다."
박시환의 사표 소식에 사태는 걷잡을 수 없이 커졌다. 서울지역 단독
판사들이 움직이기 시작했다. 이용구 판사가 코트넷에 글을 띄웠다. 이
판사는 '대법관 제청에 관한 소장 법관들의 의견'이라는 첨부 문건에
서 최종영 대법원장의 재고를 촉구했다.

현재까지 진행된 대법관 인선 과정은 우리의 기대를 외면하고, 변화를 요구하는 국민을 좌절하게 하고 있습니다. 우리 법관들은 기존의 대법관 선임이 법관 승진의 최종 단계로 운영됨으로써 결과적으로 대법원이 지나치게 동질적인 연령·배경·경험을 가진 법조인들로만 구성되었고, 이러한 인사 제도는 법원 내적으로 수직적인 관료 구조를 과도하게 심화시켰으며 (…) 대법원의 인적 구성이 현재의 규범적인 이해관계를 반영하지 못한 채 과거의 이해관계만을 반영한다면 대법원은 보수적인 것이 아니라 퇴행적이라는 비판을 받을 것입니다. (…) 사회적 소수가 주장하는 법 논리의 설득력 유무를 문제 삼기에 앞서 소수자들의 이해관계에 관해서도 충분히 번민하여 통찰력을 발휘할 수 있는 대법원을 구성하여야 합니다.

4차 사법파동*의 시작이었다. 그날 하루 연판장에 서명한 판사가 100명을 넘었다. 이강국 법원행정처장은 대법원 4층 중회의실에서 '대법

....

* 사법파동은 1971년, 1988년, 1993년, 2003년 네 차례 있었다. 1차 사법파동은 1971년 7월 검찰이 서울형사지방법원 판사 2명과 법원 직원에 대해 구속영장을 신청하면서 촉발됐다. 변호사로부터 항공료와 숙박비·술값 등 뇌물을 받은 혐의였다. 그러나 그 의도는 국가배상법에 대한 위헌 판결에 이어 시국 관련 사건에 무죄가 잇따르자 판사들을 통제하기 위한 것이었다. 전국 판사 150명이 "사법권에 대한 탄압"이라며 사표를 제출하며 강력히 반발했다. 2차 사법파동은 1987년 헌법 개정 후 출범한 노태우 정부가 5공정권 때 임명된 김용철 대법원장을 개정 헌법에 따라 대법원장으로 재임명하려 하자 1988년 6월 소장 판사 430여 명이 '새로운 대법원 구성에 즈음한 우리들의 견해'라는 성명을 발표한 것을 말한다. 3차 사법파동은 1993년 서울민사지방법원 판사 40명이 사법부의 반성과 개혁을 촉구하는 건의서를 대법원장에게 전달한 사건이다. 이 3차 사법파동은 문민정부 출범으로 개혁에 대한 국민적 기대가 높아진 상황에서 대법원이 내놓은 개혁 방안 등이 소장 판사들에게 실망을 안겨주었기 때문이었다.

관 제청 관련 설명회'를 열었다.

대법관 제청권은 우리 헌법이 사법권 독립을 보장하기 위해 대법원장에게 부여한 고유 권한입니다. 추천이나 주장은 할 수 있지만, 거부하는 행동은 안 됩니다. 판사들이 단체적으로 의견을 밝히는 것은 적절치 않습니다.

때는 이미 늦었다. 변호사·시민단체들이 가세하면서 파문이 확산됐다. 민주사회를 위한 변호사 모임(민변)이 논평을 냈다. "대법원장은 국민과 언론 및 시민사회단체 등의 기대를 헛되게 만들고 대법관제청자문위원회를 당장의 소나기를 피하는 식의 요식적인 기구로 전락시켜 버렸다. (…) 과거 독재정권 시절부터 이어져온 사법관료제의 전통을 수호하고야 말겠다는 대법원장의 반시대적 의지에 우리는 매우 실망하지 않을 수 없다."[4]

참여연대도 성명을 냈다. "대법원장이 대법관 후보자 제청 과정에서 시대적·사회적 요구를 전혀 반영하지 못함으로써 법원 내·외부의 비난을 자초하고 있다. (…) 이번 신임 대법관 제청 과정에서의 법원 내외의 비판과 반발에 대법원이 계속해서 모르쇠로 일관해서는 안 될 것이다."[5]

다음 날 서명 판사가 140여 명으로 불어났다. 판사들은 자신들이 서명한 연판장을 대법원에 전달했다. 대법원의 눈은 청와대를 향했다. 청와대는 이 사태를 어떻게 보고 있을 것인가. 김대중 정부에서 임명된 최종영 대법원장은 노무현 정부와 긴장관계에 있었다. 노무현 정부는 개혁의 무풍지대인 사법부를 주시하고 있었지만 '사법권 독립'이라는 성역 속으로 섣불리 들어갈 수 없었다.

공은 청와대로 넘어왔다. 노 대통령은 대법관 제청을 위한 최 대법원장의 면담 요청에 응하지 않았다. 대법원 수뇌부는 위기감 속에 대책 마련에 들어갔다. 같은 달 18일 대법원은 '전국 법관과의 대화' 행사를 열었다. 고등법원·지방법원 부장판사와 소장 판사 70여 명이 참석해 오후 3시부터 밤늦게까지 난상토론을 벌였다. 일부는 참석 판사들의 대표성에 문제를 제기했다. 회의 도중 퇴장한 판사도 있었다.

"지금이라도 대법관 후보 제청을 재고해야 한다."

"헌법이 보장한 대법원장의 제청권은 존중되어야 한다."

회의장 밖까지 고성이 흘러나왔다. 법원의 위계질서를 끝까지 흔들 수는 없었던 것일까. 시간이 흐르며 대법원장 제청권을 존중하자는 쪽으로 기울어졌다. 대법원은 "대법관 제청 절차에 문제가 있다는 지적이 있었지만 그럼에도 사법부 독립과 흔들리지 않는 법원을 위해 이를 받아들이는 것이 불가피하다는 데 의견을 모았다"고 발표했다.

청와대 측도 수용 방침을 밝혔다. "법관대표회의에서 대법원장 의견을 받아들이기로 한 만큼 판사들 뜻을 존중해야 하지 않겠느냐." 대법원은 안도의 한숨을 내쉬었다. 다음 날인 19일 최 대법원장은 전국의 판사들에게 이메일을 발송했다. 제목은 '법관 여러분에게'였다. 그는 "이번에는 세 후보자 가운데 한 명을 제청하되 내년 대법관 제청 때는 법관들의 바람을 충분히 반영해 인선하겠다"고 다짐했다.

뜻이 충분히 전달되지 못한 채 일부 법관들로부터 그들의 요망이 무시됐다는 오해를 불러일으킨 것 같아 안타까운 심정을 금할 수 없었습니다. 그러나 능력과 인품이 훌륭하다는 데 아무런 이견이 없는 후보자 세 분의 명단까지 공개된 상황에서 인선을 백지화하면 그 세 분은 물론 제청자문위에 관여하신 분들의 명예는 회복할 수 없는 손상을 입게 될 것입니다.

같은 날 최 대법원장은 대법원장 몫 헌법재판관에 전효숙(사법연수원 7기) 서울고법 부장판사를 지명했다. 사법사상 첫 여성 헌법재판관이었다. "전 부장판사는 법원 안팎에서 여성 보호와 소수자 보호라는 시대적 요청에 가장 적합한 후보자로 주목되어왔다." 판사들의 집단 반발이 이룬 첫 결실이었다.

대법원은 노무현 정부와의 관계 개선을 모색했다. 물밑 접촉을 통해 '사법개혁 공동 추진'을 제의했다. 8월 22일 노 대통령과 최 대법원장은 청와대에서 만나 행정부와 사법부가 사법개혁기구를 구성하기로 합의했다. 최 대법원장은 신임 대법관 후보로 김용담 광주고법원장을 제청했다.

윤태영 청와대 대변인은 "최 대법원장이 대법원 기구와 구성, 법관 인사제도, 법조인 선발 및 양성제도, 사법개혁기구의 공동 구성 등 사법개혁안을 설명했고, 노 대통령도 이에 공감했다"고 전했다. 청와대 측은 "그간의 사법개혁 추진기구가 청와대 주도로 설치돼 각론에 들어가면 법원 측의 반발이 적지 않았다. 성공적·실질적 사법개혁을 위해 행정부와 사법부가 공동으로 구성하는 방안을 구상해왔다"고 설명했다.

9월 1일 대법원과 청와대는 사법개혁 추진기구 설치를 위한 실무협의회를 구성했다. 현직 법관 3명과 청와대 측 대표자 3명이었다. 실무위원 6명 중 대법원 측 선임인 이광범 법원행정처 건설국장과 유승룡 서울가정법원 판사, 청와대 측 선임인 박범계 민정2비서관 등 3명이 우리법연구회 소속이었다.

그날 대법원은 보류해왔던 박시환 부장판사의 사표를 수리했다. 대법원 측은 "박 부장판사에게 사표를 수차례 반려했으나 본인 의사가 확고해 사표를 받아들이기로 했다"고 밝혔다.

거대한 변화의 서막이었다. 변화는 논쟁에서 시작되어 행동으로 마무리된다. 만약 박시환이 사표를 던지지 않고, 판사들이 목소리를 높이지 않았다면 '사법개혁'은 판사들의 술자리에서만 맴돌았을 것이다. 더 이상 '구체제' 아래서 살 수 없다는 판사들의 갈망이 철옹성 같던 대법원에 작은 균열을 냈다. 그렇다면 논쟁은 어디에서, 어떻게 시작되었을까.

노무현 정부와
우리법연구회

사법개혁의 논쟁이 시작된 출발점은 우리법연구회였다. 우리법연구회는 1988년 2차 사법파동에 뿌리를 두고 있다. 당시는 1987년 6월항쟁에서 불붙은 민주화의 열기가 한국 사회 곳곳으로 퍼져나가고 있었다. 여소야대 국면에서 사법부만큼은 지키고 싶었던 것일까. 노태우 정부는 전두환 정권에서 임명된 김용철 대법원장을 유임시키려 했다.

5공화국(5공)의 대법원장을 그대로 두자는 것인가. 야당이 반발하고 나섰다. 정부·여당은 김용철 카드를 거둬들이지 않았다. 젊은 판사들이 움직였다. 유남석, 이광범, 한기택 서울민사지방법원(서울민사지법) 판사와 김종훈 인천지방법원(인천지법) 판사, 심규철 시보* 등이 서교동 맥줏집에 모였다. 기껏해야 29~30세로 법관 2년 차 안팎이었던 이들은 성명을 내기로 뜻을 모았다. 그 결과물이 '새로운 대법원 구성에 즈음한 우리들의 견해'였다.

1987년 6월 이래 폭발적으로 분출된 온 국민의 민주화 열기의 와중에서도 사법부가 아무런 자기반성의 몸짓을 보여주지 못했다는 점에 오늘날 사법부가 직면한 위기의 원천이 있다고 생각됩니다. (…) 마땅히 사법부의 자세와 역할을 상징적으로 표상하는 사법부의 수장 등 대법원의 면모를 일신함에 있다고 믿으며 (…)

판사들은 대법원장 사퇴와 정보기관원의 법원 상주 반대, 법관의 청와대 파견 중지, 유신악법 철폐를 요구했다. 6월 15일 서울민사지법에서 시작된 서명은 서울, 수원, 부산, 인천으로 확산됐다. 판사 430여 명

---

* 시보(試補)는 사법연수원 2년 차에 법원·검찰 등에서 실무 교육을 받는 것을 말한다.

이 이름을 적어넣었다. 사법연수원에서도 서명 작업이 진행됐다. 이틀 후 김용철 대법원장은 사퇴했다.*

이 사법파동의 중심에는 사법연수원 13기가 있었다. 사법시험 선발 인원이 100명에서 300명으로 늘어난 첫 기수였다. 사법시험 합격자 증가와 함께 학생운동 경험자들이 사법부에 편입되기 시작했다. 야간 통행금지 해제, 대학 졸업정원제 등과 맥을 같이하는 전두환 정권의 유화책이 역효과를 부른 것이다.

이들은 1970년대 중·후반 대학에 들어가 혹독했던 유신독재를 경험한 세대였다. 1980년대 후반에 판사로 임용되어 사법부가 어떻게 정권의 시녀 노릇을 하는지 똑똑히 지켜봤다. 2차 사법파동에서 가능성을 확인한 이들은 사법개혁의 길을 모색했다.

우리법연구회는 1988년 8월 판사들의 독서 모임으로 출발했다. 서울대 법대 75학번을 중심으로 한 판사·변호사 10여 명이 초창기 멤버였다. 판사는 강금실, 강신섭, 김종훈, 박윤창, 오진환, 유남석, 이광범 등이었다. 박시환은 이듬해 6월 강신섭의 소개로 가입했다. 우리법연구회는 사법제도와 사법민주화, 헌법, 노동법, 국가보안법 등을 주제로 토론을 이어갔다. 1993년 3차 사법파동 때는 우리법연구회 회원인 박시환, 강금실 등이 서울민사지법 단독판사회의를 주도했다.

이들과 노무현 정부의 연결고리는 박범계(현 더불어민주당 의원)였다.

----

* 노태우 대통령은 김용철 대법원장 후임으로 정기승 대법관을 지명했으나 국회에서 부결됐다. 이후 이일규 전 대법관이 대법원장에 임명됐다.

16대 대선을 두 달 앞둔 2002년 10월 말 박범계 대전지방법원(대전지법) 판사가 사표를 내고 노무현 후보 캠프에 합류했다. 그는 우리법연구회 회원이었다.

사법연수원 시절, 연수생 자치회에서 발행하는 잡지 『사법연수』의 편집장이었던 그는 '가장 존경하는 선배 법조인'으로 선정된 노무현과 인터뷰를 하면서 첫 인연을 맺었다. 노무현 후보가 대통령에 당선된 후 그는 대통령직 인수위원회 정무분과에 들어갔다.

노무현이 당선되자 대법원 수뇌부는 당혹했다. 그가 당선되리라고는 누구도 예상하지 못했다. 노무현은 물론이고 그 측근들을 아는 이가 없었다. 인수위원회에 줄을 댈 사람이라고는 판사 출신 박범계뿐이었다. 법무부 검사들까지 박범계를 찾을 정도였다. 노무현은 대통령 취임 후 청와대에 민정2비서관 직을 신설해 그 자리에 박범계를 앉혔다. 박범계는 검찰과 국가정보원 등 권력기관을 개혁하는 과제를 맡았다.

2003년 8월 4차 사법파동 후 박범계는 사법개혁의 실무를 맡게 됐다. 이광범과 박범계는 매주 만나 사법개혁기구가 다룰 과제들을 논의했다. 같은 해 10월 사법개혁위원회가 출범하면서 노무현 정부의 사법개혁에 시동이 걸렸다. 이제 한 걸음을 내디뎠다. 변화는 하루아침에 이루어지지 않는다. 이 변화가 일상이 되기 위해 몇 개의 고비를 더 넘어야 했다.

노무현 정부의
사법개혁

2003년 4차 사법파동에서 시작된 노무현 정부의 사법개혁은 2단계로 진행됐다. 1단계로 대법원 산하에 사법개혁위원회(사개위)를 구성해 개혁 방안을 마련한 뒤 2단계로 그 후속 추진 기구인 사법제도개혁추진위원회(사개추위)에서 관련 입법을 하는 수순이었다.

2003년 10월 민변 초대 대표를 지낸 조준희 변호사를 위원장으로 하는 사개위가 대법원 산하에 설치됐다. 사개위는 대법원 기능·구성, 법조인 양성·선발, 국민의 사법참여 등 사법제도와 관련된 거의 모든 주제를 다뤘다. 27차례의 전체회의를 거쳐 '사법개혁을 위한 건의문'을 채택했다. 고등법원 상고부 제도 도입과 대법원 구성의 다양화, 하급심 강화, 법조일원화*를 위한 법관 임용 방식 개선, 법학전문대학원(로스쿨) 제도 도입, 국민참여재판제도 도입, 형사사법제도 개선이 그 주된 내용이었다.

사개위가 대통령 산하의 후속 추진 기구 설치를 건의함에 따라 2005년 1월 사개추위가 출범했다. 사개추위는 2년간의 활동을 통해 13개 개혁 방안

---

* 법조일원화는 검사나 변호사 가운데 판사를 선발해 판사·검사·변호사 사이의 벽을 허무는 것을 말한다. 그간 법원과 검찰은 사법시험 합격 후 사법연수원 수료자만을 판·검사로 임용해왔다. 법조 경험이 없는 판·검사의 무리하고 미숙한 재판이나 수사, 폐쇄적 엘리트주의 등이 문제로 지적되면서 법조일원화가 사법개혁의 하나로 추진됐다.

과 25개 법률안을 국회에 제출했다. 가장 큰 변화는 사법시험을 대체할 로스쿨의 도입이다.

로스쿨 도입은 시험을 통해 법조인을 선발하면서 숱한 '고시 낭인(浪人)'이 양산되는 데다 그릇된 특권의식과 판사·검사·변호사의 한통속 문화를 조장한다는 지적에 따른 것이었다. 로스쿨에 소극적이던 대법원도 시간이 흐르며 적극적인 입장으로 돌아섰다. 2005년 10월 법안 제출 후 사립학교법 재개정 문제와 연계되어 법안 처리가 장기간 지연되다 2007년 7월 국회 본회의를 통과했다.

또 하나의 획기적인 개혁은 국민이 형사재판에 참여하는 국민참여재판제도 도입이다. 재판은 전문적인 직업 법관만 해야 하고, 국민은 대상일 뿐이라는 고정관념을 깨자는 취지였다. 국민이 재판의 주체로 설 수 있는 길이 열린 것이다. 만 20세 이상의 국민 가운데 무작위로 선정된 배심원들이 형사재판에 참여해 유죄·무죄 평결과 함께 양형(형량 결정)에 관한 의견을 제시하도록 했다. 위헌 논란*을 피하기 위해 배심원 평결을 법적 구속력 없는 '권고적 효력'으로 제한하기로 했다.**

형사소송법 전면 개정을 통해서는 피의자·피고인·피해자의 권리를 두텁게 보장하도록 했다. 구속영장이 청구된 피의자와 모든 구속 피의자·피고인

----

* 헌법 제27조 1항은 "모든 국민은 헌법과 법률이 정한 법관에 의하여 법률에 의한 재판을 받을 권리를 가진다"고 규정하고 있다.
** 미국의 배심원제도는 배심원들이 결정한 유무죄 평결을 판사가 따르도록 한다. 국민참여재판에서는 판사가 배심원의 평결과 다른 결정을 할 수 있다. 배심원의 평결과 다른 판결을 선고할 경우 재판부는 배심원의 평결 결과를 알리고, 평결과 다른 판결을 한 이유를 판결문에 밝혀야 한다.

을 필요적 국선변호 대상으로 추가했다. 재정신청* 대상도 모든 고소사건으로 전면 확대했다. 또 긴급체포 후 구속영장 청구 기간은 '피의자를 체포한 때로부터 48시간 이내'로 명시했다. 구속영장을 청구하지 않거나 발부받지 못했을 때는 피의자를 즉시 석방하도록 했다.

아울러 판사가 수사기록을 중심으로 재판하는 '조서(調書) 재판'의 폐해를 없애기 위해 공판중심주의를 강화했다. 국가안보 등 특별한 사유가 없는 한 재판이 진행되기 전 검사와 피고인이 서로 확보하고 있는 서류나 물건 등을 열람·복사할 수 있도록 하는 증거개시(開示)제도도 마련했다.

또 공판기일 전에 미리 쟁점을 정리하는 공판준비 절차를 도입했다. 이에 따라 재판의 효율성과 함께 재판 속도를 높일 수 있게 됐다. "적법한 절차에 따르지 아니하고 수집한 증거는 증거로 할 수 없다"는 위법수집증거 배제 원칙도 형사소송법에 명문화했다.

'고무줄'이라는 비판을 받아온 양형 문제와 관련해서는 판사가 형량을 정하는 데 참고할 수 있도록 양형기준제도를 도입했다. 양형기준은 원칙적으로 구속력이 없지만 법관이 양형기준에 따르지 않을 경우 판결문에 양형 이유를 기재하도록 했다. 이를 위해 살인·강도·뇌물 등 범죄별 양형기준을 만드는 양형위원회를 설치했다.

사개추위는 대법원의 상고사건 부담을 줄이기 위해 고등법원(고법)에도 상고사건을 처리하는 상고부를 두는 법안을 국회에 제출했다. 고법 상고부

....
* 재정신청은 고소나 고발 사건을 검사가 불기소 처분한 경우 고등법원이 고소인 또는 고발인의 신청에 따라 재판에 넘길지 여부를 결정하는 것을 말한다.

법안은 국회 법제사법위원회(법사위) 심사 과정에서 장기 과제로 분류돼 국회를 통과하지 못했다. 노동사건만 전담하는 노동법원 설치도 추진했으나 노동부와 법원, 검찰, 경영계의 반대로 무산됐다.

노무현 정부의 사법개혁은 재판의 중심을 법조인(판사·검사·변호사)에서 주권자인 국민으로 되돌려놓자는 데 초점을 맞추고 있었다. '국민을 위한 사법'을 넘어 '국민에 의한 사법'으로 가자는 것이었다. 국민이 사법권 행사에 주체적으로 참여할 수 있도록 제도적 뒷받침을 하는 것이 노무현 정부 '참여사법'의 기본 목표였다.

예기치 못한 변곡점,
노무현 탄핵심판

이용훈 코트의 키를 쥐게 되는 대법원장 이용훈은 아직 등장하지 않고 있다. 당시 그는 서초동 법조타운의 한 빌딩 사무실에서 변호사로 일하고 있었다. 2000년 7월 대법관에서 퇴임한 후 그의 존재는 조금씩 잊혀져갔다. 자존심 강하고 실력 있는 전직 대법관 정도로만 알려져 있었다.

이용훈은 노무현 대통령과 인연이 없었다. 얼굴 한번 본 적도 없었다. 노무현은 1977년 판사로 임용됐으나 8개월 만에 변호사 개업을 했다. 개인적 인연은 오히려 오랜 기간 법원 생활을 함께했던 이회창 전 한나라당 총재와 있었다. 2002년 대선 후 주변에서 "누구에게 투표했느냐"고 물을 때마다 이용훈은 "비밀선거"라며 손을 내젓곤 했다. 2004년 3월 한국 사회를 뒤흔든 한 사건이 그의 삶을 바꿔놓았다.

2004년 3월 12일. 국회 본회의장은 아수라장이었다. 오전 11시 3분 박관용 국회의장이 입장했다. 열린우리당 의원들은 의장석을 뺏기지 않기 위해 스크럼을 짰다.

"민주주의 사수하자!" "역사의 심판을 받아라." "안 돼! 이건 아니야."

소리치던 의원들이 의장의 경호권 발동으로 경위들에게 끌려나갔다. 박 의장이 의장석에서 마이크를 잡았다.

"대통령 탄핵소추안에 대해 무기명 투표를 하겠습니다."

11시 55분 야당 쪽에서 박수가 터져나왔다. 195명 투표에 193명 찬성. 대통령 노무현의 탄핵소추안이 가결됐다.

노무현 대통령은 취임 직후부터 야당·보수언론과 충돌해왔다. 탄핵소추의 결정적 계기는 2004년 3월 3일 중앙선거관리위원회(선관위) 발표였다. "노무현 대통령이 선거 중립의무를 규정한 공직선거법 제9조를 위반했다." 선관위는 "열린우리당이 표를 얻을 수만 있다면 합법적인 모든 것을 다하고 싶다"고 한 노 대통령의 2월 24일 방송기자클럽 회견 내용에 대해 6 대 2로 법 위반 결론을 내렸다.

한나라당과 새천년민주당, 자유민주연합 등은 탄핵소추를 밀어붙였다. 탄핵소추 사유는 공무원의 정치적 중립의무 위반과 측근들의 권력형 부정부패, 국민경제·국정 파탄이었다. 방송사 중계차들은 헌법재판소로 향했다. 헌법재판소 결정에 따라 취임 1년여 만에 대통령이 파면될 수도 있었다.

이때 구원투수로 등장한 인물이 있었다. '노무현의 친구' 문재인 전 민정수석이었다. 노무현 정부 출범 후 '왕(王)수석'으로 불리던 문재인은 이 일이 일어나기 불과 한 달 전 사표를 낸 상태였다. 그는 히말라야로 트레킹을 떠났다가 탄핵소추안 가결 소식을 듣고 급거 귀국했다. 청와대는 3월 14일 "노 대통령은 문재인 전 수석에게 탄핵심판 대리인단의 '간사 변호인' 역할을 맡기기로 했다"고 발표했다.

문재인은 유현석, 한승헌, 하경철, 이종왕 등 12명으로 피청구인(노 대통령) 측 대리인단을 짰다. 소추위원(김기춘 국회 법제사법위원장) 측 대리인단은 강재섭, 권영세, 민병국, 박상천, 박희태, 안동일, 한병채, 홍준

표, 황우여 등 67명이었다. 법조계에서 진보진영과 보수진영을 대표하는 법률가들이 격돌하는 세기의 대결이었다.

대통령 측 대리인단 명단에는 두 전직 법관의 이름이 올라 있었다. 이용훈 전 대법관과 박시환 전 부장판사였다. 보수적인 법조인으로 알려져 있던 이 전 대법관에 사람들의 이목이 집중됐다. "재야 변호사들로 짜인 대리인단에 왜 이용훈 대법관이 들어갔느냐." 법조계에서 억측이 분분했다.

그의 합류는 대리인단에 전직 대법관이 필요하다는 청와대의 판단에 따른 것이었다. 노무현 정부 초기 사정비서관으로 일했던 검찰 출신 양인석 변호사가 다리를 놓았다. 그는 문재인 전 수석에게 이용훈 전 대법관을 추천했다. 문재인이 직접 이용훈 변호사 사무실을 찾았다.

"대법관님. 탄핵심판 대리인을 맡아주십시오."

문재인은 자신을 사법연수원(12기) 제자라고 소개했다. 문재인은 이용훈이 1980년대 초반 사법연수원 교수로 있을 때 전체 차석으로 수료했다.

"연수원 필기시험은 제가 수석이었습니다. 대법관님께서 출제하신 구술시험 성적이 좋지 않아서…"

문재인은 말수가 적었다. 상대의 말을 조용히 듣는 스타일이었다. 이용훈은 문재인의 정중하고도 완곡한 요청에 대리인단에 참여하기로 했다. '대통령 발언에 문제는 있었지만 그 정도 일로 대통령직에서 물러나라는 건 심하지 않은가.'

사달이 난 것은 첫 대리인단 회의 후 저녁식사 자리에서였다. 참석자들이 변론 전략을 논의하던 중 "전국 차원의 대리인단을 구성하는 게 어떻겠느냐"는 아이디어가 나왔다. 한 참석자가 말했다.

"그건 좀 곤란합니다. (노 대통령은) 살아 있는 권력인데 부나방들이 끼어들기 시작하면…"

순간 이용훈은 자신을 지목하는 말로 느꼈다. 권력 욕심이 있어서 대통령 대리인단에 들어온 것 아니냐는 힐난으로 받아들인 것이다. 이용훈 개인의 느낌일 수 있지만 엘리트 법관 출신과 재야 변호사들 사이에 넘기 힘든 벽이 있는 것이 사실이었다.

이용훈은 양인석을 찾아가 대리인단에서 빠지겠다고 했다. 양인석은 이용훈의 대리인 사퇴 의사를 문재인에게 전하지 않았다. 이용훈은 대리인단 탈퇴가 이뤄지지 않자 공표를 해버릴까 고민했다.

"대리인단에 이미 이름이 올랐는데 지금 와서 빠지시겠다는 건 곤란합니다. 다시 한번 생각해보시는 게…"

주위의 만류로 대리인단에 복귀했다. 3월 21일 노무현 대통령과 대리인단의 첫 만남이 있었다. 상견례와 식사를 겸한 자리였다. 대통령 직무 정지로 청와대 본관이 아닌 관저 식당에서 만났다. 노무현은 대통령의 위신 같은 것에 구애받지 않고 거침없이 말했다. 역대 대통령들과는 전혀 다른 모습이었다. 식사가 끝날 무렵 문재인이 대통령에게 마지막으로 당부할 말씀이 있느냐고 물었다. 노무현은 의자에서 일어나 대리인단에게 고개를 숙였다.

"여러분, 대통령 다시 하게 좀 해주십시오."

탄핵심판에서 이용훈은 강보현, 조대현, 양삼승 변호사 등의 지원을 받아 변론을 주도했다. 3차 변론에서 소추위원 측 대리인이 노 대통령의 출석을 재차 요구하며 색깔공세를 폈다.

"노무현 대통령은 5공 청문회를 하면서 전두환 전 대통령에게 폭언과 함께 명패를 던졌다. 부산시장 선거 때는 '내게 법, 법 하지 말라'고 법을 무시하는 발언을 했다. 이런 철학은 러시아 볼셰비키를 연상시킨다."

이에 대해 대통령 측 대리인 이용훈은 재판부에 "탄핵심판은 법적 책임을 묻는 것이지 정치 공방의 장이 아니라는 점을 기억해주기 바란다"고 말했다. 최종변론에서는 하경철 변호사가 탄핵소추 절차의 부당성을, 이용훈 변호사가 탄핵소추 사유의 법리적 부당성을, 유현석, 한승헌 변호사가 탄핵심판의 역사적 의미를 각각 맡았다. 이용훈은 노무현 대통령의 이중적 지위를 강조했다.

피청구인(노 대통령)은 공무원이자 정치인이라는 이중의 지위를 갖고 있다. 탄핵소추에서 문제 삼은 기자회견 답변은 대통령의 직무집행이 아니라 정치인으로서의 답변이었다. 기자의 질문에 대한 피청구인의 답변은 특정 후보의 당락을 위한 적극적·능동적 발언이 아니었다.

헌법재판소는 5월 14일 "탄핵심판 청구를 기각한다"고 선고했다. 국정에 복귀한 노무현 대통령은 6월 19일 탄핵심판 대리인들을 청와대로 초청했다. 감사의 자리였다. 노무현은 "돌아와보니 생각할 게 너무 많다. 대통령 하기가 쉽지 않다"고 말했다.

한승헌 전 감사원장이 대리인단을 대표해 말했다. "성공보수를 얼마 받았느냐고들 묻는데 대통령께서 건강하게 국정에 복귀한 것이 가장 값진 성공보수입니다." 웃음과 함께 박수가 터졌다. 노무현이 답했다. "여러분들 노고로 다시 돌아온 만큼 부끄럽지 않게 대통령 잘하겠습니다."

이용훈은 이렇게 노무현 대통령과 첫 인연을 맺게 됐다. 이용훈의 인생에서 예기치 못했던 변곡점이었다. 역사에 가정은 없다지만, 2004년 탄핵심판이 없었다면 이용훈은 대법원장에 오르지 못했을 것이다. 이용훈은 같은 해 10월 정부공직자윤리위원장에 임명됐다. 그의 나이 예순 셋이었다.

대법원을 어떻게 개혁할 것인가

노무현 대통령은 인권변호사 출신이다. 그는 1981년 부산지역 운동권 대학생들이 연루된 '부림(釜林)사건' 변론을 맡으면서 인권과 노동 문제에 눈을 떴다. 1987년 최루탄에 맞아 숨진 대우조선 노동자 이석규 씨 사인 규명 작업을 벌이다 제3자 개입 및 장례식 방해 혐의로 구속되기도 했다. 노무현은 정치권력과 경제권력에 순치된 검찰과 법원의 속성을 누구보다 잘 알고 있었다. 그는 초선 국회의원이던 1988년 12월 26일 현대중공업 노동자들 앞에서 이렇게 말했다.

법은 국민 모두에게 이익이 될 때에만 정당한 법이고, 돈 있고 힘 있는 사람들 자기들만 좋도록 만들어놓은 법은 악법입니다. 여러분은 정당한 법만 지킬 의무가 있지 악법은 지킬 의무가 없습니다. (…) 저도 판사도 해보고 변호사도 해보았습니다. 일단 높은 사람이 되고 보니, 끗발 좋은 자리에 가놓고 보니 돈 없고 백 없는 사람들 사정은 알 수 없게 되어 있어요. (…) 결국 그런저런 사정으로 법률도, 행정도, 재판도, 신문도 돈 많은 사람들 편만 들게 되기는 마찬가지고 그것이 다 돈의 조화이기는 마찬가지입니다. 결국 없는 사람들이 믿을 것은 자기들뿐입니다.[6]

노무현 정부 출범을 보름 앞둔 2003년 2월 10일이었다. 노무현 당선인은 인수위원회 산하 법무부장관 추천위원회 위원들과 만났다. 그는 "검찰개혁은 새 정부 성공의 관건이다. 적임자를 추천해달라"고 당부했다.

과거 정권처럼 검찰을 이용할 생각이 없다. 검찰의 서열주의 문화와 특권의식을 해소해야 한다. 그런 관점에서 법무부장관은 국민 신뢰를 받는 인물이어야 하고, 공정하고 강직한 처신을 할 수 있어야 하며, 검찰개혁의 의지가 확고해야 한다. 능력도 중요하지만 상징성도 매우 중요하다. 검찰의 중견 간부들을 설득할 수 있으면 좋겠지만 그리 쉽지는 않을 것이다. 검찰이기주의에 흔들리지 말아야 하고, 검찰을 확실하게 지휘할 수 있는 인물이어야 한다.

그 자리에 추천위원으로 참석했던 김종훈 변호사는 노 당선인의 개혁 의지를 확인할 수 있었다. 김종훈은 노무현 정부의 사법개혁에 기대를 걸기로 했다. 그는 2004년 7월 대법관 교체를 앞두고 '대법관 임명 제청 시 요망 사항'을 청와대에 전달했다. 박시환 전 부장판사를 대법관으로 임명해야 한다는 내용이었다.

사법관료주의를 완화하거나 해소하는 것은 사법개혁의 최대 화두다. 과거처럼 사법연수원 기수 등 서열에 얽매여 대법관을 임명해서는 안 된다. 40대 후반이나 50대 초반 인사 중에서 법조계 다수가 공감하는 인사를 대법관으로 임명 제청함으로써 사법부에 활력을 불어넣고 사법부가 나아가야 할 방향을 제시할 필요가 있다.

이때는 김영란 대전고법 부장판사가 대법관으로 제청됐다. 최종영 코트로서는 사표를 던지고 나간 박시환을 대법관 후보로 올릴 분위기가 아니었다. 청와대도 '사법사상 최초의 여성 대법관'이라는 상징성에 주목했다.

당시 청와대에서 보다 중요했던 현안은 차기 대법원장 인선이었다. 2005년 9월 임기(6년) 만료되는 최종영 대법원장의 후임을 누구로 할 것인가. 대법원장은 대법관 임명 제청은 물론이고 법관인사·사법행정에 전권을 행사하는 자리다. 검찰권을 견제하고, 사법부 과거사를 정리할 수 있을지 여부도 새 대법원장에게 달려 있었다. 대법원장 인선은 '사법개혁'이라는 용의 눈에 점을 찍는 일이었다.

노무현 청와대는 최종영 코트와 협조적 관계를 이어가고 있었다. 그래도 불편함은 걷히지 않았다. 새 대법원장은 정치·사회의 변화상을 반영해 사법부를 개혁하고, 민주정부의 대표성을 갖는 대통령과 호흡할 수 있는 인물이어야 했다. 관건은 서열 파괴를 어느 수준까지 하느냐였다.

당시 비서관을 그만둔 상태였던 박범계는 청와대에 낸 '대법원 인적 구성의 변화' 보고서에서 파격적인 서열 파괴를 강조했다. 보고서는 우선 '2005년 2월 대법관 1명의 임기가 만료되지만 대법원장 임기 마지막 해로 최 대법원장 자신의 인사를 하려 할 것'이라고 예상했다.* 보고서는 이어 '개혁 지향의 대법원장을 통해 진정한 의미에서 국민을 위한 사법부를 탄생시켜야 할 역사적 의의가 있다'고 설명했다. 대법원의 인적 구성에 대해서는 '현재의 가치 기준으로 보수와 진보를 동등한 비율로 해야 한다'고 했다.

구체적인 방안은 두 가지였다. A안은 '60대 고시 출신의 개혁성향 대법원장'을 중심으로 50대까지로 대법원을 구성하는 것이다. 대법관이 사법시험(사시) 21회까지 내려가는 안정형이었다. B안은 '50대 사시 출신의 개혁성향 대법원장'에 40대까지로 대법원을 구성하는 방안이었다. 사시 24~25회까지 내려가는 혁신형이다. 두 방안 모두 개혁성향 대법원장을 통해 세대교체와 개혁의 바람이 법원 조직에 유입되도록

---

* 실제로 최종영 대법원장은 퇴임을 7개월 앞두고 보수성향의 양승태 특허법원장을 대법관으로 임명 제청했다.

하자는 취지였다.

A안은 대법관을 지낸 이용훈 정부공직자윤리위원장과 민변 초대 대표인 조준희 사법개혁위원장을 대법원장 후보로 상정했다. B안은 이홍훈 제주지방법원(제주지법) 원장과 박시환 전 부장판사를 대법원장 후보로 하는 것이었다. 대법관 인선 방안으로는 재조(현직 법관)에서 사시 13~24회까지 각 기수별로 3명 내외로 후보 풀(pool)을 만든 뒤 기수별 평가를 받아 한 명씩 선발할 것을 제안했다. 재야 몫에 대해서는 철저하게 진보적 대중성을 획득한 사람을 임명해야 한다고 했다. 학계에서도 주요 대학의 진보적 교수를 대상으로 5명 정도의 표본을 만들 필요가 있다고 주문했다.

청와대는 구체적인 인선 풀이 필요했다. 2004년 가을 문재인 수석이 박시환 변호사에게 연락을 했다. "대통령께서 박 변호사를 만나고 싶어하십니다." 문재인과 박시환은 사법연수원 동기(12기)였지만 탄핵심판 대리인단 활동 전까지 개인적 친분이 없었다. 문재인은 부산에서 변호사 활동을 했고 박시환은 부산 근무 경험이 없었다. 청와대에 들어간 박시환에게 노무현은 단도직입적으로 말했다.

"박 변호사, 사법부에 변화가 필요합니다. 대법원과 헌법재판소를 이끌 후보군을 정리해주십시오."

구체적인 기준이나 방향은 제시하지 않았다. 의견 수렴 차원의 요청이었다. 박시환은 동료·후배들의 의견을 정리해 청와대에 전달했다. 박시환 개인의 의견서가 아니라 법원 출신 개혁 그룹의 의견서였다. 문건 제목은 '대법원(헌법재판소) 인적 구성에 관한 의견'이었다.

이 문건은 우선 대법원장을 60대의 고시 출신 원로 법조인으로 하되, 법원행정처장과 대법관 등을 개혁성과 추진력이 강한 젊은 판사들로 구성할 것을 제안했다. 이 경우 법원의 동요를 최소화하면서 사법부 안 팎 보수세력의 반발과 저항을 약화시킬 수 있다고 설명했다.

단점으로는 대법원장 자신의 개혁성이 약할 경우 대법원장이 법원 행정처장의 법원 운영에 과도하게 간섭해 사법부 개혁에 차질을 빚을 수 있다는 점을 꼽았다. 대통령 임기 후반기에 대법원장이 자신의 입장을 드러내 당초 기대했던 방향과 무관하게 사법부를 장악·운영하려 할 위험성이 있다고도 했다.

이 같은 분석을 토대로 원로형 대법원장을 임명할 경우 되도록이면 개혁성이 일정 수준 이상 담보되는 인물로 인선할 필요가 있다고 제시했다. 그 후보로 조준희 사법개혁위원장과 이용훈 정부공직자윤리위원장을 지목했다.

다만 1938년생인 조준희의 경우 6년 임기를 채우지 못하고 취임 2년 반 만인 2008년 3월 정년(70세)이 되어 차기 대통령이 후임 대법원장을 임명할 수 있다고 했다. 이용훈에 대해서는 '본인의 성향은 중도이나 개혁적 주장에 비교적 열려 있는 자세'라고 평했다. 원로형 대법원장을 뒷받침할 추진형 법원행정처장으로는 이홍훈 제주지법원장을 제시했다.

원로형과 대비되는 혁신형 대법원장에 대해서는 '50대 대법원장이 직접 앞장서서 개혁 작업을 추진함으로써 강력하고 일관성 있는 사법부 개혁을 기대할 수 있다'고 평가했다. 사법부 물갈이와 기수 파괴의 효과를 볼 수 있다는 점도 부각시켰다. 이 경우 '사법부의 급격한 물갈이로 기존 대법관 등 사법부 구성원과 재야 법조인, 여론의 극심한 저항과 반발을 부를 수 있다'고 했다.

혁신형 대법원장 후보로는 이홍훈 제주지법원장을 제시했다. 개혁적 성향으로 진보적 판결을 해왔고, 개혁성과 추진력 면에서 흔들림이 없다고 평했다. 현직 대법관 중에서 대법원장을 임명해야 한다면 '비교적 중립적이고 무난한 인사들 중에서 고르는 수밖에 없다'며 손지열, 고현철, 김용담 대법관을 꼽았다.

대법관·헌법재판관 후보로는 사시 10회 조영황부터 13회 박재승, 이공현, 14회 이홍훈, 15회 김오수, 16회 이주흥, 최병모, 17회 김종대, 조대현, 18회 박태범, 전수안, 19회 김대휘, 김이수, 20회 김치중, 21회 김지형, 박병대, 22회 문재인, 박원순, 송두환, 23회 김종훈, 김형태, 한기택, 조용환 등 25명을 제시했다. 인물마다 '개혁적' '개혁적 중도' '합리적 중도' '합리적 보수'로 성향을 표시했다.

문건은 명단을 제시하는 데 머물지 않았다. '향후 사법부 운영의 방향과 철학'에 대한 개혁 그룹의 의견을 밝혔다. 우선 당시 사법부의 문제점을 보수화와 관료화, 획일화로 제시했다.

관료적이고 보수적인 법원의 분위기에 순응해 20~30년간 착실히 승진 단계를 밟아 올라간 법관들 중에서 대법관을 선발하는 현재의 방식에 의하면, 대법원은 보수 일색의 대법관으로만 구성될 수밖에 없고, 그런 대법관 선발 방식을 통하여 그 아래의 전체 법관들을 효과적으로 관료적인 통제를 할 수 있게 됨. 그 결과 하급심에서도 다양한 가치관을 반영하는 다양한 판결이 나올 여지가 없게 되고, 전체 사법부가 대법원장 한 사람의 성향과 가치 기준에 따라 한 가지 색깔로만 움직이게 됨. (…) 강한 보수적 성향하에 관료적으로 움직이는 사법부는 독재정권, 군사정권 등 권위 주의의 정권을 거치면서 그 폐단이 극에 달하여, 사법부 본래의 기능이 심하게 훼손된 채 국민의 권리와 행복을 지켜주기는커녕 오히려 국민에게 좌절과 고통을 안겨주는 지경에까지 이르게 되었음.

또한 "사법부가 근래에 와서 국가보안법 판결, 양심적 병역거부 판결, 수도 이전 위헌 결정 등을 계기로 적극적인 태도를 띠기 시작했다"며 보수적 정치기구화 가능성을 우려했다.

지금과 같이 강한 보수성이 지배하는 사법부, 보수적인 대법관 일색으로 구성된 대법원이 그 상태대로 정치기구화하는 것은 극히 우려할 현상임. (…) 사법부의 위와 같은 강한 보수성에 기대어 수구세력과 반개혁세력은 개혁과 변화에 저항하고 자신들의 입지를 유지하는 방편으로 사법부의 재판을 이용하려는 경향을 보이기 시작함. 수구세력은 보수 일색의 대법원과 헌법재판소가 자신들의 기득권을 보호해주는 최후의 보루인 것으로 여기고, 향후 민감한 정치적 사건이 생길 때마다 이를 대법원이나 헌법재판소로 가져갈 가능성이 있음.

이러한 현실 진단은 과단성 있는 조치가 필요하다는 결론으로 이어졌다.

- 어느 정도 부작용이 있더라도 과감한 물갈이나 기수 파괴 등 눈에 띄는 변화의 메시지를 나타내 보일 필요가 있다고 생각됨.
- 대법원의 다양성과 승진 구조로부터의 이탈을 위해서는 경력이 상대적으로 낮은 40대 젊은 법조인이 바로 대법관으로 임명되는 케이스가 반드시 몇 명 있어야 할 것으로 생각됨.
- 경력의 다양성 확보와 법조일원화의 촉진을 위해서는 재조 경력이 없는 실질적 재야 법조인 중 최소한 1~2명은 대법관(헌법재판관)으로 임명하는 것이 바람직하다고 생각됨.
- 여성 대법관(헌법재판관)은 현재 대법원과 헌법재판소에 각 1명씩 있기는 하나 1명으로는 적다고 생각되며, 적정한 시차를 두고 조금씩 늘려갈 필요가 있다고 생각됨.

이 문건에는 '관료적이고 보수적인 법원'에 대한 강한 문제의식이 드러나 있다. 보수 일색의 대법원이 판사들을 관료적으로 통제하고, 하급심 판결에도 획일성을 강요하는 현실에 대한 지적은 양승태 코트에 대한 예언으로도 읽힌다. 해법으로 제시된 대법원 구성의 다양화에 대해 청와대 역시 공감하고 있었다.

문제는 대법원장이었다. 입법화 단계에 접어든 사법개혁을 누가 실행에 옮길 것인가. 청와대의 고민은 깊을 수밖에 없었다.

문재인,
이용훈과 이홍훈을 만나다

2005년 초부터 대법원장 후보군이 압축되기 시작했다. 1차로 박재승 대한변협 회장과 조준희 사법개혁위원장이 후보군에서 빠졌다. 대법원장을 법원 외부에서 영입하면 법원 내부의 반발이 작지 않을 것이라는 점이 감안됐다. 유력한 후보는 이용훈과 이홍훈, 두 사람이었다.

소장 판사들은 이홍훈을 선호했다. 법원행정처 근무 경험이 없다는 것이 강점이었다. 대법관을 하지 않은 사람도 대법원장이 될 수 있어야 한다는 논리에도 설득력이 있었다. '개혁적 성향에 사법관료 냄새 덜 나는' 이홍훈이 사법개혁을 이룰 수 있다는 기대였다.

이홍훈 대망론에는 이용훈이 대법관 퇴임을 한 지 5년이 지나 젊은 판사들이 그를 잘 알지 못한다는 점도 작용했다. 우리법연구회에서도 박상훈 부장판사와 이용구, 정진수 판사 등이 이홍훈을 지지했다.

2005년 3, 4월이 되자 이용훈이 이홍훈에게 밀리기 시작했다. 청와대 일부 비서관도 이홍훈 쪽으로 기울어졌다. 무엇보다 이용훈에 대한 의구심이 해소되지 않고 있었다. 개혁세력과 끝까지 함께 갈 사람인가. 아니면 사법개혁의 발목을 잡을 사람인가.

우리법연구회에서 이용훈 지지자는 이광범 부장판사와 김종훈 변호사 정도였다. 두 사람은 판사들을 설득해나갔다. "당신이 정치판사냐. 판사가 왜 청와대 사람들을 만나고 다니느냐." "대법관도 거치지 않은

분이 대법원장이 되면 법원 내부 반발을 버텨내지 못할 것이다."

두 사람은 전·현직 대법관 중 이용훈이 상대적으로 열린 자세를 가졌고, 김영삼 정부 때 법원행정처 차장으로 사법개혁을 주도한 점을 강조했다. 판사 시절 긴급조치나 국가보안법 사건 같은 시국사건을 재판한 적이 없다는 것도 장점이었다. "과거사 문제에 대한 인식이 그 누구보다 확고하다." 개혁성과 조직장악력, 과거사 정리 의지가 검증됐다는 얘기였다. 김종훈은 국민참여재판제도 공청회에 이용훈과 함께 참석하는 등 그가 사법개혁에 미온적일 것이라는 의심을 푸는 데 주력했다.

청와대가 본격적으로 움직인 것은 그해 5월이었다. 문재인 민정수석은 대법원장 후보들을 잇따라 만났다. 이용훈과는 식사를 하며 가볍게 대화를 나눴다. 이용훈에 대해서는 탄핵심판 대리인단 활동을 하면서 어느 정도 파악이 끝난 상황이었다. 판사로서 흠잡을 데가 없다는 인식이 공유되어 있었다.

문재인은 이홍훈과도 만났다. 문재인은 이홍훈에게 "대법원장이 된다면 사법부를 어떻게 운영하겠다는 구상이 있느냐"고 물었다. 이홍훈은 물음에 답하지 않았다. 자신은 대법원장을 하고 싶은 생각이 없다고 했다.

"대법관을 하지 않은 사람이 대법원장을 하는 건 법원 문화에 맞지 않습니다. 사법부에도, 대통령께도 부담이 될 겁니다."

대법원장 교체 시점(9월)이 다가오자 분위기가 달아오르기 시작했다. 7월 27일 민변과 참여연대 등 14개 시민사회단체가 '우리는 이런 대법원장을 원한다' 발표회를 열었다.

대법관으로 대법원에 발을 들인 적이 있는 인사는 첫 번째로 배제되어야 한다. (…) 새 대법원장은 관료사법의 때가 묻지 않은 재야 변호사 중에서 적임자를 찾아보거나, 아니면 적어도 판사 경력은 있으되 대법원에 몸담은 적은 없는 신선한 인물 중에서 물색하는 것이 바람직하다.

같은 날 서울중앙지방법원(서울중앙지법)의 한 부장판사는 '대법원장은 전·현직 대법관 중에서'라는 제목의 글을 배포했다.

전·현직 대법관 중에서 대법원장이 임명되지 않는다면 많은 법관들이 큰 당혹감과 반감을 느끼거나 냉소에 빠질 것이다. 임명 반대 서명운동이 일어날 수도 있다. 만에 하나라도 평판사 출신 변호사가 대법원장이 되면 필자는 그 권위를 인정할 수 없으므로 즉시 사직할 것이다.

대한변협은 8월 1일 차기 대법원장 후보로 손지열 법원행정처장과 유지담 대법관, 이용훈 정부공직자윤리위원장, 조무제 동아대 석좌교수(전 대법관), 조준희 언론중재위원장을 추천했다. 기준은 사법부 독립을 수호할 확고한 의지와 청렴성·공정성, 풍부한 법률지식·행정능력이었다. 같은 달 4일 우리법연구회 소속 정진경 의정부지방법원(의정부지법) 고양지원 부장판사는 코트넷에 올린 글에서 "전·현직 대법관은 대법원장이 되어서는 안 된다는 일부 시민단체 의견에도, 전·현직 대법관만이 대법원장 자격이 있다는 견해에도 동의하기 어렵다"고 했다.

현재 사법부는 모든 법관에 대한 임면권과 보직권을 가진 대법원장을 중심으로 철저히 관료화되어 있다. 새로운 대법원장은 스스로 권한을 포기해 사법행정이 재판을 통제하는 것이 아니라 보조토록 해야 한다. 이런 시대적 소명을 완수할 수 있다면 대법관 출신이든, 아니든 문제가 없다.

정 부장판사의 지적은 정확했다. 사법의 관료화를 완화하기 위해서는 대법원장이 권한을 내려놓아야 한다. 판사들이 독립적으로 재판할 수 있도록 방패막이 역할을 하면서 자신의 권한을 내려놓고 스스로 견제의 대상이 되는, 그런 대법원장은 가능할 것인가.

"대법원장 지명하는 게 얼마나 영광인지…"

이용훈은 청와대에서 자신을 유력한 대법원장 후보로 검토 중이라는 사실을 알고 있었다. 과연 자신을 대법원장으로 지명할지 확신이 서지 않았다. 이용훈이 청와대에서 연락을 받은 것은 8월 16일이었다.

"대통령께서 만찬을 하자고 하십니다."

다음 날 저녁 이용훈은 청와대 관저 식당에서 노무현 대통령과 마주 앉았다. 노무현의 첫마디는 "축하합니다"였다.

"제가 판사를 몇 개월밖에 하지 못했습니다. 대법원장 지명하는 게 얼마나 영광인지 모르겠습니다."

노무현은 곧바로 변호사 시절 얘기로 화제를 이어갔다. 그는 판사들이 재판을 진행하는 방법이 납득되지 않을 때가 많았다고 했다. 이용훈은 수락하겠다고 답할 기회조차 없었다. 노무현이 대법원장 직을 맡게 될 이용훈에게 요청한 것은 단 하나였다.

"대법원 구성을 다양화해주셨으면 합니다." 대법관 후보로 특정 인물을 입에 올리지는 않았다.

"개혁적인 생각을 갖고 있는 사람들이 비주류 취급을 받고 있지 않습니까. 그런 사람도 대법관이 돼야 하지 않겠습니까. 젊은 사람들 좀 등용하면 안 되겠습니까."

이용훈은 즉답을 피했다. "지금 뭐라고 말씀드릴 수는 없고, 이제부터 살펴봐야 할 것 같습니다." 노무현은 시종 예의를 갖춰 새 대법원장을 대접했다.

다음 날 청와대에서 이용훈 대법원장 후보자 지명을 발표하자 기대와 우려가 엇갈렸다. 한나라당은 이용훈의 탄핵심판 대리인단 참여 경력을 문제 삼았다. "노 대통령이 각종 정부 고위직을 보은 인사로 채운 것은 개탄스러운 일이다. 특히 사법부의 수장 직에 자신의 탄핵 대리인을 임명한 것은 삼권분립의 중립성을 크게 훼손하는 부적절한 결정이다." 열린우리당은 "충분한 여론 수렴을 통해 신망 있고 사법개혁 의지를 갖춘 적절한 분이 지명됐다"고 논평했다.

국회 인사청문회가 기다리고 있었다. 대법원장 후보자로는 사상 첫 인사청문회였다. 이용훈은 인사청문회에 앞서 서면 답변을 통해 "대법원은 사회의 다양한 가치관과 이익을 대변할 수 있도록 구성을 다양화하는 방향으로 나아가야 한다"고 밝혔다.

9월 8~9일 이틀간 국회 인사청문회가 열렸다. 이용훈은 야당 의원들이 정치적 중립성에 의문을 나타내자 "개인적으로 성질이 좀 고약하다"고 답했다. "권력의 사법부 개입은 도저히 용납 못 하는 성품입니다." 변호사를 하면서 24억 원의 수입을 올린 것을 놓고 전관예우 의혹이 제기되자 "맡은 사건 대부분이 사건 당사자가 아니라 1, 2심 사건을 맡은 변호사로부터 수임을 받았다"고 했다.

과거사 청산 문제에 대해서는 "(권력에 의한) 외압을 포함한 사법부의 과거사 문제에 대해 취임 후 생각을 해보겠다"고 했다. 그는 판사들의 각성을 촉구하기도 했다. "힘없는 백성들은 형을 받고도 아무 말도 못 하고, 힘 있는 사람들은 다 풀려나고… 사회지도층 인사에 대해 양형을 그렇게 하는 게 아닙니다."[7]

청문회에서는 우리법연구회 문제도 거론됐다. 주호영 한나라당 의원이 "우리법연구회란 모임이 정치적인 문제와 관련돼 보도되는데 (이 사실을) 파악하고 있느냐"고 물었다. "제가 대법원장에 임명되면 우리법연구회 연장자들에게 '법원에 이런 단체가 있어선 안 된다, 젊은 법관들은 모르지만 부장판사들은 탈회하는 것이 좋다'고 하겠습니다." 이용훈은 청문회 끝나기 전 마지막 인사말을 했다.

인준이 된다면 사법에 관한 간절한 소망을 이루도록 하겠습니다. 사법권 독립에 최선을 다하고, 공정한 재판을 위한 제도적 장치를 마련하겠습니다. 사법부 수장의 역할은 공정한 재판을 해 힘없는 백성들이 법원이 있다는 게 다행이라 느끼게 하는 것입니다.

우리법연구회 관련 답변 내용이 알려지자 김종훈, 박범계 변호사와 이광범 광주고법 부장판사 등이 연구회를 탈퇴했다. "순수한 연구 모임인데 이용훈 후보 발언 때문에 모임 성격이 왜곡됐다." 우리법연구회 소속 판사들이 "왜 우릴 문제 삼느냐"며 반발하기도 했다.

국회는 같은 달 14일 본회의를 열고 대법원장 후보자 임명동의안을 표결에 부쳤다. 출석 의원 277명 중 찬성 212표, 반대 61표, 기권 3표, 무효 1표였다.

취임식은 같은 달 26일 서울 서초동 대법원 청사에서 열렸다. 그동안 대법원장 취임식이 판사들 중심으로 열린 데서 벗어나 초·중·고·대학생과 장애인 등 시민 100명을 초청했다. 이용훈 대법원장 지시로 대법관과 판사들까지 법복 대신 정장 차림으로 참석했다.

이 대법원장의 얼굴은 포부와 결의로 가득차 있었다. 그는 참석자들을 바라보며 취임사를 읽어내려갔다.

독재와 권위주의 시대를 지나면서 그 거친 역사의 격랑 속에서 사법부는 정치권력으로부터 독립을 제대로 지켜내지 못하고, 인권보장의 최후 보루로서의 소임을 다하지 못한 불행한 과거를 가지고 있습니다. 이제 우리 국민들은 사법부가 과거의 잘못을 벗어던지고 새롭게 거듭나기를 간절히 원하고 있습니다. (…) 대법원장인 저를 포함한 사법부 구성원들 모두는 국민 여러분께 끼쳐드린 심려와 상처에 대하여 가슴 깊이 반성하면서 엄숙한 마음으로 사법부의 새로운 출발을 준비하고자 합니다. 저는 법원을 떠나 있는 동안 국민과 사법부 사이에 커다란 간극이 있다는 것을 뼈저리게 느꼈습니다. (…) 무엇보다도 지난 잘못을 솔직히 고백하는 용기와 뼈를 깎는 자성의 노력, 그리고 새로운 길을 여는 지혜의 결집이 요구됩니다.[8]

대법원장이 취임식에서 사법부의 굴절된 과거사에 대해 언급한 것은 처음이었다. 이용훈은 "국민을 섬기고 국민으로부터 신뢰받고 존경받는 사법부, 국민과 함께하는 사법부를 이루기 위해 전진하자"며 판사들의 동참을 촉구했다. 취임식을 마친 그는 밝은 표정으로 판사·직원들과 악수를 나누며 중앙 통로로 퇴장했다.

취임 기자간담회에서 이용훈은 "국회 인준 후 유신 시절 형사재판 기록을 보다가 암울한 시대를 그냥 덮고 갈 수 없다고 생각했다"고 말했다. 대법원 구성의 다양화에 대해서는 "대법관의 덕목은 우선 전문적인 법률지식과 합리적인 판단력이다. 그 사람의 사상이 보수니, 진보니 하는 것은 그렇게 크게 고려할 사안이 아니다"라고 했다.

이용훈은 시험대 위에 섰다. 판사들뿐 아니라 법조계의 모든 눈들이 그를 지켜보고 있었다. 그를 향한 눈길에는 기대와 희망도 있었지만 우려와 반감도 있었다. 어쩌면 우려와 반감이 더 컸는지 모른다. 취임과 함께 이용훈은 노무현 정부를 경원시하던 법조계 주류 그룹과 보이지 않는 싸움을 벌여야 했다.

32년 판사 생활 일깨운
변호사 5년

누구도 자신이 살아온 경험에서 자유로울 수 없다. 생각한 대로 경험하기도 하지만 대개는 경험한 대로 생각한다. 한국의 사법 시스템에서 법원은 대법원장의 경험, 그리고 캐릭터에 따라 좌우되어 왔다. 대법원장이 보고 느낀 것이 사법행정에 고스란히 반영될 수밖에 없다.

1941년 12월 전남 보성에서 태어난 이용훈*은 광주제일고를 거쳐 1959년 서울대 법대에 입학했다. 대학 2학년이던 4·19 때 시위에 참가해 경무대 앞까지 진출했다. 총소리와 함께 옆에 있던 한 학생이 피를 흘리며 쓰러졌다. 대학생들은 기어서 도망가는데 고교생들이 총상 입은 학생을 둘러업고 시위를 계속했다. 이용훈은 "한 살이라도 젊은 사람이 정의롭다"고 말하곤 했다.

고등고시 사법과 15회에 합격한 이용훈은 서울대 사법대학원과 법무관을 마친 뒤 1968년 대전지법에서 판사 생활을 시작했다. 1971년 1차 사법파동으로 전국의 판사들이 사표 대열에 참여했다. 이용훈 등 대전지법 판사들도 사표를 냈다. 당시 이일규 대전지법원장은 "사표를

---

* 이용훈의 아버지는 부친을 폭행한 일본인 순사(순경)를 동생과 함께 응징한 뒤 도망 다니다 일본 고베로 밀항했다. 도피 생활 중 몰래 보성 집에 다녀갔는데 그때 이용훈이 잉태됐다고 한다. 그의 장인인 고영완(2·5대 국회의원)도 일제강점기에 독립운동을 하다가 함흥교도소에서 3년간 징역살이를 했다.

낼 것 같으면 내일부터는 출근하지 마라"라고 했다. "판사가 나중에 반려받을 생각으로 사표를 내서야 되겠느냐. 검찰도 올바르지 않지만 판사들이 변호사로부터 비행기표와 여관비 받은 것도 온당치 않다." 대전지법 판사들은 그 자리에서 사표를 거둘 수밖에 없었다.

1972년 이용훈이 대전지법에서 의정부지원으로 발령받고 4개월 후 계엄령이 선포됐다. 식사를 하러 나가다 10월 유신을 알리는 대통령 특별선언을 라디오로 들었다. "1972년 10월 17일 19시를 기하여 국회를 해산하고, 정당 및 정치 활동의 중지 등 현행 헌법의 일부 조항 효력을 정지시킨다. 일부 효력이 정지된 헌법 조항의 기능은 비상국무회의에 의하여 수행되며…" 계엄군법회의가 설치됐고, 군에서 감독관이 나와 재판 업무를 감독했다. 감독관이 '계엄사건' 도장을 찍으면 종전까지 집행유예나 벌금을 선고하던 사건에 징역 2~3년씩을 선고해야 했다. 폭력이나 대마초 흡연, 윤락행위까지 계엄사건으로 분류됐다.

판사를 계속해야 할지 고민이 됐다. 이용훈은 기존대로 양형을 하기로 마음먹었다. 구속 기간을 감안해 그 기간만큼 실형을 선고했다. 피고인이 다섯 달 동안 구속되어 있었다면 징역 5월을 선고한 것이다. "이 판사, 판사 생활 계속할 수 있겠습니까?" 검사들이 걱정하는 척 압박을 했다. 이용훈은 더 이상 판사를 할 수 없을 것으로 생각했는데 다음 해 재임용이 됐다.

유신헌법은 국민주권 원리를 송두리째 부정한 헌법이었다. 대통령 명령으로 시민들을 형사처벌하는 긴급조치는 죄형법정주의*가 붕괴했음을 의미했다. 평온하던 법정도 항의의 공간으로 바뀌었다. 긴급조치 위반으로 재판에 넘겨진 피고인들은 법정에서 애국가를 불렀고 신발을 던졌다.

유신헌법 시행과 함께 법원 수뇌부는 형사재판을 담당할 판사들을 선별했다. 정부 방침과 어긋나는 판결을 한 판사들이 제외됐다. 이용훈도 중요 형사재판에서 배제됐다. 판사들은 갈수록 움츠러들었다.[**] '양심에 따라 독립하여 심판한다'는 헌법이 지켜지지 않는 현실에 이용훈은 자괴감을 느꼈다.

1978년 2월 이용훈은 독일로 6개월간 연수를 갔다. 나치시대와 제2차 세계대전을 거치며 불신의 대상이 됐던 독일 사법부가 어떻게 다시 태어날 수 있었는가. 법정에서 사실관계부터 법률 문제까지 모든 것을 당사자들에게 알기 쉽게 설명해주는 재판을 보며 의문이 풀렸다. 독일 생활에서 빼놓을 수 없는 일은 독실한 기독교인이 된 것이었다. 가족과 떨어져 해외 생활을 하면서 우울증을 얻게 되자 기도에 매달리다 종교적 체험을 했다. 술, 담배를 끊었다. 자기절제를 하는 습관이 몸에 붙었다.

....

* 죄형법정주의(罪刑法定主義)는 범죄와 형벌은 미리 국회에서 만든 법률로 규정되어 있어야 한다는 형법 원칙이다. 사회적 비난 가능성이 아무리 크더라도 법률에 범죄로 규정되어 있지 않다면 처벌할 수 없다. 법률이 정한 형벌 이외의 처벌을 할 수도 없다. 형법 불소급, 유추해석 금지 등의 원칙들은 죄형법정주의에서 나온 것이다.

** 당시 형사사건 재판을 담당하는 판사들은 판사실에서 마음 놓고 사건 합의를 할 수가 없었다. 판사들끼리 나눈 얘기가 밖으로 새나갔기 때문이다. 검사들이 "이런 쪽으로 결론을 내렸다면서요?" 하고 묻는 일이 잦아지자 판사들 사이에 "도청당하는 것 아니냐"는 의심이 번져갔다. 서소문에 있던 법원에서 근무하던 일부 판사들은 덕수궁을 걸으며 합의를 하기도 했다.

1985년 이용훈은 고등법원 부장판사로 승진했다. 깐깐하고 빈틈없는 성격인 이용훈은 부장판사 시절 '벙커'*로 불렸다. 배석판사들이 "일견(一見·언뜻 보기에) 원고 승소로 판단된다"고 말하면 목소리를 높였다. "일견이 뭡니까, 판사가. 확실하게 판단을 해야지."

1993년 이용훈은 서울서부지원장 발령을 받았다. 그때만 해도 서부지원이 사법파동의 발원지가 되리라고는 누구도 알지 못했다. 그해 4월이었다. 김종훈 서부지원 판사가 '개혁시대 사법의 과제'라는 제목의 문건을 작성해『법률신문』에 기고하려다 거절당했다. 김종훈은 문민정부 출범 후 대법원이 변호사의 판사실 출입금지 등으로 개혁을 멈추려 하자 '수뇌부가 개혁을 오도하고 있다'고 판단했다.

법관들이 안기부, 검찰, 심지어는 기무사 등으로부터 얼마나 자유롭게 재판권을 행사하였는가. 인사권을 통한 간접 통제는 없었는가. 우리가 가장 경계하여야 할 것은 관료주의이고, 하루빨리 이루어야 할 것은 사법부 내부의 민주주의이다. 법관회의 제도화, 젊은 법관들의 법원행정 참여 같은 제도적 장치가 마련되어야 한다.

소위 '정치판사'**에 대한 젊은 판사들의 문제의식을 대변한 글이었

---

* 배석판사들이 함께 일하기 부담스러워하는 재판장을 일컫는 법원 내 은어.
** '정치판사'는 유신시대와 5공 시절 군사정권과 유착하면서 승진과 보직 혜택을 누렸던 판사들을 가리키는 표현이다. 특히 시국사건이나 공안사건 등 형사재판을 전담하면서 정치권력의 입맛대로 재판하는 사법 기구로 자리잡은 서울형사지방법원이 주된 비판 대상이었다. '정치판사'에는 당시 사법부 수뇌부 중 상당수가 포함되어 있었다.

다. 이 글은 일간지에 기사화되어 파장을 일으켰다. 문민정부 출범으로 전전긍긍하던 대법원은 5월 3일 전국법원장회의를 열기로 했다. 이례적으로 서울지역 지원장들도 참석토록 했다. 이용훈은 전국법원장회의 참석에 앞서 토요일인 5월 1일 회의를 열었다. 판사 22명이 참석했다.

"지금 이 사태에 대해 어떻게들 생각합니까."

이용훈은 모든 판사들에게 발언 기회를 주었다. 그는 판사회의 결과를 전국법원장회의에서 보고했다. 대법원 개선안에 대해 "그 정도로는 안 된다. 판사들 의견을 더 경청해야 한다"고 건의했다. 이용훈의 발언은 법관 사회에 깊은 인상을 남겼다. 사법개혁을 요구하는 소장 판사들을 두둔한 셈이었다. 법원 주변에서는 "이용훈이 대법원에 찍혔다"고 수근거렸다.

같은 해 6월 박시환, 강금실, 이창훈 판사 등 서울민사지법 판사 40명이 건의문 '사법부 개혁에 관한 우리의 의견'을 발표하면서 상황은 급변했다.

판사들은 판결로써 말해야 했을 때 침묵하기도 하였고, 판결로써 말해서는 안 되는 것을 말하기도 하였으며, 판결이라는 방패 뒤에 숨어 진실에 등 돌리기도 하였습니다. 사법부는 고립되어 서로를 불신하기도 하였고, 서로를 경원하기도 하였으며, 서로를 통제하기도 하였습니다. 마침내 사법부의 권위는 법정에서조차 유지되지 못하는 참담한 사태를 맞이하기에 이르렀고, 사법부에 대한 국민들의 불신은 차라리 냉소에 가까운 것이 되어버렸습니다.

이들은 정치권력에 협력해온 사법부의 자기반성과 개혁을 촉구했다. 재판 독립을 위한 법관의 신분 보장, 법관인사위원회의 의결기구화, 고등법원 부장판사 등 직급 제도의 조정 또는 폐지, 법관회의 제도화 등을 요구했다. 건의문은 김덕주 대법원장에게 전달됐다. 같은 해 9월 재산 공개의 여파로 김 대법원장이 사퇴했다. 김영삼 대통령은 김 대법원장 후임에 윤관 대법관을 임명했다.

윤관 대법원장은 이용훈을 법원행정처 차장으로 기용했다. 이용훈이 맡은 과제는 사법개혁이었다. 이용훈은 윤 대법원장 주도로 출범한 사법제도발전위원회 주무위원으로 사법제도 전반을 다뤘다. 서울 민사·형사지방법원 통합, 특허법원·행정법원 설립과 함께 영장실질심사 제도가 도입됐다.[*]

1994년 7월 이용훈은 대법관 후보로 임명 제청됐다. 윤관 코트 최대의 재판은 12·12 및 5·18 사건이었다. 대법원 전원합의체는 전두환, 노태우 전 대통령의 내란 혐의에 대해 유죄를 확정했다. 당시 이용훈은 소수의견을 내려고 했다. 대법원이 1981년 김대중 내란음모 사건에 대해 유죄 판결을 했는데 그 판결을 유지하면서 전두환·노태우의 내란죄를 인정하는 것은 논리적 모순이라는 지적이었다. '내란행위(김대중 내란음모 사건)를 내란행위(전두환·노태우 사건)로 진압했다는 이상한 결론에 도달하는 만큼 5·18 당시 시민들의 행위에 대한 성격 규정부터 다시

....

[*] 영장실질심사는 수사기록만 보고 구속영장 발부 여부를 결정하는 대신 직접 피의자를 신문한 뒤 발부 여부를 판단하는 제도다. 대법원은 당시 검찰의 격렬한 반대에도 영장실질심사를 법제화하는 데 성공했다.

해야 한다. 이러한 과정을 거치지 않는다면 헌정질서에 대한 최후의 수호자가 되어야 할 대법원이 문제의 본질을 회피한 채 그때그때의 정치적 상황에 따라 사법적 판단을 한다는 비난을 피할 수 없다.'

이런 내용의 소수의견을 대법관들에게 돌렸는데 반대 목소리가 많았다. "김대중 내란음모 사건은 쟁점이 아니지 않느냐.""과거 잘못을 그렇게까지 드러내면 법원 위상이 어떻게 되느냐." 이용훈은 절충안을 제시했다. "분량을 한 장으로 줄이겠다. 시민들을 내란음모로 처벌한 판결을 그대로 두는 것은 논리적으로 맞지 않다고만 쓰겠다." 제안은 받아들여지지 않았다. 소수의견을 포기해야 했다.

이용훈은 1999년 9월 윤관 대법원장의 후임 물망에 올랐다. 최종 단계까지 올라갔지만 최종영 전 대법관과의 경합에서 고배를 마셨다. 2000년 7월 헌법재판소장 후보에도 올랐으나 윤영철 전 대법관이 임명됐다. 김대중 대통령과 같은 전남 출신이란 점이 걸림돌이었다.

이용훈은 대법관 퇴임 후 로펌으로 가는 대신 개인 개업을 택했다. 그는 과거 서부지원에 있다 퇴직한 직원을 찾았다. 그 직원은 김종훈 변호사 사무실에서 사무장을 하고 있었다. "사무실을 같이 쓰시죠." 이용훈은 김종훈의 제의를 받아들였다.

이용훈은 상고이유서에 도장 찍어주고 고액을 받는 일부 전직 대법관과 달리 사건기록을 모두 복사해 읽었다. 남의 사건 봐주면서 다른 변호사가 써오는 서류에 도장만 찍을 수 없다는 생각에 직접 상고이유서를 작성했다.

수임한 사건 중 언론보도에 나올 만한 것은 거의 없었다. 김병관 동아일보 회장 사건 정도였다. 동아일보 독자인권위원장을 맡은 것이 계기가 됐다. 이 사건은 2001년 6월 국세청이 조선일보, 중앙일보, 동아일보, 한국일보, 대한매일신문, 국민일보 등 6개 신문사와 조선일보, 동아일보, 국민일보 등 3개 신문사 사주를 조세범 처벌법 위반 혐의(조세 포탈)로 고발하면서 시작됐다.

검찰 수사 단계에서는 대검찰청(대검) 중앙수사부(중수부) 수사기획관 출신 이종왕 변호사가 변론을 주도했다. 이용훈은 혐의를 주고받는 딜(거래)로 이뤄지는 수사와 변호 방식이 마음에 들지 않았다. "하지 않은 일을 시인했다가 나중에 세금 문제와 결부되면 복잡해진다. 원칙대로 가자." 그의 주장은 반영되지 않았다.

이러한 수사 방식은 일회성이 아니었다. 다른 사건에서도 비슷한 수사 방식이 되풀이되고 있었다. 수사기록을 모두 진실이라 믿으며 재판해온 지난날들이 뿌리째 흔들리는 느낌이었다. '이런 수사기록을 갖고 재판을 해왔다는 말인가. 재판은 법원이 하는 것인가, 수사기관이 하는 것인가.'

1심 재판도 검찰이 짜놓은 프레임에 따라 진행됐다. 2심에서 세금 문제가 불거지자 "진술을 바꿔야겠다"는 말이 나왔다. 이용훈은 "다 쓸데 없는 얘기다. 1심에서 진술한 것을 2심에서 뒤집은들 무슨 소용이 있겠느냐"고 했다.

저녁식사를 하다가 김병관 회장과 부딪히기도 했다. "도대체 변호사가 해준 게 뭐 있습니까." 김 회장의 말에 이용훈이 밥상을 쳤다. "그러면 변호사가 죄 있는 걸 없다고 해줍니까." 김 회장은 허허 웃었다.*

이용훈이 대법원 공개변론에 나선 것은 주모 씨 사건에서였다. 주씨는 병원장 최모 씨 등과 짜고 허위진단서를 꾸며 보험사로부터 1700만 원을 받아낸 혐의로 1999년 4월 기소됐다. 1심, 2심에서 주씨는 징역 8월, 최씨는 징역 6월을 선고받고 상고했다.

쟁점은 검사가 작성한 피의자신문조서의 증거능력을 인정할지 여부였다. 병원장 최씨는 재판 과정에서 "피의자신문조서에 서명·날인은 했지만 내 진술과 다른 내용이 조서에 기재됐다"고 했다. 최씨 주장은 받아들여지지 않았다. 당시 대법원 판례는 '검사가 작성한 피의자신문조서는 피고인 진술이 임의로(자기 뜻대로, 자유롭게) 한 것이 아니라고 특별히 의심할 만한 사유가 없는 한 증거능력이 있다'는 것이었다.

문제의 판례는 1984년 국가보안법 사건에서 나왔다. 주로 국가보안법 사건, 특히 간첩사건에서 쓰이다 조직폭력사건이나 마약사건으로 확대됐다. 피의자가 도장 찍고 서명하면, 즉 형식적 요건만 갖추면 진술 내용이 맞는지 따지지 않고 증거능력이 있는 것으로 인정했다.

2004년 9월 16일 공개변론이 열렸다. 변호인단은 자백에 의존한 수사를 막고 공판중심주의로 나아가기 위해서는 대법원 판례를 바꿔야 할 때라고 지적했다. "기존 대법원 판례는 부당한 수사 관행에 면죄부를 주고 있다." 검찰 측은 적법 절차를 준수했다고 반박했다. "만약 대법원 판례를 바꾸면 피고인들은 '밑져봤자 본전'이란 식으로 검찰에서 한 진술을 법정에서 뒤집을 것이다."

석 달 뒤 대법원 전원합의체(주심 김용담 대법관)는 '검찰 신문조서 작성 과정에서 피의자가 단순히 서명·날인한 것으로는 조서의 증거능력이 인정되지 않는다'고 판결했다.[9] 기존 판례가 변경된 것이다.

검사가 피의자나 피의자 아닌 자의 진술을 기재한 조서는 공판준비 또는 공판기일에서 원진술자의 진술에 의하여 형식적 진정 성립뿐만 아니라 실질적 진정 성립까지 인정된 때에 한하여 비로소 그 성립의 진정함이 인정되어 증거로 사용할 수 있다고 보아야 할 것이며, 그와 같이 해석하는 것이 우리 형사소송법이 취하고 있는 직접심리주의 및 구두변론주의를 내용으로 하는 공판중심주의의 이념에 부합하는 것이라고 할 것이다.

변호사 생활 5년은 32년간 법원 안에서만 살아온 이용훈에게 전혀 다른 세상을 보여주었다. 법원에서 일할 때는 검사가 어떻게 수사하고, 변호사가 어떻게 변호하는지 알지 못했다. 판사들이 어떻게 재판을 하는지도 몰랐다. 변호사를 하고 나서야 판사와 검사, 변호사들이 어떻게 재판하고 수사하고 변호하는지 그 내막을 알 수 있었다.

그를 찾아온 당사자들은 하나같이 "판사가 상대방에 넘어갔다"고 했다. 재판에서 패소한 뒤 변호사들이 당사자들에게 "전관예우 때문에 졌다" "판사가 상대방 변호사와 친하다"라고 말한 탓이었다. 기록을 읽어보면 변호사가 주장을 제대로 하지 않은 경우가 많았다. '국민의 신뢰를 얻으려면 재판은 법정에서 이뤄져야 한다'는 확신이 굳어졌다.

이용훈이 대법관에서 대법원장으로 직행했다면 수사와 재판의 실상을 알지 못했을 것이다. 법정 밖에서 어떤 일들이 벌어지는지 모른 채 세상을 좁은 창문으로만 보려고 했을 것이다. 이용훈의 변호사 생활은 수임했던 사건과 거액 수임료 논란으로 그를 코너로 몰았다. 하지만 법원과 재판의 문제를 새로운 관점에서 볼 수 있는 계기이기도 했다.

1만 6092개.

대법원장이 임명·제청·추천·위촉 등을 할 수 있는 자리의 개수다. 법관 2968명과 법원공무원 1만 2995명(2016년 현재)에 대한 인사권은 기본이다. 중앙선거관리위원회, 국가인권위원회, 사학분쟁조정위원회 등 각종 위원회 구성에 관여할 수 있는 자리가 129개다. 특히 대법관 13명을 임명 제청하고, 헌법재판관 9명 중 3명을 지명한다.[10] '제왕적 대통령'에 빗대 '제왕적 대법원장'이라는 지적이 나오는 이유다.

이뿐만이 아니다. 대법원장은 법원 운영과 관리, 회계, 예산 등 사법행정을 지휘·감독한다.* 또 대법관회의 의장이자 전원합의체 재판장이다. 임기는 6년으로 검찰총장(2년)은 물론이고 대통령(5년)보다 더 오래 권한을 행사한다. 법조계에서는 "총장에게 찍힌 검사는 2년만 참으면 되지만 대법원장에게 찍힌 판사는 버티기 힘들다"는 말이 나온다.

대법원장 권한이 대폭 강화된 계기는 1972년 유신헌법이 시행되면서였

---

* 법원조직법 제9조 1항은 "대법원장은 사법행정사무를 총괄하며, 사법행정사무에 관하여 관계 공무원을 지휘·감독한다"고, 제13조 2항은 "대법원장은 대법원의 일반사무를 관장하며, 대법원의 직원과 각급 법원 및 그 소속 기관의 사법행정사무에 관하여 직원을 지휘·감독한다"고 규정하고 있다.

다. 1962년 헌법에 있던 법관추천회의* 등의 내용을 삭제하고 대법원판사에 대해 헌법이 아닌 법률로 규정하게 했다. 사법권력을 대법원장 한 사람에게 독점시킴으로써 대통령이 대법원장을 통해 사법부를 지배할 수 있는 시스템을 구축한 것이다. 또한 법원행정처장이 전국 각 법원의 법원행정 및 직원을 감독한다고 규정해 대법원장의 실무 기구인 법원행정처의 힘을 극대화시켰다.[11] 이로써 대법원장을 정점으로 하는 사법부의 피라미드가 완성됐다.

대법원장의 막강한 권한은 1987년 민주화 이후에도 '사법부 독립'이라는 명분 아래 유지되어왔다. 법원행정처는 '유능하다'고 평가받는 엘리트 판사들을 배치해 사법행정의 효율성을 높이고 있다. 대법관이 겸직하는 법원행정처장은 대법원장 후보 1순위, 법원행정처 차장은 대법관 후보 1순위다. 판사들 사이에서도 "법원행정처를 거쳐야 고등법원 부장판사로 승진하기 쉽다"는 것이 상식으로 자리 잡고 있다.**

대법원장은 이처럼 강고한 법원행정처의 뒷받침을 받아 자신의 사법 철학을 법원 곳곳에 전파할 수 있다. 그 결과 대법원장이 어떤 사법 철학을 가졌느냐, 얼마나 재판 독립의 의지가 있느냐에 따라 6년간 법원의 모습이 달라진다. 자신과 대법관 12명이 참여하는 대법원 전원합의체 재판에서도 n분

------

* 법관추천회의는 법관 4인, 변호사 2인, 대통령이 지명하는 법학 교수 1인, 법무부장관, 검찰총장으로 구성되어 있었다. 대법원장은 법관추천회의의 제청에 의해 대통령이 국회의 동의를 얻어 임명하고, 대법원판사(현 대법관)는 대법원장이 법관추천회의 동의를 얻어 제청하고 대통령이 임명했다.

** 법원 내 학술 모임인 국제인권법연구회 소속 김영훈 서울고법 판사의 분석에 따르면 1970년 이후 임명된 현직 판사 출신 대법관 81명 가운데 법원행정처 차장 출신이 21명, 국장급 이상이 34명, 법원행정처 경력이 5년 이상인 법관은 10명으로 대다수(80.2퍼센트)를 차지하고 있다.

의 1 이상의 영향력을 발휘한다. 대법관들이 자신을 임명 제청해준 대법원장에게서 자유로울 수가 없기 때문이다. 이처럼 비대한 권한을 100퍼센트 행사하느냐, 자제하느냐는 전적으로 대법원장 한 사람의 손에 달려 있다.

독수리 5남매,
대법원에 뜨다

40대의 사상 첫 여성 대법관
김영란

　　누구라도 집합명사로 불리는 건 불편한 일이다. 어떤 공통점을 지니고 있다는 이유로 집단으로 지칭한다면, 이는 개별성을 무시하는 것일 수도 있다. 이용훈 코트에서 김영란, 박시환, 김지형, 이홍훈, 전수안 대법관은 '독수리 5형제'*로 불렸다.

　　전수안 대법관은 "몇몇 판결에서의 독수리 5형제로서가 아니라 저 자신의 수많은 판결로 기억되기를 원한다"[1]고 말했다. 김지형 대법관은 "멀쩡한 사람이 조류가 돼버렸다"[2]며 가벼운 불평을 남기기도 했다. 하지만 다섯 대법관이 '따로 또 같이' 진보 혹은 중도진보의 입장에 서서 다수에 맞서는 소수의 역할을 했다는 것은 부인할 수 없는 사실이다. 그들이 대법원에서 어떤 노력을 했고 어떤 역할을 했는지 살펴볼 가치가 있다. '독수리 5형제'라는 이름은 수정하려고 한다. 여성이 두 명 있다는 점에서 '독수리 5남매'로 부르는 것이 맞다.

　　첫 번째 독수리는 김영란(사법연수원 11기) 대법관이다. 김 대법관은 강금실 전 법무부장관, 조배숙 의원 등과 경기여고·서울대 법대 동기다. 김영란은 차분한 성격으로 당사자들의 주장을 충분히 듣고, 깊이 생각한 뒤 결론을 내리는 스타일**이었다. 판사 시절 어느 쪽 말이 맞는

---

* 1970년대 일본에서 제작된 애니메이션. 무기와 복장, 역할, 성격이 다른 다섯 명의 대원이 팀을 이뤄 세계 정복을 꿈꾸는 악의 조직과 싸운다는 내용이다.
** 김영란 전 대법관은 중앙일보와 가진 퇴임 인터뷰에서 "판사는 질문에 대해 늘 답을, 결론

지 판단이 서지 않자 하소연했다. "적어도 두 사람은 사실이 무엇인지 알 것 아닙니까." 양쪽 모두 "그래도 판사님 판단을 받고 싶다"고 해 어쩔 수 없이 판결을 했다.

김영란은 우리법연구회 활동을 했던 강금실 전 장관과 달리 사법개혁 운동에 적극적으로 나서지 않았다. 법관 사회에서 극소수였던 여성으로서 소수자의 감수성을 키워갔다. 쉽게 결론 내리지 않고 섬세하고 예민하게 자신과 세상을 관찰하는 그의 성격은 당연한 것을 당연하지 않게 볼 수 있게 하는 힘이 되었다.

그는 초임 판사 때 "밥값이나 하라"며 선배 변호사들이 판사실 총무에게 놓고 가는 돈 봉투가 불편했다. '착한 사람들도 발을 조금만 젖게 하면 금방 온몸을 다 적시게 된다.'[3] 이러한 각성이 훗날 '김영란법'(부정청탁 및 금품 등 수수의 금지에 관한 법률)으로 이어졌다.

1987년 김영란은 부산지방법원(부산지법)에 근무하고 있었다. 그는 택시 안에서 6·29선언을 알리는 라디오 뉴스를 들었다. 전두환 시대를 판사로 안온하게 살아왔다는 부끄러움 때문일까. 불현듯 '내가 지금 무엇을 하고 있는 것인가' '너무 생각 없이 살고 있는 건 아닌가' 두려움이 스쳤다. 이용훈이 1972년 라디오를 통해 10월 유신을 들었다면 김영란은 1987년 라디오로 6·29선언을 들은 것이다. 1972년부터 1987년, 그 15년은 사법에 있어 치욕의 나날들이었다.

<hr />

을 찾아야 하는 직업이다. 남을 심판하는 일이 나한테 맞나, 안 맞다, 괴롭다, 이런 생각을 많이 했다. 이제는 더 이상 다른 사람에게 이래라, 저래라 하지 않아도 되겠구나 하는 안도감이 든다"고 말했다(『중앙일보』 2010년 7월 23일자).

그로부터 17년 후인 2004년 7월 대전고법 부장판사로 일하던 김영
란은 대법관제청자문위원회 심의에 동의하라는 연락을 받았다. 대법
관이 멀게만 느껴졌던 그는 심의부동의서를 제출했다. 대법관제청자
문위원회에서 다시 연락이 왔다. "왜 심의 단계부터 거부하십니까." 대
법관으로 제청될 가능성도 없는데 굳이 거부할 필요가 있을까. 김영란
은 부동의서를 철회했다.

대법관제청자문위원회는 이홍훈(사법연수원 4기) 제주지법원장과 전
수안(사법연수원 8기) 서울고법 부장판사, 박시환(사법연수원 12기) 변호사
와 함께 김영란을 대법관 후보로 추천했다. 사상 첫 여성 대법관이 나
올 것인가. 김영란은 첫 여성 대법관은 고교·대학 선배인 전수안이 되
리라 예상하고 있었다. 7월 23일 아침 손지열 법원행정처장에게서 전
화가 걸려왔다. "대법관 후보자로 제청됐으니 즉시 상경하라"는 연락
이었다. 김영란이 되물었다. "오늘은 재판이 있는데요." "재판 연기하
고 서울로 올라와요."

이례적으로 당일 오후 대법원에서 기자회견이 열렸다. 김영란은 별
준비도 못한 채 기자들 앞에 서야 했다. 동생인 피아니스트 석란 씨의
도움으로 빌린 옷을 서울에서 갈아입었다.[4]

대법관으로서의 포부를 밝혀달라.

"생각할 여유가 없었다. 앞으로 생각해보겠다."

평소에 소신이나 신념이 있다면.

"끝까지 다 듣지는 못하더라도 그분이 무슨 말을 하려고 하는지 이해

할 때까지 들어주고 설득력 있는 판결을 하려고 노력해왔다."[5]

그 자신도 당황했을 만큼 김영란 대법관 카드는 파격적이었다. 당시 대법관 13명 가운데 가장 기수가 낮은 대법관은 김용담 대법관(사법연수원 1기)이었다. 그보다 무려 열 기수나 낮은 김영란을 제청한다는 것은 상상하기 힘든 일이었다. 한 해 전 대법관 제청으로 사법파동을 겪었던 최종영 코트는 '48세의 첫 여성 대법관'을 택했다. 40대가 대법관 후보로 제청된 것은 1988년 49세에 대법관이 됐던 김용준 전 헌법재판소장 이후 16년 만이었다.

김영란은 국회 인사청문회에서 확고한 자기 생각을 밝혔다. 국가보안법 존폐에 대해 "어떤 식으로든 손질이 돼야 한다는 데 공감한다"고 말했다. 사형제에 대해서는 "궁극적으로 교화를 포기하는 것이므로 폐지돼야 한다"고 했다. 호주제 폐지·대체복무제 도입에 대해서도 찬성 입장을 밝혔다.

김영란은 대법원에 들어가면서 다짐했다. '좋은 대법관이 되는 것만이 모든 어려움을 이겨내는 길이다. 최선을 다하자.'[6] 대부분이 50대 후반, 60대 초반인 대법관들은 48세 여성 대법관을 어떻게 대해야 할지 몰라 당황스러워했다. 막막하기는 김영란도 마찬가지였다. 대법관 비서실 비용을 어떻게 처리하고, 소부별로 무슨 행사를 하는지 정보가 하나도 없었다. 비서관에게 옆 대법관실에 가서 물어보라고 했다. 대법원에 들어오면 동료 대법관들에게 식사 대접을 해야 하는 것을 모르고 있다가 뒤늦게 점심을 사기도 했다.

대법관들이 전국 법원을 나눠 재판 사무감사를 하던 관례가 김영란 대법관 취임 직후 폐지됐다. "나이 어린 대법관을 법원장들이 모시기 힘들기 때문"이라는 뒷말이 나왔다. 그가 대법관이 되면서 대법원에 여성 비서관과 여성 전속재판연구관*이 생겼다. 김영란이 성별의 벽을 깬 뒤 남녀 가리지 않고 전속재판연구관을 배치하게 됐다.

대법원 재판에도 변화가 이어졌다. '딸들의 반란'으로 불리는 '여성 종중원 인정' 사건의 경우 공개변론을 마쳤지만 다수의견을 모으지 못한 상태였다. 김영란이 대법원에 들어온 뒤 쉽게 다수의견이 나왔다. 김영란은 퇴임 인터뷰에서 그 과정을 이렇게 설명했다. "남성 대법관들께서 동료로 여성이 들어오니까 '이제 우리 사회도 변해야겠다'는 걸 느끼시는 것 같았다. 내가 특별히 의견을 낸 것도 아닌데 존재 자체가 사회 변화를 표상한 결과가 됐다."[7]

김영란은 외로운 소수였다. 희미해서 잘 보이지 않지만 분명히 존재하는. 그는 보수적인 대법원 분위기 속에서 다양성의 봄이 열리기를 기다려야 했다.

....

* 특정 대법관의 업무를 지원하는 재판연구관. 대법관실 옆에 전속연구관실이 있다.

대법원에
다양성을 허하라

2005년 9월 이용훈 대법원장이 취임하자 그가 누구를 대법관 후보로 제청할지에 이목이 집중됐다. 이 대법원장은 노무현 대통령으로부터 "대법원 구성을 다양화해달라"는 요청을 받은 상태였다. 노무현이 말한 다양화는 '개혁적이고 젊은 법조인'이었다.

대법관 제청 논의는 이 대법원장 취임 전부터 진행되고 있었다. 이 대법원장 측이 문재인 당시 민정수석과 논의한 내용을 정리한 문건을 보면 상당한 수준까지 논의가 진척되어 있었음을 알 수 있다.

HH, SH에 대하여서는 이견이 없으나 SA의 경우는 여성이라는 점 이외에는 다른 특징을 찾을 수 없는 문제가 있고, 위 3인 모두 경기(여)고 출신이고, 비록 출향 인사이기는 하지만 그중 2인이 부산 출신이라는 문제 제기가 있을 수 있음. 따라서 SA의 경우에는 2006. 7.에 인선을 고려함이 좋을 듯함.

HH는 이홍훈, SH는 박시환, SA는 전수안을 가리키는 약자였다. 이렇게 물밑 대화로 오가던 대법관 인선은 9월 초 이슈로 떠올랐다. 천정배 법무부장관이 사법연수원 동기(8기) 법조인 10여 명과 함께한 저녁 모임에서 4명의 이름을 거론했다. 이홍훈 수원지방법원(수원지법) 원장과 박시환 전 부장판사, 장윤기 창원지법원장, 김지형 사법연수원 연구법관이었다. 천 장관은 그중 3명은 대법관으로 임명돼야 한다고 했다. 이 발언을 두고 논란이 일자 천 장관은 "사적인 자리에서 사견을 말했을 뿐"이라고 해명했다.

당장 그해 10월 유지담, 윤재식, 이용우 대법관이 퇴임을 앞두고 있었다. 이용훈 대법원장은 대법관 후보로 거론되는 법조인 30~40명의 과거 판결 자료를 수집해 검토하라고 법원행정처에 지시했다. 첫 대법관 제청인 만큼 조금의 흠결도 없어야 한다는 게 이용훈의 판단이었다.

이용훈은 '대법원이 동일한 연배들로 구성되는 것은 문제가 있다'는 점을 절감하고 있었다. 함께 판사 생활을 하면서 같은 시대를 살아온 특정 세대만으로 대법원을 구성한다면 비슷한 생각들만 모여 있는 것 아닌가. 대법원은 한 세대의 대법원이 아니라 국민 전체의 대법원이 되어야 하지 않는가. 이용훈은 대법관 제청을 앞두고 법원 간부들에게 말했다.

한국처럼 급변하는 사회에서 10년 정도 나이 차이가 나면 사고방식이나 문제를 보는 시각이 굉장히 다르다. 특정 연령대가 가지고 있는 통념이 대법관 판결에 반영될 경우 전체 국민이 판결에 승복하기 어렵다. 세대가 달라야 다른 의견이 나올 수 있다. 30대까지 내려갈 순 없지만 40대, 50대, 60대 이 정도 분포는 돼야 한다. 40~60대는 사회에서 의사결정을 하는 주류에 해당하는데 그 사람들의 법률 의식이 반영돼야 온전한 대법원 판결 아니겠는가.[*]

연령의 다양성과 함께 이용훈이 중요하게 여긴 인선 기준이 있었다. '최소한 사법연수원 동기들 가운데 누가 보더라도 대법관 재목이라고 생각해야 한다.' 대법관 제청을 할 때마다 비서실을 통해 사법연수원 동기나 선후배 판사들을 대상으로 평판조사를 하도록 했다. 한 해 2만 건 넘는 사건이 대법원에 쏟아져 들어오는 만큼 법률 실력과 업무처리 능력이 뛰어나지 않으면 안 된다는 것이었다. 이 기준은 그때까지의 대법관 인선과 다르지 않았다.

보수·진보의 이념 성향에는 크게 가중치를 두지 않았다. 기성 법조인들의 성향 차이가 크지 않다고 봤다. 1980~90년대를 거치며 이념 스펙트럼이 넓어지기는 했지만 아직 '진보냐, 보수냐'의 기준으로 나누기는 힘들다고 생각했다. 이용훈은 "판사들이 바르게 생각하고, 어려운 서민들 배려할 줄 알고, 다른 사람 처지에 공감할 수 있다면 법률 해석에 큰 문제가 없지 않겠느냐"고 말하곤 했다.

그러나 대법관으로 임명된 뒤 알려진 평판과 다른 경우가 적지 않았다. 전원합의를 한두 번 해본 후에야 '아, 저 사람이 이런 사람이었구나' 알게 될 때가 많았다. 하급심 판결 몇 개로는 한 사람의 진면목을 파악하기가 쉽지 않았다. 크지 않을 것 같았던 스펙트럼의 차이도 훨씬 넓고 다양하게 나타났다.

---

* 미국의 연방대법관은 종신제로 대통령들이 임기 중 가급적 젊은 대법관을 임명하면서 자연스럽게 나이 많은 대법관과 젊은 대법관들이 뒤섞여 있다.

진보 사법의 아이콘
박시환

　　2005년 10월 19일 대법원장 이용훈이 첫 대법관 제청권을 행사한 대법관은 김황식(사법연수원 4기) 법원행정처 차장, 김지형(사법연수원 11기) 사법연수원 연구법관, 박시환(사법연수원 12기) 전 부장판사였다. 대법원은 "다양해진 사회적 가치와 이익을 반영하기 위해 대법원 구성을 다양화한다는 원칙에 따랐다"고 말했다. 3인의 대법관 중에서 단연 스포트라이트를 받은 사람은 박시환이었다. 그는 2003년 사법 파동 당시 사표를 내고 서울지법 부장판사 자리에서 물러난 지 2년 만에 대법관으로 귀환했다.

　　부산 출신인 박시환은 경기고와 서울대 법대를 나왔다. 그의 아버지 박영도 변호사는 부산지법 부장판사로 일하다 변호사 개업을 했다. 박시환은 대학 시절 학생운동은 물론이고 서클 활동도 하지 않았다. 평범하고 내성적인 성격이었다. 사법시험에 연거푸 실패한 뒤 법무관 시험에 합격했다. 법무관 복무 중 대학 동기들보다 2~3년 늦게 사법시험에 합격했다.

　　그의 비주류 의식을 키운 8할은 해군 법무관 생활이었다. 법무관 시험으로 선발된 장기 법무관(10년 복무)이었던 그는 사법시험 합격자 출신 단기 법무관(3년)들과 생활해야 했다. 그는 그들을 선망과 열등감이 뒤섞인 눈으로 지켜봤다. 나는 왜 저들처럼 바로 사법시험에 붙지 못했나. 단기 법무관들은 나를 어떻게 볼까.

그러던 어느 날 실형을 집행유예로 바꾸라는 상부 지시가 내려왔다. "생각들 해봤어? 내 말대로 하면 되겠지?" 박시환은 단기 법무관들이 부당한 지시를 거부해주길 바랐다. 자신이 거부했다가는 5년에 한 번씩 있는 전역 기회를 박탈당할 수도 있었다. 단기 법무관이 받을 불이익이라고는 좋지 않은 임지로 배치되는 것뿐이었다.

하지만 단기 법무관들은 군말 없이 지시에 순응했다. 조금의 불이익도 감수하지 않으려는 그들의 모습에 박시환은 환멸을 느꼈다. 비주류의 눈으로 주류의 이기적인 민낯을 본 것이다. 박시환이 판사가 된 뒤 끊임없이 목격해야 했던 엘리트 판사들의 모습이었다.

얼마 후 이번에는 탈영병에게 선고한 집행유예를 실형으로 바꾸라는 지시가 내려왔다. 비겁했던 자신을 책망하고 있던 박시환은 "지시에 따를 수 없다"고 거부했다. 법무감은 벌컥 화를 냈다. "10년 치 유사 사건 조사해보고 다시 보고해." 말이 조사였지, '시키면 시키는 대로 하라'는 최후통첩이었다.

다음 날 박시환이 다시 거부 입장을 밝히자 법무감은 고함을 질렀다. "박시환을 당장 백령도로 보내!" 주위에서 뜯어말려 백령도행은 면할 수 있었지만 그는 전역할 때까지 가슴을 졸여야 했다.

박시환은 사법연수원에서 고교·대학 선배인 조영래 변호사와 자주 어울렸다. 조영래는 1971년 사시에 합격했으나 1974년 민청학련 사건으로 6년간 수배를 피해다니다 뒤늦게 사법연수원에 다니고 있었다. 조영래는 판사를 꿈꾸던 후배 박시환에게 말했다.

"판사 하나도 어려울 것 없다. A면 A라고, B면 B라고 하면 되는 거야."

박시환이 조영래에게 답했다.

"좋은 재판을 할 자신은 없지만 나쁜 재판은 절대 하지 않겠습니다."

'나쁜 재판은 않겠다'는 그의 다짐은 곧 시험에 들었다. 1985년 3월 인천지법에서 판사 생활을 시작한 그는 같은 해 6월 대학생 11명에 대한 즉결심판을 맡게 됐다. 가두시위 및 유인물 배포 혐의였다. 선고를 놓고 고민하는데 조영래 앞에서 했던 다짐이 떠올랐다. 박시환은 "증거가 없다"며 무죄를 선고했다. 그는 석 달 만인 9월 인사에서 춘천지방법원(춘천지법) 영월지원으로 좌천성 인사를 당했다.[*]

이 이례적인 인사는 정치 쟁점이 됐다. 국회에서 유태흥 당시 대법원장에 대한 탄핵소추안이 발의됐으나 부결됐다.[**] 같은 해 말 유태흥은 "사법부의 기강을 바로잡는 일이 내게 부과된 유일의 책무다. (인사 조치를) 결코 후회하지 않는다"고 말했다.[***] 이때부터 박시환은 법원에서 주목받는 인물이 됐다.

....

[*] 당시 서태영 판사가 박시환 판사 인사에 대해 '인사유감'이란 글을 『법률신문』에 기고했다. 이 글로 서 판사 역시 서울민사지법으로 발령받은 지 하루 만에 부산지법 울산지원으로 내려가야 했다.

[**] 유태흥 대법원장 탄핵소추안은 재석 247명 중 찬성 95, 반대 146, 기권 5, 무효 1표로 부결됐다.

[***] 유태흥 대법원장은 1985년 12월 법원장회의에서 "99퍼센트에 해당하는 대다수의 훌륭한 법관의 명예와 위신을 보호하기 위하여 1퍼센트에도 미달되는 극소수의 훌륭하지 못한 법관을 징계에 회부하거나 전보조치를 해 반성개오(反省改悟)의 기회를 갖게 하는 것은 인사권자의 권한 행사라기보다는 오히려 직책상의 의무 이행"이라고 말했다(「유 대법원장 전국 법원장회의 훈시」, 『사법행정』 제27권 제1호, 1986).

박시환은 배석판사를 할 때도 녹록지 않았다. 한번 부당하다고 생각되면 눈에 다른 게 보이지 않았다. 사건 합의 때 부장판사 말이 마음에 들지 않으면 볼펜으로 테이블을 두드렸다. 판사 출신 변호사들이 책을 보내오면 거꾸로 들고 털어보기도 했다. 책 안에 들어 있을지 모를 촌지를 돌려주기 위해서였다.

서울동부지원에 근무하면서는 시위 단순가담자에 대한 구속영장과 대학가 사회과학서점에 대한 압수수색 영장을 기각해 검찰에서 요주의 대상이 됐다. 당시 서울동부지원장이 판사들을 모아놓고 국가보안법 사건 양형에 대해 언급하려 하자 박시환이 제지하기도 했다. "원장님, 판사들한테 그런 말씀하시면 안 되는 거 아닙니까."

1994년 서울고법 형사4부(신정치 부장판사) 배석판사로 있을 때였다. 박시환은 조국 당시 울산대 교수(현 서울대 로스쿨 교수·청와대 민정수석) 사건 항소심 주심을 맡았다. 조 교수는 사노맹 산하조직 '남한 사회주의 과학원'을 결성한 혐의(국가보안법 위반)로 기소되어 1심에서 징역 2년 6월에 집행유예 3년을 선고받았다.[*] 박시환은 반국가단체 가입 혐의를 적용한 원심을 깨고 이적단체 가입 혐의를 적용해 징역 1년에 집행유예 2년을 선고했다. '국가보안법상 반국가단체 가입 혐의는 국가 변란이 1차적이고 직접적인 목적인 단체에만 엄격하게 적용되어야 한다'고

---

[*] 조국 교수의 1심 재판장은 당시 서울형사지법 합의23부 김황식 부장판사였다. 조 교수는 1993년 5월 구속됐다가 같은 해 11월 1심에서 집행유예를 선고받고 풀려난 뒤 "국가보안법이라는 실정법이 존재하는 한 나의 사상은 유죄다. 그러나 진정한 역사·시대의식을 반영하는 법 정신에 따른다면 나의 사상에 대한 평가는 달라질 수 있다"고 말했다(『한겨레』 1993년 11월 28일자).

판결한 것이다.

2002년에는 양심적 병역거부를 인정하지 않는 병역법 조항에 대해 사상 처음으로 위헌심판을 제청했다. 박시환이 진보 사법의 상징임은 누구도 부인할 수 없었다. 그는 자신을 따르는 후배들에게 말하곤 했다. "소년등과하지 않고, 엘리트 판사로 크지 않았다는 게 행운이야."

박시환은 2003년 8월 대법관 제청에 반발해 사표를 낸 뒤 같은 해 12월 세계인권선언 기념식에서 노무현 대통령을 처음 봤다. 노무현은 박시환을 극찬했다.

용기 있게 그 잘못을 말하지 못한 자신을 부끄러워할 수밖에 없는 시대에서 그것을 극복하기 위해서 싸워왔고 (…) 부끄럽지 않을 자유, 그것이 아직도 문제가 되고 있나 봅니다. 조금 전에 박시환 변호사가 이 자리에서 소개됐습니다만, 아마 그분은 자유를 침해당해서가 아니라 부끄럽지 않게, 양심에 따라서 자기의 직업을 수행하면서 인생을 살 수 있는 권리가 무엇이며 또 얼마나 소중한 것인지를 말하기 위해서 스스로 어려운 길을 선택하신 것으로 생각합니다.[8]

민망함에 박시환의 얼굴이 벌겋게 달아올랐다. 김종훈은 박시환이 변호사 개업을 한 뒤 종종 이용훈과 식사 자리를 만들었다. 이용훈과 박시환은 잘 맞지 않았다. 예를 들면 이용훈이 재심을 통한 과거사 정리를 선호한 반면 박시환은 과감한 조치가 필요하다는 입장이었다. "비정상적인 상황에는 비정상적인 조치가 필요합니다." 그는 사법부 차원

의 진상조사기구에서 대표적인 과거사 사건 20여 개를 골라 조사해야
한다고 주장했다.

이용훈 역시 박시환이 촉발시킨 4차 사법파동에 긍정적이지 않았다.
'법원 내부의 충분한 토론 과정 없이 집단행동부터 벌여서야 되겠는
가.' 두 사람이 겉돌자 가끔 동석했던 양인석 변호사가 김종훈에게 고
개를 내저으며 말했다. "틀렸어요. 갑시다."

대법원장 인사청문회에서 이용훈이 '우리법연구회 탈퇴' 발언을 하
자 박시환은 불쾌감을 감추지 않았다. "우리 뜻을 이해하시는 걸로 생
각했는데 어떻게…" 김종훈이 "대법관 후보 제청되는 데 부담이 될 수
있다"며 탈퇴를 권했지만 박시환은 말을 듣지 않았다. "대법관 되기 위
해 탈퇴를 한다고? 그건 우리법에 대한 배신이야. 대법원장이 발언을
취소하지 않으면 대법관 시켜줘도 안 할 거라고."*

이용훈은 박시환 대법관 제청을 놓고 계속 뜸을 들였다. 청와대에
서 박시환을 희망한다는 것을 알고 있었지만 법원 내부의 찬반이 엇갈
렸다. "박시환이 대법원에 들어가야 사법부의 변화를 실감할 수 있다."
"그 난리를 피운 사람을 대법관 시켜서야 되겠느냐."

이용훈은 '노무현 코드'에 맞추려 한다거나 BH(청와대)에 휘둘린다
는 말을 듣고 싶지 않았다. 판사들과의 간담회를 통해 대법관 후보로
누가 좋은지 여론 수렴을 했다. '대법관은 대법원장이 정하는 것'이라
는 메시지를 주고 싶었던 것이다. 그런 다음에도 확실한 입장을 밝히지

---

* 박시환은 대법관 제청 직전 고참 기수 탈퇴 원칙이 정해진 뒤 우리법연구회에서 나왔다.

않았다. 교착 상태가 길어지자 김종훈은 애가 탔다. 김종훈은 이광범 대법원장 비서실장과 법원 앞 카페에서 만났다.

"박시환을 대법관 제청하기로 하지 않았느냐. 이런 배신이 어디 있느냐."

김종훈이 울분을 못 이기고 주먹으로 테이블을 치다 컵이 깨졌다. 대법관 제청 시기가 다가오자 이용훈은 박시환에 대한 마음을 굳혔다. 그가 재조에 있었다면 쉽지 않았다. 변호사 출신 배기원 대법관이 11월 말 퇴임하면서 재야 몫이라는 명분을 확보할 수 있었다. 드디어 박시환에게 "대법원장 면담이 있다"는 연락이 왔다.

이용훈과 박시환이 만났다. 어색한 분위기가 흘렀다. 이용훈이 입을 열었다.

"대법관은 누구로 하면 좋겠소?"

이용훈은 김지형이 대법관으로 어떠냐고 묻기도 했다. 박시환은 김지형을 강력히 추천했다. 법원에 대해 어떤 생각을 갖고 있는지, 어떤 변화가 필요하다고 생각하는지 질문이 이어졌다. 박시환이 '대법원장이 왜 나를 만나자고 했을까' 의아하게 생각할 무렵 이용훈이 물었다.

"박 변호사. 대법관 할 준비가 돼 있습니까?"

비서울대 출신
Mr. 노동법 김지형

남은 대법관 제청 카드 두 장 중 한 장은 '비(非)서울대' 출신을 위한 것이었다. 영남대 출신인 배기원 대법관이 퇴임하면 대법원이 전부 서울대 법대 출신으로 채워지게 되어 있었다. 이용훈은 과거 사례를 조사해보라고 했다. 서울대 출신만으로 구성된 때는 없었다.

사법연수원 4기부터 12기까지 비서울대 출신 6~7명을 추려냈다. 판사들 상대로 평판조사를 하라고 지시했다. 평판조사에서 김지형이 단연 높게 나왔다. 김지형은 1958년생으로 만 47세의 고등법원 부장판사였다. 한양대 출신인 손용근 법원도서관장도 물망에 올랐지만 이용훈이 대법관 후보로 염두에 둔 김황식 법원행정처 차장과 같은 광주제일고 출신이었다.

그즈음 문재인 민정수석과 김종훈이 사석에서 만났다. 두 사람은 대법관 후보군을 놓고 가볍게 대화를 나눴다. 김지형 이름이 나오자 문재인은 어느 대학을 나왔느냐고 물었다. 김종훈이 "원광대"라고 답하자 문재인은 미소를 지으며 고개를 끄덕였다.

"김지형 판사, 좋은 학교 나왔네요."

전주고를 졸업한 김지형은 서울대에 응시했다가 떨어졌다. 종로학원에서 장학금을 받으며 공부했다. '서울대 가시권'이라고 했지만 또다시 낙방하고 말았다. 김지형이 "삼수를 하고 싶다"고 하자 집안에서 반대했다. "형편도 어려운데 다섯 형제의 장남이 무슨 돈으로 삼수를 하느냐."

김지형은 4년 장학금을 받을 수 있는 원광대 법대로 진학했다. 3학년 말 사법시험에 합격해 사법연수원에 일찍 들어갔다. 해군 법무관 시절 박시환과 자주 어울렸다. 당시 신혼이던 박시환의 집에서 밥도 얻어먹곤 했다.

그는 1984년 서울동부지원에서 판사 생활을 시작했다. 당시만 해도 법원은 서울대 법대 출신이 절대다수였다. 피부로 느낄 만한 차별은 당하지 않았지만 늘 스스로 긴장하며 살아야 했다. 주류에 편입될 만한 조건이 없는 탓인지 법원행정처 근처에도 가보지 못했다.

김지형이 노동법 전문가로 변신한 계기는 1989년 독일 연수였다. 그는 나중에 변호사 사무실을 개업하면 업무에 도움이 될 만한 보험법이나 약관법 분야를 공부해야겠다고 마음먹고 있었다. 지도교수도 의료법·보험법 분야 권위자였다. 그런데 독일 괴팅겐대학에서 집어든 수강신청 안내책자에서 눈에 띈 건 노동법 분야 강의와 세미나들이었다. 그렇게 많은 노동법 과목이 있다는 것부터 충격이었다.

문득 판사 3년 차 때 처리했던 소액사건이 떠올랐다. 근로자가 사용자를 상대로 법정수당을 청구한 사건이었다. 청구액은 60만 원, 김지형이 선고한 지급액은 3만 원이었다. 문제는 선례가 거의 없다는 점이었다. 재판에 지침이 될 만한 자료도 찾기 힘들었다. 김지형은 결혼식을 앞두고 끙끙대면서 판결문을 작성했던 기억이 났다.

김지형은 고민에 빠졌다. '보험법과 약관법은 이미 많은 사람들이 관심을 갖고 있지 않은가. 이 기회가 아니면 언제 이렇게 수준 높은 노동법을 접할 수 있겠는가.' 생각을 하면 할수록 답은 하나였다. 그는 헌법의 기본권과 맞닿은 노동법의 매력에 빠져들기 시작했다.

학문으로서 노동법과의 첫 만남은 김지형의 삶을 변화시켰다. 그는 한국에 돌아와 헌법재판소 헌법연구관 파견 근무를 하면서 노동법 공부를 계속했다. 서울고법에 복귀하면서 『노동법해설』을 냈다. 사법연수원 교수로 노동법 강의를 맡은 데 이어 노동전담부 재판장으로 노동사건을 다뤘다. 노동법을 공부하고 노동사건을 접하면서 세상을 보는 눈이 달라졌다.

김지형은 2003년 4차 사법파동 당시 특허법원 부장판사였다. 사법부에 한 차례 태풍이 지나가면서 그의 신상에도 변동이 생겼다. 갑자기 최종영 대법원장 비서실장으로 발령이 났다. 대법원 수뇌부가 노무현 정부와의 긴장 국면에서 '비서울대 출신'인 그를 차출한 것이다.

그는 대법관 취임 직전인 2005년 7월 노동법실무연구회를 창립하고 연구 활동을 주도했다. 2010년 8월에는 국내 최초의 노동법 주석서 『근로기준법 주해』를 발간했다. 출판을 기념하는 자리에서 그는 편집대표로서 이렇게 말했다.

1970년 11월, 한 젊은 청년(전태일*)이 세상을 향하여 '근로기준법은 어

---

* 전태일은 청계천 평화시장에서 봉제노동자로 일하면서 열악한 노동조건을 개선하기 위해 분투하다 1970년 11월 분신했다. 그는 몸에 불이 붙은 상태에서 "근로기준법을 준수하라! 우리는 기계가 아니다!"라고 외쳤다. 그의 죽음은 한국 노동운동 발전에 중요한 계기가 되었다.

디에 있는가?'라고 외쳤습니다. 그로부터 40년이라는 세월이 지났습니다. 그동안 또 많은 이들이 역시 같은 질문을 했습니다. 저희 연구회는 오늘 그 질문에 뒤늦게나마 하나의 답을 내게 되었습니다. 참으로 다행하고 기쁜 마음을 가눌 수 없습니다. 저희 연구회가 비로소 우리 목소리로 '근로기준법이 여기에 있습니다'라고 내놓을 수 있게 되었기 때문입니다.

김지형의 대법관 취임은 박시환 못지않게 대법원에 변화를 예고했다. 노동법에 대한 이해가 박약한 풍토에서 노동법을 아는 대법관이 전원합의에 들어가자 노동 분야 판례가 바뀌기 시작했다. 보수성향 대법관들도 김지형의 전문성만큼은 인정할 수밖에 없었다. 그가 한마디를 하면 섣불리 대적하지 못했다. 김지형은 전문가 한 사람의 힘이 얼마나 큰지 보여주는 사례였다.

김지형은 죄형법정주의를 엄격하게 적용해야 한다는 신념이 확고했다. 그 배경에는 1심 판사 때의 뼈아픈 기억이 있다. 그는 살인사건 재판에서 피고인이 혐의를 완강히 부인했음에도 수사 경찰관의 증언과 자백 내용이 담긴 녹음테이프를 근거로 징역 15년을 선고했다. 항소심에서 무죄가 선고됐다. "제시된 증거만으로는 피고인 진술의 임의성을 인정할 수 없다." 김지형은 재판기록을 다시 읽으며 '대단히 부끄러웠다'고 한다.*

....

* 김지형은 2012년 10월 고려대 로스쿨 강연에서 "'무죄추정' 의심스러울 때는 피고인의 이익으로' '자백이 유일한 증거일 때 유죄의 증거로 삼을 수 없다' 등 형사재판 절차에 대한 기본적인 원칙에 대해 그렇게 익숙해 있으면서도 실제로 내가 재판을 하면서 그 형사법 원

김지형은 사법연수원에서 형사재판실무 교수를 할 때 자신이 가르쳐야 하는 것이 판결문 작성법이라는 사실이 당혹스러웠다. 판결문을 잘 쓰는 게 중요한 것이 아니지 않은가. 죄형법정주의를 한 번이라도 더 생각해보게 하는 것이 진정 필요한 교육 아닌가.

대법관 제청의 마지막 카드는 이용훈의 고교·대학 후배인 김황식 법원행정처 차장에게 돌아갔다. 처음에는 청와대에서 부정적인 반응을 보였다. "보수성향 아니냐"는 것이었다. 김황식은 사법연수원을 수석으로 수료한 뒤 법원행정처 기획조정실장과 차장 등 요직을 거친 사법 엘리트였다. 이용훈은 법률 실력으로 보면 김황식을 빼놓을 수 없다고 생각했다. 청와대는 더 이상 거론하지 않았다.

기수도, 나이도 한참 아래인 박시환(52세·사법연수원 12기)과 김지형(47세·사법연수원 11기)이 대법관으로 제청되자 법원 내부의 반발이 거셌다. 앞서 김영란 대법관 제청 때도 역풍이 있었지만[*] 박시환·김지형은 그때와 비교가 되지 않았다. 훨씬 큰 파도가 몰려왔다.

"대법원장이 청와대 뜻에 따라 인사하는 것 아니냐."

제청 직후 강완구(사법연수원 1기) 서울고법원장, 이창구(사법연수원 3

칙이 무엇을 얘기하는지에 대한 근본적인 성찰을 했는지, 뼈아픈 교훈을 얻었다"고 말했다(『법률신문』 2012년 10월 23일자).

[*] 김영란 대법관이 제청되자 강병섭 서울중앙지법원장이 사직서를 냈다. 그는 "대법원장의 대법관 임명제청권은 헌법이 정한 권리이며 이를 제한하려면 구체적인 법률에 근거해야 하는데 대법관 인사에서 시민단체의 의견이 걸러지지 않고 그대로 인사 기준이 된다면 대법관 인사는 파행으로 갈 수밖에 없다"고 지적했다. 첫 여성 법원장이었던 이영애 춘천지법원장도 사직했다.

기) 대구고법원장, 우의형(사법연수원 3기) 서울행정법원장, 강문종 (사법 연수원 3기) 부산지법원장 등이 대법원에 사표를 냈다. 김연태(사법연수원 2기) 사법연수원장, 변동걸(사법연수원 3기) 서울중앙지법원장도 사의를 표명했다. 이들은 제청된 대법관 후보자 3명 중 가장 위 기수인 김황식 (사법연수원 4기)보다도 기수가 높았다. 변동걸 서울중앙지법원장은 "한 옥을 헐고 양옥을 짓는 사법개혁은 안 된다"고 했다.[9]

이용훈은 "법원이 꼭 서열대로 가야 하느냐"며 만류했지만 이들의 사퇴를 막을 수 없었다. 배기원 대법관은 11월 30일 퇴임식에서 새 대 법관 인선을 정면으로 비판했다.

대법원 구성의 다양화는 바람직하지만 이것이 곧 대법원이 진보적·개 혁적인 인사로만 구성되어야 한다는 것을 의미하지는 않는다. (…) 이데 올로기 시대가 종언을 고한 마당에 보수냐 진보냐의 잣대로 법관들을 편 가르기 하는 것은 온당치 못하다.[10]

출항부터 격랑주의보였다. 보수적인 고위 법관들에게 '박시환·김지 형 대법관'은 위기감으로 다가왔다. 그들에게 '단독판사 → 지방법원 부장판사 → 고등법원 부장판사 → 법원장 → 대법관 → 대법원장'의 위계 시스템은 상식이었다. 당연히 기수 순서에 따라, 서열에 따라 대 법관이 된다고 생각하던 수십 년의 고정관념이 단 한 번의 대법관 제청 으로 깨지고 만 것이다.

고정관념에 대처하는 방식은 두 가지다. 정면승부하느냐. 우회하느냐. 정면승부는 또다시 기수 낮은 판사를 대법관으로 발탁하거나 순수 변호사 출신을 제청하는 것이었다. 이용훈은 다음 대법관 제청에서 어떤 선택을 할 것인가.

법원 내 재야 인사
이홍훈

박시환·김지형 대법관 임명 제청 후 이용훈은 한 전직 대법관을 만났다. 전직 대법관은 흥분해서 말했다. "판사들이 무엇을 위해 일하겠소? 열심히 일하면 대법관이 될 수 있다는 기대로 격무를 견디고 있는데 이런 식으로 서열을 무시하면 법원이 무너지는 것 아닙니까."

박시환과 김지형 중 한 사람만 대법관이 됐다면 반발이 그처럼 거세지 않았을 것이다. 법원을 뒤집어놓았던 진보성향 변호사와 40대 판사를 동시에 대법관으로 발탁한 것은 혁명에 가까웠다. 그 반작용은 2006년 6월 대법관 5명 인선에 수렴됐다.

이용훈은 법원 전체가 흔들리지 않을까 우려했다. '기수를 감안하되 폭을 넓혀서 자연스럽게 내려갈 수 있도록 하자.' 이용훈은 대법관 인선을 앞두고 노무현 대통령을 만났다. "지난번에 개혁적인 인사를 했다고 해서 법원 내부에 문제가 좀 있습니다." 노무현은 "대법원장께서 알아서 하시라"고 했다.

다음 대법관 인사의 대상 기수는 사법연수원 4~8기였다. 대법원은 대법관 제청을 앞두고 대한변협, 서울지방변호사회에 로펌 변호사까지 여론을 조사했다. 전화 통화나 직접 면담을 통해서였다. 조사 결과 이홍훈 서울중앙지법원장에 대한 선호도가 절대적으로 높았다. 김능환 울산지방법원(울산지법) 원장에 대해서도 많은 이들이 높게 평가했다. 대구·경북 지역 출신 중에는 박일환 서울서부지법원장과 차한성 청주지방법원(청주지법) 원장 등이 물망에 올랐다.

사법연수원 4기인 이홍훈은 불변의 상수였다. 앞서 2005년 대법관 제청 때 천정배 법무부장관이 동기 모임에서 구설수만 만들지 않았어도 박시환, 김지형과 함께 이홍훈이 대법관에 올랐을 가능성이 컸다. 의외의 복병을 만나 탈락하자 이홍훈은 낙담했다.

그는 2004년 7월 김영란, 2005년 1월 양승태, 2005년 10월 김황식, 박시환, 김지형 등 대법관들이 제청될 때마다 대법원제청자문위원회의 추천 후보 명단에 올랐다. 3번의 기회 모두 그를 비켜갔다. 박시환, 김지형 같은 후배들이 먼저 대법관이 됐다. 더 이상 법원에 남아 있을 수 없다고 판단했다.

소식을 접한 이용훈은 이홍훈에게 비서실 판사를 보냈다. "원장님, 조금만 참으셨으면 좋겠습니다. 대법원장님의 뜻입니다." 그래도 이홍훈이 사의를 고집하자 이용훈이 직접 이홍훈을 만났다. 이용훈은 대법관직을 입에 올리진 않았다. "지금은 나도 임기 초기 아닙니까. 조금만 더 기다려 주시지요."

전북 고창 출신인 이홍훈은 제청 당시 60세였다. 정년 퇴임(65세)을 앞두고 있어 임기 6년을 채우지 못하는 나이였다. 그는 경기고·서울대 동기인 조영래 변호사와 손학규 전 민주당 대표, 김근태 전 민주당 상임고문 등과 함께 학생운동을 했다. 당시 벌금형을 받기도 했다. 대학 동기들보다 늦게 사법시험 공부를 시작한 그는 31세인 1977년 판사로 임용됐다.

그는 조영래 변호사와 특히 절친했다. 1979년 12·12사태 후 조영래가 경찰에 자수하여 수배 생활을 정리했을 때도 가장 먼저 달려간 사람이 이홍훈이었다. 그와 친구들이 백방으로 뛰어다닌 끝에 조영래는 구속 40여 일 만에 불기소 처분을 받았다. 사법연수원에 다니다 수배 생활에 들어갔던 조영래를 사법연수원에서 다시 받아주려 하지 않자 이홍훈이 앞장서 구명 운동을 벌이기도 했다.

이홍훈은 '법원 내 재야 인사'로 불릴 정도로 시대를 앞서가는 판결을 했다. 1994년 서울남부지원 부장판사로 근무할 때는 건설회사의 시공 잘못으로 일조권을 침해받은 주민들에게 건설사가 위자료 외에 재산상 손해도 배상하라고 판결했다. 환경권 보호에 있어 중요한 선례였다. 2001년 서울고법 부장판사 때는 산업재해 사건에서 업무와 질병 간 인과관계를 판단할 때 근로자의 입증책임을 완화하는 판결을 했다.

그는 행정법·환경법 전문가로 한국행정판례연구회와 법원 내부의 환경법 커뮤니티 발족을 주도했다. 진중하면서도 강단 있는 스타일로 후배 판사들의 신망이 두터웠다. 우리법연구회의 젊은 판사들이 대법원장 후보로 그를 밀었던 것도 그 때문이었다.

그에게는 기억하기 싫은 오점이 하나 있었다. 서울영등포지원*에서 배석판사를 할 때 긴급조치 위반 사건 재판에 참여했다. 당시 이홍훈은 판사로서 양심에 걸려 괴로웠다. 몇 번이고 사표를 내려고 했다. 이후에도 두고두고 부끄러워했다. 2007년 진실화해위원회가 긴급조치 위반 사건에 유죄 판결한 판사들 실명을 공개했다. 이홍훈은 대법관직에서 물러날지를 두고 한 달 넘게 고민했다.

법정에서 각성한 진보의 내공
전수안

전수안은 대법관 제청 당시만 해도 크게 주목받지 못했다. 첫 여성 대법관(김영란)에 가려진 두 번째 여성 대법관이었다. 전수안이 대법관으로 제청된 데는 여성이 한 명 더 있어야 한다는 필요성이 강했다. 이용훈은 전수안을 제청하면서 "한국 사회의 절반인 여성들의 생각이 대법원 판결에 반영되어야 한다"고 했다.

전수안은 '또 한 명의 여성 대법관에 그칠 것'이라는 예상을 보기 좋게 뛰어넘었다. 그가 대법원에 들어간 지 1~2년이 지나자 "최고의 수확은 전수안"이라는 평가가 나왔다. 비단 여성 문제뿐만이 아니었다. 진보적 가치에 있어 박시환 못지않은 과감성과 완결성을 보였다.

사법연수원 8기인 전수안은 1978년 판사 임용 후 광주지방법원(광주

* 1981년 서울남부지원으로 명칭 변경.

지법) 원장이 되기까지 27년 5개월 동안 사법연수원 교수를 빼고는 재판 업무만 해왔다. 서울남부지원 판사로 있던 1986년 건국대 점거농성 사건으로 대학생들에게 청구된 구속영장을 선별적으로 기각했다. 영장 기각 후 전수안은 서울가정법원으로 전보됐다. 그는 국회 인사청문회에서 당시 심정을 이렇게 말했다. "용기가 전혀 필요하지 않은 것은 아니었다. 불이익이 없었다고 말하기도 어렵다." 그 경험은 전수안을 각성시켰다.

남성 법관들만으로 구성된 법원에서 여성으로 산다는 것이 어떤 것인지 체험해오는 동안 자연스럽게 비슷한 처지의 소수자 계층에 눈을 돌리게 되었습니다. (…) 감사하게도 법원 내에서의 그러한 (인사이동) 경험은 개인의 기본권 보장에 민감한 법관으로 눈뜨게 해주었습니다. 법관인 제가 그런 부당한 일을 당한다면 일반인은 어떤 일을 당할 수 있는 사회인가, 우리 사회가 (…)[11]

판사 전수안에게 가장 큰 영향을 미친 것은 역설적으로 서울가정법원으로의 인사이동이었다. 소년단독판사로 소년범들을 마주 보면서 세상에 눈뜨게 됐다.

집도 절도 없는 가난한 사람들과 그 자녀들의 소외되고 절박한 사연은 나름의 여유를 누리며 편하게 살던 저에게 큰 충격으로 다가왔습니다. 우리 사회에 대해 깊이 절망하게 만들었고 재판이 사람을 위한 제도라면 궁극적으로 무엇을 지향해야 할 것인지에 대해 깊이 고민하게 했습니다. 그 후로 저는 재판기록의 이면에 맥박 치는 서민들의 꿈과 절망을 법관의 시각으로 재단해서는 안 된다, 그 절실한 꿈과 절망을 함께하지는 못하더라도 적어도 이해하려고 노력하는 열정이 법조인의 기본이다, 라는 생각을 내려놓지 않았습니다.[12]

이 대목은 『사당동 더하기 25』를 쓴 조은 동국대 명예교수를 연상시킨다.* 자신이 사는 중산층의 세계와 연구 대상인 빈곤층의 세계를 오가야 했던 조 명예교수의 연구를 김홍중 서울대 사회학과 교수는 '소명으로서의 분열'이라고 말한다.[13] 전수안도 소년범 재판을 하면서 '소명으로서의 분열'을 경험한 것 아닐까. 자신이 사는 세계와 자신이 재판하는 세계 사이의 분열을 자신의 삶으로 끌어안는 자만이 진정한 판사일지 모른다.

전수안은 1997년 사법연수원 교수로 있으면서 여성법 강좌 개설과 법원 내 여성법학회 발족에 힘썼다. 그는 후배 판사들과 격의 없이 지내며 그들의 고충을 들어줬다. 여성 판사들의 '맏언니'로서 근무 환경 개선에 앞장섰고, 형사사건 피해자 보호에 관심을 기울였다. 서울고법 부장판사 때는 피해자와 합의했다는 이유로 1심에서 집행유예로 풀려난 강간범 2명에게 각각 징역 4년, 3년 6월의 실형을 선고하고 법정구

----

* 조은 명예교수는 1986년 사당동 재개발 지역에서 만난 할머니 가족이 상계동 영구임대아파트로 옮겨간 후 어떻게 살아왔는지 추적했다.

속했다.

또한 그는 법원 내에서 조세 전문가로 통했다. 대법원 조세 담당 재판연구관을 지낸 데 이어 사법연수원에서 조세법을 강의했다. 그가 특히 엄격한 잣대를 들이댄 것은 화이트칼라 범죄였다.

서울고법 형사2부 재판장이던 2004년 2월 박창호 전 갑을그룹 회장에게 징역 3년을 선고했다. 분식회계와 관련해 항소심에서 실형을 선고한 첫 사례였다. 2005년 1월 '봐주기 수사' 논란을 일으킨 대상그룹 사건 판결도 전수안 재판부에서 나왔다.

대상그룹 임직원들만 기소된 비자금 사건 항소심 판결문에 '임창욱 명예회장과 피고인들은 회사 자금을 빼돌리기로 공모해 72억 원을 임 명예회장 개인계좌에 숨긴 사실이 인정된다'고 못 박았다. 당시 검찰은 참고인들이 해외에 있다는 이유로 임 명예회장에 대해 '참고인 중지' 결정을 한 상태였다. 전수안 재판부의 판결로 비판 여론이 일면서 검찰 재수사가 이뤄졌다.*

이용훈 대법원장 취임 당시 전수안 광주지법원장은 참여연대에 '대법원장에게 바라는 법원개혁'이란 주제로 기고를 했다. 판사 6명이 기고를 했는데 그중 전수안 등 3명이 실명이었다. 전수안은 '정의가 강물처럼 흐르는 사회를 꿈꾸며'라는 제목의 기고문에서 사법부의 과거사 정리를 주장했다. 또 국가보안법상 이적표현물 관련 조항과 통신비밀

---

* 재수사 결과, 대상그룹 비자금은 219억 원으로 조사됐다. 임 명예회장은 2005년 7월 횡령 혐의로 구속기소됐다.

보호법상 감청 관련 조항의 문제점을 지적했다.

인구에 회자되는 부끄러운 판결들은 이미 그 과거에도 많은 판사들이 의아해하거나 일반 국민들과 똑같이 분노하였고 집에 가서 가족들 눈총을 받았던 판결이다. (…) 재판으로 인한 피해자가 엄연히 있는데도 재심 사유가 아니라고 하고 법관은 고의 또는 중과실이 아니면 손해배상 책임도 없다고 하여서 잘못된 재판으로 인한 피해자의 가슴을 언제까지나 아프게 방치하면 안 된다. (…) 나아가 젊은 후배들이 미래의 '잘못된 과거사'를 만드는 불행을 반복할 소지가 있는 불합리한 법조항에 대하여는 헌법재판소에만 의존하지 말고 대법원장의 권위로써 직접 문제점을 지적하여 입법을 계도하는 모습도 볼 수 있으면 좋겠다. 필자는 예컨대 통신비밀보호법 7조 1항, 국가보안법 7조 5항 등의 법리적 문제점을 대부분 공감하면서도 각기 그 정치적 성향에 따라 방임하거나 법률전문가인 법관이 의견을 말하는 것조차 금기시하는 것을 이해할 수 없다.[14]

국회 인사청문회에서 이 기고문에 관한 질의가 나왔다. 전수안은 국가보안법 개정을 주장했다. "국가 기본질서에 명백히 위험이 현존하는 경우에 한정해 국가보안법을 적용해야 한다는 헌법재판소 결정이 나왔다. 의원들께서 (국가보안법을) 본래 모습으로 만들어주면 좋겠다." 대법원 구성과 관련해서는 "여성이 전체 대법관의 절반은 돼야 한다"고 말했다. 라디오 인터뷰에서 "동성 가족을 법적으로 인정해야 한다"는 소신을 밝히기도 했다.[15]

"대부분의 사람은 이성 간에 사랑을 느끼고 어떤 욕구를 느끼지만 선천적으로 같은 성(性)에 대해 그와 같은 것을 느낀다면 이를 사회가 방치하거나 개인적인 문제로 돌리는 것은 곤란하다."

대법관으로서 전수안은 진보의 대변자 역할을 충실히 해냈다. 박시환과 전수안은 '양심적 병역거부 무죄' 등 진보의 가치를 공유했다. 박시환은 후배 판사들에게 "전 대법관은 거칠게 맞장을 뜨지는 않지만 한번 정색하고 말하면 다른 대법관들이 움찔한다"고 말했다. 전수안은 "박시환을 한 사람 더 복제하고 싶다"고 말하곤 했다.

스타 검사 안대희와
합리적 보수 박일환·김능환

2006년 대법관 제청에서 주목받은 인물은 안대희(사법연수원 7기) 서울고등검찰청장(서울고검장)이었다. 노무현 대통령과 사법연수원 동기인 안 고검장은 2003년 대검 중수부장으로 대선자금 수사를 진두지휘했다. 여야 가리지 않고 성역 없는 수사를 펼치면서 '국민 검사'로 불렸다. 검사로서는 이례적으로 팬클럽까지 생겼다.

안대희는 서울대 법대 2학년에 재학 중이던 1975년 사법시험에 합격했다. 곧바로 사법연수원에 들어갔다. 최종 학력은 대학 중퇴. 그의 사법연수원 시절 별명은 '수줍은 사무라이'였다. 내성적인 성격이지만 원리원칙을 고집한다는 이유에서다. 그는 "대범해서 원칙을 지킨 게 아

니라, 소심해서 다른 길로 벗어나는 것을 스스로 용납하지 못하기 때문"이라고 말하기도 했다.[16]

그는 대검 중수부1·3과장, 서울지방검찰청(서울지검) 특별수사부(특수부)1·2·3부장을 거치며 특수통으로 성장했다. 서울시 버스회사 비리, 바다모래 불법 채취 등 굵직한 경제사건을 주로 수사했다. 김대중 정부 시절 검사장 승진에서 두 번 탈락하기도 했다. '너무 잘 드는 칼'이란 것이 단점으로 작용했다. 그는 2005년 11월 검찰총장 인선에서 사법연수원 동기 정상명에게 밀렸다.

안대희의 대법관 제청은 이용훈 대법원장 자신의 판단이었다. 검찰 출신 강신욱 대법관 퇴임으로 검찰 몫 한 자리가 비게 되었다는 이유 때문만은 아니었다. 이용훈은 대법원이 판사 출신들로만 구성된다면 법조 전체의 의견을 대법원 재판에 반영할 수 없다고 봤다.

이용훈은 대법원 간부들에게 "법원의 대법원을 넘어 대한민국의 대법원이 되려면 검찰 출신 대법관이 있어야 한다"고 말했다. 검찰 몫 대법관 제청에 대해 노무현 대통령은 탐탁지 않다는 반응이었다.

"검사가 무슨 대법관을 합니까?"

이용훈이 답했다.

"검찰 출신 대법관이 한 사람은 있어야 합니다. 대법원은 우리나라 전체의 법률 문제에 관해 최종적인 해석을 하는 곳입니다. 검찰이 어떤 생각을 갖고, 어떤 절차에 따라 수사하는지를 알지 못한 채 재판한다면 대법원이 제대로 된 법률 의견을 제시한다고 말하기 어렵습니다."

"대법원장께서 그러시다면…" 노 대통령은 이용훈의 뜻을 받아들였다. 이용훈이 검찰 간부 중에서도 안대희를 대법관으로 제청한 것은 유능하다고 정평이 나 있기 때문이었다. 대법관으로서 형사사건뿐 아니라 민사·행정사건까지 처리하려면 머리 좋고 유능한 사람이어야 한다고 믿었다. 안대희 같은 검사가 대법원에 들어와야 검찰이 판결에 승복할 것이라는 기대도 있었다.

이용훈은 안대희 대법관 취임 후 그의 능력을 인정하면서도 검찰의 시각을 뛰어넘지 못하는 데 대해 아쉬움을 나타내곤 했다. 안대희는 형사사건을 넘어 민사·행정 분야에까지 독자적인 논리를 개진했다. 그가 관련 사건들을 잇달아 파기환송하자 법원 내에서 논란이 벌어지기도 했다.

당시 대법관 인선 구도에서 빼놓을 수 없는 것이 대구·경북(TK)이었다. 강신욱 대법관이 퇴임하면 TK 출신 대법관이 사라지게 된다. TK 출신 대법관 후보 중 가장 많은 지지를 받은 이가 박일환(사법연수원 5기) 서울서부지법원장이었다.

경북고와 서울대 법대를 나온 박일환은 '합리적 보수' '말이 통하는 보수'라는 평가를 받고 있었다. 실제 대법관이 된 뒤 진보성향 대법관들의 주장이라도 합리적이라고 판단되면 수용하는 자세를 보였다. 박일환은 재판 업무와 사법행정 모두에서 능력을 발휘했다. 헌법재판소 헌법연구관, 사법연수원 교수, 법원행정처 송무국장, 대법원 수석재판연구관을 지내면서 20여 건의 논문을 냈다. 그는 지적재산권 분야에도 일가견이 있었다. 특허법원 부장판사와 서울고법 지적재산권 전담 재판부 부장판사로 근무했다.

박일환은 송무국장 시절 인신구속제도를 획기적으로 개선했다. 수사기관이 피의자를 임의동행 형식으로 데려와 수사하던 관행을 깨기 위해 긴급체포제도를 도입했다. 함께 일한 판사들은 그를 두고 "차분한 성격으로 법률 실력과 행정능력, 포용력까지 삼박자를 갖췄다"고 평했다.

사법연수원 7기로 역시 노무현 대통령과 동기인 김능환 울산지법원 장은 대법원 선임재판연구관과 수석재판연구관을 역임했다. 민사·형사·특별 등 모든 법률 분야에서 이론과 재판 실무에 해박한 실력파였다. 별명이 '걸어다니는 판례집'이었다.

경기고·서울대 법대 출신인 그는 소탈한 성품으로 선후배 법관들과 직원들 사이에 인기가 높았다. 수석재판연구관 시절 스스럼없이 재판연구관실에 들어가 젊은 연구관들과 맞담배를 피우곤 했다. 민사소송법과 민사집행법 분야의 권위자로 민사집행법연구회 회장을 지내기도 했다.

김능환은 과거사 사건으로도 주목을 받았다. 전주지방법원(전주지법)에서 근무 중이던 1983년 5월 현직 고등학교 교사 등 9명의 연구 모임을 국가보안법 위반 혐의로 구속기소한 이른바 '오송회 사건' 재판에 배석판사로 참여했다. 재판부는 피고인 6명에 대해 선고유예를 하고, 나머지 3명에게는 낮은 형량을 선고했다. 군사독재 시대에 국가보안법 사범을 1심에서 석방한 것은 유례가 없는 일이었다.

선고 직후인 같은 해 7월 전두환 대통령이 대법원장과 대법원판사들을 청와대 만찬에 초청한 자리에서 오송회 사건을 예로 들며 "빨갱이를 무죄로 하는 것은 안 된다"고 말했다.[17] 2005년 5월 부산 미국문화원 방화 사건으로 보안관찰 처분을 받은 김현장 씨가 법무부를 상대로 낸 보안관찰 갱신 취소 소송에서 김능환은 "재범 위험성이 없는 것으로 보인다"며 원고 승소 판결했다.

2006년 대법관 제청에서 파격적인 기수·서열 파괴는 없었다. 고검장 출신인 안대희를 빼고는 모두 법원장으로 있던 고위 법관들이었다. 외면적으로 과거와 달라진 게 없는 듯했지만 다양성 노력은 지속되고 있었다. 진보·여성(전수안), 중도진보(이홍훈), 검찰(안대희), 합리적 보수(박일환·김능환)로 다양성의 명맥을 이어갔다. 이홍훈과 전수안의 대법원 진입으로 독수리 5남매는 완전체를 이루게 됐다.

숫자
'다섯'의 의미

2005년 10월, 2006년 6월 두 차례의 대법관 제청을 통해 '독수리 5남매'가 만들어졌다. 김영란, 박시환, 김지형, 이홍훈, 전수안이 그 주인공들이다. 이들은 소수의견에 그칠 때가 많았지만 단순한 소수의견이 아니었다. 다수의견과의 격렬한 토론을 통해 보수색 짙은 대법원 판례를 전향적인 방향으로 이끄는 역할을 했다.

이들 대법관의 공통점은 법원 내 주류가 아니라는 것이다. 여성(김영란, 전수안)과 장기 법무관(박시환), 비서울대(김지형), 학생운동 경험(이홍훈). 주류와 다른 관점에서 세상을 바라본 경험이 그들을 진보 혹은 중도진보로 나아가게 한 것 아닐까.

다섯이라는 숫자는 '한계이자 가능성'이다. 전원합의에 참여하는 13명 중 5명만으로는 다수(7명)를 점할 수 없다. 하지만 1~2명을 더 끌어들이면 언제든 다수를 위협할 수 있다. 1명만 더 끌어들여도 6 대 6 구도를 형성해 마지막 13번째 의견을 제시하는 대법원장을 고민에 빠뜨릴 수 있다. 실제로 형사사건 등 상당수 사건에서 다수를 형성하며 판례를 바꾸기도 했다.

과거에도 소수의견이 있었지만 1~2명에 그치곤 했다. 다수의견은 그 소수의견에 답하지 않은 채 무시하고 넘어갔다. 하지만 다섯은 무시할 수 없는 목소리였다. 다수는 이들의 목소리에 응답해야 했다. 다수의견 대법관들은 보충의견을 통해 소수의견을 반박했고, 다시 소수의견 대법관들이 보충의견으로 재반박했다. 이용훈 코트의 전원합의체 판결문이 과거의 대법원 판결문보다 몇 배 두껍고, 다수의견과 소수의견의 어조가 격렬하고 논쟁적이었던 이유다.

'다섯'은 대법원의 다양성 확보를 위한 최소한의 숫자다. 이 숫자 때문에 다수의 보수성향 대법관들은 항상 긴장해야 했다. 대법관 4명이 참여하는 소부 합의 과정에서도 독수리 5남매가 문제를 제기하면 다른 대법관들은 눈을 크게 뜨고 의자를 당겨 앉았다. 그 팽팽한 긴장감 속에 토론의 불꽃이 피어날 수 있었다.

소수의견 꽃피운
대법원 전원합의체 판결

이슈 토론의 장이 된
대법원

'대법원이 최고법원 역할을 하려면 국민 생활의 지도적 원리가 될 만한 판결을 해야 한다.'

이용훈이 대법원장이 되면서 품은 생각이었다. 대법원이 세 번째 재판을 하는 3심 법원으로서의 역할만 한다면 존재감을 가질 수 없다. 그가 주목한 것은 대법원장 취임 직전 있었던 '여성 종중원 인정' 판결이었다. 그 사건처럼 시대의 변화를 반영하고 사회의 관행을 바꾸는 대법원 판결을 하고 싶었다.

단순한 법리 문제로 판례를 바꾸는 것만으로 국민들에게서 최고법원답다는 말을 들을 수 있을까. 누가 보더라도 '이 시대에 해결해야 할 이슈'라고 생각되는 사건을 재판해야 하지 않을까. 이용훈은 대법원의 위상을 높일 수 있는 사건을 고대했다.

미국 연방대법원이 처리하는 사건의 60퍼센트 이상이 위헌 여부와 직접적인 관련이 없다. 헌법에 맞게 법률을 해석하여 재판의 기준을 제시하는 것이 주를 이룬다. 우리 대법원도 헌법 가치들이 판결에 반영되도록 하자는 게 이용훈의 기본 구상이었다. 그 결과 헌법적 차원에서 다루는 사건이 크게 늘었고, 대법원 판결문에 헌법 조문과 기본권이 자주 등장했다.

1950년대 미국의 '흑백 분리 철폐' 판결도, 1960년대 '미란다 원칙' 선언도 연방대법관들의 선구안(選球眼)이 있었기에 가능했다. 이용훈은 김용덕 수석재판연구관에게 그 임무를 맡겼다. "대법원에 올라오는 사건을 사전 검토해서 대법원이 진짜 해야 할 중요사건들을 보고하라."

김용덕은 이용훈 대법원장 취임 직후인 2005년 11월부터 2010년 2월까지 4년 3개월 동안 수석재판연구관으로 일하며 전원합의체 강화 작업을 뒷받침했다. 김용덕은 한 달에 최소 한 번씩은 이용훈에게 중요사건을 보고했다. 이용훈은 하급심 사건이 신문에 나오면 "이슈가 될 만한 사건이니 미리 연구해보라"고 주문했다. 이런 과정을 거쳐 사건이 추려지면 수석재판연구관이 검토 내용을 주심 대법관에게 보고했다.

이용훈이 중요사건을 직접 관리한 이유는 대법관들이 소부로 올라오는 일반사건 처리에 눈코 뜰 새가 없기 때문이었다. 새만금, 금융실명제, 연명치료 중단, 긴급조치, 조봉암 재심 사건이 대법원장의 선택으로 전원합의 목록에 올랐다. 그중에서 새만금 사건과 연명치료 중단 사건은 대법원에 올라오기 전부터 사전 검토 작업에 들어갔다. 긴급조치와 조봉암 재심 사건은 이용훈이 "소부가 아니라 전합(전원합의)에서 하자"고 교통정리했다.

모든 게 대법원장 뜻대로 된 것은 아니었다. 이용훈은 금융실명제를 확고하게 뿌리내리게 하는 방향으로 민·형사 분야에서 대법원 판례를 만들고자 했다. 민사에서는 예금명의자만 예금주로 보도록 하는 것이었고, 형사에서는 차명예금명의자가 예금을 찾더라도 횡령죄로 처벌할 수 없도록 하는 것이었다.

민사에서는 판례로 만드는 데 성공했다. '차명으로 예금계좌를 개설한 경우 예금주는 돈의 실제 주인과 관계없이 예금명의자로 봐야 한다'

는 전원합의체(주심 차한성 대법관) 판결이 2009년 3월 나왔다.[1] '금융실명제하에서도 예금출연자, 즉 돈의 실제 소유자에게 예금을 반환하도록 하는 명시적 또는 묵시적 약정이 있으면 예금출연자를 예금주로 볼수 있다'는 기존 판례를 뒤집은 것이다.

본인인 예금명의자의 의사에 따라 예금명의자의 실명확인 절차가 이루어지고 예금명의자를 예금주로 하여 예금계약서를 작성하였음에도 불구하고 (…) 예금명의자가 아닌 출연자 등을 예금계약의 당사자라고 볼수 있으려면, 금융기관과 출연자 등과 사이에서 실명확인 절차를 거쳐 서면으로 이루어진 예금명의자와의 예금계약을 부정하여 예금명의자의 예금반환청구권을 배제하고, 출연자 등과 예금계약을 체결하여 출연자 등에게 예금반환청구권을 귀속시키겠다는 명확한 의사의 합치가 있는 극히 예외적인 경우로 제한되어야 할 것이고 (…)[2]

이 판결로 금융실명제의 실효성을 높일 수 있게 됐다. '이름을 빌려준 명의자가 예금을 찾아가더라도 횡령죄로 처벌할 수 없다'는 이용훈의 논리는 판례로 이어지지 않았다. 전원합의 과정에서 다수 대법관들의 반대에 부딪힌 것이다. 이용훈은 "대법관들이 뭘 모른다"며 안타까워했다. 해당 사건은 종전 판례대로 소부 판결로 나갔다.

전원합의에서 대법원장이 "이런 방향으로 가자"며 결론을 제시하는 경우는 거의 없었다. 그렇다고 과거 대법원장들처럼 논쟁이 다 끝난 다음에 입장을 밝힌 것도 아니었다. 토론이 자유롭게 이뤄지도록 하면서도 합의 과정에 적극적으로 참여했다. 한 사건 합의에 두세 차례 이상 토론이 이어졌고 토론 시간도 길었다.

이용훈은 대법관들을 동료로서 예우했다. "20~30년씩 법률 실무에 종사하던 사람들인데 그 사람들을 존중하지 않으면 어떻게 좋은 재판을 할 수 있겠는가." 자신이 사법연수원 교수로 있을 때 연수생이던 대법관도 여럿* 있었지만 전원합의에서 동등하게 대우했다.

박시환은 대법관 취임 후 첫 전원합의를 앞두고 김지형에게 걱정스러운 얼굴로 말했다. "김 대법관. 우린 죽었다. 선배 대법관들이 '대법관 감도 안 되는데'라고 무시하면 어떻게 하지?" 박시환의 걱정은 기우(杞憂)였다. 기수 높고 나이 많은 대법관들도 두 사람을 동료 대법관으로 대했다.

전원합의 과정에서 대법관들이 의아하게 생각한 것은 대법원장이 어떻게 사건 내용을 꿰뚫고 있느냐였다. 비밀은 '스파링 파트너'에 있었다. 이용훈은 취임과 함께 고위직 비서관 자리를 없애고 대신 비서실 판사를 두도록 했다. 전원합의 사건 검토보고서를 읽고 비서실 판사와 사전 토론을 벌였다. 합의를 주재하는 재판장이 사건 내용을 숙지하고 있지 않으면 안 된다는 생각 때문이었다.

전원합의 사건을 맡은 재판연구관들은 몇 번이고 대법원장실에 불려갔다. "이 부분은 검토가 덜 됐다." "왜 이런 문제는 검토하지 않느냐." 이용훈은 검토보고서를 읽은 뒤 재판연구관에게 일일이 지적했다.

---

* 김영란, 박시환, 김지형 대법관.

연구관들로서는 스트레스가 이만저만이 아니었다.

또 하나의 변화는 공개변론 활성화였다. 재판은 법정에서 이뤄져야한다는 그의 신념에 따라 주요 사건마다 공개변론이 열렸다. 공개변론은 단순히 양측의 공방이 오가는 데 그치지 않았다. 결론에 큰 영향을미쳤다. 대표적인 예가 성전환자의 호적상 성별 정정 사건이었다.[3] 공개변론에 전문의가 참고인으로 출석해 성전환증에 관해 진술했다.

인간의 성(性)은 외형적인 성기에 따라 결정되는 게 아니다. 세계보건기구(WHO)를 비롯해 의학계에서는 성전환증을 뇌의 특정 부위에서 일어나는 선천적 증상으로 규정하고 있다. 성전환증 환자를 진단하고, 의학적·법적으로 보호하는 사회적 시스템이 필요하다.

과학적 근거가 제시되자 대법관들의 고정관념이 흔들렸다. 전문가리포트를 열 번 읽는 것보다 공개 법정에서 진술 한 번 듣는 것이 효과적이었다. 호적상 성별 정정을 허용해야 한다는 쪽으로 결정이 나왔다.

이용훈 코트 초기 "전원합의 과정을 녹음하자"는 제안도 있었다. 전원합의가 중요한 역사적 기록물이 될 수 있는 만큼 10~20년 후에라도공개되도록 하자는 얘기였다. "녹음을 하면 자유롭게 발언하고 토론할수 없다." 제안은 받아들여지지 않았다.

지방법원·고등법원 판결문과 달리 대법원 전원합의체 판결에는 다수의견·소수의견이 제시된다. 판결문에 어느 대법관이 어떤 입장에 섰는지가 분명하게 드러난다. 합의 비공개 원칙*이 대법원에 적용되어야 하는지 의문이다. '법관의 독립과 재판의 신뢰 보호'라는 합의 비공개의 이유가 대법원 전원합의체 재판에서도 성립할 수 있을까. 감추고 숨겨야만 법관 독립과 재판 신뢰가 확보된다는 것은 시대착오 아닐까.

---

* 법원조직법 제65조는 "심판의 합의는 공개하지 아니한다"라고 규정하고 있다. 판결이 나오기까지의 합의 과정이 공개될 경우 재판부가 자유롭게 의견을 나누지 못하고, 재판의 독립이 흔들릴 수 있다는 이유에서다. 법원조직법 제15조는 "대법원 재판서(裁判書)에는 합의에 관여한 모든 대법관의 의견을 표시하여야 한다"고 하여 합의 비공개 원칙의 예외를 인정하고 있다. 최고법원의 재판에 대한 국민의 신뢰를 보장하고 책임감을 부여하기 위한 규정이다.

베일에 가려진
대법원 재판[4]

　대법원 재판은 베일에 가려져 있다. 사건이 대법원에 접수되면 어떻게 처리되는지, 언제 판결이 나올지 알기 어렵다. 1년이고 2년이고 나올 때까지 기다려야 한다. "대법원 판결은 시간의 함수"라는 말이 나올 정도로 판결 시기가 결과만큼 중요하다. 예를 들어 형이 늦게 확정될수록 국회의원이나 기업 등기이사 등의 자격을 유지할 수 있는 기간이 길어진다.

　당사자가 항소심 판결에 불복해 상고장을 제출하면 항소심 법원은 소송 기록을 대법원에 보낸다. 상고사건은 대법관 4명으로 구성된 소부(小部)에 배당된 뒤 주심이 정해진다.* 제출한 상고이유서와 답변서는 대법원 재판연구관** 가운데 새로 접수된 사건을 검토하는 '신건조(新件組)' 연구관에게 배정되어 1차 검토를 거친다. 신건조 연구관은 1차 검토 후 심리불속행, 상고기

----

* 2006년 12월부터 상고이유서 제출 후 답변서 제출 기간이 만료되는 시점에 소부 소속 대법관 4명 중 1명이 주심으로 지정되도록 했다. 주심 대법관과 연고가 있는 변호사를 선임하는 폐단을 막기 위해서다. 양승태 대법원장 취임 후인 2015년 12월부터는 답변서 제출 기간 만료 시점에 소부와 주심 대법관 지정을 동시에 하도록 하고 있다.

** 재판연구관은 사건 심리와 재판에 관한 자료를 조사·연구한다. 총 100여 명에 이르고 대부분이 경력 13년 안팎의 중견 판사다. 특정 대법관에게 전속돼 그의 업무만을 보좌하는 전속연구관(대법관당 3명)과 모든 대법관의 업무를 공동으로 보좌하는 공동연구관으로 나뉜다. 전속연구관은 '사노(私奴)', 공동연구관은 '공노(公奴)'로 불릴 만큼 격무에 시달리는 자리다. 이들 재판연구관을 총괄 지휘하는 수석재판연구관과 선임재판연구관이 1명씩 있다.

각, 전속연구관 검토, 공동연구관 검토, 전원합의체 회부 등 기초 검토 의견을 보고서 표지에 붙여 주심 대법관에게 올린다.

주심 대법관이 추가 검토 없이 심리불속행*이나 상고기각을 하기로 결정하면 소부 합의를 거쳐 판결을 선고한다. 추가 검토가 필요하다고 판단되면 전속연구관이나 공동연구관에게 기록을 넘긴다. 추가 검토 후 결론을 내린 사건은 소부 합의에 들어가 다른 대법관들이 동의하면 판결을 선고한다.

소부 합의는 매달 두 번씩** 열린다. 합의 때마다 대법관별로 100건가량씩 사건을 처리한다. 오전 9시 30분부터 대법관별로 2~3시간씩 하루 종일 합의를 진행한다. 저녁 7~8시쯤 끝날 때가 많다.

문제는 당일 합의할 다른 대법관의 주심 사건 목록을 합의 테이블에 앉고 서야 보게 된다는 것이다. 양형 부당***을 주장하거나 사실 판단이 잘못됐다고 다투는 등 상고이유에 해당하지 않는 사건들은 주심 대법관이 "소액사건" "양형 부당 주장 사건" "사실 오인 주장 사건"이라고 짧게 언급하고 지나간다. 내용을 설명해야 하는 사건도 설명 시간이 평균 3~4분을 넘지 않는다.

사건 설명 후 잠시 기다리다 질문이나 다른 의견 제시가 없으면 곧바로 다음 사건으로 넘어간다. 그 짧은 몇 초 사이에 사건 처리 여부가 결정되는 셈이다. 대법관들의 표현대로 "컨베이어 벨트 지나가듯" 사건들이 지나간다.

---

* 대법원에 올라온 사건(형사사건 제외) 가운데 상고 대상이 아니라고 판단되는 사건에 대해 본안 심리 없이 상고를 기각하는 것을 말한다. 1994년 기존의 상고허가제가 폐지되고 상고심 절차에 관한 특례법이 제정되면서 시행됐다.
** 통상 둘째, 넷째 수요일 또는 목요일
*** 형량 결정이 잘못됐음.

정신을 바짝 차리고 긴장하지 않으면 중요한 사건을 놓칠 수도 있다. 판결문 작성 후 서명을 위해 회람하는 과정에서 다른 대법관이 설명하지 않은 쟁점이 숨어 있었음을 발견하는 경우도 적지 않다. 주심 대법관에게 설명을 요청하거나 재합의를 요구하기도 한다.[*]

소부 합의에서 대법관들의 의견이 일치되지 않으면 대법원장과 대법관 전원이 참여하는 전원합의체로 넘어간다. 종전 판례를 바꾸거나 대법원장이나 대법관이 전원합의로 다룰 필요가 있다고 판단해 전원합의체로 넘기는 경우도 많다.

전원합의는 매달 셋째 목요일에 열린다. 오전 10시부터 저녁 7~8시까지 진행되는데, 당일 오후 2시에 전원합의체 판결을 선고한 뒤 다시 다른 사건들에 대한 합의를 계속한다. 원탁 형태의 테이블에 둘러앉아 진행되는 전원합의는 재판장인 대법원장과 대법관들만 참석한다. 대법관 외에는 그 누구도 참석하지 못한다.

주심이 전원합의용 검토보고서[**]를 토대로 사건의 내용과 쟁점, 검토 내용 등을 설명한 뒤 대법관들의 토론이 전개된다. 가이드 역할을 하는 주심이 얼마나 연구하고 준비하느냐에 따라 방향이 달라지기도 한다. 재판장(대법원

---

[*] 2010년 3월부터는 합의 목록에 기존의 사건번호와 사건명, 당사자 이름, 상고인 외에 사안의 개요를 추가했다. 하지만 여전히 합의 자리에 가서야 합의 목록을 읽기 때문에 큰 도움이 되지 않는다는 지적도 있다.

[**] 담당 연구관이 주심 대법관의 지휘에 따라 작성한 보고서. 미국 연방대법원의 경우 주심 없이 대법관 9명이 각자 전속 로클럭(law clerk·재판연구관)으로부터 검토보고서를 받아 전원합의를 한다. 한국 대법원은 주심 대법관의 지휘에 따라 담당 재판연구관이 작성한 검토보고서의 틀 안에서 합의가 진행되는 반면 미국은 9개의 검토보고서로 다양성을 확보할 수 있다.

장)은 논의 흐름을 점검하면서 중간 정리를 하거나 논의가 지엽적인 방향으로 흐를 때 바로잡는 역할을 한다.

토론 과정에서 대법관들의 실력이 드러난다. 논리에 자신이 없다면 말을 하지 않는 게 상책이다. 토론이 끝나면 서열*이 가장 낮은 대법관부터 역순으로 입장을 밝히기 시작해 마지막에 대법원장이 입장을 말한다. 대법관들이 밝힌 의견은 다수의견과 별개의견, 반대의견, 보충의견**으로 나뉜다. 전원합의에 넘겨진 사건 중 3분의 2가량은 전원합의체 판결로 선고하지 않고 다시 소부로 돌아가 소부 판결로 나온다.***

전원합의에서의 구두 토론 못지않게 중요한 것이 판결문 작성이다. 그 과정에서 2차 토론이 벌어지기 때문이다. 주심 대법관이 다수의견 쪽일 때는 주심이 다수의견을 대표 집필하고, 소수의견 쪽이라면 소수의견을 쓴다. 주심이 소수의견일 경우 같은 소부에 소속된 다른 대법관 중에서 다수의견 집필자를 고르는 경우가 많다.****

다수의견 집필 대법관이 다수의견 초안을 작성하면 다수의견 쪽 대법관

----

* 대법관 서열은 임명된 날짜순으로, 같은 날짜에 임명됐을 경우 연장자순으로 결정된다.
** 다수의견은 과반수의 대법관이 가담한 의견으로 대법원을 대표하는 의견(법정의견)이 된다. 별개의견은 다수의견과 결론이 같지만 이유가 다른 경우다. 반대의견은 결론이 다른 의견이고, 보충의견은 다수의견 또는 소수의견을 밝힌 대법관 중 일부가 이유나 법리를 추가하거나 보충하는 것을 말한다. 반대의견과 별개의견을 소수의견이라고 부른다.
*** 전원합의 과정에서 소수의견이었던 대법관이 다수의견 쪽으로 입장을 바꾸거나, 소수의견을 주장하는 대법관이 판결문에 소수의견을 남기기를 원치 않는 경우 등이다. 정치적 오해를 받을 수 있는 경우도 소부 판결로 처리된다.
**** 한국과 일본, 독일은 대법원 판결문에 각 의견의 집필자를 명시하지 않는다. 미국 연방대법원은 판결문에 각 의견의 집필자를 밝히고, 영국 대법원은 판결문에 대법관 전원이 각자의 의견을 개별적으로 작성한다.

들에게 돌린 뒤 의견을 수렴해 다수의견을 완성한다. 완성된 다수의견은 대법원장과 대법관 전원에게 배부되고 소수의견 집필 대법관이 이를 토대로 소수의견 초안을 작성한다. 해당 대법관은 소수의견 쪽 대법관들에게 초안을 돌려 역시 의견 수렴 과정을 거친다.

이렇게 소수의견이 다듬어지면 다시 대법관 전원에게 회람되고, 소수의견에 따라 다수의견도 수정된다. 이런 과정은 판결 선고 직전까지 열 차례 넘게 반복되기도 한다. 의견을 계속 고쳐 쓰면서 '침묵의 공방'을 거듭하는 것이다.

현실 지배하는 다수의견,
미래 예고하는 소수의견

우리는 흔히 소수의견에 더 주목한다. 소수의견을 많이 내는 대법관이나 헌법재판관을 'Mr. 소수의견' 'Mrs. 소수의견'이라고 부르기도 한다. 다수의견에 맞서 소수의견을 낸다는 것은 분명 힘든 일이지만 대법원 판결이라는 이름으로 세상을 지배하는 것은 다수의견이다. 김영란 대법관은 '독수리 5형제'로 불리는 데 대해 "지구를 지키는 것은 다수의견 아니냐"고 말하기도 했다.[5] 이용훈 대법원장의 생각도 다르지 않았다.

"법률 해석을 통해 '이것이 법이다'라고 선언하는 것은 다수의견이다. 그런 점에서 다수의견은 살아 있는 법에 가깝다."

이 대법원장은 전원합의가 끝난 뒤 대법관들과 격론을 벌이고 나가던 박시환 대법관의 어깨를 두드렸다. 고개를 돌려 자신을 쳐다보는 박 대법관에게 말했다.

"박 대법관. 성질이나 팍팍 내고… 그래 갖고 되겠어?"

다른 대법관들과 논쟁을 벌이기보다 그들을 설득할 수 있어야 다수의견을 만들 수 있다는 얘기였다.

기존 판례를 파격적으로 뒤집을 수는 없다. 한두 발자국씩 나아가야 한다는 게 이용훈의 지론이었다. 법적 안정성을 중시한다는 점에서 법률가로서의 보수성을 드러낸 것으로 볼 수 있다. 하지만 이용훈 코트의 다수의견은 과거보다 진전된 것이었다. 독수리 5남매 대법관들의 등장으로 다수의견과 소수의견이 논쟁하고 대결하면서 다수의견 자체가 달라지기도 했다. 팽팽하게 줄다리기를 하면 우세한 쪽도 상대편 쪽으로 조금은 끌려갈 수밖에 없는 것과 같은 이치다.

이용훈이 전원합의에서 특히 중시한 것은 기준이었다. 각하냐, 기각이냐, 파기냐를 떠나 사회에 기준을 제시하는 데 전원합의체 판결의 의미가 있다고 봤다. "결론만 내겠다고 생각하면 사건을 간단히 처리할 수 있지만 전원합의 판결에 결론만 보여서야 되겠느냐. 앞으로 비슷한 유형의 사건이 있을 때 어떤 법리에 따라 재판해야 하는지를 제시해줘야 한다." 기준이 제대로 제시되지 않을 때는 기준을 고민하기 위해 한두 번 더 합의를 했다.

소수의견의 존재 가치도 무시하지 않았다. 이용훈은 전원합의를 하다가 "이런 부분은 소수의견이 있어야 하지 않겠느냐"고 묻곤 했다. "양립할 수 있는 논리가 있을 수 있는데, 이런 경우에는 이런 논리가 있을 수 있다는 걸 누가 좀 피력해줬으면 좋겠다." 다수의견과 다른 입장에 섰던 대법관에게 "소수의견을 써보라"고 권하기도 했다.

"소수의견이 있어야 모양이 좋다는 차원이 아니다. 대법원은 논의의 장을 열어주는 역할도 해야 한다."

판례 중심인 미국의 연방대법원은 9 대 0의 전원일치 판결이 좋은 판결로 받아들여진다. 성문법 국가인 한국은 전원일치 판결이 자칫 토론의 여지를 없애는 부작용을 일으킬 수 있다. 법률을 왜 그렇게 해석하는지를 입체감 있게 설명하려면 다수의견과 함께 소수의견도 있는 편이 낫다는 게 이용훈의 생각이었다. 소수의견은 향후 사회가 나아갈 방향을 예고해주는 것이기도 했다.

　이용훈은 한 표 차이로 뒤집힐 수 있는 7 대 6 판결은 바람직하지 않다고 봤다. 전원합의는 말석(末席) 대법관부터 시작해 마지막에 대법원장이 입장을 밝힌다. 대법관 12명의 의견이 7 대 5로 갈리면 대법원장이 소수의견 쪽으로 가서 7 대 6으로 만드는 것보다 8 대 5로 만드는 게 무게 있는 판결로 받아들여진다. 대법원장은 통상 다수의견 쪽에 선다는 관례가 만들어진 연유다.

미국 연방대법원
vs.
한국 대법원

미국은 대통령이 연방대법원 대법관을 지명할 때마다 보수냐, 진보냐를 놓고 논쟁이 벌어진다. 미국 언론은 대법관 지명자의 도덕성은 물론이고 과거 어떤 경력을 쌓아왔고 어떤 판결을 했는지, 이념적 성향은 어떤지를 시시콜콜할 정도로 따진다. 누가 대법관이 되느냐에 따라 미국인의 생활이 달라지기 때문이다.

미국 대법관은 종신직이다. 본인이 사임하지 않는 한 사망할 때까지 대법관 자리에 머물 수 있다. 2016년 2월 앤터닌 스캘리아(Antonin Scalia) 대법관이 숨지자 버락 오바마 대통령이 그의 후임자를 지명했다. 상원 다수당인 공화당이 인준 청문회를 열지 않아 무산되고 말았다. 이후 도널드 트럼프 대통령이 취임 직후인 2017년 2월 그 자리에 보수성향 법조인 닐 고서치(Neil Gorsuch)를 지명했다. 그 결과 연방대법관의 이념 구도는 보수 5 대 진보 4로 재편됐다.

미국 연방대법원에서 보수와 진보를 가르는 대표적인 기준은 낙태다. 생명을 중시해 낙태 금지 쪽에 서면 보수로, 여성의 자기결정권을 중시해 낙태 허용 쪽에 서면 진보로 분류된다. 동성결혼 허용이나 안락사 인정 여부 등도 보수와 진보를 구분하는 기준이다.

한국 대법원의 보수·진보 기준은 미국 연방대법원과 거리가 있다. 낙태나 안락사가 아니라 이념 좌표로 보수·진보가 나뉜다. 국가보안법이나 노동사건, 정부정책, 정치인 사건 등을 놓고 대립한다. 이 때문에 한국 법원에 미국식 보수·진보 개념은 성립하지 않는다는 분석도 있다. 하지만 사회 변화를 위해 사법이 적극적으로 법 해석을 해야 한다는 '사법적극주의'냐, 삼권분립과 법적 안정성을 위해 사법의 개입을 최소화해야 한다는 '사법적 자제'*냐의 측면에서는 한국과 미국의 보수·진보가 비슷한 부분도 적지 않다.

미국 연방대법원에서 눈여겨봐야 할 것은 구성의 다양성(diversity on the bench)이다. 다양한 배경을 지닌 인물들을 대법관 자리(bench)에 앉히는 것을 말한다. '선출되지 않은 권력'인 대법관들이 민주적 정당성을 확보하기 위해 각계각층의 다양한 목소리를 반영해야 한다는 이유 때문이다. 현재 연방대법관 9명 중 여성이 3명으로 3분의 1을 차지하고 있다. 인종별로는 백인이 다수지만 흑인과 히스패닉계도 있다.

한국 대법원은 2017년 6월 현재 대법원장과 대법관 11명(2명 공석) 중 10명이 서울대 법대 출신이고, 비서울대 출신은 김창석 대법관(고려대)과 박보영 대법관(한양대)뿐이다. 남성과 여성 비율도 10 대 2다. '서울대·오십대·남성판사'의 순혈주의가 대법원을 지배하고 있다. 법원장 등 고위 법관에서 대법관으로 직행하는 경우가 대부분이라는 점에서 사회적 경험의 다양성은 더 취약한 상황이다.

---

* 사법적 자제(judicial restraint)는 입법부와 행정부의 의사결정이 국민 법의식이나 기존 판례에 명백하게 배치되지 않는다면 최대한 존중해 사법부가 그에 관한 가치 판단을 자제해야 한다는 입장을 말한다. 법 해석에 있어 적극적 개입을 강조하는 사법적극주의와 대칭을 이룬다.

적시처리 1호,
새만금 사건

　　중요한 법적 분쟁에 관하여 시의적절한 해결 방안을 제시함으로써 갈등의 확산을 막고 사회를 통합하는 것은 이 시대 우리 법원에게 주어진 또 하나의 과제입니다.

　　이용훈 대법원장은 2006년 1월 시무식에서 분쟁의 시의적절한 해결을 강조했다. '지체된 정의는 정의가 아니다'라는 법언을 연상시키는 발언이었다. "법원을 하수처리장이라고들 하지만 잘못하다간 장의사 노릇을 하게 된다. 다 죽은 사건 뒤치다꺼리나 해서야 되겠는가."

　　한 달 뒤 대법원은 '중요사건의 적시(適時)처리 방안'을 발표했다. 국민의 관심이 집중되는 중요 재판은 다른 사건보다 우선해 신속하게 처리하겠다는 것이었다. 적시처리 중요사건의 선정 기준은 다음과 같다.

　　• 법원 판단의 지연 또는 심급에 따른 법원 판단의 변경에 따라 막대한 규모의 국가 또는 지방자치단체의 손실이 예상되는 사건.
　　• 다수 당사자가 관련되어 있거나 이해관계인이 다수 있고 사건의 성질상 일정 시점까지 처리해야만 하는 사건.
　　• 시간을 끌 경우 불필요하게 우리 사회 전체의 소모적인 논쟁을 불러일으킬 염려가 있는 사건.
　　• 사안의 내용이 정치·경제·사회적으로 파장이 크고, 선례로서의 가

치가 있는 사건.[6]

'이용훈 코트' 주요 전원합의체 사건
※ 본 책에서 다룬 사건을 차례에 따라 정리.

사건	선고시점 (사건번호)	판결(다수의견) 내용	다수의견 대법관	소수의견 대법관
새만금 사업	2006. 3. 16. (2006두330)	"새만금 간척 공사 계속"	이용훈 강신욱 이규홍 이강국 손지열 박재윤 고현철 김용담 양승태 김황식 김지형	반대: 김영란 박시환
울산 북구청	2007. 3. 22. (2005추62)	"울산시장의 북구청장 승진 처분 직권 취소는 정당"	이용훈 고현철 김용담 양승태 김황식 박일환 김능환 안대희	반대: 김영란 박시환 김지형 이홍훈 전수안
상지학원	2007. 5. 17. (2006다19054)	"상지대 임시이사들의 정식 이사 선임은 무효"	이용훈 고현철 김용담 양승태 김황식 박일환 김능환 안대희	반대: 김영란 박시환 김지형 이홍훈 전수안
출퇴근 재해	2007. 9. 28. (2005두12572)	"근로자 출근길 교통사고는 원칙적으로 업무상 재해로 볼 수 없다"	이용훈 고현철 양승태 김황식 이홍훈 박일환 안대희	반대: 김영란 박시환 김지형 김능환 전수안
제주지사 압수수색	2007. 11. 15. (2007도3061)	"위법하게 수집된 증거와 2차적 증거는 유죄 인정의 증거로 사용할 수 없다"	이용훈 고현철 김용담 김영란 박시환 김지형 이홍훈 박일환 전수안	별개: 양승태 김능환 안대희
창조한국당 공천헌금	2009. 10. 22. (2009도7436)	"증거조사 끝나기 전에 공소 장일본주의 위반 주장 땐 공소기각 가능"	이용훈 양승태 김능환 안대희 차한성 양창수 신영철 민일영	별개: 이홍훈 반대: 김영란 박시환 김지형 전수안

긴급조치 재심	2010. 12. 16. (2010도5986)	"대통령 긴급조치 1호는 위헌"	이용훈 박시환 김지형 이홍훈 김능환 전수안 안대희 차한성 양창수 신영철 민일영 이인복	–
조봉암 재심	2011. 1. 20. (2008재도11)	"조봉암 간첩·국가보안법 위반 무죄"	이용훈 박시환 김지형 이홍훈 김능환 전수안 안대희 차한성 양창수 신영철 민일영 이인복	–
삼성에버랜드	2009. 5. 29. (2007도4949)	"삼성에버랜드 전환사채 발행 경영진, 배임 무죄"	김지형 박일환 차한성 양창수 신영철	별개: 양승태 반대: 김영란 박시환 이홍훈 김능환 전수안
범민련	2008. 4. 17. (2003도758)	"국가의 존립·안전이나 자유민주적 기본질서에 실질적 해악을 끼칠 위험성 있다면 이적단체로 보아야"	이용훈 고현철 김영란 양승태 김황식 이홍훈 박일환 김능환 안대희 차한성	별개: 박시환 김지형 전수안
송두율 방북	2008. 4. 17. (2004도4899)	"송두율 교수의 한국 국적 상실 후 방북은 국가보안법상 탈출에 해당 안 돼"	이용훈 고현철 김영란 양승태 김황식 이홍훈 박일환 김능환	별개: 김지형 전수안 안대희 별개: 박시환
실천연대	2010. 7. 23. (2010도1189)	"실천연대는 이적단체에 해당"	이용훈 김영란 양승태 김능환 안대희 차한성 양창수 신영철 민일영	반대: 박시환 김지형 이홍훈 전수안
		"이적행위 목적은 피고인의 경력과 지위, 경위, 이적단체 가입 여부 등을 종합적으로 고려해 판단"	이용훈 양승태 김능환 안대희 차한성 양창수 신영철 민일영	반대: 박시환 김지형 이홍훈 전수안 반대: 김영란

철도노조 파업	2011. 3. 17. (2007도482)	"파업이 전격적으로 이뤄져 사업 운영에 막대한 손해를 초래할 경우 업무방해죄 성립"	이용훈 양승태 김능환 안대희 차한성 양창수 신영철 민일영	반대: 박시환 김지형 이홍훈 전수안 이인복
연명치료 중단	2009. 5. 21. (2009다17417)	"환자가 회복 불가능한 사망의 단계에 진입한 경우 객관적으로 환자의 의사를 추정해 연명치료 중단 가능"	이용훈 김영란 양승태 박시환 김지형 박일환 전수안 차한성 신영철	반대: 이홍훈 김능환 반대: 안대희 양창수
4대강 집행정지	2011. 4. 21. (2010무111)	"4대강 살리기 마스터플랜은 행정처분에 해당하지 않고, 금전보상으로는 참고 견디기 어려운 손해에 해당 안 돼"	이용훈 김능환 안대희 차한성 양창수 신영철 민일영 이인복 이상훈	반대: 박시환 김지형 이홍훈 전수안
PD수첩 정정·반론	2011. 9. 2. (2009다52649)	"한국인 유전자와 인간광우병 발병 확률 관련 보도는 허위사실. 후속 보도로 정정 안 돼"	이용훈 김능환 안대희 차한성 양창수 신영철 민일영	반대: 박시환 김지형 전수안 이인복 이상훈 박병대 반대: 박시환 김지형 전수안
		"미국에서 인간광우병 발생 시 한국 정부의 대응 조치 관련 보도는 의견 표명"	이용훈 박시환 김지형 전수안 차한성 이인복 이상훈	반대: 김능환 안대희 양창수 신영철 민일영 박병대
		"미국산 쇠고기 수입위생 조건 합의와 관련된 우리 정부의 협상 태도 관련 보도는 의견 표명"	이용훈 박시환 김지형 김능환 전수안 차한성 신영철 이인복 이상훈	반대: 안대희 양창수 민일영 박병대

대법원은 새만금 개발사업*을 '1호 적시처리 사건'으로 선정했다고 밝혔다. 이어 같은 달 16일 공개변론을 열고 사업성과 환경 가치 등에 대한 당사자·전문가 진술을 듣겠다고 했다.

대법원이 새만금 사건의 검토에 들어간 것은 2005년 12월이었다. 당시 서울고법은 환경단체와 전라북도 주민 3539명이 농림부 등을 상대로 낸 새만금 사업계획 취소 청구 소송에서 농림부 측 승소를 선고했다.** 대법원은 서울고법에서 판결이 선고되자마자 관련 기록들을 넘겨받아 검토에 착수했다. 이용훈 대법원장의 의지는 명확했다.

"이제 물막이 공사가 2.7킬로미터 남았다. 물막이 공사가 끝나기 전에 가부간에 결론을 내려야 한다."

준 끝막이 공사(전진공사)는 3월 17일, 본 끝막이 공사는 3월 24일~4월 24일로 예정되어 있었다. 사건은 대법관이 된 지 갓 한 달이 지난 박시환 대법관에게 배당됐다. 이 대법원장은 박 대법관과 김용덕 수석재판연구관을 불렀다.

----

* 1991년 11월 방조제 착공에 들어가 2010년 4월 준공된 대규모 국책사업. 전라북도 군산(비응도)과 부안(대정리)을 연결하는 33.9킬로미터의 방조제를 축조해 4만 100헥타르의 간척토지·호수를 조성하는 사업이었다. 담수호로 조성되는 새만금호(湖) 오염 우려 속에 환경단체가 사업 백지화를 요구하면서 소송이 시작됐다.

** 2005년 2월 4일 서울행정법원 행정3부(강영호 부장판사)는 "농림부가 새만금 사업을 인가한 뒤 수질오염, 생태파괴 등 중대한 변화가 발생해 농림부는 사업인가 처분을 취소하거나 변경해야 한다"고 판결했다. 같은 해 12월 21일 서울고법 특별4부(구욱서 부장판사)는 "새만금 사업 진행 중 일부 예상치 못한 사정이 발생했지만 이는 견해에 따라 달라질 수 있는 불확실한 것이고 이후 정부 부처가 대책을 수립했기 때문에 매립면허를 취소할 정도는 아니다"라며 1심을 뒤집고 원고 패소 판결했다.

"재판을 한다고 국가적 사업을 정지시켜놓고 끝도 없이 갈 순 없지 않소. 서둘러 진행해서 결론을 내도록 합시다."

문제는 환경영향평가서와 경제성 분석자료 등 기록이 캐비닛 하나를 가득 채울 정도로 방대하다는 사실이었다. 이 대법원장은 한 달 동안 박 대법관에게 다른 사건들을 배당하지 않도록 조치했다. 박시환은 새만금 사건에 몰두할 수 있었다.

재판연구관들이 관련 자료를 요약·정리한 보고서를 계속 올렸다. 박시환은 기록을 읽으면 읽을수록 늪에 빠져드는 느낌이었다. 경제성과 사업성을 계산하는 방법부터 의견이 갈렸다. 간척지에 농지를 만들어 쌀을 생산하면 순이익이 얼마 나오는지는 그나마 나왔다. 기온을 얼마나 낮추는 효과가 있고, 산소를 얼마나 더 발생시키는지를 두고 실험 방법에 따라 각각 다른 추정치가 나왔다.

환경단체·주민들을 한 축으로, 정부를 한 축으로 전문가들도 나뉘었다. 전문가들이라도 한 갈래로 의견을 모아야 방향을 잡을 것 아닌가. 주요 이슈가 불거질 때마다 정치권은 물론이고 언론, 학계까지 양쪽으로 갈라지는 일은 한국에서 일반화된 현상이었다. 이에 따라 결론이 나와도 양쪽 모두 승복하기는 어려운 구조다.

2월 16일 열린 공개변론에서 양측의 공방이 치열했다. 원고(환경단체·주민) 측 대리인은 "새만금 사업은 정략에 의해 탄생한 것으로 앞으로 4조 원이 넘는 혈세를 쏟아넣어야 하는 비효율적 사업"이라고 지적했다. 피고(농림부) 측 대리인은 "새만금 사업은 정치적 의도 없이 가능한 기술과 인력 등을 감안한 합리적 판단에 따라 시작됐다"고 반박했다.[7]

갯벌을 놓고도 "갯벌이 사라지면 생태계에 악영향을 미칠 것"이라는 주장과 "방조제를 만들면 방조제 밖에 갯벌이 또 생긴다"는 반론이 맞섰다. 계산 하나하나가 맞는지, 틀린지를 따지다가는 미로에서 길을 잃을 가능성이 컸다. 결국 다시 원점으로 돌아왔다. 대규모 국책사업 앞에서 대법관들이 할 수 있는 것은 자신의 철학에 따라 법리적 기준을 제시하는 일이었다.

"국가의 대규모 사업은 법원이 손대기 힘든 문제다. 방조제 공사가 막바지 단계만 남겨놓고 있는데 이제 와서 돌이킬 수 없는 일이다."

"결과가 확실하게 예측되지 않는다면 환경은 그냥 놔두는 게 낫다. 지금이라도 중단시켜야 한다."

표결 결과는 11 대 2였다. '사업 계속 진행'이 다수의견[*]이었다. 소수 의견은 김영란, 박시환 대법관 두 명이었다. 대법원은 3월 16일 선고 공판을 열고 원고 측 상고를 기각하고 원심을 확정했다.[8] 다수의견은 '행정처분이 당연 무효라고 하기 위해서는 위법사유가 있다는 것만으로는 부족하고 그 하자가 중대하고 객관적으로 명백한 것이어야 한다'는 기존 대법원 판례를 따랐다. '하자가 객관적으로 명백하지 않더라도 중대하면 무효로 해야 한다'는 원고 측 상고이유를 받아들이지 않은 것이다.

....

[*] 이용훈 대법원장과 강신욱, 이규홍, 이강국, 손지열, 박재윤, 고현철, 김용담, 양승태, 김황식, 김지형 대법관.

민관공동조사단에서 약 1년 2개월 동안 회의를 계속하여 공동조사보고서를 작성함에 있어 위원들의 견해차를 고려하여 10개의 시나리오를 구성하여 분석하기로 합의한 후 시나리오별 분석치를 내놓았고, 그 결과 모든 시나리오에서 경제적 타당성이 있는 것으로 분석된 점 등에 비추어 보면, 이 사건 각 처분에서 채택한 한국산업경제연구원의 경제성 분석이 충분하지 아니한 일부의 하자가 있다고 하더라도, 이를 법규의 중요한 부분을 위반한 중대한 것으로서 객관적으로 명백하다고 할 수 없다고 판단하였다.[9]

또 예상치 못한 사정변경으로 인한 취소사유에 해당하는지에 대해 그 입증책임이 사정변경을 주장하는 원고(환경단체·주민) 측에 있다고 제시했다.

공유수면매립면허처분을 할 당시에 고려하였거나 고려하였어야 할 제반 사정들에 대하여 각각 사정변경이 있고, 그러한 사정변경으로 인하여 그 처분을 유지하는 것이 현저히 공익에 반하는 경우라고 보아야 할 것이며, 위와 같은 사정변경이 생겼다는 점에 관하여는 그와 같은 사정변경을 주장하는 자에게 그 입증책임이 있다고 할 것이다.[10]

김영란, 박시환 대법관의 반대의견은 자연환경의 가치를 부각시킨 뒤 자연은 한번 파괴되면 회복하기 어렵다는 점을 강조했다. 김영란 대법관은 당시 '천성산 도롱뇽 소송'*의 주심을 맡고 있었다. 김 대법관은 재판연구관과 함께 천성산에 다녀오기도 했다.

환경의 가치 중 아직 밝혀지지 않은 부분이 많고 환경의 훼손이 인간의 생존에 심각한 영향을 미칠 수 있는 가능성이 항상 잠재하고 있다는 점을 고려하면, 환경의 변화나 훼손은 이를 감수하고서라도 반드시 확보하여야 할 필수불가결한 가치를 얻기 위한 것이거나 아니면 적어도 환경의 희생을 대가로 얻을 수 있는 가치가 월등히 큰 경우에만 허용될 수 있는 것이며, 그 경우에도 필요한 최소한의 범위 내에서만 훼손이 가능한 것으로 보아야 할 것이다.[11]

두 대법관은 특히 전국 갯벌 면적의 약 8퍼센트, 전라북도 갯벌 면적의 절반이 넘는 새만금 갯벌의 가치에 주목하면서 그 가치가 객관적으로 평가되지 않았다는 점을 지적했다.

새만금 사업의 경제성 분석 결과에 대하여 많은 문제점이 지적되고, 갯벌이 갖고 있는 다양하고 풍부한 가치가 제대로 평가되지 않은 점, 경제성 분석에서 비용으로 포함되지 않은 해양환경 변화에 대한 대책비용 등

------

* 천성산 안의 사찰인 내원사·미타암과 천성산에 사는 동식물을 대표한 도롱뇽, 지율 스님 등 '도롱뇽의 친구들'이 한국철도시설공단을 상대로 낸 경부고속철도 천성산 구간 터널(원효터널) 공사 착공금지 가처분신청 사건. 대법원 3부(주심 김영란 대법관)는 2006년 6월 '신청인들의 주장처럼 지하수 유출 가능성, 천성산 일원 습지 보호 등의 문제가 제기될 수 있으나, 현재로서는 터널 공사로 인해 신청인들의 환경이익이 침해될 수 있는 개연성에 관한 소명이 부족하다고 인정된다'며 재항고를 기각했다.

을 고려하면, 이 사건 새만금 사업에 대규모 환경의 희생을 정당화할 정도로 우월한 경제성 내지 사업성이 있다고 보기는 어려우므로 사업을 강행할 명분이 없다고 보아야 한다.[12]

이규홍, 이강국, 김황식, 김지형 대법관은 다수의견에 대한 보충의견을 통해 반대의견을 재반박했다. "우리가 견지하여야 할 태도는 균형감 있는 합리적·이성적 접근 방식이지, 결코 이상에 치우친 감성적인 접근 방식이어서는 아니 된다고 생각한다."[13] 이들은 이어 새만금 사업이 이미 상당 정도 진행된 대규모의 공공사업이라는 점을 지적했다.

그 사업을 계속함으로 인하여 초래될 수 있는 환경상의 피해와 사업에 소요되는 비용 못지않게 그 사업을 중단시킴으로써 달성할 수 없게 되는 국가·사회적인 편익 내지는 국민경제적인 가치뿐 아니라 이미 사업을 위하여 지출된 막대한 비용에 따른 손해에 대하여도 고려하여야 하며, 이와 같은 모든 손해들을 감수하고서라도 사업을 중단시켜야 할 정도로 환경상의 피해와 비용이 든다는 점이 충분히 입증되어야만 비로소 사업을 중단시켜야 할 사정변경 및 공익상의 특별한 필요가 있다고 할 것이고 (…)[14]

새만금 사건에서 나타난 대법관들의 대결 구도는 5년 후인 2011년 4대강 사업 집행정지 사건에서도 그대로 재연된다. 두 사건 모두 대규모 국책사업에 법원이 얼마나 개입할 수 있는지를 두고 다수의견과 소수의견이 맞붙었다. 대법관들의 면면만 달라졌을 뿐 '개입 자제' 입장과

'적극 심사' 입장이 대립한 것이다.

　새만금 사건은 또한 대법원 구성의 다양화가 아직 미완성 단계임을 보여주고 있다. 두 명의 소수의견으로는 다수를 긴장시킬 수 없었다. 당시는 이홍훈, 전수안이 대법관이 되기 전이었다. 그나마 김지형 대법관마저 다수 쪽에 섰다. 다수의 대법관들에게 소수의견은 '이상에 치우친 감성적인 접근 방식'이었다. 아직까지 대법원은 이상을 말하는 곳이 아니었다. 현실 논리와 상황 논리를 이야기하는 곳이었다.

독수리 5남매의
존재감

　김영란, 박시환, 김지형, 이홍훈, 전수안. 이 5명의 대법관이 한목소리로 소수의견을 낸 첫 사건은 울산 북구청 승진처분 취소 사건이었다.[15] 2004년 임명된 김영란에 2005년 11월 박시환, 김지형, 2006년 7월 이홍훈, 전수안이 합류한 뒤 2007년 3월 '독수리 5남매'가 대법원 무대에 본격 등장한 것이다.

　2004년 10월 전국공무원노동조합(전공노)이 '노동3권 보장'을 요구하며 총파업을 예고했다. 국회에 계류 중이던 '공무원의 노동조합 설립 및 운영 등에 관한 법률안'에 단체행동권이 포함되어 있지 않다는 이유였다. 행정자치부는 전국의 광역·기초 자치단체장들에게 불법 집단행동에 엄정 대처할 것을 요구했다. 공무원 복무 관리도 철저히 하라는 지침을 내렸다. 울산광역시는 같은 해 11월 15일 총파업에 참여해 복귀 명령에 응하지 않은 공무원들에 대해 징계의결을 요구하라고 관할 구·군에 지시했다.

박맹우 울산시장은 거듭된 지적에도 파업 참여 공무원들에 대해 징계의결 요구를 하지 않은 이상범 북구청장을 직무유기죄로 고발했다.[*] 이어 이 구청장이 해당 공무원 6명을 승진 발령하자 승진처분을 취소했다. 이 구청장은 박 시장을 상대로 취소 청구 소송을 냈다.

쟁점은 기초자치단체장의 소속 공무원 승진처분이라는 자치사무를 광역자치단체장이 취소할 수 있느냐였다. 대법관들은 우선 울산시장이 승진처분 취소의 법적 근거로 삼은 지방자치법 제157조 1항[**]을 놓고 논쟁을 벌였다. 해당 조항의 후문은 시·도지사가 취소하거나 정지시킬 수 있는 시·군·구 자치사무의 범위를 '법령을 위반하는 것'으로 제한하고 있다.

이 후문을 놓고 대법관들의 해석이 두 갈래로 나뉘었다. 한쪽은 '시·군·구 장(長)의 사무집행이 법령의 규정을 구체적으로 위반한 경우뿐만 아니라 재량권을 일탈·남용해 위법하게 되는 경우를 포함한다'고

----

[*] 당시 박맹우 울산시장은 한나라당 공천으로, 이상범 북구청장은 민주노동당 공천으로 당선됐다.

[**] 지방자치단체의 사무에 관한 그 장의 명령이나 처분이 법령에 위반되거나 현저히 부당하여 공익을 해친다고 인정될 때에는 시·도에 대하여는 주무부장관이, 시·군 및 자치구에 대하여는 시·도지사가 기간을 정하여 서면으로 시정을 명하고, 그 기간 내에 이행하지 아니할 때에는 이를 취소하거나 정지할 수 있다. 이 경우 자치사무에 관한 명령이나 처분에 있어서는 법령을 위반하는 것에 한한다.

보았다. 다른 한쪽은 '법령을 위반하는 것의 개념에 재량권 일탈·남용은 포함되지 않는다'고 했다.

언뜻 보면 단순히 조문 해석을 두고 의견이 갈린 것이지만 더 깊은 곳에는 정치적 관점의 차이가 있었다. 구체적으로는 지방자치에 대한 시각차였다. '아무리 자치사무라고 해도 중앙정부의 통제를 받아야 한다'는 시각과 '자치사무에 문제 소지가 있더라도 자율성을 존중해줘야 한다'는 시각이 대립한 것이다.

중앙정부의 관점에서 보면 지방자치단체(지자체)가 자치사무를 자기 입맛대로 처리하면 국가 질서가 무너지지 않겠느냐고 우려하게 된다. "자치사무라고 해서 아무런 견제도 하지 않고 방치한다면 나라의 영(令)이 서겠느냐"는 얘기다.

반면 지방자치의 관점에서 보면 지자체 사무를 견제하고 통제해야 하는 것은 중앙정부나 상급 지자체가 아니다. 주민들이다. 그릇된 행정을 하는 자치단체장은 다음 선거에서 주민들의 표로 심판하면 된다. 지자체에서 하는 일을 중앙정부나 상급 지자체의 잣대로 따지고 들면 지방자치의 기반은 흔들리게 된다.

표결 결과는 8 대 5였다. 중앙정부의 관점이 지방자치의 관점을 눌렀다. 8인의 다수의견*은 '지방자치단체 소속 공무원에 대한 승진처분이 재량권을 일탈·남용해 위법하게 된 경우 시·도지사는 시정명령이나 취소 또는 정지를 할 수 있다'고 판단했다.

....

* 이용훈 대법원장과 고현철, 김용담, 양승태, 김황식, 박일환, 김능환, 안대희 대법관.

다수의견에서 눈에 띄는 것은 '국가' '국가 통치질서' '국가 법질서' 같은 단어들이다. 중앙정부를 '국가'로 표현하면서 국가 밑에 지방자치단체가 있고, 자치행정도 국가의 통치질서 안에서 인정될 수 있다는 논리였다. 국가(중앙정부) → 광역자치단체 → 기초자치단체의 위계질서를 상정하고 있다. 국가나 중앙정부가 국법질서를 어겼을 때는 어떻게 해야 하는지에 관한 설명은 빠져 있다.

김영란, 박시환, 김지형, 이홍훈, 전수안 대법관은 다수의견을 강하게 반박했다. "제157조 1항 후문에서 말하는 '법령 위반'의 의미는 엄격하게 제한적으로 해석하여야 할 필요성이 있고, 그와 같은 필요성은 이 사건과 같이 정당 간에 기본적 입장의 대립이 심한 사건에서는 더욱 절실하다 할 것이다."

다섯 대법관은 "원칙적으로 국가와 지방자치단체가 의견이 일치하지 않는 경우 자치사무에 관한 한 지방자치의 본질상 당해 지역의 주민들로부터 민주적인 정당성을 부여받은 지방자치단체의 의사가 우선하여야 할 것"[16]이라고 강조했다. 다수의견을 따르더라도 북구청장의 승진처분이 '재량권을 일탈·남용한 것'으로 볼 수 없다고 지적했다.

공무원들의 공적 등 다른 어떠한 사정도 고려함이 없이 단지 원고가 징계의결 요구를 하였어야 하나 하지 않았다는 이유 하나만으로 이 사건 승진처분이 취소되어야 할 정도로 재량권을 일탈·남용한 것이라고 단정할 수는 없는 것이다. 더욱이 이 사건 해당 공무원들은 사후에 징계위원회에 회부되어 가장 가벼운 형태인 불문경고를 받았을 뿐인데, 과연 징계 절차를 밟았다고 하더라도 불문경고에 그치게 될 공무원에 대하여 여러 가지 사정을 참작한 끝에 징계의결 요구를 하지 아니한 원고의 행위가 재량권을 일탈하거나 남용한 위법한 행위라고 평가될 수 있을지는 지극히 의문이다.[17]

이러한 반대의견 뒤에 김용담, 김황식 대법관의 다수의견에 대한 보충의견과 이홍훈 대법관의 반대의견에 대한 보충의견이 뒤따랐다. 김용담, 김황식 대법관은 '북구청장의 재량권 일탈·남용이 심했다'는 점을 부각시켰다.

행정청이 재량권을 행사함에 있어서는 재량권의 한계를 벗어나지 않는 행위를 할 것이 요청되고, 행정청이 행정행위를 함에 있어 재량권의 한계를 벗어나 일탈·남용한 경우에는 법이 정한 한계를 벗어나지는 않는 범위 내에서 재량을 그르쳐 단순히 부당함에 그치는 경우와는 달리 그 행정행위는 위법한 행위로서 사법심사의 대상이 되는 것이다. (…) 원고가 그 의무(징계의결 요구 — 필자)를 이행하였더라면 지방공무원임용령 제34조 제1항 제1호의 제한규정 때문에 당시 해당 공무원들의 승진임용이 원천적으로 불가능한 것이었는데, 원고는 그러한 징계 절차상의 의무를 이행하지 아니한 채 오히려 해당 공무원들을 승진시킴으로써 위 제한규정을 잠탈하는 결과를 초래하였다는 점에서도 그 재량권 일탈·남용의 정도가 매우 심하다고 보지 않을 수 없다.[18]

이흥훈 대법관은 지방자치의 중요성을 거듭 강조한 뒤 자치사무에 관한 통제의 범위에 대해 "지도·감독이 아닌 '지도·지원'이라는 동등하고 협력적인 관계에서 이해하여야 할 것"이라고 했다.

지방자치단체의 자치권에 관한 다수의 견해는 19세기의 법실증주의의 영향으로 인하여 국가의 통치권에서 전래되고, 국가로부터 그 통치권의 일부가 위임된 것으로 보고 있기는 하다. 그러나 지방자치단체의 자치권은 주권재민의 원칙에 터 잡아 종래의 중앙집권체제에 저항하는 과정에서 비로소 얻어지게 된 국민들의 천부적 권리로서의 고유적 권리라는 역사성을 부인할 수 없다. 따라서 지방자치단체의 자치권은 국가나 상급지방자치단체라고 하더라도 함부로 침해하거나 통제할 수는 없는 것이다.[19]

이 두 개의 보충의견 사이에 양승태 대법관의 의견이 있었다. 다수의견에 대한 보충의견이다. 김용담, 김황식 대법관이 다수의견을 보완 설명하려 했다면 양승태 대법관은 보다 공세적으로 다수의견을 뒷받침했다. 양 대법관의 보충의견은 "나는 다수의견과 뜻을 같이하면서 반대의견 중 (…) 문제점을 지적함으로써 다수의견을 보충하고자 한다"는 문장으로 시작된다. 대법원 판결문에 '나는'이란 주어가 들어간 것은 이례적이다. 자신의 생각을 확실하게 강조하기 위한 것이다.

구체적인 조문을 열거할 필요도 없이, 우리 헌법은 법치주의 원리를 민주적 기본질서의 가장 근간으로 삼고 있어, 국가든 지방자치단체든 반드시 헌법과 법률이 정하는 국법질서 안에서 기능하여야 함은 누구나 알고 있는 바이다. 반대의견의 위 견해는 이러한 대원칙을 도외시하고, 자칫 정당의 정강이나 정치적 주장이 사실상 법률의 상위에서 작용할 수 있는 여지를 허용함으로써 오히려 민주적 기본질서인 법치주의를 무너뜨릴 위험을 내포하고 있다.[20]

양승태는 지방자치단체장의 위법행위에 대한 국가·상급 지방자치단체의 감독권 행사에 대해 "국법질서를 유지할 책임이 있는 국가 등의 당연한 의무"라고 강조했다. 그는 보충의견을 마무리하면서 "'나는' 이러한 사건에서 국가의 부당한 간섭을 걱정하는 것보다는 오히려 지방자치단체장의 재량권 일탈·남용을 방치하는 것을 훨씬 더 걱정하여야 할 것으로 본다"[21]고 못 박았다. 이처럼 양승태의 법 논리가 국법질서와 국가(중앙정부) 우위의 관점에 서 있다는 점은 이용훈 코트의 뒤를 잇는 양승태 코트의 방향성을 보여준다.

2007년 3월 울산 북구청 사건 판결은 다섯 대법관이 대법원의 새로운 주역이 될 것임을 예고했다. 특히 이 사건은 대법관들의 정치적 지향을 분명하게 보여주었다는 점에서 향후의 대립 구도를 드러내고 있다. 다섯 대법관은 "대법원에 대법관은 한 사람밖에 없다"*는 말을 들어

----

* 대법관이 13명인데도 하나의 의견밖에 보이지 않는다는 뜻에서 나온 말. 과거에도 소수의견이 있었지만 주목할 만한 흐름을 형성하지 못했다.

온 대법원 재판을 뒤흔들었다.

울산 북구청 사건 판결 두 달 뒤인 2007년 5월 대법원 전원합의체(주심 김황식 대법관)에서 판결한 상지학원 임시이사 사건[22]에서도 다수 대법관*과 다섯 대법관의 8 대 5 구도가 확인됐다. 대법관들은 교육인적자원부에서 파견한 임시이사들이 정식이사를 선임한 것이 무효인지를 놓고 격론을 벌였다.**

무효확인을 청구한 김문기 전 이사장 등 원고들이 소송을 제기할 자격을 갖추고 있는지부터 문제가 됐다. 다수의견은 '학교법인의 설립 목적을 존중해야 하며 그 설립 목적을 순차적으로 이어받은 종전 이사가 직접적인 이해관계를 갖는다'며 김 전 이사장 등의 청구 자격을 인정했다.

학교법인의 설립 목적은 그 의사결정기관 및 의사집행기관을 구성하는 자연인인 이사들에 의하여 실현되는 것이므로, 설립자가 최초의 이사들을, 그 다음에는 그 이사들이 후임이사들을, 또 그 다음에는 그 후임이사들이 자신의 후임이사들을 선임하는 방식으로 순차적으로 이사를 선임함으로써 학교법인의 설립 목적이 영속성 있게 실현되도록 하는 것이 학

----

* 이용훈 대법원장과 고현철, 김용담, 양승태, 김황식, 박일환, 김능환, 안대희 대법관.
** 1993년 4월 김문기 전 상지학원 이사장이 부정입학과 관련해 금품수수 및 횡령 혐의로 구속됐다. 같은 해 6월 교육부는 옛 재단이사들의 사표를 수리하고 임시이사를 선임했다. 임시이사들이 2003년 12월 정식이사를 선임하고 교육부 승인을 받았으나 김 전 이사장 등 옛 재단이사 5명이 상지학원을 상대로 낸 이사회 결의 무효확인 청구 소송 항소심에서 승소했다.

교법인의 이사 제도의 본질이라 할 수 있다.[23]

이에 대해 김영란, 박시환, 김지형, 이홍훈, 전수안 대법관은 다수의
견이 청구 자격의 근거가 되는 소(訴)의 이익을 '우회적으로 무리하게
확장하고 있다'고 반박했다.

> 이미 오래전 정식이사의 직에서 퇴임함으로써 학교법인의 자주성과
> 정체성을 대변할 지위를 상실하였다고 보아야 하는데 (…) 원고들에게 위
> 와 같은 권리 내지 지위가 부활한다고 볼 수도 없는 이상, 이들을 학교법
> 인의 자주성과 정체성을 확보하는 임무와 가장 근접한 위치에 있는 자라
> 고 볼 근거가 없고 따라서 이 사건 이사회 결의에 대하여 직접적인 이해
> 관계를 가진다고 볼 수 없다.[24]

다수의견은 김 전 이사장 등의 청구 자격을 인정한 뒤 옛 사립학교법
의 입법 목적을 고려할 때 임시이사는 임시적으로 사학의 운영을 담당
하므로 정식이사와 달리 후임 정식이사를 선임할 권한이 없다고 판단
했다. 반대의견은 "학교법인의 자주성에 지나치게 경도된 견해로서 임
시이사 제도를 비롯한 학교법인의 공공성 강화를 위한 각종 제도 자체
를 부인하는 것으로 귀착될 염려가 있다"고 맞섰다. 교육의 공공성과
사학의 자율성 가운데 어느 것이 더 우선하는가. 대법관들이 시각은 평
행선을 달렸다.

전원합의가 진행될 당시는 사립학교법 개정 논의가 뜨거운 시점이

었다. 일부 대법관이 "다수의견은 기존의 소송법 이론으로는 도저히 설명할 수 없는 '인적 승계' 논리로 소의 이익을 인정했다"며 재합의를 요구했으나 받아들여지지 않았다. 이 전원합의체 판결 후 사학분쟁조정위원회는 판결 취지에 따라 상지학원의 종전 이사들에게 이사 9명 중 과반수인 5명에 대한 추천권을 부여했다. 이에 김문기 전 이사장이 2014년 학교에 복귀하면서 다시 소송전이 시작되는 등 학내 분규로 이어졌다.

이 사건 역시 다수의견과 반대의견, 다수의견에 대한 보충의견*, 다수의견에 대한 보충의견**, 반대의견에 대한 보충의견***이 붙었다. 논쟁은 일상이 되고 있었다. 세상은 다섯 대법관을 주목하기 시작했다.

누구는 되고,
누구는 안 되는 법률?

'산업재해' 개념은 19세기 근대자본주의 대량생산체제와 함께 등장했다. 공장에서 일하다 다치거나 숨지는 노동자들이 늘면서 산업재해(산재)에 대한 대응이 필요해졌다. 19세기 독일의 비스마르크는 급속한 공업화 속에 사회주의 운동이 대두되자 1871년 고용주 보

---

* 김황식, 박일환 대법관
** 양승태 대법관
*** 이홍훈 대법관

상책임법을, 1884년 산재보험제도를 도입했다. 이후 산재보험제도는 노동자들의 불만을 체제 내로 흡수해 자본주의 시스템을 안정화하는 기능을 해오고 있다.

한국 정부기관과 기업들은 산재 인정에 인색하다. 산재 대상을 좁게 제한함으로써 노동자들의 고통을 '개인 책임'으로 돌리곤 한다. 대표적인 사례가 출퇴근 사고다. 일을 하기 위해 출근하거나 일을 마치고 퇴근하는 것은 당연히 노동의 연속선상에 있는 것 아닌가. 그럼에도 대법원 판례는 공무원이 아닌 근로자에 대해선 원칙적으로 산재로 인정하지 않고 있었다.

출퇴근 재해는 김지형이 대법관 취임 후 전원합의에 넘긴 첫 사건이었다.[25] 자동차공업사 직원 김모 씨가 승용차를 몰고 출근하던 중 교차로에서 다른 차량에 받혀 숨졌다. 김씨 아내는 근로복지공단을 상대로 유족 보상 및 장의비 지급을 청구했으나 패소했다. 김지형은 주심 배당 사건들을 훑어보던 중 김씨 사건을 발견했다. 취임하기 두 달 전쯤 서울고법에서 나온 판결이었다. 김지형은 전원합의 안건으로 올리기로 하고 재판연구관에게 검토를 지시했다.

김 대법관이 주목한 것은 공무원과 일반근로자 간의 형평성이었다. 똑같이 승용차로 출퇴근하다 교통사고를 당하더라도 공무원은 공무상 재해로 인정받는다. 반면 근로자는 업무상 재해로 인정받지 못한다. 김지형이 김씨 사건을 전원합의에 올린 이유는 전형적인 근로자 출퇴근 사고였기 때문이었다.

전원합의에 들어가자 가장 먼저 나타난 장벽은 기존 대법원 판례들이었다. '근로자 출퇴근 사고는 산업재해로 볼 수 없다'는 판례가 켜켜이 쌓여 있었다. 대법관들 중에도 기존 판례에 따라 선고한 이들이 있었다. 해당 대법관들로서는 판례를 바꾸자는 입장으로 돌아서기가 쉽지 않았다.

관련 법 규정은 공무원이든, 근로자든 누구나 일하다 다치거나 숨지면 산재로 본다는 것이었다. 근로자에게 적용되는 산업재해보상보험법(산재보험법)은 업무상 재해를 '업무상의 사유에 의한 근로자의 부상·질병·신체장애 또는 사망'으로, 공무원에게 적용되는 공무원연금법은 공무상 재해를 '공무로 인한 질병·부상과 재해'로 규정하고 있다.

김지형의 문제제기는 사실상 하나인 법률 규정을 어떻게 대상에 따라 다르게 적용하느냐는 것이었다. 근로자가 출퇴근하는 행위는 일의 일부가 아니고, 공무원이 출퇴근하는 행위는 일의 일부라는 것인가. 그것도 대법원이 누구는 되고, 누구는 안 된다고 해석하는 것이 옳은가.

김지형은 기존 판례의 모순을 지적하면 다른 대법관들이 쉽게 공감하리라고 기대했다. 예상은 빗나갔다. 전원합의의 초점은 판례의 논리적 모순이 아니라 판례 변경에 따른 후유증에 집중됐다.

"지금 판례를 바꾸면 산재보험제도의 재정적 기반에 타격을 주고 사업주들의 반발로 큰 혼란이 일어날 수 있다."

"판례 변경으로 국가나 기업이 떠안게 될 재정적 부담은 어떻게 하느냐."

대법원이 판례를 바꾸면 정부나 기업들로서는 충격이 불가피하다, 그러니 판례에 따라 형성된 기존 질서를 가급적 흔들지 말고 유지해야 한다는 논리였다. 이런 방어 논리는 노동사건이나 경제사건을 놓고 논쟁이 벌어질 때마다 등장했다. 노동사건의 경우 판례가 바뀌면 전국의 모든 사업장에 적용된다는 것, 기업들이 그 충격을 견디기 힘들다는 것이 중요 논거로 제시되곤 했다.

김지형은 이런 유형의 주장을 '결과주의적 논거'라고 불렀다. '아무리 정당한 해석이라도 특정한 결과가 우려된다는 이유로 그 해석을 피해갈 수 있다는 것은 논점 이탈의 오류* 아닌가. 결과 과장의 공포에 호소하는 오류가 아닌가.'

결과주의적 논거의 힘은 셌다. 노동사건뿐 아니라 민사사건, 행정사건에도 등장했다. 기업뿐 아니라 시민들에게도 큰 힘을 발휘했다. '재정이 파탄날 수도 있는데 법원이 갑자기 입장을 뒤집는다고?' '판사들이 너무 현실을 모르고 이야기하는 거 아닌가?'

논리적 오류일수록 대중에게는 잘 먹혀들어간다. 공포를 앞세우기 때문이다. 산업화 과정을 거치면서 기업에 유리하게 형성된 질서를 지킨다는 것은 사업주의 기득권을 계속 확보해주겠다는 이야기밖에 되지 않는다. 문제는 그런 지적을 직설적으로 전원합의 테이블 위에 올려놓기 어렵다는 데 있었다.

김지형은 출퇴근 사고가 산재보험금 지급 대상이 되면 사업주들에

---

* 논점 이탈의 오류는 A를 증명해야 하는 것이 핵심 논점임에도 이와 무관한 B를 주장하고 증명함으로써 그 주장의 정당성을 논증하려는 것을 말한다. 주의 분산의 오류, 허수아비 공격의 오류라고도 한다(김지형 「노동판례 바로 읽기 ― 회고와 전망을 곁들여」, 제4차 해밀 포럼 발표문, 2014년 12월 12일).

게 보험료 추가 부담이 얼마나 되고, 보험 재정에 얼마나 영향을 주는지 자료를 찾아보라고 담당 재판연구관에게 지시했다. 확인 결과 보험 재정에 미치는 영향을 계량화하려는 시도는 있었지만 너무나 허술했다. 가해자의 보험 가입 유무, 책임재산 규모 등에 대한 추정이 제대로 되어 있지 않았다. 근로자 출퇴근 사고의 산재 인정 요구를 막는 데 초점을 맞춘 듯한 용역자료밖에 없었다.

토론 과정에서 왜 공무원은 되고, 근로자는 되지 않는지에 대한 논리적 근거들은 제시되지 않았다. 다수의 대법관들은 공무원과 근로자에 대해 각각 다른 규정이 있다는 것을 당연한 전제로 깔고 논리를 전개해 나갔다. '법 규정은 사실상 하나인데 왜 다르게 해석하느냐'는 물음에 대한 대답은 나오지 않았다. 대신 공무원연금법과 산재보험법의 시행규칙이 다른 것을 놓고 공방이 이어졌다.

"공무원에 대해서는 공무원연금법 시행규칙 제14조 등에 명시적으로 출퇴근 재해를 공무상 재해로 포함하고 있지 않으냐."

"시행규칙은 행정기관 내부의 사무처리준칙을 규정한 것에 불과한 것 아니냐. 법규로서 효력이 없는 것을 어떻게 차별의 근거로 쓰느냐."

표결 결과는 7 대 5. 독수리 5남매 중 이홍훈 대법관이 다수의견 쪽으로 가고 대신 김능환 대법관이 소수의견에 가세했다.* 다수의견**은

....

* 만약 이홍훈 대법관이 김지형 대법관 쪽에 가세했다면 다수의견이 바뀔 수도 있었다. 당시 대법관 1명이 빠져 12명이었던 상황에서 거꾸로 6 대 5가 됐다면 대법원장도 관례에 따라 다수 쪽에 가담할 가능성이 컸다.
** 이용훈 대법원장과 고현철, 양승태, 김황식, 이홍훈, 박일환, 안대희 대법관.

기존 판례를 그대로 유지했다. 2장 분량의 무미건조한 문장으로 기존 판례를 사실관계에 적용하는 선에서 머물렀다.

출퇴근 중에 발생한 재해가 업무상의 재해로 되기 위하여는 사업주가 제공한 교통수단을 근로자가 이용하거나 또는 사업주가 이에 준하는 교통수단을 이용하도록 하는 등 근로자의 출퇴근 과정이 사업주의 지배·관리하에 있다고 볼 수 있는 경우라야 한다.[26]

김영란, 박시환, 김지형, 김능환, 전수안 대법관의 반대의견은 '출퇴근이 노무 제공을 위해 반드시 거쳐야 하는 필수적 과정'이라는 점과 함께 기존 판례의 문제점을 조목조목 지적했다.

다수의견에 의하게 되면, 당해 출퇴근 행위자가 공무원 또는 군인인지 아니면 일반근로자인지에 따라, 나아가 같은 일반근로자라 할지라도 사립학교 교직원인지 아닌지에 따라 그 규범적 평가를 달리하게 된다. 이것이 형평성 내지 평등의 원칙에 반하고 법 규범의 통일적 해석 및 적용의 견지에서 타당하지 못함은 두말할 나위도 없을 것이다.[27]

양승태, 김황식, 안대희 대법관은 다수의견에 대한 보충의견을 냈다. 이들은 '국회에서 산재보험법 개정 논의가 진행 중인 상황에서 사법부가 이 문제에 개입할 경우 법 해석을 넘어선 새로운 법률의 형성이자 해석의 혼란을 초래하는 것'이라고 제시했다. 동시에 '사회권적 기본권'이란 개념으로 다수의견을 방어했다. 산재보험 수급권은 사회권적 기본권에 속하는 것으로 입법의 재량에 맡겨야 한다는 것이었다.

산재보험법에 의하여 비로소 구체화되는 사회적 기본권의 하나인 출퇴근 재해에 따른 산재보험 수급권을 산재보험법령이 규정하고 있는 취지를 넘어서서 해석한다면 사회적 기본권에 속한 사항에 대하여 입법과 행정의 역할을 사법이 대신하여 권력분립의 원칙에 위반하는 것이 된다. 즉 그러한 출퇴근 재해가 보상의 범위에 포함됨으로써 부담하게 되는 막대한 재정과 이해관계의 조정에 대한 고려 없이 사법이 적극적으로 이를 유도·개입하는 것은 입법재량을 침해하는 것으로서 산재보험의 사보험 대체효과와 정부정책이 민간정책을 구축해버리는 효과가 발생할 뿐만 아니라 산재보험 재정의 현저한 악화, 보험강제가입자인 사업주의 부담 증가, 예산의 효율적 배분의 저해, 기준의 해석에 관한 혼란 등과 같은 문제점이 초래될 것이다.[28]

이홍훈 대법관은 별도의 보충의견을 통해 산재보험의 재정적 위기와 보험료율 인상으로 인한 사업주들의 반발 등 혼란을 우려했다. "출퇴근 중 발생한 재해를 업무상 재해로 인정하는 범위를 점진적으로 확대하여나가는 것이 바람직하다." 판례를 통해 업무상 재해의 인정 범위를 확대해갈 수 있다는 주장이었다. 당시 이 대법관은 국회에서 입법적으로 해결될 가능성이 크다는 데 기대를 걸고 있었다.

논쟁은 여기에서 끝나지 않았다. 김영란, 박시환, 김지형 대법관과 안대희 대법관이 각각 반대의견에 대한 보충의견, 다수의견에 대한 재보충의견을 통해 서로의 입장을 재반박했다. 김 대법관 등은 "어떻게 재정에 문제가 생긴다고 해서 법률을 각각 다르게 해석할 수 있느냐"고 물었다. 안 대법관은 판례 변경에 따른 재정적 부담 증가액까지 제시하며 혼란 우려를 부각시켰다.

출퇴근 중의 재해에 대한 각 소관 행정부처의 서로 다른 해석이 입법자의 입법의도와는 무관하게 아무런 법률적 근거 없이 이루어진 것을 두고 사법부가 이를 그대로 용인하는 해석을 해버린다면, 사법부가 행정부와 함께 입법권을 침해하는 것과 다를 바 없다. (…) 재정적인 문제가 있다는 점을 들어 입법자가 정한 법률의 내용을 차별적으로 해석·적용하여 일반 근로자에 대해서는 입법자의 본래 의도보다 축소하여 해석하고 집행하는 것이 허용될 수 있다면, 이는 법률 해석에 있어서 본말이 전도된 것으로 타당하지 않다.[29] (김영란, 박시환, 김지형 대법관 보충의견)

산재보험의 재정적 부담이 연간 3000억 원 이상 소요되고 또 그 소요예산은 연차적으로 증가하여 20년이 지나면 9000억 원 이상 소요될 것으로 예상되며 이것은 현재도 2조 원 이상의 재정적자를 안고 있는 보험 재정에 최악의 상황을 맞게 할 수 있고, 또 기업이 부담하여야 할 보험료율도 30퍼센트 안팎의 인상이 불가피하다는 자료도 있다. (…) 단편적이고 제한적인 해석을 한다는 것은 (…) 오히려 그로 인하여 준비되지 아니한 정책을 사회적 대책 없이 맞이하는 혼란을 초래하고 (…)[30] (안대희 대법관

재보충의견)

2007년 9월 이 같은 대법원 판결이 나온 뒤 같은 해 12월 관련 법률이 개정됐다. 국회는 대법원 전원합의체의 다수의견을 반영해 산업재해보상보험법을 개정했다. '사업주가 제공한 교통수단이나 그에 준하는 교통수단을 이용하는 등 사업주의 지배관리하에서 출퇴근 중 발생한 사고'(제37조 제1항 제1호)만 업무상 재해로 인정받게 됐다. 2016년 9월 헌법재판소는 관련 조항에 대해 "헌법상 평등원칙에 위배된다"며 헌법불합치 결정을 했다. 대법원은 국민의 기본권 보호에 있어 헌법재판소에 뒤진다는 평가를 피할 수 없게 됐다.

출퇴근 재해 판결이 중요한 이유는 근로자 권익과 관련되어 있다는 데 머물지 않는다. 이 판결은 대법원의 대결 구도를 압축적으로 보여줬다. 주요 재판이 있을 때마다 양승태, 김황식, 안대희 대법관, 이 3인은 독수리 5남매와 대척점에 서서 공방을 주고받았다.

공교롭게도 양승태, 김황식, 안대희는 대법관 퇴임 후 보수 정부에서 중용됐다. 이명박 정부에서 한 사람은 대법원장(양승태)이 됐고, 한 사람은 국무총리(김황식)가 됐다. 또 한 사람은 박근혜 정부에서 국무총리 후보자(안대희)가 됐다. 세 명의 대법관이 이 판결에서 강조한 '권력분립' 원칙은 '사법적 자제' 입장에 서 있는 것이었다. 양승태 대법관은 '선출되지 않은 권력인 사법부가 입법의 역할까지 하려는 것은 위험하다'는 취지의 발언을 자주 했다. 전원합의에서 논쟁의 맥을 짚어 다수의견을 뒷받침하는 논거를 설득력 있게 제시했다.

이들의 '권력분립' 입장은 법에 공백이 있다면 소수자 보호를 위해 법원이 보다 적극적인 역할을 해야 한다는 진보 대법관들과 좁히기 힘든 거리가 있었다. 두 관점의 차이는 대립하고 충돌하면서 전선을 형성했다. 진보 대법관들은 다수를 점한 보수 대법관들과의 대결에서 거듭 좌절을 맛봐야 했다. 하지만 좌절 하나하나가 상처이자 좌표이기도 했다. 그 좌표를 따라 궤적이 그려지기 시작했다.

검찰의 신무기,
압수수색을 견제하라

이용훈 대법원장이 형사재판에서 공판중심주의 확립을 강조한 것은 형사소송법 원칙을 '있는 그대로' 지키자는 취지였다. 이 대법원장은 기회가 있을 때마다 판사들에게 말했다.

국민이 대표기관인 국회를 통해 형사소송법을 만든 것은 법원과 검찰이 사법권이나 검찰권을 자의적으로 행사하지 말라는 것이다. 판사들은 형사소송법에 정해진 원칙대로 재판을 해야 한다.

검찰의 수사권·기소권 남용에 대한 법원의 견제는 판결을 통해 가시화되어야 했다. 그 과정에서 두 개의 전원합의체 판결이 대법원의 존재감을 보여줬다. 그중 하나가 '위법수집증거 배제' 판결이다.

2007년 4월 대법원에 올라온 제주지사실 압수수색 사건은 압수수색 범위를 둘러싼 논란 위에 서 있었다.[31] 제주지방검찰청(제주지검)은 2006년 4월 '김태환 제주도지사가 공무원을 선거에 동원했다'는 제주도선거관리위원회의 수사의뢰에 따라 법원에서 영장을 발부받아 제주도청을 압수수색했다. 검사와 수사관들이 압수수색 영장을 제시하고 영장에 기재된 도지사 정책특보 사무실에 들어갔다. 이때 김 지사의 비서관이 도지사 집무실에서 김 지사의 업무일지와 선거 관련 메모지 등을 가지고 나와 정책특보 사무실로 들어왔다.

압수수색 중이던 수사관이 비서관이 들고 들어온 업무일지 등을 넘기라고 했다. "당신이 들고 있는 서류를 압수하겠다." 비서관이 "절대 내줄 수 없다"고 하면서 실랑이가 벌어졌다. 검사가 뒤늦게 사무실에 들어왔다. 검사는 "그러면 검찰에 가서 조사 받고 넘겨주겠느냐"고 했다. 검찰은 문제의 서류를 압수할 수 있었다.

검찰은 또 압수수색 후 5개월이 지난 다음에야 압수목록을 작성해 김 지사 측에 전달했다. 더욱이 압수목록을 작성한 수사관이 압수물들을 제대로 확인하지 않은 채 목록을 작성한 것으로 드러났다. 압수목록에 '임의로 제출받았다'던 압수물이 압수조서에는 '영장에 따라 강제로 압수된 것'으로 적혀 있었다.

같은 해 10월 검찰은 문제의 업무일지 등을 증거로 김 지사 등 9명을 공직선거법 위반 혐의로 기소했다. 김 지사 측은 재판 과정에서 증거능력을 문제 삼았다. "검찰이 영장의 허가 범위를 벗어난 곳에서 서류를 압수했다. 헌법과 형사소송법이 규정한 압수수색 절차를 위반한 만큼 증거능력이 없다." 항소심 재판부는 "절차상 잘못이 있더라도 압수물 자체에 변경을 가져오는 것은 아니다"*라며 김 지사에게 당선무효에 해당하는 벌금 600만 원을 선고했다.

대법원은 전원합의체를 열지 여부부터 검토했다. '수사기관이 위법하게 수집한 증거에 대해 증거능력을 인정하지 않는다'는 위법수집증거 배제 원칙을 담은 개정 형사소송법이 2008년 1월부터 시행될 예정이었다. "개정 법률 시행으로 해결될 사안인데 군이 전원합의를 할 필요가 있느냐"는 주장과 "법까지 바뀌는데 기존 판례를 그대로 적용하는 건 문제가 있지 않느냐"는 의견이 엇갈렸다.

전원합의체 판결로 위법 압수수색의 문제를 정리하는 쪽으로 결론이 났다. 개정 형사소송법이 시행되더라도 구체적인 기준을 어떻게 정하느냐에 따라 검찰 수사에 미칠 영향의 폭과 강도가 달라질 수 있었다. 위법수집증거 배제 원칙을 얼마나 강력하게 적용할지를 놓고 논쟁이 시작됐다.

압수수색은 결코 작은 문제가 아니었다. 검찰·경찰 수사에서 차지하는 비중이 갈수록 커지고 있었다. 과거 검찰의 최대 무기는 구속이었다. 일단 구속돼 2~3일 이상 지나면 고립감에 심리적으로 무력해지고, 자기방어를 하지 못하게 된다. 구속되면 자백하기 마련이고, 자백하면 백약이 무효였다. 그러나 영장실질심사제도가 도입되고 불구속재판

---

* 1968년 이후 대법원 판례는 '압수물은 압수·수색 절차가 위법하다 하더라도 물건 자체의 성질이나 형태(모습)가 변하는 것은 아니므로 그 증거능력을 부정할 수 없다'는 입장이었다. 이 이론을 '성질·형상 불변론'이라고 불렀다.

원칙이 확립되면서 검찰의 무기가 구속에서 압수수색으로 바뀌기 시작했다.

현대사회에서 휴대전화와 금융계좌, 컴퓨터는 생활의 전부다. 압수수색 영장을 발부받아 샅샅이 뒤지면 목표로 삼았던 증거 말고도 제2, 제3의 수사 단서들이 나온다. 그중 치명적인 약점으로 피의자를 압박해 자백을 받아내거나 기소 후 '혐의를 부인하면 다른 혐의를 수사해 추가 기소할 수 있다'는 식으로 압력을 넣을 수 있다. 특수부 수사에서 사용되는 '조사 노하우' 중 하나였다. 압수수색이 어떻게 이뤄져야 하는지 그 기준을 정하는 작업은 절차적 문제를 넘어 수사 전반에 큰 변화를 주는 것이었다.

10월 29일 열린 공개변론에서 검찰은 "영장에 기재된 장소(정책특보 사무실)에 해당 압수물이 '현존'한 만큼 '보관 중인 물건'에 해당한다"며 적법한 압수라고 주장했다. 또 "증거인멸 가능성이 있는 만큼 압수수색하는 수사기관의 현장 판단을 존중해야 한다"며 "위법수집증거 배제 '원칙'에 예외를 인정해야 한다"고 했다. 변호인단은 "피내사자도 아닌 비서관에게서 영장과 무관한 서류를 압수했다"며 "위법 증거가 배제되어야 한다는 것은 절대불변의 의미가 있는 '법칙'"이라고 맞섰다.

전원합의에서 "헌법*과 형사소송법에 규정된 절차는 인권을 위해 지켜져야 한다"는 주장과 "원칙을 지나치게 강조할 경우 실체적 진실을

---

* 헌법 12조 1항은 "누구든지 법률에 의하지 아니하고는 체포·구속·압수·수색 또는 심문을 받지 아니하며"라고, 헌법 12조 3항은 "체포·구속·압수 또는 수색을 할 때에는 적법한 절차에 따라 검사의 신청에 의하여 법관이 발부한 영장을 제시하여야 한다"고 선언하고 있다.

밝히는 데 장애가 될 수 있다"는 반론이 대립했다. 원칙론의 입장에 선 대법관들이 다수였다.

범죄를 저지른 게 분명한데 절차가 조금 잘못됐다고 해서 무죄로 해야 하느냐는 의구심이 드는 것도 사실이었다. 하지만 그렇게 하다보면 한도 끝도 없다. 검찰 수사가 법에 따라 이뤄지도록 하려면 원칙을 철저하게 적용해야 한다. 미국에서 '피의자에게 진술거부권과 변호인선임권을 고지해야 한다'는 미란다 원칙이 세워진 것도 납치·강간 사건에서였다.*

문제는 원칙과 현실의 경계선에 걸려 있는 케이스들이었다. "압수수색 절차에 흠이 있다고 해서 반드시 처벌해야 할 중대범죄, 흉악범죄까지 무죄로 해야 하느냐"는 반론에 일부 대법관이 흔들렸다. 다수를 확보하기 위해서는 중간에 서 있는 대법관들을 끌어들여야 했다. 다수의견**에 '예외의 구멍'을 만들어놓은 것은 그러한 절충의 결과였다. 앞부분에서 원칙을 강조하고 뒷부분에서 예외 인정의 기준을 제시했다. "형사사법 정의를 실현하려 한 취지에 반하는 결과를 초래하는 것으로 평가되는 예외적 경우라면"이라는 문구가 들어갔다.

....

* 1963년 3월 미국 애리조나주 피닉스 시경찰은 멕시코계 미국인 에르네스토 미란다를 납치·강간 혐의로 체포했다. 미란다는 주 법원에서 최저 20년, 최고 30년의 중형을 선고받게 되자 '수정헌법 제5조에 따라 불리한 증언을 하지 않아도 될 권리와 제6조에 보장된 변호사의 조력을 받을 권리를 침해당했다'고 주장했다. 연방대법원은 1966년 5 대 4의 표결로 미란다에게 무죄를 선고했다.
** 이용훈 대법원장과 고현철, 김용담, 김영란, 박시환, 김지형, 이홍훈, 박일환, 전수안 대법관.

무릇 수사기관의 강제처분인 압수수색은 그 과정에서 관련자들의 권리나 법익을 침해할 가능성이 적지 않으므로 엄격히 헌법과 형사소송법이 정한 절차를 준수하여 이루어져야 한다. 절차 조항에 따르지 않는 수사기관의 압수수색을 억제하고 재발을 방지하는 가장 효과적이고 확실한 대응책은 이를 통하여 수집한 증거는 물론 이를 기초로 하여 획득한 2차적 증거*를 유죄 인정의 증거로 삼을 수 없도록 하는 것이다. (…) 전체적·종합적으로 살펴볼 때, 수사기관의 절차 위반행위가 적법 절차의 실질적인 내용을 침해하는 경우에 해당하지 아니하고, 오히려 그 증거의 증거능력을 배제하는 것이 (…) 형사사법 정의를 실현하려 한 취지에 반하는 결과를 초래하는 것으로 평가되는 예외적인 경우라면, 법원은 그 증거를 유죄 인정의 증거로 사용할 수 있다고 보아야 한다.[32]

다수의견은 '위법수집증거는 물론 2차적 증거도 배제한다'는 원칙을 확인한 뒤 압수목록의 중요성을 제시했다. "압수목록 작성·교부 절차의 현저한 지연 등으로 적법 절차의 실질적인 내용을 침해한 점이 있는지 여부 등을 심리해보았어야 할 것이다." 저인망식으로 압수부터 하고보는 수사 관행을 막기 위해 압수목록을 정확하게 기재하고 압수물을 가져와야 한다는 점을 강조한 것이다.**

....

* 위법하게 수집된 증거를 통해 받아낸 진술 등이 2차적 증거다. 1차적 증거의 증거능력이 배제되면 2차적 증거의 증거능력도 당연히 인정되지 않는다. 1차적 증거의 증거능력은 배제하면서 2차적 증거의 증거능력을 인정하면 위법 압수수색 견제의 효과를 낼 수 없게 된다.
** 실제로 수사 과정에서 무더기로 압수한 후 압수물을 잃어버리거나 어디 있는지 찾지 못하는 사례도 적지 않았다.

양승태, 김능환, 안대희 대법관은 이 다수의견에 다른 입장을 나타냈다. 다수의견의 '제주지사 무죄' 결론에는 동의하면서도 별개의견을 통해 '실체적 진실 규명은 중요하다'고 지적했다. "실체적 진실을 규명하여 사안의 진상을 파악하고 그에 합당하게 형벌권을 행사함으로써 개인의 법익을 보호하고 공공의 안녕과 질서를 유지·확보하는 것 또한 형사사법이 추구하여야 할 목표이자 이념이다." 압수수색을 과도하게 제한하면 현실적으로 범죄 수사가 어려워지지 않겠느냐는 우려를 담고 있다. 별개의견은 '압수수색에 중대한 위법이 없다면 증거능력을 인정하자'는 것으로 실제로는 다수의견과 반대쪽에 서 있었다.

> (다수의견은) 지나치게 엄격한 기준으로 위법수집증거의 배제 원칙을 선언함으로써 자칫 실체적 진실 규명을 통한 형벌권의 적정한 행사라는 형사사법의 또 다른 목표의 달성을 불가능하게 하거나 지나치게 어렵게 만들 우려가 있다고 하지 않을 수 없다. (…) 전체적·종합적으로 고려하여 볼 때 그 증거수집 절차의 위법사유가 영장주의의 정신과 취지를 몰각하는 것으로서 그 증거의 증거능력을 부정해야 할 만큼 중대한 것이라고 인정될 경우에는 그 증거능력이 부정되는 것으로 볼 것이고, 그 위법사유가 이 정도에 이르지 아니하는 경우에는 그 압수물의 증거능력이 부정되지 아니하는 것으로 보아야 할 것이다.[33]

다수의견과 별개의견의 차이는 수사기관의 권한 남용으로부터 시민을 보호하는 것이 우선이냐, 범죄로부터 사회를 보호하는 것이 우선이냐는 세계관의 차이였다. 우리가 주목해야 할 것은 이 전원합의체 판결 후 2차 전쟁이 시작됐다는 사실이다. 대법원 판례가 된 다수의견이 파 놓은 예외의 구멍을 최대한 넓히려는 반격과 예외의 구멍을 메꾸려는 방어전이 전개됐다.

'피고인들에 대한 형사소추를 위해 반드시 필요한 증거이므로 공익 의 실현을 위해 증거로 제출하는 것이 허용되어야 한다'는 대법원 판결 이 소부에서 나왔다. 아내의 간통 증거를 잡기 위해 상대방 남성의 집 에 침입해 증거물을 수집한 사건에서였다. 이 소부 판결에 따라 위법수 집증거의 증거능력을 인정하는 하급심 판결이 나왔다. 하급심 판결을 보다가 문제의 소부 판결을 뒤늦게 발견한 일부 대법관이 재반격에 들 어가기도 했다.

위법수집증거 배제 원칙은 돌이킬 수 없는 대세였다. 무슨 증거가 있 는지 모르지만 일단 뒤져보는 '증거 탐색'과 범죄 관련성이 있는 증거 물만 가져오는 '압수수색'은 구분되어야 한다는 취지의 대법원 판결이 잇따라 나왔다. 2011년 5월 대법원 3부(주심 박시환 대법관)는 전국교직 원노동조합(전교조)이 '검찰이 전교조 사무실의 컴퓨터 등을 반출해 압 수수색한 것은 위법하다'며 제기한 재항고를 기각하면서 하드디스크 등 전자정보 압수수색은 엄격히 해야 한다고 제시했다.[34]

대법원 재판부는 '전자정보 압수수색은 혐의와 관련된 부분만 출력 하거나 파일을 복사하는 방식이어야 한다' '현장 사정상 불가능하더라 도 매체를 반출하는 것은 예외적으로만 허용된다'고 명시했다. 수사에 필요하다는 이유로 무분별하게 자료를 압수해 '곶감 빼먹듯' 활용할 소지를 봉쇄한 것이다. 2011년 6월에는 "수사기관이 피고인이 아닌 자를 상대로 적법한 절차에 따르지 아니하고 수집한 증거는 원칙적으로 피고인에 대한 유죄 인정의 증거로 삼을 수 없다"는 대법원 판결*이 나왔다.

위법수집증거 배제 원칙을 둘러싼 2차 전쟁, 그리고 두 갈래의 대법원 판결은 하급심이 얼마나 중요한지 드러내주고 있다. 하급심에서 어떤 판례를 따라가느냐에 따라 흐름이 달라진다. 만약 하급심 판사들이 깊은 고민 없이 판례를 따른다면 전혀 다른 결론에 다다르게 된다. 대법원이 아무리 좋은 판결을 하더라도 그 판결을 현실로 만드는 것은 재판 현장에 있는 젊은 판사들이다.

판사 출신의 한 변호사는 말한다. "요즘 법정에서 논리를 제시하면 '대법원 판례에 어긋난다'고 제지하는 판사들이 있다. 대법원 판례만 따라간다면 전국에 그 많은 판사들이 왜 필요한가." 판사가 사건에 대한 열정과 고민 없이 대법원 판례를 기계적으로 적용하는 것만큼 위험한 일은 없다.

....

* 이 판결이 나온 것은 종업원에게 손님과 함께 '티켓 영업'을 나가도록 한 혐의(식품위생법 위반)로 기소된 유흥업소 주인 등 2명에 대한 상고심에서였다. 대법원은 '경찰관들이 종업원과 손님을 현행범으로 체포할 수 없자 동행을 거부하더라도 강제로 연행할 수 있다고 압박한 뒤 경찰서로 데려와 진술을 받았다'며 '불법 체포된 상태에서 작성된 종업원 등의 자술서와 진술조서는 위법하게 수집된 증거로 유죄의 증거로 삼을 수 없다'고 제시했다(대법원 2011.6.30. 선고 2009도6717 판결).

반박과 재반박
그리고 재재반박

검찰 수사와 관련해 대법관들이 격론을 벌인 또 하나의 쟁점은 공소장일본주의(一本主義)였다. 공소장일본주의는 검사가 피고인을 재판에 넘길 때 공소장 하나만 법원에 제출하고 기타 서류나 증거물은 일체 첨부하거나 제출해서는 안 된다는 원칙을 말한다.

이 원칙이 문제가 된 것은 2008년 4월 총선 당시 문국현 창조한국당 대표의 '공천헌금' 사건에서였다. 검찰은 비례대표 후보 공천 대가로 공천 희망자 이한정 씨에게 6억 원의 저리(연 1퍼센트)당채를 매입하도록 해 창조한국당에 경제적 이득을 얻게 한 혐의(공직선거법 및 정치자금법 위반)로 문 대표를 기소했다. 문 대표 측은 1심, 2심에서 당선무효형에 해당하는 징역 8월에 집행유예 2년이 선고되자 대법원에 상고했다. 상고이유서에 담겨 있던 '공소장일본주의 위반' 주장이 대법관들 사이에 논쟁을 불러일으켰다.[35]

문제의 문 대표 공소장은 14장에 달했다. 범죄사실 이전 단계의 정황과 경위, 범행 전후 과정에서 관계자들이 주고받은 대화·이메일 내용, 수첩의 메모 내용, 주변 사실, 문 대표 기소와 직접 관련된 이한정 씨 이외의 다른 비례대표 후보 지망자들로부터 유사한 방법으로 금품을 제공받은 내용 등이 기재되어 있었다. 이러한 공소장으로 인해 사건이 재판에 넘어오는 단계부터 판사들이 유죄 심증을 가질 수밖에 없었다는 것이 문 대표 측 주장이었다.

그때까지 공소장일본주의는 교과서에만 있는 개념이었다. 이 공소장일본주의가 형사소송규칙*에 있다는 사실을 문국현 대표 사건 재판을 하면서 알게 된 대법관들도 있었다. 헌법 제27조 4항**에 따라 유죄 확정 때까지 무죄로 추정된다. 공소장에는 어떤 범죄로 재판을 받는지만 특정해야 한다는 것, 죄가 있는지 여부는 법정에서 검찰과 피고인의 공방을 통해 가려야 한다는 것이 공소장일본주의의 취지다. 공소장에 주요 증거 내용을 기재하거나 첨부할 경우 판사가 법정에서의 증거조사 전부터 유죄 편향에 빠질 수 있음을 우려한 규정이다.

이 공소장일본주의는 공안사건 문제와 직결되어 있었다. 그래도 일반사건 공소장은 범죄 구성요건에 해당하는 사실만 간결하게 기재한 경우가 많았다. 반면 공안사건은 공소장 하나가 수십 장에 이르곤 했다. 범죄사실은 물론이고 범죄와 관련 없는 경위 설명까지 장황하게 집어넣었다. 그 결과 판사들은 어디에서부터 범죄사실이고 어디까지가 경위 설명인지 파악하지 못한 채 공소장 속에서 허우적거렸다. 이런 식의 공소장은 '공안검찰의 재판기법'으로 지적되기도 했다.

더욱이 공소장에 '통화 녹음 파일과 이메일이 압수되어 있다'거나 '○○○가 … 라고 진술했다'는 등 증거가 있다고 기재되면 판사는 법정에 들어서기 전부터 유죄 심증을 굳힐 수밖에 없다. 유죄 심증을 갖고

----

* 형사소송규칙 제118조 2항은 "공소장에는 제1항에 규정한 서류 외에 사건에 관하여 법원에 예단이 생기게 할 수 있는 서류 기타 물건을 첨부하거나 그 내용을 인용하여서는 아니 된다"고 규정하고 있다. 1982년 형사소송규칙이 제정됐을 때부터 존재하던 조항이다.

** 형사피고인은 유죄의 판결이 확정될 때까지는 무죄로 추정된다.

법정에 들어가면 피고인의 부인은 '변명'으로 들린다. 증인 신청은 '불필요한 일'로 받아들이게 된다. 이미 유죄추정에 오염된 머릿속을 물로 씻을 수도 없는 노릇이다.

전원합의에 들어간 대법관들은 "공소장일본주의를 위반하면 공소기각을 해야 한다"는 데 의견을 모았다. "잘못된 공소장으로 재판을 할 수 없으니 다시 기소해서 재판을 해야 한다"는 원칙론에 합의한 것이다. 논쟁은 공소기각을 할 수 있는 시기를 놓고 벌어졌다.*

"선입견이 있는 상태에서 증거조사를 했다면 치명적인 하자다. 재판을 처음부터 다시 해야 한다. '증거조사가 끝난 다음에라도' 문제가 되면 공소기각을 해야 한다. 그래야 공소장일본주의를 제대로 지킬 거 아니냐."

"증거조사가 모두 끝났는데 증인들을 다시 불러 진술을 들으라는 말이냐. 판사가 잘 가려서 판결하면 된다. '증거조사가 끝나기 전에' 공소장일본주의 위반을 주장해야만 공소기각을 할 수 있도록 해야 한다."

'증거조사가 끝난 다음에라도' 입장은 일선 재판에 충격이 있더라도 원칙을 지켜야만 그릇된 재판이 계속되는 현실을 바꿀 수 있다는 것이었다. 반면 '증거조사가 끝나기 전에' 입장은 사실상 재판이 끝난 마당에 그동안 진행된 재판을 모두 무효로 하고 다시 하는 것은 무리라는

---

* 형사재판은 '검사의 공소 제기(기소) → 공판준비 절차 → 공판 절차 → 변론 종결 → 선고'의 순으로 진행된다. 공판 절차 중 핵심 단계인 증거조사는 검사가 기소 요지를 말하는 모두(冒頭) 진술과 쟁점 정리 과정 등을 마친 뒤 진행된다. 법원이 범죄사실의 존재 여부와 양형(형량 결정)의 사정에 관한 심증을 얻기 위해 각종 증거를 조사하는 것이다. 증거조사가 끝나면 피고인 신문을 거쳐 최종변론을 하게 된다.

데 무게를 두고 있었다.

두 입장은 직업인으로서의 판사에 대한 시각차를 드러냈다. 한쪽에서는 "판사들이 전문적인 훈련을 받은 직업인인데 공소기각을 하지 않더라도 합리적 의심에 따라 무죄를 선고하지 않겠느냐"고 지적했다. "판사들이 그렇게 공소장 하나에 흔들릴 정도라면 신문기사도 읽지 못하게 해야 하는 것 아니냐"는 말까지 나왔다. 반대쪽에서는 "판사들도 사람인데 한번 선입견에 빠지면 벗어나기 힘들다"고 반박했다.

표결 결과는 8 대 4 대 1. '증거조사가 끝나기 전에'가 다수의견[*](문 대표 유죄 확정)이었다. 김영란, 박시환, 김지형, 전수안 대법관은 반대의견(공소기각) 쪽에 섰다. 현실을 확 바꿔야 한다는 진보와 점진적으로 바꿔야 한다는 보수의 색채가 선명하게 대비를 이뤘다. 이홍훈 대법관은 제3의 길을 택했다. 문 대표 유죄에 동의하면서 별개의견을 냈다.

'공소장일본주의 위반의 정도가 중대해 공정하고 중립적인 심증 형성에 심각한 장애를 초래하는 경우에는 절차 진행 정도에 관계없이 공소기각 판결을 선고해야 한다.'

58장에 이르는 이 사건 판결문을 보면 양측의 공방이 얼마나 뜨거웠는지 알 수 있다. 다수의견은 '공소장일본주의에 어긋난 공소제기라고 인정되는 때에는 공소기각의 판결을 선고하는 것이 원칙'이라면서 다음과 같이 밝혔다.

---

[*] 이용훈 대법원장과 양승태, 김능환, 안대희, 차한성, 양창수, 신영철, 민일영 대법관.

공소장 기재의 방식에 관하여 피고인 측으로부터 아무런 이의가 제기되지 아니하였고 법원 역시 범죄사실의 실체를 파악하는 데 지장이 없다고 판단하여 그대로 공판 절차를 진행한 결과 증거조사 절차가 마무리되어 법관의 심증 형성이 이루어진 단계에서는 소송 절차의 동적 안정성 및 소송경제의 이념 등에 비추어볼 때 이제는 더 이상 공소장일본주의 위배를 주장하여 이미 진행된 소송 절차의 효력을 다툴 수는 없다고 보아야 한다.[36]

이 다수의견에 대해 김영란, 박시환, 김지형, 전수안 대법관은 22장에 달하는 장문의 반대의견으로 맞섰다.

일단 예단의 위험성에 노출된 법관이나 배심원들이 그 예단에서 벗어나서 그 이전의 백지상태로 돌아가 재판을 진행하는 것은 불가능한 일이고, 그와 같은 경우 이를 시정하는 길은 부득이 그 법관이나 배심원들을 그 사건에서 물러나게 한 다음 다른 법관이나 배심원들로 하여금 다시 재판하게 하는 방법밖에 없다. 그렇게 하기 위해서는 공소기각의 판결을 하여 일단 사건을 종결시킨 후 다시 제대로 된 공소장에 의하여 공판 절차를 새로이 진행하는 수밖에 없다.[37]

특히 문 대표에 대한 공소장에서 공소장일본주의에 위반되는 것으로 보이는 대표적인 대목들을 그대로 발췌해 문제점을 부각시켰다. 해당 내용들이 공소장에 들어가면 판사가 어쩔 수 없이 유죄 심증을 갖게 됨을 보여주기 위해서였다. 다음은 그중 한 대목이다.

2008. 1.~2.경 ○○○은 △△△에게 "2. 비례대표 특별당비 사례"라는 제목으로 아래와 같은 내용의 이메일을 발송함으로써 과거 다른 정당의 비례대표 공천헌금 관련 연구결과를 전달하였다.

1) 16대 자민련 강모 의원 20억 공천헌금 후 1번 받고 당선.

2) 17대의 경우 당선 안정권은 20억이 정설임, 다만 당선안정권이 몇 번째 순위이냐에 대한 판단이 다를 수 있음.

3) 17대 이전에는 확실한 당선권은 30억도 다수였다고 함.

4) 참고: 작년 경기도의회 비례대표 당비 1억 5천 요구하였다가 문제됨.

△△△은 ○○○으로부터 위 이메일을 받고 이를 출력한 다음, 위 내용 옆에 자필로 아래와 같이 기재함으로써 창조한국당 비례대표 1번 공천헌 금 30억 원부터 10번 공천헌금 5억 원까지 비례대표 후보들로부터 공천 헌금으로 받을 돈을 구상하였다.[38]

그러자 양승태, 김능환, 안대희 대법관이 각각의 개별 보충의견을 통 해 다시 반대의견을 재반박했다.

공소장일본주의를 소수의견과 같이 지나치게 형식적이고 경직되게 이 해한다면 오히려 형사사법 절차를 비효율적, 비현실적으로 만들어 정의 의 실현에 장애가 초래될 것이다.[39] (양승태 대법관)

오히려 무용(無用)의 절차를 반복함으로써 피고인의 이익에도 반하고 소송경제나 신속한 재판을 받을 권리 등 형사소송 절차의 또 다른 이념을 지나치게 희생하는 결과를 초래하게 된다.[40] (김능환 대법관)

오로지 공소장의 기재만 예단을 방지하여야 한다는 반대의견의 주장은 전체를 보지 못한 부분적인 성찰로밖에 볼 수 없고, 엄정하고 객관적인 형사사법의 실현을 책임져야 하는 법원의 궁극적 임무를 도외시하는 것이라고 할 수밖에 없다.[41] (안대희 대법관)

김영란, 김지형 대법관은 반대의견에 대한 보충의견을 통해 다시 한번 재재반박했다. 다수의견에 따른다면 어떤 문제점이 있는지를 거듭 지적했다.

공소제기 단계에서부터 공판 절차 전체 과정을 통하여 예단을 배제함으로써 공정한 재판을 확보하고 이를 통하여 적법한 절차에 의한 실체적 진실을 발견하려는 공소장일본주의가 형사소송 절차상 과연 어떠한 실제적 의미 내지 규범력을 가질 수 있는지 의심스럽고, 결국 이는 공소장일본주의에 관한 규정을 훈시규정화하는 결과를 초래하게 될 것이다.[42]

숨 가쁘게 이어진 반박과 재반박, 재재반박은 대법관들이 공소장일본주의를 놓고 얼마나 치열하게 논쟁을 벌였는지 말해준다. 이렇게 다수의견과 소수의견이 충돌했지만 전체적인 판결 취지는 '공소장일본주의를 지키지 않으면 공소기각될 수 있다'는 것이었다. 크게 진전된 결론이었다. 재판 과정에서 변호인이 '증거조사가 끝나기 전'에 공소장일본주의 위반이라고 문제제기를 하고 나선다면 검찰의 기소 관행에 큰 변화를 가져올 수 있었다.

대법원의 공소장일본주의 판결은 이후 재판에서 폭넓게 활용되지 않았다. 일부 재벌 사건이나 정치인 사건에서 주장됐을 뿐이다. 변호사들도 공소장일본주의 위반 문제를 적극적으로 제기하지 않았고, 판사들도 큰 관심을 두지 않았다. 대법원에서 획기적인 판례가 나오더라도 현장의 법조인들이 경각심을 갖고 분발하지 않는다면 '종이 호랑이'에 불과함을 다시 확인시켜주고 있다.

형사사건에 대한 판사들의 문제의식이 약한 것도 문제다. 사법시험 공부하면서 법전과 교과서를 암기하는 데 그치고, 사법연수원에서 판결문 작성법을 배울 때도 유죄 판결 쓰는 법이 전체의 80~90퍼센트다. 은연중에 '형사사건은 원칙적으로 유죄'라는 고정관념을 갖게 된다. 무죄추정이 아닌 유죄추정의 원칙을 내면화하는 것이다.

검사에게 유죄를 입증하라고 요구하지 않고 오히려 피고인에게 무죄를 입증하라고 요구한다. 무죄 판결문은 "증거가 부족하다"고 짧게 쓰면 되는데, 검찰과 상급심 판사들을 의식한 탓인지 길게, 변명하듯 쓴다. '좀 이상하긴 하지만 유죄가 맞을 것 같다'며 유죄를 선고하는 판사들도 있다. 과거 독재시대에 무죄인 줄 알면서 유죄를 선고했다면 지금은 깊은 고민 없이 유죄를 선고한다. 한국이 '검찰 공화국'이 된 데는 판사들의 책임이 작지 않다.

"재판의 중심은
법정이다"

이용훈 코트, 재판개혁 시작하다

이용훈은 2005년 8월 대법원장 후보자로 지명되자 이광범 광주고법 부장판사를 불러올렸다. 인사청문회 준비팀으로 차출한 것이다. 이광범은 이용훈의 고교·대학 후배였고, 사법연수원 교수를 할 때 연수생이었다. 이용훈 대법관 시절 전속재판연구관을 하기도 했다.

이 대법원장 취임 후 이광범은 이용훈 코트 체제가 갖춰지기까지 비서실장 역할을 했다. 김황식, 박시환, 김지형 대법관 제청 관련 실무를 맡았고, 석호철(사법연수원 10기) 인사실장이 재판에 복귀한 뒤에는 인사실장까지 겸임했다. 인사실이 폐지된 2006년 2월에는 사법정책실장으로 임명됐다.

이용훈이 이광범을 기용한 것은 법원을 떠나 있었던 5년간의 공백을 메워줄 사람이 필요했기 때문이었다. 이광범은 법원 내부 사정을 잘 알고 있는 데다 사법개혁 작업에도 관여했다. 그는 사법정책실장으로 사법개혁 과제를 입법화하는 작업을 했다.

이용훈은 2005년 말 김종훈 변호사에게 "대법원에 들어와 도와달라"고 했다. 이용훈은 김종훈이 법원 바깥에 있으면 청탁이 몰리는 등 문제가 생길까 우려했다. 김종훈은 대법원에 들어오지 않으려 했다. 이용훈이 고집해 2006년 1월 비서실장 발령을 냈다. 이광범-김종훈 팀의 출범은 이용훈이 강도 높은 개혁에 나설 것임을 알리는 신호탄이었다.

이용훈은 또 대법관이 겸직해온 법원행정처장을 장관급 정무직 자리로 바꾸고, 대법관 수를 한 사람 줄였다. 새 법원행정처장에는 장윤기(사법연수원 5기) 창원지법원장을 임명했다. 대법관·법원행정처장 겸직 시스템을 없애기로 한 이유는 사법부 내부의 힘이 법원행정처로 쏠리는 데 있었다. 인사부터 예산, 사법행정까지 모든 일의 중심에 법원행정처가 있었다. 이용훈은 법원행정처가 지나치게 강해지면 판사들이 재판할 때 대법원 눈치를 보지 않겠느냐고 생각했다.

여기에는 법원행정처가 비대해지고 있다는 문제의식이 있었다. 1960~70년대만 해도 비(非)대법관 출신이 법원행정처장을 맡았다. 1981년 5공정권이 들어서면서 대법관이 법원행정처장을 겸직하는 쪽으로 바뀌었다. 사법행정이 효율화된 측면도 있었으나 법원행정처 출신 판사들의 파워가 세졌다. 법원행정처장으로 국회의원이나 정부 관료 등 외부 인사들과 접촉하다 다시 대법관 업무로 돌아가면 재판 청탁을 받게 될 소지가 있다는 지적이 이어졌다.*

고등법원 부장판사급이던 인사실장을 없앤 것도 인사권이 인사실로 집중되면서 판사들이 대법원만 쳐다보게 되는 폐단을 없애기 위해서였다. 인사실을 폐지하는 대신 지방법원 부장판사급의 인사심의관을 두기로 했다. 또 사법정책실, 송무국, 인사실 등에 분산돼 있던 정책 개발·연구 기능을 사법정책실로 통합했다. 이 같은 조직 개편을 통해 30

---

* 2007년 12월 2년 만에 법원조직법을 재개정해 다시 대법관이 법원행정처장을 겸임하도록 했다. 대법관회의 의결권이 없는 법원행정처장이 사법행정을 주도하기 힘들다는 지적도 있었지만, 그보다 대국회 창구가 비대법관 출신 법원행정처장으로 바뀐 뒤 국회의원들의 불만이 계속됐다는 것이 상당한 영향을 미쳤다.

명이던 법원행정처 소속 판사를 26명으로 줄였다.

이용훈의 법원행정처 개편은 한계가 있었다. 예산편성권이 없는 법원이 필요 예산을 확보하기 위해서는 법원행정처 판사들이 정부나 국회에 사실상 로비를 해야 했다. 이 때문에 법원행정처는 외부 입김이 들어오는 통로가 됐다.

또 검사들로 채워진 법무부의 검찰 중심 사법정책에 대응하기 위해 법원행정처의 정책 기능을 유지할 수밖에 없었다. 이를테면 형사소송법 개정을 법무부 손에 맡겨놓으면 형사재판이나 영장 관련 규정이 검찰의 수사 편의에 맞춰 개편될 수도 있었다. 법원행정처라는 조직 자체가 필요악에 가까웠다.

이용훈은 법원행정처 간부들에게 "어떤 얘기든 재판부에 전달했다가는 그날로 전부 모가지"라고 엄포를 놓았다.

법관들에게 재판은 물론이고 구속영장 심사와 관련해 이렇게 해달라, 저렇게 해달라는 것은 단 한 건도 있어선 안 된다. 그것은 재판의 독립을 해치는 짓이다.

대법원장 자신도 재판에 영향을 미칠 수 있는 일은 하지 않으려 했다. 문제는 불구속재판 원칙과 공판중심주의, 구술주의를 일선 재판에 정착시키는 과정에서 다시 법원행정처 조직을 동원했다는 것이었다. 법원을, 재판을 바꿔야겠다는 생각이 너무 강했다. 시간이 흐르면서 빠르고 효율적인 법원행정처 조직에 기대기 시작했다. 목표는 개혁적이 있는데 수단이 재래식(在來式)이었다.

2006년 3월 전국 일선 법원에 공보담당판사를, 서울 등 전국 5개 고등법원과 서울중앙지법에 경력 10~15년의 기획법관을 배치하기로 했다. 대법원은 "법원의 정책과 판결 취지를 국민에게 잘 납득시키고 권위적인 이미지를 탈피하기 위한 노력"이라고 설명했다.[1] 공보담당판사 도입은 판결문 중 엉뚱한 부분이 부각돼 기사화되는 등 사실과 다른 언론보도가 나오지 않도록 하기 위한 것이었다.

두 직제의 도입 취지 역시 나쁜 것은 아니었다. 실제 운영에 들어가자 부작용이 더 커졌다. 일선 법원에 공보담당판사와 기획법관을 두게 되면서 법원장의 사법행정권이 확대됐다. 법원행정처 지침이 일선으로 내려가는 통로가 됐다. 양승태 코트 들어 일선 법원의 공보담당판사·기획법관 중에서 법원행정처 근무자를 선발했다. 사법의 관료화는 갈수록 판사들의 의식 속에 스며들었다.

재판의 독립 흔드는 사법의 관료화

"법관은 헌법과 법률에 의하여 그 양심에 따라 독립하여 심판한다."

헌법 제103조는 재판의 독립을 강조하고 있다. 이 조항이 헌법에 들어간 이유는 분명하다. 판사가 정치권력이나 경제권력, 법원 내부의 압력, 여론 등에 좌우되면 공정하게 재판받을 국민의 권리가 위협받을 수 있기 때문이다. 재판에 자신의 생명과 자유, 재산을 거는 당사자들의 간절한 기대가 깨진다면 사법은 존재 가치를 잃는다. 이 재판의 독립을 흔들고 있는 것이 바로 사법의 관료화다.

왜 사법이 관료화되면 안 되는 걸까. '사법'과 '관료화'는 서로 맞지 않는다. 판사는 '양심에 따라 독립하여' 재판해야 한다. 일본 최고재판소는 "법관이 양심에 따른다고 하는 것은 법관이 유형, 무형의 외부적 압력 내지 유혹에 굴하지 않고 자기 내심의 양식과 도덕감에 따른다는 의미" "법관이 법의 범위 내에서 스스로 옳다고 믿는 바에 따라 재판하는 것"이라고 설명했다.[2]

관료화의 특징은 상명하복의 질서정연한 시스템이다. 계급과 서열에 따라 생각하고 행동한다. 위에서 시키는 일을 빠르고 효율적으로 해내면 된다. 개개인의 양식이나 도덕감, '스스로 옳다고 믿는 바' 따위는 중요하지 않다. 아니, 일하는 데 거추장스러운 것일 수도 있다.

사법의 관료화는 조직적, 제도적으로 이뤄지고 있다. 조직적으로는 법원행정처가 있다. 대법원장의 실무 기구인 법원행정처의 기능이 부정적인 것만은 아니다. 법원행정처는 일선 법원의 판사들이 재판을 잘할 수 있도록 지원한다. 법무부와 검찰 조직에 맞서 법원의 입장을 대변하기도 한다.

그러나 대법원 수뇌부가 의도했든, 의도하지 않았든 법원행정처는 판사들을 통제하는 기능을 하고 있다. 조정이나 화해 비율을 올리라며 통계 관리에 들어가면 일선 판사들도 신경 쓰지 않을 수 없다. 당사자가 불출석할 경우 의제자백* 판결을 해야 하는데도, 화해 권고 결정을 내려 화해율을 높이기도 한다.

제도적으로는 법관 근무평정이 있다. 근무평정제도는 1995년 사법시험·사법연수원 성적으로 법관 서열을 정해 보직 인사를 하는 관행을 없애기 위해 도입됐다. 근무평정제도 도입으로 법원장이 판사들의 근무성적을 평가하게 됨에 따라 판사들이 법원장 눈치를 볼 수밖에 없다는 지적이 나온다.**

더 심각한 문제는 관료화가 재판에 미치는 영향이다. 관료화가 심해지면 판사들은 자신의 판결이 근무평정이나 인사에 미칠 영향부터 따지게 된다. 법정 안에 있는 재판 당사자들보다 법정 밖에 있는 대법원장이나 법원장, 법원행정처 간부들이 더 중요해진다. 이렇게 판사가 '사내(社內)정치'에만 신경을 쓰면 재판의 독립은 후순위로 밀리게 된다.

대법원장과 법원장 등 사법행정권자의 정책에 반대하면 인사상 불이익을

----

* 의제자백(擬制自白)이란 민사소송에서 당사자가 재판기일에 불출석하거나 답변서 제출 기간 내에 답변서를 내지 않은 경우 등에 있어 그 사실을 자백한 것으로 간주하는 것을 말한다.
** 2009년 신영철 대법관 사태가 터진 것도 법원장의 영향력 확대와 무관치 않다. 무엇이 사법행정이고, 무엇이 재판관여인지 그 경계선이 애매모호하다.

받을 수 있다고 여기는 판사가 88퍼센트에 이른다. 2017년 3월 법원 내 최대 학술단체인 국제인권법연구회가 법관 502명을 대상으로 실시한 설문조사 결과다. '제왕적 대법원장'을 정점으로 한 사법부의 관료화가 대체 얼마나 심각하다는 말인가.

젊은 판사들의 장래 희망이 '공보담당판사 → 법원행정처 심의관 → 고등법원 부장판사 → 법원행정처 차장 → 대법관'이라는 말이 나오는 건 정상이 아니다. 법원행정처, 대법관을 목표로 재판하는 판사에게 자신의 운명을 맡기고 싶은 사람이 있을까. 중앙집권적인 관료사법을 수술하는 것은 검찰개혁과 함께 진행되어야 할 또 하나의 과제다.

'국민을 섬기는 법원'은 가능한가

이용훈 대법원장이 취임과 함께 내놓은 모토는 '국민을 섬기는 법원'이었다. 그는 판사들을 만날 때마다 법원은 국민의 봉사자임을 강조했다.

사법권은 국민으로부터 나온다. 우린 심부름꾼에 불과하다. 법정에 나온 사건 당사자들이 우리에게 사법권을 준 주인임을 잊지 말아야 한다. 그런 전제하에서 법원이 재판도 하고, 행정도 하는 것이다. 그렇지 않다면 사법권이 존재할 아무런 이유가 없다.

이러한 인식은 재판 방식의 변화 요구로 이어졌다. 이용훈은 '내가 열심히 공부해서 재판 권한을 갖게 됐다'는 판사들의 허위의식을 깨뜨리고자 했다. 국민을 섬기는 법원이 될 때에만 국민으로부터 신뢰받는 재판을 할 수 있다는 것이 그의 지론이었다. 대법원장 취임식에 시민들을 초청하고, 취임식 복장이었던 법복 대신 정장을 입은 것도 '시민의 한 사람으로서 여러분의 심부름꾼 역할을 하겠다'는 다짐을 보여주기 위해서였다.

이용훈은 대법원장이 혼자 식사하는 '독상(獨床)' 관행부터 깼다. 점심시간에 법원별·직급별로 판사들과 만나 대화를 나눴다. 한 달에 보름 이상을 대법원 구내식당이나 공관, 외부 식당에서 판사, 재야 법조인, 시민 등과 식사를 했다. 사법연수원에서 열리는 법관 연수에도 자주 참석했다. 그는 판사들에게 사명감과 소명의식을 강조했다.

판사가 하는 일을 생각해보라. A라는 사람이 갖고 있는 재산을 B에게 주라는 판결을 한다. 개인이 그런 일을 하면 그게 강도나 절도, 사기 아니냐. 거리에서 자유롭게 돌아다니는 사람을 어느 날 종이(구속영장) 한 장으로 구치소에 가둔다. 생명을 빼앗는 사형 판결을 하기도 한다. 법관은 단순한 직업인이 아니다. 시민들의 생명과 자유, 재산을 지키는 마지막 보루다. 재판을 자기 목숨처럼 여기고 최선을 다해야 한다.

판사들과 대화를 나눌수록 실망감이 고개를 들었다. 사법부의 문제점이나 재판 개선 방안을 이야기할 것으로 기대했는데 과중한 업무나 처우 개선을 말하는 판사들이 많았다. 이용훈은 2005년 12월 2일 전국 법원장회의에서 자신의 소감을 말했다.

저는 대법원장에 취임한 이후 수많은 우리 사법의 구성원들을 만나보았습니다. 그들로부터 변화하는 새로운 사법에 대한 갈망과 그 처방이 봇물처럼 쏟아져나올 것으로 기대하였습니다. 그러나 자신의 처지와 신분의 향상에 대한 요구는 많았으나, 국민을 위해 우리 사법의 구성원들이 무엇을 할 것인지에 관한 사법의 변신을 위한 처방을 말하는 사람은 거의 없었습니다. (…) 국민을 위하여 내가 무엇을 할 것인가를 말할 수 있어야 합니다. 나를 생각하기보다는 힘든 세파에 찌든 국민들을 위로할 수 있어

야 합니다. 거친 숨소리를 내는 국민들을 편안하게 해줄 수 있는 처방을 내놓아야 합니다.[3]

이용훈의 지적에 상당수 판사들은 불쾌감을 나타냈다. "대법원장이 '하고 싶은 얘기 있으면 다 하라'고 하지 않았나." "어떻게 판사들이 집단이기주의에 빠진 것처럼 말씀하실 수 있나." 이용훈이 가진 판사의 기준이 너무 높은 것일까. 아니면 자기 안에 갇혀 지적을 받아들이지 못한 판사들에게 문제가 있는 것일까. 대법원장과 판사들 사이의 괴리감이 커지고 있었다.

한편으로 이 대법원장이 이광범 사법정책실장과 김종훈 비서실장을 기용하면서 '우리법연구회 중심으로 사법부가 움직인다'는 비판적인 시각이 힘을 얻었다. 보수성 강한 법조계 주류 그룹들은 노무현 정부 자체에 거부감을 갖고 있었다. 주류 그룹의 시각에서는 이 대법원장이 '노무현 코드'에 맞춰 우리법연구회 출신을 중용하는 것으로 비쳤다. 현직 고위 법관들도 기자들과 만나 "대법원장이 이념적으로 왼쪽에 치우친 우리법에 경도된 것 아니냐"는 말을 서슴지 않았다.

법조계 주류 그룹들은 이용훈 코트에 협조하지 않은 채 방관자의 자세를 허물지 않았다. 이용훈 코트는 출발부터 주류 그룹들에게 포위되어 있었다. '국민을 섬기는 법원'으로 향하는 길은 비포장도로였다.

공판중심주의·구술주의에
시동 걸다

이용훈 대법원장은 공판중심주의*와 구술주의**를 정착시키기 위해 드라이브를 걸기 시작했다. 공판중심주의는 형사재판에, 구술주의는 민사재판에 적용되는 것이지만 '법정을 중심으로 재판하자'는 점에서는 다르지 않다.

그가 법정에 주목한 것은 변호사 시절 경험 때문이었다. 이일규 전 대법원장 이후로 변호사 경험을 가진 대법원장은 최종영과 이용훈뿐이었다. 최종영도 대법관 퇴임 후 1년여 만에 대법원장에 임명됐다. 이용훈은 5년간 변호사 생활을 하며 서류 재판의 문제점을 절감했다.

이용훈은 법원행정처 법관들과 점심을 함께하면서 "그동안 사법개혁이라고 해온 것들이 전부 법원과 판사들을 위한 것이었다"고 말했다. 그는 "공판중심주의와 구술주의는 판사와 검사, 변호사가 민사소송법, 형사소송법을 제대로 지키자는 '준법(遵法)운동'"이라고 강조했다.

거창하게 제도를 새로 만드는 개혁은 항구적이지 못하다. 대법원장이 제도를 새로 만들면 다음 대법원장이 바꾸거나 없앨 수 있다. 법대로 하는 것은 다음에 누가 대법원장이 되더라도 바꾸지 못한다. 법 규정을 제

---

* 모든 증거자료를 공판에 집중시켜 공판정에서 형성된 심증만을 토대로 판결하는 원칙.
** 당사자와 법원이 하는 변론이나 증거조사 등의 소송행위를 구술(口述), 즉 말로써 해야 한다는 원칙. 서면심리주의에 대응하는 원칙이다.

대로 지키는 개혁은 지속 가능하고 항구적이다.

공판중심주의는 검찰 수사의 문제와 직결된 원칙이었다. 그간 형사
재판의 중심 무대는 법원의 법정이 아니라 검찰의 조사실이었다. 검찰
에서 조사 내용으로 수사기록을 만들면 법원에서 그 기록을 갖고 재판
을 해왔다. 검찰이 사실상 1심 법원 역할을, 법원이 사후심(事後審)* 역
할을 해온 셈이다.

이런 체제가 굳어진 배경에는 일제강점기의 '조서(調書) 재판'이 있
었다. 일제강점기에 우리말을 모르는 일본 판사들이 일본어로 작성된
조서를 앞에 놓고 재판하던 관행이 그대로 이어졌다. 해방 후에도 조서
재판이 당연한 것으로 받아들여졌다.

더 큰 문제는 수사기록이 철저히 검찰 프레임에 맞춰져 있다는 점이
었다. 아 다르고 어 다른데 "그게 이 말 아니냐"고 다그쳐 피의자신문조
서·참고인신문조서를 작성했다. 재판에 들어가면 그 조서들을 앞에 놓
고 사실 여부를 물었다. 피고인이나 증인이 "예, 말하자면 그렇습니다"
라고 답하면 유죄 판결을 했다. 변호사 시절 검찰 수사와 재판의 실상
을 접하고 충격을 받았던 이용훈은 형사재판의 원칙이 공판중심주의
임을 재확인하는 작업에 나섰다. 그는 판사들에게 "재판의 중심은 법
정"이라는 말을 지겹도록 되풀이했다.

---

* 사후심은 원심 기록을 토대로 원심이 맞는지 그른지를 심판하는 재판 단계를 말한다.

형사재판에서 판사의 가장 중요한 역할은 검사가 법을 제대로 지키고 수사했는지를 따지는 것이다. 불법 조사를 통해 나온 증거나 진술에는 증거능력이 없다. 이 원칙이 제대로 지켜져야 민주주의 국가, 법치주의 국가다. 법정이란 걸 왜 여느냐. 사실을 확정하기 위한 것이다. 판사실에 앉아 기록 보고 사실 확정을 한다는 게 말이 되느냐. 그러면 재판을 무엇 하려고 하느냐.

법정 재판이 아닌 '판사실 재판'이 낳은 부작용이 소정외 변론*이었다. 판사실에서 재판이 이뤄지다보니 일반인은 물론이고 변호사, 심지어 검사까지 판사실에 가까이 접근하려는 유혹에 빠지게 된다. 법정 밖에서 판사들에게 억울한 사정을 전해야 유리한 판결을 받을 수 있다는 오해와 착각이 전관예우를 키우고 법조비리를 만든다. 이용훈은 결론만 옳으면 되는 것 아니냐는 판사들의 인식을 질타했다.

많은 판사들이 결론이 옳으면 다 승복하지 않겠느냐는 생각으로 재판을 해온 결과가 쌓이고 쌓였다. 법원은 헤어날 수 없는 불신에 빠져버렸다. 사실에 대한 조사가 법정에서 이뤄져야 하는데, 자기들끼리 판사실에 앉아 책상머리에서 해왔다. 판사가 양심에 따라 재판을 한다고 해도 법에 정해진 절차를 제대로 지키지 않다보니 불공정한 것으로 비쳤다. 국민 신뢰를 받는 재판을 하려면 절차부터 공정해야 한다.

....
* 법정에서의 정식 변론이 아니라 법정 밖에서 이뤄지는 비공식 변론.

이용훈은 잘못된 재판 관행이 굳어진 이유 중 하나를 사법연수원 교육에서 찾았다. 사법연수원에서 판결문 쓰는 법만 가르쳤지, 재판을 하는 법은 가르치지 않았다는 것이었다.

재판을 어떻게 하느냐가 참으로 중요한데 이걸 배우지 못하고 판사가 된다. 배석판사를 하면서 재판장이 하는 재판을 어깨너머로 배우는 게 전부다. 어깨너머로 배운 습관과 관행으로 재판을 해왔기 때문에 재판에 대한 철학이 없다.

이용훈은 판사들이 재판하는 방법을 훈련할 수 있도록 모의 재판과 토론 프로그램을 대폭 강화했다. 그는 재판 잘하는 판사보다 판결문 잘 쓰는 판사가 높게 평가받는 풍조도 문제 삼았다.

판결문 쓰는 데 시간을 보낼 것이 아니라 법정에서 재판을 길게 하고, 판결문은 간단하게 써라. 중요한 것은 결론이 그렇게 나올 수밖에 없다는 것을 재판 과정에서 납득시키려는 노력이다. 긴 판결문 받아보려고 재판 받는 사람이 어디 있느냐.

공판중심주의는 민사재판의 구술주의보다 추진 속도가 빨랐다. 검찰 조직과의 갈등 과정에서 공판중심주의가 이슈로 떠올랐기 때문이다. 이용훈이 더 관심을 가진 것은 구술주의였다. 구술주의의 진척이 상대적으로 늦었던 것은 전임 최종영 대법원장이 도입했던 신(新)민사

시스템의 영향이 컸다.

신민사 시스템은 준비기일 강화에 초점을 맞추고 있었다. 준비기일에 재판부와 변호사들이 쟁점을 정리한 후 법정에서 재판을 열면 신속하고 효율적으로 사건을 처리할 수 있다는 게 최종영 코트의 구상이었다. 이용훈은 "지나치게 준비기일에 집중하면 법정에서의 재판은 형해화하고 만다"는 입장이었다.

공개된 법정에서 사실 심리를 하고 판사, 변호사, 당사자 사이에 법률 토론이 이뤄지도록 하는 게 법의 원칙이다. 판사들 편의주의로 가는 건 옳지 않다. 사건을 아무리 빨리 뗄 수 있더라도 법에 따르지 않는 건 법치주의 원리에 어긋나는 것이다.

준비기일에 당사자도 참석시킬 수 있지 않냐는 반론에 대해 이 대법원장은 "그럼 법정에서 하지, 뭐 하려고 방에 앉아서 하느냐"고 했다. 실제로 준비기일에 논의된 결과를 법정에서 진술하도록 한 규정은 제대로 지켜지지 않고 있었다.

대법원 주변을 맴돌던 구술주의는 2007년 2월 강일원 부장판사가 사법정책실장으로 오면서 본격화됐다. 대법원은 민사소송규칙 제28조 2항에 "법원은 변론에서 당사자에게 중요한 사실상 또는 법률상 쟁점에 관하여 의견을 진술할 기회를 주어야 한다"는 규정을 넣어 당사자 참여권을 명확하게 보장했다.

이용훈은 공판중심주의와 구술주의가 임기 내에 완전히 정착되지는 못하더라도 그 방향성은 확고하게 잡힐 것으로 기대했다. 법에 없던 새로운 제도가 아니고 대학 다닐 때부터 배운 것을 실천하자는 것 아닌가. 법률가들에게 법에 따라 재판하자는 것인데 누가 이의를 제기하겠는가.

기대는 현실화되지 않았다. 습관은 무서웠다. 이용훈이 대법원장에서 퇴임한 뒤 공판중심주의와 구술주의는 후퇴했다. 이용훈은 '차라리 로드맵을 만들고 1년 차, 2년 차 과제를 정해서 했으면 더 좋은 결과가 있지 않았을까' 후회하기도 했다. 법원 안팎에서 "판사들을 설득해서 자발적으로 받아들이게 했다면…"이라는 아쉬움과 "그래도 이 대법원장이 적극적으로 밀어붙이니까 그 정도라도 된 것"이라는 평가가 엇갈렸다.

공판중심주의·구술주의 확립과 함께 추진한 것이 법정 모니터링이었다. 이용훈은 법원장들에게 직접 법정에 들어가 판사들이 재판을 어떻게 진행하는지 보라고 당부했다. 그때까지 법원장이나 판사들이 다른 재판부 법정에 들어가는 것은 금기시되어 있었다. '부부 침실을 보여주는 것과 다르지 않다'는 말이 나올 정도였다.

이용훈이 법정 모니터링을 중시한 것은 막말 시비를 줄이기 위한 것만은 아니었다. 그는 판사가 내뱉은 권위적인 말 한마디, 행동 하나에 재판 당사자들이 법원을 신뢰하지 않게 된다고 생각했다. 그는 비서실 판사들을 지방으로 출장을 보내 법정 모니터링을 하도록 했다.

이 사실이 알려지자 일부 판사들이 반발했다. "내가 재판하는 법정에 대법원장이 들어온다면 퇴장시켜버리겠다"고 공공연하게 말하는 판사도 있었다. 이용훈은 판사들 발언을 전해들었다. 속이 상했지만 아무 말도 하지 않았다. '판사들이 그런 기개가 있어야 법원이 제대로 가는 것이다. 대법원장 한마디에 엎드려서 지내면 판사가 어떻게 공정한 재판을 할 수 있겠는가.'

법원행정처에서 "속도 조절이 필요하다"는 의견을 냈지만 대법원장의 뜻은 확고했다. 판사 자신의 재판 모습을 촬영해보도록 하는 방안을 추진했다. 촬영 실적 등을 통계로 내서 대법원에 보고한다는 사실이 알려지자 판사들 사이에 "꼭 그렇게까지 해야 하느냐"는 불만이 나왔다.

대법원장의 추진 방식에도 문제가 있었다. 공판중심주의 등을 판사들의 열정과 태도 변화에 의존했다. 판사들의 열정도 중요했지만 판사 수 증원 등 여건 조성이 동반되어야 했다. 판사들에게도 문제가 있었다. 판사들은 묻고 싶었을 것이다. 사건은 쏟아져 들어오고, 피곤해 쓰러질 지경인데 대법원장은 왜 판사들의 상황을 이해해주지 않는가. 왜 자꾸 법정 모니터링을 하고 재판 촬영을 요구하는가.

판사들의 반발 배경에는 '나는 오류가 없다'는 착각이 도사리고 있었다. 공부 잘한다는 칭찬만 받고 살아온 판사들만큼 우월감과 열패감이 쉬지 않고 교차하는 직업인도 많지 않을 것이다. 비판받고 지적당하면 고칠 생각을 해야 하는데 방어막을 치는 데 급급하다. 판사들은 국민 앞에 겸손하고 사건 앞에 진지해야 한다. '재판의 독립'은 판사 자신을 위해 있는 것이 아니다. 국민의 생명과 자유, 재산을 지키라고 있는 것이다.

이용훈의 재판개혁은 판사들의 무오류(無誤謬)주의, 그리고 판사들의 자기연민과 싸우는 과정이기도 했다. 어떤 면에서는 정치권력과 싸우는 것보다 더 힘들었다. 분명히 존재했지만 눈에 보이지 않았고, 분명히 문제가 있었지만 문제로 받아들여지지 않았다. 판사들의 DNA 깊이 새겨진 우월의식과 권위주의는 공판중심주의와 구술주의의 최대 장애물이었다. 판사들이 극복해야 할 적(敵)은 판사들 스스로였다.

이용훈 코트에서 가시적인 변화는 민원실과 법정에서 나타났다. 대법원장이 되고 가장 먼저 한 지시가 "전국 법원의 민원실을 전부 뜯어고치라"는 것이었다. 국민과 투명하게 소통하는 공간을 만들자는 취지였다. 이용훈은 "국민들이 법원에 와서 '내가 대접받고 있구나' 느낄 수 있도록 하라"고 했다.

민원업무 처리부서가 법원 청사 안에 흩어져 있어 민원인이 여러 부서를 찾아다녀야 하는 등 불편을 겪었다. 이를 해결하기 위해 민원 상담과 각종 사건 접수, 제증명, 열람, 등사 등을 한곳에서 처리할 수 있는 표준종합민원실을 만들었다. 민원실 환경도 은행 창구처럼 깨끗하고 밝게 바꿨다. 전국 법정의 모습도 달라졌다. 판사들이 앉는 법대(法臺) 높이를 소송 당사자의 눈높이로 낮추고, 판사와 원고·피고가 서로 바라보면서 대화를 할 수 있도록 좌석을 재배치했다.

구속은
형벌이 아니다

이용훈 코트 출범과 함께 불구속재판 원칙이 부각되기 시작했다. 이용훈은 서울서부지원장 시절에도 판사들에게 "영장 기각 좀 하라"고 했다. "증거인멸이나 도주의 우려가 없다면 영장을 기각하는 게 원칙이다" "헌법에 유죄 확정 전까지는 무죄로 추정된다고 되어 있는데 영장을 함부로 발부하면 되겠느냐"고도 했다. 대법원장이 된 다음에는 불구속재판 원칙을 본격적으로 천명하고 나섰다.

유죄 판결을 받아서 교도소에 가는 것은 어쩔 수 없는 일이지만, 수사 단계에서 가장이 구속되면 서민들 가정은 마비돼버린다. 구속영장을 마구 발부해 한 집안이 망해버리는 사태가 벌어지게 해서야 되겠는가. 구속은 형벌이 아니다. 수사나 재판을 위해 최소한에 그쳐야 하는 예외적 절차일 뿐이다. 구속재판이 원칙이 되다보니 구속 후 석방시키려는 과정에서 법조비리나 브로커 같은 문제가 생기지 않느냐.

그가 불구속재판 원칙을 중시한 이유는 하나가 더 있었다. 피의자·피고인의 방어권 보장을 위해서였다.

사건을 가장 잘 알고 있는 사람이 피의자나 피고인 자신인데, 구치소에 들어가 있으면 방어권을 행사할 수 없게 된다. 원칙적으로 불구속 상태에서 방어권을 행사할 수 있도록 최대한 보장해줘야 한다. 법정에서 치열한 공방을 통해 실체적 진실이 드러나고 유죄가 인정되면 그때 판결로 엄정한 형을 선고하면 되는 것이다.

구속되어 있으면 변호사가 제 아무리 뛰어나다 해도 제대로 방어할 수가 없다. 누구와 만나 무슨 대화를 했고 무슨 일을 했는지, 사건 당시 어디에 있었는지를 가장 소상하게 아는 사람은 당사자 자신일 수밖에 없다. 변호사를 선임하더라도 자기 일처럼 적극적으로 하는 경우는 많지 않다. 무죄를 받아내려면 당사자 자신이나 가족이 직접 뛰어다녀야 한다. 수사 단계에서 구속되면 사실상 방어권이 박탈된다. 검찰과 대등한 재판이 되지 않는다. 무기 대등의 원칙 위반이다.

이용훈은 대법원장 취임 직후 일주일 단위로 구속영장 기각률 통계를 챙기다 한 달 단위로 바꿨다. 2006년 1월 서울중앙지법이 불구속재판 확대 방침을 밝히고 나섰다. 집행유예나 벌금형이 아닌 실형 선고가 예상될 때에만 구속영장을 발부하고, 음주운전·마약범죄 등 해당 범죄 유형의 범위를 축소하기로 했다. 범죄 혐의를 부인하는 피의자 주장에 근거가 있을 경우 불구속을 원칙으로 하기로 했다. 영장 기각률이 가파르게 올라가기 시작했다.

이용훈은 1차 목표로 한 해 구속 5만 건 이하를 제시했다. 지속적으로 노력한 결과 구속자는 3만 명 수준까지 줄었다. 검찰도 영장을 신중하게 청구하는 분위기로 바뀌었다. 과거에는 검사가 영장을 청구하면 거의 구속되는 것으로 여겼지만 이용훈 코트를 거치며 판사가 발부해야 구속되는 것으로 인식이 달라졌다. 언론보도도 '검찰이 구속했다'에서 '판사가 구속영장을 발부했다'로 바뀌었다.

이용훈은 법원 내부의 판결 관행에 대해서도 변화를 요구했다. 2006년 2월 9일 서울 한남동 대법원장 공관에 고등법원 부장판사 승진자들을 초청해 만찬을 하면서 '화이트칼라 범죄 엄단'을 강조했다. 계기는 서울중앙지법의 두산그룹 판결이었다. 공관 만찬 하루 전인 같은 달 8일 서울중앙지법 형사합의21부(강형주 부장판사)는 회사자금 286억 원을 횡령한 혐의 등으로 불구속기소된 박용오, 박용성 전 두산그룹 회장과 박용만 전 부회장 등 두산그룹 오너 삼 형제를 포함한 피고인 14명에게 전원 집행유예를 선고했다. 이용훈은 재벌에 대한 '징역 3년에 집행유예 5년' 정찰제 판결을 정면으로 비판했다.

사법부가 국민의 신뢰를 회복하려면 화이트칼라 범죄에 대해 엄정하게 판결해야 한다. 사법부의 신뢰를 회복할 수 있는 기회였는데 그렇지 못해 아쉽다. 남의 집에 들어가 1억 원어치 물건을 절도한 사람에게 실형을 선고하지 않는 판사는 아무도 없을 것이다. 그래놓고 200억, 300억 원씩 횡령한 피고인들에게 집행유예 판결을 선고하면 국민들이 어떻게 수긍하겠느냐.

발언의 파장은 컸다. 대법원장이 구체적인 사건, 특히 법원에서 재판이 진행 중인 사건에 개입한 것 아니냐는 논란이 일었다. "화이트칼라 범죄 재판에 더 신경을 써야 한다는 일반론을 말한 것이다." 대법원이 해명에 나섰지만 불길은 잡히지 않았다.

언론은 '대법원장 발언, 재판권 침해 우려된다'[4] '대법원장의 판결 채점과 법관의 독립'[5] 등 사설을 통해 발언의 문제점을 비판했다. "대법원장의 의중이 드러났는데 상급심 재판부가 과연 자유롭게 심판할 수 있을지 의문"이라는 지적까지 나왔다. 판사들 분위기도 부정적이었다. 대법원장이 특정 사건에 관여한다는 인상을 주었기 때문이다. 이 대법원장으로서는 곤혹스러운 상황이었다.

이용훈은 전국 판사들에게 이메일을 보내려다 말았다. '대법원장이 법관의 독립을 훼손시키겠다거나 그럴 의도를 가지고 이루어진 것이라는 견해에는 동의할 수 없다. 내가 만약 법관의 독립을 훼손하려 한다면 여러분은 나와 맞서 싸워야 한다. 자신의 소신에 반해 대법원장의 비위나 맞추는 그런 법관을 원하지 않는다'는 내용이었다.

뒤이어 '국민의 이름으로' 논란이 터졌다. 이용훈은 2월 20일 신임 법관 임용식에서 "재판은 국민의 이름으로 하는 것"이라고 말했다.

법관의 독립은 그 마지막에 있어서는 법관 개개인이 법관으로서의 모든 것을 걸고 지켜내야 합니다. 법관 스스로의 독립을 통하여서만 사법부 전체의 독립도 제대로 이루어질 수 있는 것입니다. 하지만, 우리 법관에게 재판권을 수여한 주체가 국민이라는 점을 명심하여야 합니다. 재판은 국민의 이름으로 하는 것이지 판사의 이름으로 하는 것이 아닙니다. 국민 대다수가 납득할 수 있는 판단이어야 합니다.[6]

'국민의 이름으로'(Im Namen des Volkes)는 독일 민사소송법(ZPO)과 형사소송법(StPO)에 들어가 있는 문구였다. '~의 이름으로'는 대리권을 행사한다는 의미다. 이 대법원장의 발언은 "국민이 준 권한을 행사하는 만큼 국민이 납득할 수 있는 재판을 하라"는 취지였다.

언론은 이용훈의 발언을 '노무현 코드 맞추기' '사법 포퓰리즘'으로 해석했다. 법관의 재판상 독립을 부정하는 것이라는 지적도 이어졌다. '재판은 헌법과 법률의 이름으로 하는 것'[7] '걱정스런 대법원장의 국민 재판론'[8] '대법원장이 포퓰리즘 재판 부추기는가'[9] 같은 사설들이 게재됐다.

이용훈은 언론의 비판을 받아들일 수 없었다. 발언 일부를 거두절미해 여론재판이나 인민재판 등과 혼동하게 만드는 언론보도는 대법원에 대한 공격으로 느껴졌다. 대법원이 출입기자들에게 해명했으나 추가 보도에 반영되지 않았다. 이용훈은 연설문으로 해명해야 했다. 그는 4월 3일 법무관 전역자 신임법관 임용식에서 이렇게 말했다.

당시 저는 대법원장으로서 신임법관들에게, 재판권은 국민으로부터 수여받았다는 국민주권의 원리를 이야기하기 위하여, '재판은 국민의 이름으로 하는 것'이란 말을 하였습니다. 그런데 일부 언론이 그 취지와 달리 '여론에 좌우되는 국민재판론'이라거나, '포퓰리즘 재판을 부추기는 것'이라고 보도하였습니다. 이는 저와 언론 사이에 소통이 제대로 이루어지지 않은 결과입니다.[10]

이용훈은 "내가 가장 싫어하는 것이 '여론재판'인데 그것을 부추긴 사람이 되고 말았다"고 개탄했다. 이후에도 언론의 비판 내지 공격은 계속됐다. 역대 대법원장들 중에 대법원장 발언 내용을 언론이 일일이 비판적으로 기사화한 경우는 없었다. 언론사들은 이용훈이 노무현 대통령 탄핵심판 대리인단 출신이라는 데 초점을 맞추고 '노무현 코드' 프레임으로 발언 하나, 행동 하나에 주목했다.

이용훈은 진보정권이 임명한 대법원장이라는 이유로 보수언론의 비판을, 진보적이지 않다는 이유로 진보언론의 비판을 받아야 했다. 이용훈에 대한 언론보도는 갈수록 거칠어졌다.

"민사재판, 수사기록을 던져버려라"

2006년 3월 대법원장 비서실은 법원 내부 여론을 조사했다. 사법행정에 관심을 나타내온 전국 법원의 판사 36명에게 이메일을 보냈다. 지방법원 부장판사 3명 등 15명에게서 회신이 왔다. 나머지는 답도 하지 않았다. 결과는 실망스러웠다. 개혁 방향에 대해 이의를 달지 않았지만 전반적으로 냉소적인 분위기가 감지됐다. 개혁이 동력을 상실할 것이라는 우려도 제기됐다.

• 너무 급하다는 것이 거의 일치된 견해임.

- 개혁 추진 주체는 오로지 대법원장님 1인 또는 소수의 참모 그룹으로 인식하고 있음.
- 공·사석에서의 대법원장님 발언 → 2~3일 후 일선 법원의 정책 결정 및 시행 구조는 과거보다 훨씬 관료적이라는 점을 부정할 수 없고, 법원이 검찰화되어가고 있다, 대법원장님이 기침을 하면 법원장은 몸살을 앓는다, 재판이 대법원장님 지시로 이루어진다는 등으로 혹평하는 사람도 있었음.[11]

법정 모니터링에 대해서는 '실적 위주' '상명하달식'이라며 추진 방식에 대한 불만이 많았다. 보고서는 '판사들이 주권자인 국민으로부터 재판권이 위임된 것이라는 점에 대해 인식을 제대로 하지 못하고 자기들이 노력하여 얻은, 당연한 것으로 생각하는 경향이 있다'고 진단했다. 또 '모든 대응책 마련 시 완급 조절이 선행되어야 한다'면서 '법원 개혁에는 다른 곳보다 시간과 노력이 훨씬 더 필요하므로 열정을 가지고 인내해야 할 때'라고 말했다.

이용훈이 대법원에서 생각하는 것과 판사들이 일선 법원에서 받아들이는 것 사이의 간극은 컸다. 법원행정처에서 대법원장 취임 1주년을 앞두고 지방 소재 법원 방문을 건의했다. 이용훈은 자신의 사법 철학을 전달하는 기회로 삼기로 했다. "내가 가서 직접 이야기를 해야겠다." 대법원장들이 취임 초에 하던 과거의 법원 순회와 다른 점은 식사만 하고 오는 게 아니라 대법원장이 강연을 한다는 것이었다.

일정은 9월 11일 부산, 13일 광주, 18일 대구, 19일 대전순으로 잡혔다. 주제는 공판중심주의, 구술주의, 불구속재판 원칙 세 가지였다. 9월 11일 부산에서 이 대법원장이 강연을 하던 도중 판사가 질문을 하다 "법조3륜"이란 단어를 꺼냈다. 이용훈은 "법조3륜은 평소에 내가 제일 듣기 싫어하는 말"이라고 했다.

검찰하고 변호사하고 법원하고 무슨 동렬에 서 있느냐. 사법의 중추기관은 법원인 것이고, 그 다음에 검찰이나 변호사회 단체들이야 사법이 제대로 움직이기 위한 보조기관들이지, 그 무슨 같은 바퀴냐.

사법권은 대법원을 정점으로 한 법원에 있고, 변호사와 검찰은 법원에서 판결을 받기 위한 당사자 지위에 있다는 취지였다. 13일 광주에서는 발언의 강도가 더욱 세졌다. 기존의 잘못된 재판 관행을 비판하면서 판사들의 분발을 촉구했다.

구술로 재판하지 않으면 사실관계는 잘 모르는 것이다. 변호사들이 만든 서류라는 것은 대개 사람 속여먹으려고 말로 장난치는 것이 대부분이다. 내가 변호사 해봐서 잘 알고 있다. 실제로 말하자면 하고 싶은 이야기는 다 감추고 그냥 무색무취한 이야기만 써놓은 것이다. 그것 가지고 재판하면 잘못된 것이다. 안에서 생생한 사실관계를 당사자로부터 들어야 한다. 들어야 그 사안의 내용을 알게 되는 것이다. 그래서 구술주의를 하자고 하는 것이다. (…) 판사실 밀실에서 이루어지는 그 판사들의 합의에 내가 좀 개입해보고 싶다, 그것이 일반인들의 생각이다. 그래서 변호사에게 돈을 주는 것이다.

이용훈의 강조점은 "구술주의와 공판중심주의를 제대로 하려면 사건이 왜곡되기 전에 당사자들을 불러서 사건의 진실을 들어야 한다"는 데 있었다. '1차 준비기일에 당사자를 불러 쟁점을 추려내고 그 부분에 대해 집중적으로 증거조사를 하면 대부분의 사건은 정리된다. 사실이 확정되지 않으니 사건이 엉뚱한 방향으로 왜곡되는 것이다. 지금의 재판은 양쪽 레퍼토리가 다 만들어진 다음에 판사가 개입하는 꼴'이라는 게 이용훈의 지적이었다. "변호사가 써온 준비서면만 보고 판단해선 안된다" "법정에서 당사자로부터 직접 들어야 한다"는 얘기가 직설 화법으로 나가버린 것이다.

18일 대구에서는 "시국사건 재판을 받은 사람들이 정치권에 진입해 있고, 그들이 법원을 불신한다"며 국민 신뢰 회복 노력을 역설했다.

과거 법원은 국민의 생명과 권리를 지키는 최후의 보루가 아니라 정권 유지의 도구로 전락하는 바람에 1970년대는 법정에서 신발을 벗어던지고 노래를 부르는 사태가 계속됐다. 그때 법정에서 노래 부르고 한 사람들이 지금 국정을 움직이고 있고 그 사람들은 근본적으로 우리 법원을 신뢰하지 않는다. 국민의 신뢰를 회복하기 위해서는 시간이 걸리더라도 법정에서부터 국민을 설득해나가야 한다. 법원은 인권 보호를 위해 검찰의 무분별한 구속·압수수색 영장 청구에 대해 제동을 걸어야 한다. 압수수색 영장은 검찰이 혐의를 확인하기 위해 신청하는 게 아니라 새로운 수사를 하기 위해 무차별적으로 하고 있다. 왜 이런 것을 법관이 도와야 하느냐.

이 발언이 보도되면서 언론이 대법원장 발언을 주목했다. 그러던 중 19일 대전 강연에서 "수사기록을 던져버려라" 발언이 나오자 거센 논란이 일었다.

지금까지 민사재판에서 판사들이 법정에 나온 당사자에게 직접 물어 사실을 확인하기보다 당사자의 고소를 통해 나온 검찰의 수사기록에 의존해온 경향이 있었다. 재판이 제대로 된 모습을 갖추려면 판사들이 아예 검찰의 수사기록을 던져버려야 한다. 그동안 법원은 수사기관의 조서로 유무죄를 확정해왔는데 검사들이 밀실에서 받은 조서가 어떻게 공개된 법정에서 나온 진술보다 우위에 설 수 있느냐. 앞으로는 법정에서 국민을 설득해야 한다.

대법원은 다음 날 해명자료를 내고 "대법원장의 발언은 민사재판에 있어 구술주의 원칙을 강조한 것"이라고 했다. 상당수 민사재판에서 수사기록이 활용되어온 게 사실이었다. 심지어 일부 판사들은 "검찰에 가서 수사기록을 만들어오라"며 당사자에게 고소를 유도하기도 했다.

형사재판에서는 경찰이나 검찰의 피의자신문조서가 제대로 된 증거조사를 거쳐 증거능력이 인정되지 않으면 증거로 쓰이지 않는다. 그런데 민사사건은 수사기록이 공문서라고 해서 증거능력이 있는 것으로 보고 그 기록에 따라 판결을 내린다. 이용훈의 발언은 잘못된 재판 관행을 고치자는 것이었다.

대법원 해명은 언론에 제대로 실리지 않았다. 9월 20일 오후 전주 법원 통신망에 올라 있던 광주 법원 발언 녹취록*이 유출돼 변호사 관련 발언이 뒤늦게 보도됐다. 변호사 업계와 검찰이 거세게 들고 일어났다. 다음 날 대한변협은 대법원장 사퇴를 촉구하는 천기흥 회장 명의의 성명을 냈다.

대법원장이 검찰의 수사기록을 던져버려야 한다고 하며, 변호사들이 만든 서류는 사람을 속여먹으려고 말로 장난치는 것이 대부분이라는 발언을 한 것은 법조 전체의 질서를 파괴하는 것이다. 사법부의 수장으로서 사법부를 책임지고 이끌 자격과 능력에 대해 의구심을 갖지 않을 수 없다.

같은 날 정상명 검찰총장도 대검 간부 회의를 소집한 뒤 입장을 발표했다.

대법원장의 말씀은 헌법과 법률에 따라 국민의 인권을 보장하고 법질서 확립의 책임을 지고 있는 국가기관인 검찰의 기능과 역할을 존중하지 않는 뜻으로 국민에게 비쳐질 수 있어 유감으로 생각한다. 검찰은 이번 일을 계기로 차분히 우리를 되돌아보고 우리에게 맡겨진 본연의 임무를 흔들림 없이 수행해나갈 것이다.

....

* 광주 법원 발언 녹취록은 9월 15~17일 사이에 전주 법원 관내 직원 통신망에 게재됐다.

지방 순회강연의 후유증은 컸다. 언론은 맥락을 끊어낸 채 몇몇 문구만을 갖고 대법원장 발언을 비판했다. 발언에 담긴 메시지에 주목하는 대신 '갈등 프레임'으로 사태를 확대 재생산하는 데 주력했다. "수사기록을 던져버려라"가 민사재판에 관한 것임에도 '민사재판에서'라는 부분을 빼놓고 보도했다.

9월 21일자 언론보도들을 보면 이 대법원장 발언 파문을 '대법원장 대 검찰' '대법원장 발언에 검·변 격앙' '"도 넘은 비하" 법조계 폭풍전야' '검찰 "모욕당했다" 불끈' 등의 제목으로 기사화했다.[12] '싸움은 붙이고 흥정은 말리라'는 언론의 상업주의가 상황을 악화시켰다. 검사나 변호사뿐 아니라 판사들 사이에서도 "공판중심주의와 구술주의 취지는 좋지만 여건이 조성된 다음에 하자"는 목소리가 커졌다. 언론이 재판개혁의 발목을 잡는 빌미를 준 셈이었다.

이용훈은 판사들의 점진적 시행 주장을 납득하지 못했다. 법에 따라 법정에서 진실을 발견하고 그 진실을 토대로 재판해야 한다는 것을 강조했을 뿐 아닌가. 이용훈은 법원 간부들에게 말했다.

해방 후 60년이 흐르는 동안 여건은 변하지 않았다. 여건이 다 조성된 다음에 하자는 것은 재판을 법에 따라 하지 않겠다는 말 아닌가. 몇십 년이 걸릴지도 모르는 그 여건이 조성된 다음에 그때 가서 시작하자는 게 말이 되는가. 문제는 사건기록의 양이 너무 늘어난 데 있다. 제대로 재판하면 기록이 그렇게 두꺼워지지 않는다. 당사자를 불러 사건을 말로 설명할 수 있는 기회를 줘라. 그러면 사무실에서 두꺼운 기록 읽는 것보다 훨

썬 빠르게 사건을 해결할 수 있다.

법조계의 반발이 가라앉지 않자 이용훈은 같은 달 26일 서울고등법원 등이 있는 서초동 법원종합청사를 방문했다. 그날 이용훈은 판사와 직원들 앞에서 유감의 뜻을 나타냈다. 그러면서도 구술주의 등에 대한 자신의 신념을 힘주어 말했다. 법조3륜 발언에 대해서도 "법원과 검찰, 변호사가 유착관계에 있으면 국민의 생명과 재산을 보호하는 데 절대제 기능을 다할 수 없다는 뜻"이라고 해명했다.

법원 직원들과 허심탄회하게 얘기한답시고 거친 말을 함부로 하고 말실수를 하는 바람에 대법원장이라는 사람이 거친 말을 함부로 써도 되느냐, 말을 듣고 보니 거꾸로 내가 여러분께 말씨를 좀 배워야 하지 않을까 생각이 들었다. 이 자리를 빌려 법원 가족 여러분께 상처가 됐다면 양해해주시기 바란다. 그동안 일선 법원 방문하면서 우리 재판이 나아갈 방향에 대해, 구술주의와 공판중심주의에 대해 강하게 얘기했다. (…) 오늘 신문 보니까 일부 법관들이 나에게 포퓰리즘을 지향하는 리더십을 갖고 있다고 했더라. 그런데 나는 포퓰리즘 지향하는 사람이 아니라 사실 재판을 내 목숨보다 귀중하게 생각하는 사람이다. 나에게 포퓰리즘이라고 하는데 가슴이 확 막혔다.

대법원은 9월 말 전국 변호사들에게 대법원장 명의의 이메일을 보내려고 문안을 완성했다. 5000여 명에 이르는 변호사들의 이메일 주소를 입력했으나 고심 끝에 발송하지 않았다. 10월 관훈클럽 토론회 기조연설을 통해 자신의 입장을 해명하려 했으나 이마저도 북한 핵실험으로 무산됐다.

이용훈은 11월 1일 국회 법사위 국정감사에서 사과했다. "결코 검사나 변호사를 비하하려고 의도적으로 한 발언은 아니었다. 부적절한 표현으로 인해 마음에 상처를 받으신 분들에게 진심으로 다시 사과의 말씀을 드린다." 절박한 심정으로 순회강연을 했는데 거센 반발이 나오자 이용훈의 낙담은 표현할 수 없을 정도였다. 무엇보다 판사들의 부정적인 분위기에 답답함이 컸다.

이용훈은 구술주의와 공판중심주의 확립 노력을 멈추지 않았다. 미국·유럽 법정에 가서 보고 오라고 많은 판사들을 보냈다. 또 사법연수원 법관 연수를 강화했다. 이용훈은 판사들이 재판장과 피고인, 변호인으로 역할을 나눠 모의 재판하는 과정을 녹화한 영상을 본 뒤 이렇게 말했다. "자기들끼리 한 것이니까 정말 잘할 수 있어야 하는 거 아니냐. 그런데 이런 수준 같으면 참 요원한 것 같다."

이용훈 코트가 전자소송을 도입*하기로 한 이유 중 하나도 구술주의와 공판중심주의 확립에 있었다. 이용훈은 전자소송이 도입되면 판사들이 컴퓨터 모니터로 기록을 다 읽는 것이 어려워지지 않겠느냐고 생각했다. "판사들이 눈이 아파서 기록을 전부 볼 수 있겠느냐. 법정에서

----

* 대법원은 2007년 1월 전자법정 모델을 확정하고 2009년 입법을 추진하기 시작했다. 2010년 관련법이 제정됐다. 전자소송은 2010년 4월 특허소송부터 단계적으로 도입됐다.

심리하고 거기서 끝내지 않겠느냐. 당사자 이야기를 더 들어야 할 것이고…" 이후 판사들이 전자소송기록을 다 읽고 재판을 한다는 얘기에 이용훈은 혀를 찼다.

전자소송은 이용훈의 기대와는 달랐지만 재판의 모습을 바꿔놓았다.* 스크린과 전자 디지털 장비를 갖춘 전자법정에서 실질적인 구술변론의 여건을 갖추게 됐다. 판사에게 법대 위의 모니터로 재판정보와 속기화면이 실시간으로 제공됐다. 녹화물 재생이나 변호사의 프레젠테이션 등으로 구술변론의 여건이 확보됐다. 또 재판 과정을 디지털로 저장할 수 있게 됐다. 이용훈 코트 후반기에 시작된 전자소송은 역설적으로 최대의 업적으로 남았다.

---

* 전자소송 도입으로 당사자나 대리인이 인터넷으로 소장을 비롯한 소송서류를 제출하고, 법원의 송달·통지 내용을 즉각 확인·출력할 수 있게 됐다. 소송기록도 언제든지 열람·복제할 수 있다.

검찰,
대법원장을
흔들다

의혹 제기인가,
언론플레이인가

　　법원과 검찰이 갈등의 조짐을 보인 것은 2006년 여름부터였다. 이용훈 대법원장의 불구속재판 원칙과 공판중심주의는 필연적으로 검찰 조직의 반발을 불렀다. 그는 '검찰도 법원에 판단을 구하는 한쪽 당사자에 불과하다'고 보고 있었다. 그것은 판사와 검사가 동등하다는 검찰의 인식과 거리가 멀었다.

　　이용훈은 법원과 검찰이 제대로 자리매김되어야 한다고 믿고 있었다. 법원과 검찰이 동등한 지위에 있다는 논리는 예심판사* 제도가 있는 프랑스 등 대륙식 법제에서 가능한 것 아닌가. 2006년 7월 사법정책실 보고서를 보면 대법원이 검찰개혁에 대해서도 나름의 정책적 준비를 하고 있었음을 알 수 있다.

　　1. 법원과 검찰 청사의 분리: 청사 신축 시 독립 부지 사용. 청사신축부지선정위원회에서 검사 배제.

　　2. 사법부의 법률안 제출권: 독립적 법률안 제출권 추진. 의원입법의 적극 활용.

　　3. 법무부의 문민화: 개방직 확대 요구, 외국 사례 연구.

　　4. 수사권 조정 및 범위: 수사권 조정 문제에서 경찰 입장 지지(기소독점

....

* 형사재판에 앞서 조사를 담당하는 판사.

주의 폐지). 영장 청구의 주체를 경찰로 확대하는 방안.

5. 로스쿨제도 도입: 연수제도 개편(1+1).

6. 형사법관의 전문화, 경력강화.

7. 피의사실공표죄의 성립을 적극 검토하는 방안.

(…)

11. 사법개혁법률안의 조속한 통과: 재정신청제도의 전면 확대. 국선변호제도의 확대.

12. 검찰권 남용 견제 제도의 도입: 검사의 제척, 기피 제도 등.[1]

전초전은 조관행 부장판사 사건이었다. 조관행 서울고법 부장판사는 이용훈이 사법연수원 교수를 할 때 연수생이었다. 이용훈이 현직에 있을 때 가끔 인사를 오곤 했다. 같은 법원에 근무한 적은 없었다. 2006년 8월 8일 조 부장판사가 법조 브로커에게서 사건 청탁과 함께 금품을 받은 혐의로 구속됐다. 8월 16일 이용훈 대법원장은 법원장회의를 열고 대국민 사과를 했다. 동시에 판사들을 향해 "사법불신을 극복하려면 재판의 기본원칙인 구술주의와 공판중심주의를 충실히 실천해야 한다"고 촉구했다.

대법원장인 저는 전국의 모든 법관들과 더불어 국민 여러분께 죄송하다는 사죄의 말씀을 드립니다. 우리 사회 이곳저곳에서 여러 가지 불미스러운 일이 생기더라도 사법부와 법관에 대해서만은 각별한 믿음을 아끼지 않으셨던 국민들이 받았을 실망감과 마음의 상처를 생각하면 송구스러운 마음을 금할 수 없습니다. (…) 대다수 국민들은 아직도 전관예우가 엄연히 존재한다고 믿고 있고, 재판 결과가 청탁과 정실에 의해 좌우될 수 있다고 생각하고 있는 것이 현실입니다. 이런 현실에 대해 우리 법관들은 언론이나 재야 법조, 또는 법원 주변에서 호가호위하는 사람들 때문에 생긴 것이거나 실제 이상으로 과장되어 있다고 항변해왔습니다. (…) 저는 그 주된 원인이 공개된 법정에서 당사자와의 사이에 적정한 의사소통 없이 재판의 결론을 도출해내는 그동안의 잘못된 재판 관행에 있다고 판단하고 있습니다.[2]

조관행 사건이 터지기 전부터 법원에는 검찰 수사에 대한 우려감이 엄습해오고 있었다. 검찰이 법원과 대립할 때면 판사나 법원 직원을 타깃으로 한 수사가 진행되곤 했다. 검찰은 "수사 과정에서 진술과 증거가 나온 것일 뿐"이라고 했다. 하지만 검찰이 언론에 관련 내용을 흘림으로써 법원을 궁지에 몰아넣는다는 게 판사들의 인식이었다.

당시 론스타의 외환은행 헐값 매입 의혹 수사를 놓고 법원과 검찰이 신경전을 벌이고 있었다. 같은 해 5월 10일 유회원 론스타코리아 대표 등에 대해 검찰이 청구한 구속영장이 기각됐다. 7월에는 외환은행이 조성한 비자금을 사용한 혐의로 조사를 받던 한국투자공사 상무에 대한 구속영장이 기각됐다. 10월에는 검찰이 미국 론스타 본사의 엘리스 쇼트(Ellis Short) 부회장에 대해 체포영장을, 유회원 대표에 대해 구속영장을 청구했다. "외환은행이 외환카드를 인수 합병할 때 론스타가 고의로 감자설을 흘려 주가를 하락시킨 혐의가 있다." 두 개의 영장 모두 기각됐다. 유회원 대표는 네 번이나 구속영장이 기각됐다.

론스타 사건을 수사하던 대검 중수부는 강하게 반발하고 나섰다. '사정(司正)의 꽃'이라 불리는 대검 중수부가 청구한 영장을 법원이 짓밟은 것 아닌가. 박영수 중수부장과 채동욱 수사기획관, 최재경 중수1과장은 11월 3일 정상명 검찰총장 주재로 열린 긴급회의에서 영장 재청구 방침을 확인했다. 증거자료 보강 없이 그대로 재청구했다.

채동욱 수사기획관은 "시장에 대한 살인행위라는 주가조작 범죄, 그것도 소액주주의 피해 규모가 513억 원에 달하는 사건에서 영장을 기각한 것은 납득하기 어렵다"고 말했다. 최재경 중수1과장은 "론스타가 우리 사법제도를 얕보고 장난친 게 아닌가 하는 소박한 정의감을 갖고 수사했는데, 영장 기각은 충격이고 심적으로 너무 힘들다"고 했다.[3] 영장을 기각한 민병훈 영장전담 부장판사는 공개 반박을 했다. "검찰이 론스타 관련자를 즉시 체포해야 할 이유를 설명하지 못했다. 불구속 상태에서 기소해서 유죄 판결을 받으면 된다."

공방은 핑퐁처럼 이어졌다. 채 수사기획관은 같은 달 5일 "(법원 측 주장은) 듣기만 해도 억장이 무너지는 얘기"라고 했다. 민 부장판사는 "검찰이 팩트(사실)에 근거하지 않고 이미지로만 얘기하려 한다. 검찰은 민사법과 상법 공부를 다시 해야 한다"고 응수했다. 이에 채 수사기획관은 "검찰은 팩트만, 그 가운데도 극히 일부의 팩트만을 얘기한다"고 반박했다.[4] 감정싸움은 갈 데까지 갔다.

갈등의 배후에는 검찰의 위기의식이 있었다. 1990년대 중반까지만 해도 검찰이 주요 사건 피의자를 소환한 뒤 영장을 청구하면 백발백중 발부됐다. 영장실질심사제도가 도입되고 형사소송법 개정이 진행되면서 검찰이 형사사법의 주도권을 잃기 시작했다. 이용훈 대법원장 취임을 계기로 주도권이 확실하게 법원 쪽으로 넘어가고 있었다. 구속영장 기각률이 올라가고 공판중심주의가 확립되면서 판사가 재판의 주재자라는 인식이 굳어지고 있었다.

그러다 11월 18일 '4인 회동'이 돌출했다. 같은 달 10일 저녁 이상훈 서울중앙지법 형사수석 부장판사와 민병훈 영장전담 부장판사, 박영수 대검 중수부장, 채동욱 수사기획관이 서초동 일식집에서 만난 사실이 뒤늦게 보도됐다.[5] 회동은 이상훈 형사수석이 사법연수원 동기(10기)인 박영수 중수부장에게 "오해가 있다면 풀자"며 개인적 만남을 제의하면서 이뤄졌다. 박 중수부장이 "채동욱과 함께 나가겠다"고 하자 이 형사수석은 "그러면 나도 민병훈과 가겠다"고 했다.

4인 회동에서 이상훈 형사수석이 박영수 중수부장에게 "검찰이 왜 유회원 대표에게 집착하느냐. 유 대표를 불구속기소하는 게 어떻겠느냐"고 제안했다는 보도가 나왔다. 이 보도가 나오기 전날(17일) 국회 법제사법위원회에서 '이용훈 대법원장 연루' 의혹이 제기됐다. 박세환 한나라당 의원은 이렇게 주장했다.

"지난해 외환은행이 극동도시가스를 상대로 낸 300억 원대 소송에서 이용훈 대법원장이 외환은행 측 소송 대리인이었다. 이 대법원장을 변호사로 선임한 사람이 론스타코리아 유회원 대표였고, 대법원장을 유 대표에게 소개해준 사람은 현재 구속된 하종선 현대해상화재 대표였다."[6]

유회원 대표에 대한 잇단 영장 기각이 이 대법원장과 관련 있는 것 아니냐는 의혹을 제기한 것이다. 이에 대해 장윤기 법원행정처장은 "대법원장이 개별 사건에 개입하는 것은 상상할 수 없는 일"이라고 목소리를 높였다.

'4인 회동' 보도가 나오면서 박 의원의 주장이 주목을 받기 시작했다. 이상훈 형사수석이 이 대법원장의 고교 후배이자 이광범 사법정책실장의 친형이라는 사실이 의혹을 증폭시켰다. 4인 회동은 대법원장의 메시지를 전하기 위한 자리였을까. 이 형사수석은 "유 대표 불구속기소를 제안했다는 보도는 사실이 아니다. 그런 얘기를 한 적이 없다"고 부인했다. 박 중수부장도 "이 형사수석 말을 불구속기소 제의나 요청으로 받아들이지 않았다"고 했다. 그럼에도 4인 회동이 이 대법원장의 과거 외환은행 사건 수임과 결부되면서 의혹은 커져만 갔다.

대법원은 검찰이 이 대법원장을 겨냥해 언론플레이를 하고 있다고 확신했다. 당시 대법원에는 대검 간부들의 발언 내용이 정보 보고로 올라오고 있었다.

2006. 11. 17. 밤. 대검 모 과장

• 유회원 영장이 기각된 것은 발부될 경우 결정적인 진술을 할 거라서 기각을 시켰다는 취지임.

• 결정적인 진술이라는 것은 유회원은 론스타 자금 집행인인데 청와대와 이용훈 대법원장이 관련되어 있기 때문이라는 것임.

• 대법원장은 변호사 시절 M&A를 많이 했는데, 그래서 김앤장 쪽도

잘 알고, 특히 외환은행의 약속어음 청구 소송과 관련해 외환은행의 변호인을 맡은 적이 있음.[7]

2006. 11. 18. 저녁. 대검 과장급 간부
• 검찰 입장에서는 왜 유독 유회원 영장을 기각하느냐에 대해 궁금증이 있음.
• 이용훈 원장이 220건인가 사건 맡아서 60억 벌었다는 이야기가 있는데, 그보다 훨씬 많을 것임.
• 수임 사건을 보면, 방송사에서 취재 중이라던데, 검찰이 수사할 수는 없고, 국회에서나 특검에서 조사하면 되는 방향으로 하면 될 것임. 기업 법무팀에서는 그걸 다 세금처리하기 때문에 자료가 있을 것임.[8]

"당시 외환은행에 있던 관련 자료를 검찰이 모두 압수해갔다"는 뒷말이 흘러나왔다. 대법원은 유출 배경에 의구심을 품을 수밖에 없었다. 이용훈은 자신이 론스타 사건과 관련이 있다는 건 생각도 못하고 있었다. 유회원 대표도 만난 기억이 나지 않았다. 외환은행이 극동도시가스를 상대로 손해배상을 청구하면서 이용훈에게 소송을 맡아달라고 의뢰한 건 2004년 12월이었다. 당시 이용훈은 하종선 변호사의 거듭된 요청에 사건을 수임했다.

그런데 외환은행 사건 재판을 준비하던 중 대법원장으로 지명됐다. 이용훈은 지명 즉시 수임료 대부분을 반환했다. 이용훈은 외환은행 민사사건을 고리로 자신을 영장 기각과 연결지으려는 시도 자체에 역정이 났다. "별 치사한 일도 다 있다. 론스타 수사와 관련 없는 그 계약서를 왜 검찰이 가지고 있느냐."

이용훈은 검찰이 자신을 흠집 내 쫓아내려는 것으로 받아들였다. 주변에서 걱정을 하자 "내가 잘못을 저지른 일이 없는데 검찰도 억지로 만들어낼 수는 없을 것"이라고 했다. 이용훈은 4인 회동을 뒤늦게 알고 이상훈 형사수석에게 화를 냈다. "왜 쓸데없이 검찰 사람들 만나서 시끄럽게 하느냐. 법원과 검찰이 업무 협의나 하는 것처럼 비쳐서야 되겠느냐." 이 형사수석에게 경고 처분이 내려졌다.

"대법원장 위협하는 세력 있다"

11월 20일 월요일 대법원 청사 앞. 이용훈 대법원장이 승용차에서 내리자 기자들이 물었다. "대법원장님. 사법부 수장을 위협하는 세력이 있다고 하는데 누굽니까?" "음해세력이 어디 있어? 기자들이 다 조사했다며." 이 대법원장은 쓸쓸하게 웃음을 짓고 청사 안으로 들어갔다.

기자들이 이용훈 대법원장에게 "사법부 수장을 위협하는 세력"을 물은 것은 그날 조간신문에 실린 인터뷰[9] 때문이었다. 전날인 일요일 아침 이용훈이 다니는 서초구의 한 교회에 기자가 들어섰다. 기자는 예배가 끝날 무렵 이용훈 옆자리로 와서 질문을 던졌다.

"(대법원장이) 유회원·씨와 아는 사이라는 점이 영장 기각에 영향을 미친 것 아닌지…"

"절대 그런 것 없습니다. 내가 그렇게 한다면 사법부 독립을 대법원이 나서서 흔드는 꼴입니다. 오히려 사법부의 수장인 대법원장을 위협하는 세력이 있습니다."

외환은행 사건 수임 관련 보도로 신경이 곤두서 있던 그로서는 자신을 흠집 내려는 세력이 있다는 의심을 드러낸 것이었다. 문제는 그 다음 질문이었다.

"대법원장께서 변호사 시절 탈세를 했다는 의혹도 나오고 있는데요."

"10원이라도 (탈세)했다면 직(職·자리)을 그만두겠습니다. 항상 강조해온 것이 법관이 청렴하지 못하면 사법부의 독립은 없다는 것입니다. 다른 변호사들이 한다고 해서 나도 했다고 생각하나본데 아닙니다. 직접 확인해보세요."

이용훈이 그렇게 자신 있게 말할 수 있었던 이유는 세무사 때문이었다. 광주제일고 동기인 박모 세무사가 변호사 시절 이용훈의 사건 관련 세무신고를 전담했다. 이용훈은 세금 내고 남은 돈으로 교회에 십일조를 냈다. 자문료 대신 "식사나 하시라"고 받은 20~30만 원까지 소득세 신고를 했다. 수임료가 들어오면 세법에 정해진 대로 처리한다는 원칙을 철두철미하게 지켜왔다고 자부하고 있었다.

변호사 생활 5년간 매출은 총 470여 건 수임에 62억여 원. 그중 6억여 원을 부가가치세로, 17억 7000만 원은 종합소득세(주민세 포함)로 납부했다. 2005년 8월 대법원장에 지명되자 2005년 수임분은 수임료 전액을, 이전 수임분 중 미제사건은 수임료 절반을 돌려주기로 원칙을 세우고 총 9억여 원을 반환했다.

그러나 "10원이라도 탈세했다면 직을 그만두겠다"는 발언은 이용훈 자신의 발목을 잡고 말았다. 한 달 후인 2007년 1월 3일 방송 뉴스에 '대법원장, 변호사 수임료 소득 5000만 원 누락' 보도가 나왔다.[10] 해당 방송사는 "이용훈 대법원장이 진로의 법정관리를 신청한 골드만삭스 계열사이자 페이퍼컴퍼니인 세나 인베스트먼트로부터 받은 수임료 가운데 성공보수금인 5000만 원을 국세청에 신고하지 않았다"고 보도했다. "이 대법원장은 5000만 원에 대한 소득세 36퍼센트와 주민세 3.6퍼센트 등 모두 2000여만 원의 세금을 내지 않았다."

보도가 나오자 대법원은 즉각 해명자료를 냈다. '당시 이 대법원장이 관련 서류를 세무 대리인에게 보냈으나 세무사가 정산하는 과정에서 5000만 원을 실수로 누락한 것이다. 이 대법원장은 최근 이 사실을 확인하고 누락 세금과 가산세를 합쳐 납부했다.' 대법원은 "이 대법원장은 세무사의 실수지만 결과적으로 변호사 시절 세금을 일부 뒤늦게 납부하게 된 점을 유감으로 생각하고 있다"고 말했다.

2004년 7월 그해 전반기 부가가치세 확정신고 대상 사건 60건 중 1건이 세무사 사무실 직원의 이기(移記·옮겨 적음) 과정에서 종합소득세 신고가 누락됐다. 신고 누락은 해외법인으로부터 받은 수임료에는 부가가치세가 면제되는 세법 규정 때문에 발생했다. 5년간 수임했던 470여 건 중 누락된 것은 유일하게 그 한 건뿐이었다. 세무사 사무실의 실수라고 해도 이용훈으로서는 명예에 큰 상처를 입은 셈이었다.

방송보도 다음 날인 1월 4일 이용훈은 출근길에 만난 기자들과 이례적으로 간담회를 가졌다. "신앙인으로서 속인 일이 없습니다. 원한다면 내 통장을 모두 보여줄 수 있습니다." '10원이라도 탈세했다면…' 발언과 관련해서는 "누락 사실을 알았다면 (그만두겠다고) 자신 있게 말할 수 없을 것"이라고 답했다.[11] 그는 '누군가 대법원장을 표적 삼아 세무자료를 추적했을 수 있다'는 지적에 대해 이렇게 말했다.

"대법원장쯤 되는 공직자라면 무한대의 검증을 받아야 합니다. 개인적으로는 기분이 나쁘고 섭섭하지만…"[12]

대법원이 의구심을 품은 것은 이용훈이 변호사 시절 담당했던 400건 넘는 사건 중 문제의 한 건이 어떻게 나왔느냐는 대목이었다. 모든 관련 서류를 면밀히 대조해보지 않는 한 파악하기 힘든 내용을 어떻게 찾아냈을까. 진원지는 어디일까.

대법원은 국세청에서 나온 것은 아니라고 보고 있었다. 비일비재하게 일어나는 세금 누락이 뒤늦게 발견됐다고 보기는 힘들었다. 대법원 내부에서 "검찰에 파견 나와 있는 국세청 직원 아이디로 대법원장 세무자료를 들여다봤다"는 얘기가 나왔다. 국세청 파견 직원의 로그인 기록이 있다는 것이었다.

이용훈은 참담했다. '검찰의 언론플레이든 아니든, 내가 뱉은 말에 책임을 져야 하지 않겠는가. 국민들 눈에는 세금 내지 않으려고 한 것으로 비칠 수 있는데, 이래가지고 대법원장 직을 유지할 수 있겠는가.' 주변에서는 "고의로 탈세하려고 했던 게 아니지 않느냐" "그 정도 문제로 대법원장을 그만둔다는 게 말이 되느냐"고 이용훈을 말렸다.

이용훈은 '내가 다짐한 말을 스스로 어기고 있는 것 아닌가' 계속 마음에 걸렸다. 속이 늘 무엇에 얹힌 듯했다. 법원 내부에서는 대법원장이 사퇴할 수도 있다고 보는 이들도 적지 않았다. 법원 간부들 간에도 "해명이 잘 안 되는 것 아니냐"는 말이 돌았다. 결국은 대법원장 혼자 책임질 수밖에 없는 문제였다.

이후에도 법원에 크고 작은 사건들이 있었지만 이용훈이 이때처럼 진지하게 거취를 고민한 적은 없었다. 사퇴할지를 놓고 가장 오래, 가장 깊이 생각한 시기였다. 2009년 신영철 대법관 사태 때나 2010년 '편향 판결' 논란 때도 대법원장 자신의 도덕성 문제는 아니었다. 법원을 위해 자신이 해야 할 일이 무엇인가만 생각하면 됐다.

검찰은 한 시민단체가 이용훈을 탈세 혐의로 고발한 사건을 1년이 넘도록 처리하지 않았다. 2007년 1월 고발장이 접수된 뒤 같은 해 8월 박 세무사를 불러 누락 경위 등을 조사했다. 이후 다른 참고인을 부르지도, 이용훈에 대한 조사를 벌이지도 않았다. 검찰은 "대법원장 탈세 의혹 고발 사건은 무혐의 쪽으로 가닥이 잡혔다고 볼 수 있다. 조금 더 확인해볼 게 있어 자료를 받아서 보고 있다"며 시간을 끌었다.[13]

이용훈은 검찰 수사가 계속 신경 쓰일 수밖에 없었다. 검사가 기소해버리면 그만이었다. 법원 재판에 넘어가면 대법원장 입장에서 그것처럼 답답한 일은 없었다. 사법부를 대표하는 대법원장도 검찰의 기소편의주의* 앞에서 자유롭지 못했다.

이용훈은 대법원장 집무실 안쪽 사실(私室)에 들어가 기도하며 하루 하루를 버텼다. 마음속은 지옥이었다.

노무현,
침묵으로 답하다

방송사의 세금 탈루 보도가 나오고 며칠 뒤(1월 8일) 또 다른 의혹
이 불거졌다. 한 신문은 '이 대법원장, 변호사 때 판사 10여 명에 돈
줘'라는 제목의 기사를 보도했다.[14] "이용훈 대법원장이 변호사 시절
(2000~2005년)에 현직 판사 10여 명에게 전별금이나 식대 명목으로 현
금을 준 것으로 알려졌다"는 내용이었다.

조관행 전 고법 부장판사가 검찰이 계좌추적에 나선 2006년 6월 중순
대법원 윤리감사관실에 "검찰이 내 계좌를 추적하면 대법원장이 변호사
시절에 전별금 100만 원을 준 사실이 탄로나니 수사를 중단시켜달라"고
통보했다. 조씨는 그 무렵 검찰 수사팀에도 "내 계좌를 까면 대법원장 이
름이 나온다"며 수사 중단을 요구했던 것으로 확인됐다. 이 대법원장은
김종훈 비서실장을 통해 이 같은 보고를 받은 자리에서 "조관행이 고법
부장 승진 때 (변호사) 사무실로 인사를 왔고, 30만 원을 현금으로 주었을

---

* 기소편의주의(起訴便宜主義)는 검사에게 기소·불기소에 대한 재량의 여지를 인정하는 것
을 말한다. 그 반대가 기소법정주의(起訴法定主義)다.

것"이라며 "그렇게 30만 원씩 돈을 준 판사가 열 명쯤 된다"고 대답했다.

이 신문은 또 조 전 부장판사에 대한 수사 착수 직후 대법원 간부들이 검찰에 수사 중단을 요청했다는 의혹이 있다고 했다. 대법원은 즉각 "이미 사실무근으로 확인된 내용"이라고 부인했다. 대법원은 "이 대법원장이 금품을 계좌로 입금한 것은 없고, 대법원이 검찰에 수사 무마를 시도한 적도 없다"고 했다.

조관행 사건 수사를 지휘했던 서울중앙지검 이인규 3차장은 그날 오전 "조 전 부장판사가 사용한 수표 등을 추적했으나 대법원장 관련 내용은 나온 게 없었다. 대법원에서 사건 무마와 관련한 전화를 받은 적도 없다"고 말했다. 그러나 그는 오후 들어 "당시 조 전 부장판사의 변호인이 수사팀을 찾아와 '(조관행은) 대법원장이 아끼는 사람이고 상당액의 전별금도 줬다. 잘 처리해달라'는 취지의 부탁을 했다는 보고를 받은 적이 있다"고 했다.[15]

이 보도에 대해 한나라당은 "반드시 진실이 규명돼야 한다. 대법원장의 도덕성이 회복되지 않을 경우 사법부에 대한 국민적 신뢰를 확보하기 어렵다"고 주장했다. 이용훈은 곤혹스러웠다. 변호사 시절 조관행 부장판사가 있던 재판부에 단 한 건의 사건도 없었다. 지방에 내려가는 고등법원 부장판사 승진자들에게 점심을 사주곤 했는데 함께 식사를 못하게 된 이들에게 "식사나 하라"며 점심값을 건넸다. 이용훈은 퇴근 길에 기자들이 "다른 판사들에게도 전별금을 줬느냐"고 묻자 "이제 그만하자"고 한 뒤 차에 올랐다.

대법원에서는 일련의 보도를 검찰의 의도적 언론플레이로 받아들였다. 당시 검사들은 사법연수원 동기 판사들과 만나서도 "법원이 자꾸 이런 식으로 영장 기각하면 수사 못 한다"고 분개하고 있었다. 검사들의 불만은 검찰 수사권을 제한하는 방향으로 사법정책을 펴던 대법원장에게 집중되어 있었다.

당시 노무현 대통령은 철저히 '검찰 불개입' 원칙을 지키고 있었다. 이용훈은 청와대 행사장에서 만난 노무현에게 물었다. 완곡하게, 어렵게 꺼낸 말이었다.

"대법원장이라고 세워놓고 검찰이 이렇게 흔들어도 되는 겁니까?"

노무현은 아무 대답도 하지 않았다. 어떤 상황에서도 권력기관에 개입하지 않겠다는 원칙을 고수하겠다는 것일까. 이용훈은 대통령의 침묵을 '법에 따라 국가기관이 운영돼야지, 대통령이 중간에 간섭하는 일이 있어서는 안 된다'는 뜻으로 받아들였다.

이용훈은 청와대를 나오며 자신이 한 말을 곱씹었다. 법원과 검찰 간의 문제인데 대통령이 중재하거나 해결할 일은 아니지 않은가. 예전처럼 대통령이 검찰권에 개입하는 것은 옳지 않은 일이다. 대통령에게 얘기한 것 자체가 부적절했다는 생각이 들었다. 대법원장으로서 대통령에게 그런 말을 하지 말았어야 했다고 자책했다.

이용훈은 임기 내내 검찰에 대한 경계를 늦추지 않았다. 2007년 10월 서울지역 법원장 간담회에서 이용훈은 "판사가 변호사와 골프를 치는 등 부적절한 외부 접촉이 없도록 해야 한다"고 강조했다. "법원, 검찰 관계가 예전 같다면 모르겠지만, 세상이 많이 변했다는 사실을 알고 행동해야 한다. 법원이 맑아지려면 검찰과의 긴장관계는 어느 정도 유지되는 것이 바람직하다."

재임 중 검찰의 정치적 중립을 지키려 했던 노무현 대통령은 퇴임 후인 2009년 5월 대검 중수부 수사를 받던 중 스스로 목숨을 끊었다. '검사와의 대화'에서 노 대통령에게 거칠게 대들었던 검사들은 이명박 정부 들어 빠르게 순치됐다. 정치권력이 검찰의 수사권, 기소권을 활용해주고 어깨도 두드려줘야 신이 나는 걸까.

검찰은 노무현의 검찰개혁에 보복이라도 하듯 피의사실을 언론에 흘렸다. '노무현 전 대통령 측이 640만 달러를 받았다' '선물로 받은 명품 시계를 논두렁에 버렸다.' 노무현과 가족들의 인권은 고려의 대상이 아니었다. 헌법상 무죄추정의 원칙도, 형법의 피의사실공표죄 규정도 집행되지 않았다. 심지어 문제의 '명품 시계 논두렁' 보도가 국가정보원 주도로 이뤄진 것이라는 의혹이 불거졌다.*

언론은 검찰 브리핑과 검찰 주변에서 흘러나오는 정보들을 마구잡이로 보도했다. 속보 경쟁, '단독' 경쟁 속에서 사실과 맥락을 따져보는 검증은 뒷전이었다. 검찰과 언론의 '검·언 동일체(同一體)'가 벌인 여론 재판은 노무현을 부엉이 바위 위로 몰고 갔다. 노무현은 검찰 중립을

---

* 2015년 2월 한 신문은 노무현 전 대통령 수사를 지휘했던 이인규 전 대검 중수부장이 "2009년 노 전 대통령 수사 내용 일부를 과장해 언론에 흘린 건 국가정보원"이라고 말했다고 보도했다. "수사 과정에서 논두렁 얘기는 나오지도 않았다. 그런 식으로 (국정원이) 말을 만들어서 언론에 흘린 것이다." 이 전 중수부장은 국정원 개입 근거에 대해서는 "(언론까지) 몇 단계를 거쳐 이뤄졌으며 나중에 때가 되면 밝힐 것"이라고 했다(『경향신문』 2015년 2월 25일자).

보장해줬던 대가를 그런 식으로 치러야 했다.

노무현은 퇴임 후 후회했다. "검찰 자체가 정치적으로 편향되어 있으면 정치적 중립을 보장해주어도 정치적 중립은 지켜지지 않는다. (…) 검·경 수사권 조정과 공수처 설치를 밀어붙이지 못한 것이 정말 후회스러웠다. 이러한 제도 개혁을 하지 않고 정치적 중립을 보장하려 한 것은 미련한 짓이었다."[16]

이용훈은 김해 봉하마을로 문상을 갔다. 서울 분향소에서 할 수도 있었지만 자신을 임명한 대통령을 직접 찾아가지 않고 문상만 하는 건 도의상 있을 수 없는 일이었다. 노무현의 영정 앞에 섰을 때 그와의 일들이 스쳐갔다. 노무현은 대통령 재임 시절 한 번도 재판에 관해 언급하지 않았다. 이용훈은 노무현을 훌륭한 대통령으로 여겼다.

이용훈은 대법원장에서 퇴임한 후인 2012년 6월 봉하마을 노무현의 묘소 앞에서 다시 고개를 숙였다. 방명록에 이렇게 적었다.

"남북과 동서로 찢어진 나라를 하나로 묶고자 했던 당신의 뜻이 이루어지는 때를 기다리며… 2012. 6. 11. 제14대 대법원장 이용훈"

정권 바뀌면
"대법원장이 30명 생긴다"

선거법 판결에
항의 편지 보낸 이명박

17대 대통령 선거를 2주 앞둔 2007년 12월 6일 고(故) 이 일규 전 대법원장 영결식이 열렸다. 법원장(法院葬)으로 치러진 영결식 에서 이용훈 대법원장은 이렇게 말했다.

정권은 대법원장님에 대하여 감시와 협박을 거듭하였습니다. 과거 국 가안전기획부가 대법원장님을 미행하고 심지어는 집에까지 들어와 집 안 을 난장판으로 만들기도 하였습니다.* 정권으로서도 눈엣가시 같았을 대 법원장님을 그토록 오랜 기간 동안 최고법원의 법관으로 모실 수밖에 없 었던 것은 누가 보아도 흠잡을 데 없이 정갈한 대법원장님의 평소 생활 때문이라고 저는 감히 생각해봅니다.[1]

그 순간, 이용훈은 자신이 새로 출범하는 정부와 불편한 시간들을 보 내리라고는 예상하지 못하고 있었다. 그해 12월 19일 한나라당 이명박 후보가 대통령으로 당선된 뒤 양인석 변호사는 김종훈 비서실장에게 말했다.

---

* 국정원 존안자료 '문제 법관 이일규 신원 및 동향감시 결과보고'에는 1983년 8월 당시 이 일규 대법원판사가 '송씨 일가 간첩단' 사건을 무죄 취지로 파기환송한 직후 25일간 이일규 를 미행·감시한 결과가 정리되어 있다. 당시 이일규 부부가 외출했다가 돌아왔는데 누군가 집안을 뒤져 난장판이 된 일이 있었다. 없어진 귀중품은 없었다. 이일규는 이후 "이런 짓을 할 만한 곳은 안기부밖에 없다"고 회고했다(한홍구 『사법부』, 돌베개 2016, 291면 참조).

"이명박 정권은 노무현 정권과 다르다. 청와대와 창구를 일원화해야 한다. 창구가 일원화되지 않으면 전국에 대법원장이 30명 생긴다. 대법원이 청와대 얘기를 들어주지 않으면 거기(대법원)만 있는 줄 아느냐? 직접 거래하면 된다. 그 짐은 치프(대법원장)가 고스란히 질 수밖에 없다."

이용훈은 대통령에 당선된 이명박과 악연이 있었다. 이용훈은 1996년 총선 당시 공직선거법 위반 혐의로 기소된 이명박 전 한나라당 의원* 사건 상고심의 주심 대법관이었다. 1999년 4월 대법원 형사2부는 이명박 전 의원에게 벌금 400만 원을 선고한 원심을 깨고 사건을 서울고법으로 돌려보냈다. "총선 당시 여론조사는 이명박 전 의원의 형이 실시한 것이지만 이 전 의원 선거활동의 연장선상에 있는 것으로 선거비용 초과지출에 해당한다. 단지 이 전 의원의 형이 여론조사 비용을 지출했다는 점만으로 무죄를 선고한 원심의 판단은 잘못됐다." 선거비용 초과지출에 대한 무죄 부분을 유죄 취지로 바꾼 것이다.

재판 도중 의원직을 사퇴하고 미국행을 택했던 이명박은 미국에서 대법원으로 장문의 편지를 보내왔다. 판결의 문제점을 지적하는 내용이었다. '이용훈 대법관의 판결은 오판입니다.' 이명박이 대통령에 당선된 날 밤, 문득 그 편지가 이용훈의 머리를 스쳤다.

2008년 2월 1일 이용훈 대법원장은 차한성 법원행정처 차장을 대법

---

* 당시 이명박은 1, 2심에서 의원직 상실에 해당하는 벌금형을 선고받은 뒤 의원직을 사퇴한 상태였다. 그는 1998년 11월 미국 조지워싱턴대학 객원연구원으로 초청받아 한국을 떠났다.

관 후보로 제청했다. 노무현 대통령 임기가 20여 일가량 남았을 때였다. 노 대통령에게 마지막 임명 제청을 한 그날 이용훈은 그와 이야기를 오래 나누지 못했다. 퇴임을 앞둔 노무현의 모습을 보면서 퇴장하는 권력의 쓸쓸함이 느껴졌다.

이용훈이 이명박 당선인을 찾아간 것은 노무현과 만난 직후였다. 새 대법관에게 임명장을 주게 될 이명박에게 대법관 후보에 관해 설명하기 위해서였다. 인수위원회 사무실을 찾았을 때 이명박은 반갑게 대법원장을 맞았다. 이용훈은 환담을 나눈 뒤 당선인 사무실을 나왔다. '전임 대통령이 임명한 대법원장이라고 해도 새 대통령이 물러나게 할 방법이 있겠는가. 나는 대법원장으로서 내 직분을 다하면 된다.' 다만 대법관 후보 제청 과정이 이전처럼 쉽지만은 않을 것 같다는 생각이 들었다.

이명박 정부 초기 이용훈은 대통령이 자신을 오해하고 있다는 얘기를 들었다. '대법원장이 임기를 보장받기 위해 대통령에게 접근하려 한다.' 두 사람을 모두 아는 기독교계 지도자들이 이명박에게 대법원장 얘기를 꺼내자 '임기 보장 운동'으로 여긴 것일까.

이명박 정부가 들어서면서 이용훈 코트 전반기의 주축이었던 이광범-김종훈 팀이 해체됐다. 이광범은 이미 2007년 2월 사법정책실장을 그만두고 재판에 복귀한 상태였다. 그는 2006년 하반기부터 대법원장에 대한 공격이 이어지자 자신이 법원행정처에 있는 게 이용훈에게 도움이 되지 않을 것이란 판단이 섰다. 사법개혁 작업도 어느 정도 매듭이 지어지고 있었다. 이용훈 역시 이광범이 '이용훈 코트의 실세' 소리를 듣는다는 사실을 알고 있었다. 재판을 하는 편이 이광범 본인에게 좋겠다는 생각에 복귀를 허락했다.

김종훈은 2008년 2월 이명박 정부 출범을 앞두고 사표를 냈다. '이제 는 잠시 대법원장님 곁을 떠날 때가 된 것 같습니다. 그 이유에 대해서 는 구체적으로 말씀드리지 않겠습니다.'

그는 단순한 비서실장이 아니었다. 이용훈과 변호사 사무실을 함께 썼고, 이용훈이 대법원장이 되는 데도 상당한 역할을 했다. 대법원장과 특수관계라며 그를 불편해하는 이들이 적지 않았다. "대법원장이 법원 행정처 처장이나 차장을 제쳐두고 비서실장을 통해 사법행정을 하고 있다." 외부에서 그의 존재가 실제 이상으로 부풀려지기도 했다.

대법관이 다시 법원행정처장을 겸임하게 되면서 김용담 대법관이 처장을 맡았다. 비서실의 입지도 좁아지고 있었다. 이용훈은 김종훈의 사표를 반려했으나 같은 해 8월에는 그를 붙잡지 못했다. "그동안 할 일을 다 한 것 같습니다. 더 이상 제가 이 자리에 있으면 대법원장님께 부담이 됩니다."

이광범-김종훈의 공백을 메운 것은 박병대 기획조정실장과 강일원 사법정책실장이었다. 박병대는 법원행정처에서 송무심의관, 기획담당 관, 사법정책실장을 거치며 사법행정을 주도해왔다. 그는 이용훈 대법 원장 취임 직후인 2005년 12월 사법정책실장에서 기획조정실장으로 자리를 옮긴 뒤 이 대법원장을 보좌했다.

기획조정실장은 법원행정처에서 처장, 차장에 이어 '넘버 3'지만 실 질적으로는 예산집행과 법원행정 등에 관한 실권을 가진 자리다. 정무감각에 조직 장악력, 추진력, 친화력까지 갖춘 박병대는 역대 기획조정실장 중에서도 발군이었다. 법원행정처 판사들은 박병대 실장에게 보고를 할 때마다 그가 이미 복안을 가지고 있다는 사실에 놀라곤 했다.

강일원은 2007년 2월 이광범의 후임 사법정책실장으로 발령받았다. 그는 초대 사법정책연구담당관, 사법정책연구심의관, 법정국장 등을 역임한 사법정책의 증인이었다. 김영삼, 김대중, 노무현 정부에서 사법개혁이 있을 때마다 법원행정처에 불려왔다. 김대중 정부 때는 사법제도개혁위원회에서 법원 측 전문위원으로 일하기도 했다.

강일원은 이용훈과 많은 부분에서 생각이 같았다. 강일원은 법원행정처 심의관 시절 대법원장에 취임한 최종영에게 '새 대법원장이 해야할 정책'을 보고했다. 그때 강조한 것이 불구속재판 원칙과 배심제 도입 필요성이었다.

구속이 남발되고 있다. 구속 후 적부심, 구속 취소, 보석, 집행유예 등 여러 단계로 나눠 피의자·피고인을 석방하면서 금품이 오간다. 국민들은 법조계를 '칼 들지 않은 강도'로 느낄 것이다. 투망식으로 구속한 다음 짧게는 2~3일 후에, 길게는 항소심에서 풀어준다. 사람을 구속해놓고 풀어주면서 수익을 창출하는 구조로 인식되는 것은 매우 부적절하다. 불구속재판 원칙을 확립하려면 검찰 반발을 피할 수 없다. 검찰 반발에 대응할 수 있는 유일한 방법은 배심제 내지 참심제 도입이다.

강일원 사법정책실장은 사법개혁 입법을 마무리했다. 국민참여재판과 법학전문대학원(로스쿨) 도입 등 후속 작업들이 그의 손을 거쳤다. 이용훈은 당초 국민참여재판 제도와 로스쿨에 부정적이었다. 강일원의 보고를 받으며 참여재판의 취지에 공감하게 됐다. 이용훈은 로스쿨에 대해서도 사법연수원처럼 체계적으로 법조인을 양성할 수 있을지에 대한 우려가 컸다. 시간이 흐르면서 긍정 검토 쪽으로 돌아섰다.

한국 사회가 산업화하면서 전문가가 아니면 해결할 수 없는 문제들이 늘고 있지 않은가. 이용훈은 '법률만 공부한 사람으로는 양질의 법률서비스를 제공하기 힘들다'는 쪽으로 생각이 바뀌었다. 그는 강일원에게 로스쿨 도입 취지를 살리기 위해 입학 전형에서 법대 졸업자 비중을 줄이고, 외국어 비중을 높여야 한다고 제시했다. 강일원은 입학 전형이나 실무교육 강화 등 대법원의 입장을 정부와 국회에 전달했다.

이용훈 코트는 정권교체 국면에서 박병대와 강일원 등 전문가 그룹을 통해 안정 기조로 방향을 틀었다. 두 사람을 두고 '구원투수'라는 얘기가 나왔다. 강일원은 김종훈이 대법원을 떠난 뒤 비서실장을 겸임하기도 했다. 2009년 2월 박병대가 재판 업무로 복귀한 후에는 기획조정실장으로 자리를 옮겼다.

이용훈은 강일원에 대해 "생각은 조금 보수적이지만 민주주의 원리나 법치주의, 법관의 품성에 있어 깊이를 가진 판사"라고 평가했다. "듣기 싫은 소리를 기분 나쁘지 않게 하는 사람"이라고 말하기도 했다. 강일원은 이광범-김종훈 팀이 사라진 이용훈 코트 후반기 사법행정을 이끌었다.

대법원장 주변 맴돈
수상한 세무조사

2008년 9월 26일 서초동 대법원 대강당에서 '대한민국 사법 60주년' 기념식이 열렸다. 이날 기념식에는 이명박 대통령과 김형오 국회의장, 이강국 헌법재판소장, 김경한 법무부장관 등이 참석했다. 이용훈 대법원장은 사법부의 부끄러운 과거에 대해 사과와 반성의 뜻을 밝혔다.

지난 60년의 자취를 돌아보면 자랑할 만한 일만 있었던 것은 아닙니다. 권위주의 체제가 장기화되면서 법관이 올곧은 자세를 온전히 지키지 못하여 국민의 기본권과 법치질서의 수호라는 본연의 역할을 충실히 수행하지 못한 경우가 있었고, 그 결과 헌법의 기본적 가치나 절차적 정의에 맞지 않는 판결이 선고되기도 하였습니다. (…) 사법부가 국민의 신뢰를 되찾고 미래를 향하여 새로 출발하려면 먼저 스스로 과거의 잘못을 있는 그대로 인정하고 반성하는 도덕적 용기와 자기쇄신의 노력이 필요하다는 점은 분명하다고 하겠습니다. 그래서 저는 대법원장으로서, 이 자리를 빌려 과거 우리 사법부가 헌법상 책무를 충실히 완수하지 못함으로써 국민에게 실망과 고통을 드린 데 대하여 죄송하다는 말씀을 드리고자 합니다.[2]

이 대법원장 기념사에 이어 이명박 대통령이 축사를 했다.

정부는 법과 제도의 투명성은 높이고, 낡고 편향된 법제도는 신속히 개선해나갈 것입니다. 또한 합의된 법과 원칙은 반드시 지켜지도록 할 것입니다. 법질서의 적용에는 예외가 있을 수 없습니다. 사법부도 '법 앞의 평등'이 모두에게 실현되도록 더욱 적극적으로 노력해주기 바랍니다. (…) 그러나 사법의 포퓰리즘은 경계해야 합니다. 국민의 신뢰는 인기와 여론이 아니라, 오직 정의와 양심의 소리에서 나오는 것입니다. "법을 지키고 실천하는 사람은 당당하고 굳세다"고 했습니다. 더욱 의연한 자세로 시류에 휩쓸리지 않는, 이 시대 정의와 양심의 등불을 밝혀주십시오.[3]

자신이 과거사에 대한 반성의 뜻을 밝힌 직후 대통령이 '사법 포퓰리즘'이란 단어를 사용하자 이용훈은 당혹했다. '면전에서 어떻게 저렇게 말할 수 있는가. 방금 기념사를 마치고 내려왔는데…' 전체적인 기조는 '사법 포퓰리즘' 가능성을 경계해야 한다는 것이었기에 뭐라고 항변하기도 어려웠다.

대한민국 사법 60주년 기념식은 이명박 시대가 노무현 시대와는 전혀 다른 여건임을 보여주는 상징적인 장면이었다. '예외 없는 법질서 적용'은 다시 말해 법무·검찰 중심의 국정 운영을 가리키는 것이었다. 이러한 이명박 정부의 기조는 사법·재판의 중요성을 강조하는 이용훈 코트와의 불협화음을 예고하고 있었다.

문제는 불협화음만이 아니었다. 이 대법원장을 겨냥한 수상한 움직임이 가시화한 것은 김종훈이 2008년 8월 비서실장 직에서 물러난 직후였다. 김종훈 변호사 사무실에 느닷없이 세무조사가 나왔다. 대상은 변호사 시절 이용훈과 함께 대리했던 상속세 사건이었다. 세무조사의 초점은 성공보수금으로 받은 1억 원 중 일부가 이용훈 대법원장 쪽으로 갔는지에 맞춰져 있었다. 특이한 것은 핀셋으로 집어내듯 이 한 건만 조사에 나섰다는 사실이었다. 조사 나온 세무서 직원이 김종훈과 식사를 하다 농반진반으로 말했다.

"김 변호사님, 지금 대법원장실로 갈까요?"

김종훈이 한숨을 내쉬며 답했다.

"아니, 당신도 호남 사람이면서 호남 대법원장 물러나게 해서야 되겠습니까?"

문제의 1억 원을 현금으로 받았다면 곤혹스러웠을 가능성이 컸다. 소송 당사자들이 성공보수금을 상속 비율에 따라 김종훈의 계좌에 입금시킨 내역이 나왔다. 세무조사는 종료됐다.

2010년 다시 세무조사가 나왔다. 이번에는 김종훈뿐 아니라 그의 가족들까지 조사 대상이었다. 이용훈의 차명재산을 찾으려는 것이었다. 차명재산은 어디서도 나오지 않았다. 세무조사 과정에서 사업을 하는 김종훈의 동생이 CD(양도성 예금증서)로 관리하던 자금이 문제가 되어 세금을 토해내야 했다. 김종훈도 담뱃값이나 휴일 비용을 잘못 처리한 부분이 나와 가산세를 냈다.

변호사 시절에 이용훈이 인사청문회에서 공개했던 60여억 원보다 훨씬 많은 매출을 올렸고, 공식 신고된 재산 외에 은닉 재산이 있을 것이라는 의심은 계속되었다. 있는 것을 증명하기는 쉬워도, 없는 것을 증명하기는 어려웠다. 대법원장을 중도 사퇴시키려는 압박이었을까.

아니면 누가 세무 당국에 제보를 한 것일까. 대통령에게 과잉 충성하려는 자들이 자발적으로 움직인 것일까. 이용훈은 김종훈이 세무조사 받은 사실을 뒤늦게 전해들었다. 기분이 언짢았지만 항의할 대상도, 항의할 방법도 없었다.

07

미완에 그친
과거사 정리

대법원 1103호의
과거사 판결 캐비닛

이용훈은 대법원장 취임 전부터 노무현 정부가 사법부 차원의 과거사 정리를 원한다는 것을 알고 있었다. 과거사 정리는 전반적인 사회 분위기에서 피할 수 없는 과제였다. 당시 경찰, 국방부, 국가정보원까지 과거사 문제를 정리하고 있는 상황에서 법원과 검찰은 꿈쩍도 하지 않았다.

이용훈은 법원이 유신시대부터 전두환 정권까지의 왜곡된 판결들로 인해 사법부가 국민의 신뢰를 잃었다고 판단하고 있었다. 법원 스스로 국민들에게 머리를 숙이고 시정해야 할 문제였다. '국민을 섬기는 법원'도 과거사에 대한 고민에서 나온 것이었다. 이용훈은 대법원장으로 지명되자마자 유신시대와 5공정권 시절 주요 시국사건 판결문을 가져오라고 지시했다.

과거사 관련 판결문을 수집하도록 한 1차적 이유는 대법관 후보 검증에 참고하기 위해서였다. 또 하나는 과거사 문제를 어떻게 해결할지 검토하기 위해서였다. 판결문을 모으는 작업은 생각처럼 쉽지 않았다. 이광범 부장판사가 이용훈 대법원장 후보자의 지시를 받아 일선 법원에 유신시대 판결문을 구하러 갔다. 직원들은 눈치를 보며 내주지 않으려 했다. 그만큼 과거사는 법원 내부에서 민감한 사안이었다.

이용훈은 문제의 판결문들을 읽고서야 시국사건 재판이 얼마나 인권을 유린했는지 실감할 수 있었다. 2005년 9월 대법원장 취임 기자간담회에서 "암울한 시절을 그냥 덮고 갈 수 없다"고 말한 것도 그 때문이었다. 취임식 다음 날인 9월 27일 법원행정처 송무국은 전국 법원에 공문을 보냈다. "1972~87년에 사건명이 긴급조치법, 국가보안법, 집회 및 시위에 관한 법률, 반공법, 계엄법 등이거나 '민주'나 '독재'라는 단어가 들어간 판결문을 수집해 제출하라."

전국 법원에서 수집된 판결문들은 대법원 청사 11층 대법원장 집무실 맞은편인 1103호 사무실로 옮겨졌다. 캐비닛 두 개를 가득 채웠다. 판결은 6419건, 피고인은 8782명에 달했다. 이 사실이 알려지자 향후 대법관 제청 과정에서 특정 고위 법관들을 솎아내는 카드로 활용할 수 있다는 우려가 제기됐다. 과거사 정리에 대한 반작용이 시작된 것이다.

언론은 법원의 과거사 정리 문제를 이슈화했다. '형사소송법상 재심 사유가 극히 제한되어 있기 때문에 이들 사건에 대한 재심이 가능하도록 재심사유를 확대하는 특별법 제정을 검토 중이다.'[1] 한나라당은 사법부의 과거사 정리 추진에 제동을 걸고 나섰다. 9월 30일 국정감사 대책 주요당직자회의에서 나경원 의원은 "이 대법원장의 인사청문회 답변과 달리 사법부가 과거사를 정리하는 것은 노무현 대통령의 코드 맞추기에 앞장서는 것 아니냐"고 했다.

대법원이 판결문들을 분석한 결과 의외의 사실이 나왔다. 법원 안팎에서 진보나 개혁성향으로 알려진 일부 판사도 긴급조치나 간첩사건 재판에 참여한 것으로 나타났다.

이용훈은 인혁당 재건위 같은 주요 시국사건들에 대해 법원 역시 반성해야 한다고 막연하게 생각만 하고 있었다. 직접 두 눈으로 판결문을 읽으며 '정말 법원이 해도 너무했다'는 것을 확인할 수 있었다. 경범죄나 다름없는 유언비어 유포에 긴급조치 위반 혐의를 적용해 징역 3년, 심한 경우 징역 10년까지 선고한 판결도 있었다. 말 한번 잘못했다고 힘없고 가진 것 없는 서민들에게 중형을 선고한 판결들이 가슴 아프게 다가왔다.

이용훈은 이용구 송무심의관 등 법원행정처 판사들에게 어떤 방법으로 과거사를 정리할지 방안을 연구하라고 지시했다. 2006년 5월 법원행정처 보고서[2]는 대표적이고 상징적인 사건 5~10개를 선정해 진실을 규명하는 방안을 제시했다. 진보당 사건(1958년), 인혁당 재건위·민청학련 사건(1974년), 김재규 사건(1980년), 김대중 내란음모 사건(1980년), 진도가족간첩단 사건(1981년), 구미유학단 간첩 사건(1985년), 강희철 사건(1986년)*, 권인숙 성고문 재정신청 기각 사건(1986년), 유성환 의원 국시논쟁 사건(1986년), 강기훈 유서대필 사건(1991년) 등이었다.

과거사 정리 방안으로 민관 합동의 과거사규명위원회 설치, 대법원장의 의견 표명 및 재심사유에 관한 법률 개정 촉구, 대법원 내 한시적 TF 구성 및 연구 등을 제시했다.

이용훈은 과거사 정리 방법을 크게 세 가지로 보았다. 우선은 재심을 통하는 방법이고, 두 번째는 법원 내에서 인적 청산을 하는 방법, 세 번

----

* 간첩조작 사건으로, 1심 재판장이 양승태 대법원장이었다. 강희철은 1986년 제주도경 대공분실 수사관들에게 연행된 뒤 85일 동안 불법 구금된 상태에서 가혹행위를 당했다. 강씨는 무기징역형을 선고받은 뒤 1998년 8·15 특사로 풀려날 때까지 13년간 감옥살이를 했다. 2008년 재심에서 무죄 판결을 받았다.

째는 과거사위원회 같은 기구를 만들어 조사하는 방법이었다.

이용훈은 두 번째 방법인 인적 청산은 불가능하다고 판단했다. 당시 주요 사건 재판에 재판장으로 참여했던 판사들은 대부분 퇴직했다. 배석판사로 있던 고위 법관들이 일부 남아 있었다. 더욱이 판결문만 봐서는 사건의 전모를 파악하기 힘들다는 게 이용훈의 생각이었다. 사건기록이 뒷받침되어야 어떻게 왜곡된 재판을 했는지 알 수 있는데 관련 기록이 사라진 상태였다. 형사사건은 검찰에 사건기록과 판결문 정본이 가고 법원에는 판결문 사본만 남아 있었다.

세 번째 방법, 즉 사법부에 과거사위원회를 만드는 것 역시 적절치 않다고 봤다. 위원회 같은 기구를 만들어 일괄적으로 처리하는 방법이 사법의 본질에 맞지 않는다고 판단했다. 당시 과거사 사건 재판에 참여했다는 이유로 전·현직 고위 법관들을 조사할 수 있을지도 의문이었다.

이용훈은 '사법권의 독립이나 법적 안정성 같은 다른 헌법적 가치와 균형을 맞추려면 재심 절차를 통해 판결을 바로잡는 길밖에 없다'고 판단했다. 그것이 법원이 할 수 있는 '가장 원칙적이고 효과적인 방법'[3]이라고 그는 믿었다. 불법 감금이나 고문 등 위법행위가 입증되어야 재심 대상이 될 수 있는데, 진실화해위원회에서 조사한 결과를 토대로 하면 재심이 가능했다. 민족일보 사건, 인혁당 재건위 사건, 민청학련 사건 등에 대한 재심 판결이 대표적이었다. 이 세 가지 방법 말고 다른 방법이 있다면 특별법을 제정해 일괄적으로 처리하는 것이었다. 독일 방식*

* 제2차 세계대전 후 독일에서는 나치시대의 불법적 형사재판을 청산하는 법률이 점령군에

이다. 특별법 제정은 법원이 아니라 국회가 나서야 할 일이었다.

2007년 1월 진실화해위원회(위원장 송기인)는 긴급조치 판결에 참여한 판사 492명의 실명을 공개했다. 실명 공개를 앞두고 대법원은 대응 방안을 고심했다. 당시 법원행정처 실무진은 대법원 차원의 공식 입장을 밝힐 경우 과거에 대한 유감 표명과 함께 과거 판결 분석 경과, 사법부의 각오와 비전을 함께 설명할 수 있다고 제시했다. 입장 표명문 초안도 작성해 보고했다.

이번 과거사위의 유신 치하 긴급조치 판결에 관여한 법관들의 명단 공개에 즈음하여, 대법원은 그 방식의 적절성 여부를 떠나 우리 사법부의 불행했던 과거를 되새기고 겸허히 반성하는 계기로 삼고자 합니다. 결코 어두운 과거를 지나간 일로 치부하여 제대로 된 과거사 정리에 대한 스스로의 책임을 회피하거나 잘못을 인정하고 국민들에게 용서를 구하는 데 인색하지 않을 것입니다. (…) 법원이 과거 정치권력으로부터 독립을 제대로 지켜내지 못하고 인권보장의 최후의 보루로서의 소임을 다하지 못한 부분이 있었음을 확인할 수 있었습니다. 그러나 이는 몇몇 판결이나 그 판결에 관여한 특정 법관의 잘못이 아닌 당시 그릇된 사법 시스템에

의해 제정됐다. 각종 악법에 따라 내려진 판결들에 대해 일괄적으로 특별 재심과 자동파기 절차를 규정한 것이다. 인적 청산의 경우 '열성적으로 나치당의 당원이 되었거나 직접적으로 나치 권력의 형벌 수단에 참여했던 모든 자는 법관·검사 직에서 물러나야 하고 모든 공직에 취임하는 것을 불허한다'는 탈(脫) 나치 법률이 제정됐다. 소련군 점령지역에서는 나치당원이었던 법관·검사 전원이 현직에서 퇴출됐으나 영국군 점령지역에서는 30퍼센트만 퇴출됐다(법원행정처 「독일의 문제해결」).

기인하였다는 것이 대법원의 결론입니다.[4]

실제로 나온 것은 입장 표명문이 아닌 보도 참고자료였다. 내용도 반성과 각오보다 진실화해위원회의 실명 공개가 부적절함을 강조하는 쪽으로 대폭 수정됐다.

방식의 적절성 여부를 떠나 우리 사법부의 과거를 되새기는 계기로 삼고자 합니다. (…) 30년 전 시대 상황에서 사법 시스템 전체가 짊어져야 할 과오를 우연히 현재까지 현직에 남아 있는 몇 명의 법관들에게 초점을 맞추는 방향으로 전개된다면, 결코 우리 모두가 바라고 있는 진실과 화해에 바탕을 둔 미래지향적인 과거사 정리를 이룩할 수 없을 것입니다.[5]

이름이 공개된 고위 법관 10여 명은 대부분 침묵을 지켰다. 현직 대법관 중 명단에 포함된 양승태, 김황식, 박일환, 이홍훈 대법관은 입장을 밝히지 않았다. 한 법원장은 "당시에는 실정법에 따라 했고, 그럴 수밖에 없었다. 당시 젊은 배석판사로 별다른 역할을 할 수 없었는데 거취를 거론하는 것은 바람직하지 않다"고 말했다.[6]

'실정법에 따랐다'는 것도, '젊은 배석판사였다'는 것도 사실이지만 그 사실이 변명이 될 수는 없었다. '별다른 역할'을 하라고 판사의 신분을 보장해주는 것 아닌가. 판결문에 남은 판사의 이름은 재판장이든, 배석판사든 지워지지 않는다. 그릇된 재판은 역사 앞에서 어떤 변명으로도 면책받을 수 없다.

유신 대법원의
그림자

유신헌법은 '종신(終身) 집권'을 향한 대통령 박정희의 권력욕을 법조문
으로 재구성한 것이다. 유신헌법 제1조 2항은 "대한민국의 주권은 국민에게
있고, 국민은 그 대표자나 국민투표에 의하여 주권을 행사한다"고 규정했다.
'대표자에 의하여 주권을 행사한다'는 문구가 대한민국 헌법에 들어간 것은
유신헌법이 유일하다.

유신헌법은 사법권에 대한 전면적인 침탈이자 왜곡이었다. 대법원은 위
헌심사권을 빼앗겼다. 유신헌법은 또 제53조를 통해 "국민의 자유와 권리를
잠정적으로 정지하는" 긴급조치권을 도입하면서 "긴급조치는 사법적 심사
의 대상이 되지 아니한다"고 망치질을 했다. 국가배상법 위헌 판결*에서 위
헌 의견을 제시했던 대법원판사(현재의 대법관) 9명은 모두 의원면직됐다.

연임된 민복기** 대법원장은 1973년 3월 14일 취임식에서 사법부의 반성
과 쇄신을 강조했다. 그는 "이 기회에 깊이 반성하고 시정쇄신(是正刷新)하여
보다 더 건전한 사법 운영을 구현함으로써 국민으로부터 만폭(滿幅)의 신뢰

---

* 1971년 6월 대법원은 군인을 배상 대상에서 제외한 국가배상법 제2조 1항에 대해 위헌 판
결을 했다.
** 민복기는 1955~56년까지 검찰총장, 1963~66년까지 법무부장관을 지냈다. 1968년 10월,
제5대 대법원장에 취임한 데 이어 1973년 3월, 제6대 대법원장으로 연임됐다.

를 얻도록 최선을 다해야 한다"고 말했다.

　우리가 현재 놓여 있는 냉엄한 국내외 정세에 대처하기 위하여 조국통
일과 민족번영이 국가의 지상목표임을 깊이 명심하고 우리 국가와 민족
의 강력한 지도자이신 박 대통령 각하의 영도 아래 유신헌법이 규정한 삼
권분립 원칙에 따라 사법이 운영되어야 함은 더 말할 나위도 없는 것이다.
(…) 그렇지만 일부 법관 중에는 사법 독립의 그늘 밑에서 까닭 없이 독선
적이며 특혜의식에 사로잡혀 있었던 사례는 없었던가. 형식적 법리에만
치중한 나머지 국가가 현재 처하고 있는 심각한 사태를 망각하여온 사실
은 없었던가. (…) 필경 위와 같은 사상(事象)이 누적되어 국민의 비판의 대
상이 되고 이번 유신헌법을 통하여 국민의 심판을 받게 된 것이 아닌가.[7]

　1971년 1차 사법파동을 통해 재판 독립의 의지를 보여줬던 사법부는 유
신 이후 '회한과 오욕의 나날'[8]로 접어들었다. 비상보통군법회의(1심)와 비
상고등군법회의(2심)는 긴급조치 위반자들에게 5년, 7년, 10년, 15년씩 중형
을 선고했다. 대법원은 "양형 부당을 이유로 한 상고는 받아들일 수 없다"며
상고를 기각했다.
　1975년 4월 8일 대법원은 1심, 2심 군법회의를 거쳐 올라온 인혁당 재건
위 사건 재판에서 상고를 기각했다. 서도원·도예종 등 8명에 대한 사형이 확
정됐다. 박정희 정권은 대법원 판결 확정 18시간 만에 전격적으로 사형을 집
행했다. 이날은 '사법사상 암흑의 날'로 선포됐다. 당시 대법원 전원합의체
는 변호인들의 헌법 위반 주장에 대해 "인정할 수 없다"고 했다.

헌법 제53조에 의하여 대통령의 긴급조치권을 발동할 경우에는 동조 제1항에 의하여 사법 등 국정전반에 걸친 조치를 취할 수 있고, 동조 제2항에 의하여 '헌법에 규정되어 있는 국민의 자유와 권리를 잠정적으로 정지'하는 조치를 취할 수 있고, 이 경우에는 '법원의 권한에 관하여 긴급조치를 할 수' 있는 것임이 동법에 명시되어 있는 바로서 헌법 제53조에 의한 긴급조치는 대통령에게 이러한 권한이 부여되었다고 인정할 수 있으므로, 따라서 헌법 제53조에 의하여 (…) 국민의 일부 권리와 자유의 잠정적 정지조치는 헌법위반이라고 인정할 수 없고 (…)[9]

이 판결에서 13명의 대법원판사 중 유일하게 소수의견을 낸 이는 이일규[*]였다. 그는 재판 절차의 문제점을 지적했다. '항소심에서 피고인 신문을 생략하고 항소이유에 관한 변론만을 진행한 것은 제대로 변론 절차를 거쳤다고 볼 수 없다'는 것이었다.

항소심이라 할지라도 다시 사실을 인정하고 새로운 양형을 할 때에는 위에서 말한 의미에서의 변론을 거치지 아니하고서는 본안판결을 할 수 없다 할 것이며 이는 소송경제 때문에 직접심리주의가 변질될 수 없고 또 헌법 제24조에서 법률에 의한 재판을 받을 권리가 보장되어 있는 점에도 합당하기 때문이다.[10]

----

[*] 이일규는 이후 1985년 정년퇴임 때까지 대법원판사로 일한 뒤 1988년 7월~1990년 12월 대법원장으로 재임했다.

이일규는 2007년 1월 언론 인터뷰에서 긴급조치 시절에 대해 "법률을 왜 배웠나 회의도 들었다. (판사가) 집권자의 보조 역할이나 하고 있는 것은 아닌가 싶어서…"라고 말했다.[11]

지체된 정의,
긴급조치와 조봉암 재심

　　이용훈 대법원장은 유신시대 판사로 살면서 대통령 긴급
조치를 현장에서 목격했다. 그는 독재권력의 손짓에 따라 억울한 시민
들을 감옥에 보냈던 법원의 잘못을 법원 스스로의 손으로 결자해지해
야 한다고 믿고 있었다. 긴급조치 문제는 그에게 과거사 정리의 결정판
이었다.

　　긴급조치에 대한 부역(附逆)을 시정하는 과정은 난관의 연속이었다.
2010년 5월 대법원에 긴급조치 재심 사건이 올라왔다. 서울고법은 유
신헌법을 비판하고 정부정책을 비난하는 유언비어를 날조한 혐의*로
복역한 오종상 씨 재심에서 반공법 위반 혐의는 무죄, 긴급조치 1호 위
반 혐의는 면소 판결했다. 서울고법 재판부는 긴급조치에 대해 "법령
(긴급조치)의 개폐로 형이 폐지된 경우에 해당해 면소** 대상"이라고 말
했다. 오씨는 "면소가 아닌 무죄가 선고되어야 한다"며 대법원에 상고
했다.[12]

　　대법원은 오씨 상고와 동시에 검토에 들어갔다. 주심은 차한성 대법

----

* 오종상 씨는 1974년 5월 버스 옆좌석에 앉은 여고생이 '반공·근면·저축·수출 증대 웅변
대회'에 나가는 길이라고 하자 정부를 비판하는 말을 했다. "정부에서 분식을 장려하는데,
정부 고관과 부유층은 국수 약간에 계란과 육류가 태반인 분식을 하니 국민이 정부 시책에
어떻게 순응하겠느냐." 오씨는 중앙정보부에 연행돼 고문을 당한 뒤 법원에서 징역 3년, 자
격정지 3년을 선고받고 만기 출소했다.
** 형사재판에서 유무죄를 판단하지 않고 소송 절차를 종결시키는 것.

관이었다. 헌법재판소에서도 긴급조치에 대한 위헌심판이 진행 중이었다. 결정이 선고될 기미는 보이지 않았다. 이용훈은 "유신시대의 대표적인 과거사 문제를 전원합의에서 논의해야 한다"는 의지를 피력했다. 대법관들도 전원합의로 다룬다는 데 이의가 없었다. 일부에서 절차적 문제를 제기했다.

"유신헌법을 보면 '긴급조치는 사법심사의 대상이 되지 않는다'고 규정되어 있는데 지금 와서 대법원이 판단할 수가 있느냐." "긴급조치의 위헌성이 아무리 크다고 해도 대통령의 통치행위를 사법부에서 문제 삼기는 힘들지 않느냐."

대통령의 통치행위를 법원이 심사할 수 있는지에 대해서는 2004년 3월 대법원의 대북송금 사건 판결이 물꼬를 텄다. '어떠한 국가행위나 국가작용도 합헌적·합법적으로 행해질 것을 요구하고 이러한 합헌성과 합법성의 판단은 본질적으로 사법의 권능에 속한다.'[13]

그 다음 단계는 '법원이 긴급조치에 대해 사법심사를 할 수 없다'고 한 유신시대 판례가 버티고 있었다. 유신 당시 대법원 전원합의체는 두 차례에 걸쳐 유신헌법 제53조 제4항이 "긴급조치는 사법적 심사의 대상이 되지 아니한다"고 규정하고 있는 만큼 위헌 여부를 다툴 수 없다고 판단했다.[14] 이 문제는 재심 소송에 적용되는 절차에 관한 법령은 '재심 판결 당시의 법령', 즉 현재 시행 중인 대한민국 헌법이란 논리로 넘어설 수 있었다.

법치주의의 원칙상 통치행위라 하더라도 헌법과 법률에 근거하여야 하고 그에 위반되어서는 아니 된다. (…) 이 사건 재심 절차를 진행함에 있어, 모든 국민은 유신헌법에 따른 절차적 제한을 받음이 없이 법이 정한 절차에 의해서 긴급조치의 위헌성 유무를 따지는 것이 가능하므로, 이와 달리 유신헌법 제53조 제4항에 근거하여 이루어진 긴급조치에 대한 사법 심사가 불가능하다는 취지의 위 대법원 판결 등은 더 이상 유지될 수 없다.[15]

이어 가장 큰 장애물이 나타났다. 바로 대법원에서 긴급조치가 위헌인지 여부를 판단할 수 있는지였다. 긴급조치 문제는 대법원이 아니라 헌법재판소에서 다뤄야 할 문제 아닌가. 긴급조치는 법률보다 막강한 힘을 지니고 있지 않았는가. 이 부분은 긴급조치가 국회의 승인이나 동의를 거치지 않았다는 점이 지적되면서 '국회의 의결을 거친 형식적 의미의 법률'이 아니라는 결론이 내려졌다.

(유신헌법은) 사전적으로는 물론이거니와 사후적으로도 긴급조치가 그 효력을 발생 또는 유지하는 데 국회의 동의 내지 승인 등을 얻도록 하는 규정을 두고 있지 아니하고, 실제로 국회에서 긴급조치를 승인하는 등의 조치가 취하여진 바도 없다. 따라서 유신헌법에 근거한 긴급조치는 국회의 입법권 행사라는 실질을 전혀 가지지 못한 것으로서, 헌법재판소의 위헌심판대상이 되는 '법률'에 해당한다고 할 수 없고, 긴급조치의 위헌 여부에 대한 심사권은 최종적으로 대법원에 속한다.[16]

판결문에 분명하게 제시되지는 않았지만 마지막 관문은 과거 대법원의 면소 판결이었다. 전두환 정권 때인 1985년 대법원 전원합의체는 긴급조치 1, 2, 4호에 대해 "1980년 10월 현행 헌법의 제정, 공포와 더불어 실효됐다"며 면소 판결했다.* 1974년 긴급조치 1호 위반 혐의로 재판을 받던 피고인들을 변론하다 같은 혐의로 기소된 강신옥 변호사 사건에서였다.** 서울고법이 오종상 씨 재심에서 면소 판결을 한 것도 1985년 대법원 '면소' 판례에 따른 것이었다.

긴급조치가 실효된 것이라면 재심을 통해 무죄를 선고할 수가 없었다. 면소는 유죄도 아니고, 무죄도 아닌 채로 어정쩡하게 재판을 종결하는 것이다. 이 경우 대법원은 유신체제하에서 사법부가 저지른 과오를 정리했음을 선언할 수 없게 된다. 대법관들은 면소 판례를 유지할지, 아니면 긴급조치에 대해 위헌 판단을 할지를 두고 표결에 들어갔다. 결과는 12 대 0. 전원일치로 위헌 판단이 나왔다.

막판에 의견 하나가 제시됐다. '긴급조치가 현행 헌법에 위반된다고 판결하는 데 그쳐선 안 된다'는 것이었다. "국민들이 판사들을 욕하는 건 박정희 정권 당시 법원이 긴급조치를 위헌이라고 말하지 않았기

----

* 이용훈 대법원장은 고려대 로스쿨 강연에서 "당시 대법원은 유무죄를 따지지 않는 면소 판결을 내렸다"며 "전두환 정권 시절이라 감히 긴급조치가 위헌이라고는 못한 것 같다"고 말했다(『연합뉴스』 2012년 11월 2일자).
** 1974년 7월 긴급조치 위반 등 혐의로 구속기소된 민청학련 김병곤(당시 21세, 1990년 작고) 씨는 검찰이 사형을 구형하자 "영광입니다"라고 외쳤다. 변론을 맡았던 강신옥 변호사는 "차라리 피고인석에서 그들과 같이 재판을 받는 게 편할 것 같습니다"라고 말했다가 법정모욕죄 및 긴급조치 위반으로 구속됐다.

때문이다. 지금이라도 '유신헌법으로도 위헌이고 무효'라고 밝혀야 한다."

이에 따라 긴급조치 제1호가 '유신헌법 제18조(현행 헌법 제21조)가 규정한 표현의 자유' '유신헌법 제10조(현행 헌법 제12조)가 규정한 신체의 자유' '유신헌법 제23조(현행 헌법 제26조)가 규정한 청원권' 등을 제한한 것이라고 판결문에 명시했다.

긴급조치 제1호는 그 발동 요건을 갖추지 못한 채 목적상 한계를 벗어나 국민의 자유와 권리를 지나치게 제한함으로써 헌법상 보장된 국민의 기본권을 침해한 것이므로, 긴급조치 제1호가 해제 내지 실효되기 이전부터 유신헌법에 위반되어 위헌이고, 나아가 긴급조치 제1호에 의하여 침해된 위 각 기본권의 보장 규정을 두고 있는 현행 헌법에 비추어 보더라도 위헌이다. 결국 이 사건 재판의 전제가 된 긴급조치 제1호 제1항, 제3항, 제5항을 포함하여 긴급조치 제1호는 헌법에 위배되어 무효이다.[17]

2010년 12월 16일 서초동 대법원 대법정에서 재판장인 이용훈 대법원장은 주문을 낭독했다.

"원심 판결과 제1심 판결 중 유언비어 날조·유포로 인한 대통령 긴급조치 위반 부분을 파기한다. 이 사건 공소사실 중 각 유언비어 날조·유포로 인한 대통령 긴급조치 위반의 점은 무죄. 검사의 상고를 기각한다."

30대 중반이던 오씨는 칠순이 다 되어서야 "무죄"라는 그 한마디를 들을 수 있었다. 헌법재판소가 긴급조치 1·2·9호에 대해 재판관 전원

일치 의견으로 위헌 결정을 한 것은 2년 3개월 후인 2013년 3월이었다.[18]

긴급조치 제1호, 제2호는 헌법 개정을 주장하는 등의 일체 행위를 유신헌법에 반대하고 그 전복을 기도하며 사회질서의 혼란을 조장함으로써 국가의 안전보장을 위태롭게 하는 범죄행위로 판단하여 제정된 것이므로, 헌법의 근본원리인 국민주권주의와 자유민주적 기본질서에 비추어볼 때 목적의 정당성을 인정할 수 없고 기본권 제한에 있어 준수되어야 할 방법의 적절성도 갖추지 못하였다.

헌법재판소는 '긴급조치에 대한 위헌 심사 권한은 헌법재판소에 전속한다'고 덧붙였다. 긴급조치 위헌 판단은 헌법재판소만이 할 수 있다는 얘기다. 헌법재판소는 '긴급조치는 기본권을 제한하고 형벌 규정을 두고 있으며 영장주의나 법원 권한에 대한 특별한 규정 등을 두고 있는 점에 비춰보면 최소한 법률과 동일한 효력을 가진다'고 했다.

긴급조치에 대해 헌법재판소가 먼저 위헌 결정을 했다면 대법원은 위헌 판단을 할 수 없었다. 이용훈 대법원장은 헌법재판소가 대법원 판결로 과거의 잘못을 시정할 수 있는 기회를 준 것으로 받아들였다. 이용훈은 대법원장 퇴임 후인 2012년 11월 고려대 로스쿨 강연에서 긴급조치 1호 위헌 판결에 대해 "35년이라는 세월이 걸렸지만 유신체제하 사법부가 저지른 잘못을 조금이나마 청산한 판결"이라고 의미를 부여했다.

그는 러시아 문호 도스토옙스키의 『죽음의 집의 기록』 중 한 대목을 낭독하고 강연을 마쳤다. "독재는 습관이다. 피와 권력은 도취를 낳는다. 사람과 시민은 독재로 인해 영원히 죽는다." 대법원은 이 대법원장 퇴임 후에도 2013년 4월 긴급조치 9호, 같은 해 5월 긴급조치 4호에 대해 위헌 판결을 했다.

조봉암 사건은 이용훈 코트가 긴급조치 사건과 함께 다룬 대표적인 과거사 사건이었다. 제헌국회 의원이자 초대 농림부장관을 지낸 조봉암은 1956년 11월 진보당을 창당했다. 민의원 선거를 준비 중이던 1958년 1월 그는 국가보안법 위반 혐의로 서울특별시 경찰국에 체포됐다. 경찰은 "진보당의 정강정책, 특히 평화통일론에 이적성이 있다"며 그를 구속했다. 조봉암은 구속 후 육군 특무부대에서 조사를 받았다. 육군 첩보부대(HID) 공작 경로를 이용해 남북한을 왕래하며 물자 교역을 하던 양이섭(양명산)을 통해 북한 괴뢰집단의 지령 및 자금을 받고 양이섭에게 진보당 관련 문건 등을 준 혐의였다.

검찰은 그에게 간첩죄와 국가보안법 위반, 무기 불법 소지 혐의를 적용해 기소했다. 1심에서 징역 5년을 선고했으나 2심, 3심에서는 형법 제98조의 간첩 혐의까지 인정해 사형을 선고했다. 조봉암은 재판 과정에서 "특무부대의 불법 조사로 양이섭이 허위 자백을 했다"고 주장했다. 그는 재심청구 기각 다음 날인 1959년 7월 31일 처형됐다. '사법살인 1호'였다. 2007년 9월 진실화해위원회는 조봉암 사건에 대해 진실 규명 결정과 함께 국가의 사과와 재심을 권고했다.* 2008년 8월 조봉암의 장녀 호정 씨 등 유족들이 재심을 청구했다.

조봉암 재심청구 사건을 배당받은 주심 박시환 대법관은 사건을 전원합의체에 넘기기로 했다. 이용훈 대법원장도 "소부에서 할 수도 있지만 대법원 판결과 재심청구 기각으로 사형이 확정된 사안이다. 전원합의체의 판단이 필요하다"고 했다.

이 사건은 긴급조치보다 훨씬 더 복잡했다. 사건 자체가 뒤엉킨 실타래였다. 관련 기록이 수천 장에 달하는 건 약과였다. 조서가 한자투성이인 데다 붓으로 휘갈겨 쓴 것이어서 일일이 해독하기가 쉽지 않았다. 담당 재판연구관이 기록을 읽는 데 많은 시간이 걸릴 수밖에 없었다. 그나마 조서 내용을 타자로 친 진실화해위원회 자료가 큰 도움이 됐다.

우선 당시의 제도와 법률을 확인해야 했다. 법률적 쟁점도 많았다. 전원합의에 필요 없을 수도 있었지만 주심이나 재판연구관 입장에서는 모든 쟁점에 대비를 해야 했다. 이용훈 대법원장은 재판연구관들을 수시로 불러 채근했다. "언제쯤 나올 수 있는지…" "조금 더 시간이 걸릴 것 같습니다. 앞으로 이런 부분들을 더 검토하도록 하겠습니다."

해당 연구관은 조봉암 사건 때문에 대법원 근무를 1년 더 연장해야 했다. 당시 언론은 "왜 빨리 처리하지 않느냐"고 비판했다. 답답하기는 대법원도 마찬가지였다. 그 와중에 검찰은 재심 개시에 반대한다는 의견서를 대법원에 내기도 했다.[**]

----

[*] 진실화해위원회는 "조봉암이 1956년 대통령 선거에서 이승만 정권에 위협적인 정치인으로 부상하자 경찰과 군이 정권의 의도에 따라 조봉암 등을 체포해 사형에 이르게 했다"고 밝혔다(『한겨레』 2007년 9월 27일자).
[**] 대검 공판송무부는 2010년 4월 13일 대법원에 낸 의견서에서 "진실화해위원회가 조봉암 사건에 대해 내린 재심권고 결정은 엄격한 증거 판단 없이 역사적·주관적 가치 판단에 따라

조봉암 공소사실과 당시 법원 판단

	공소사실 내용	1심	2심	대법원
제1공소사실	진보당 추진 과정에서 1956년 5월 북한 조국통일구국 투쟁위 김약수에게 밀사 파견하고 6월 간첩과 밀회하고 1958년 8월 조총련계 간첩과 밀회해 협의, 금품수수 등: 국가보안법 위반·간첩 등	무죄	무죄	무죄
제2공소사실	1956년 11월 북한 괴뢰집단에 부수해 국가 변란 목적으로 진보당 결성, 그 수괴인 중앙위원장에 취임. 1957년 월간지에 '평화통일의 길…' 논문을 게재하고 4회에 걸쳐 진보당의 목적 실행을 협의, 선동: 반국가단체 결성·수괴 취임 등	무죄	유죄	유죄
제3공소사실	당국의 허가 없이 권총 1정, 실탄 50발을 불법 소지: 군정법령 위반	유죄	유죄	유죄
제4공소사실	간첩 양이섭 통해 북한과 상통해 그 지령에 따라 진보당 결성. 합계 3400만 환과 미화 620달러 수수. 양이섭에게 진보당 관련 명단·자료 등을 교부해 간첩활동을 함: 간첩	유죄	유죄	유죄

가장 큰 난관은 1959년 7월 30일 대법원의 재심청구 기각 결정이었다. 조봉암 등은 "양이섭이 특무부대 수사관들로부터 불법 감금과 가혹행위를 당했다"며 재심을 청구했다. 당시 대법원은 "재심사유에 해당될 만한 '명백한 새로운 증거'가 없다"며 받아들이지 않았다. 형사소송법 제420조는 재심사유를 엄격하게 제한하고 있다.[*] 1959년 제기됐던

결론을 미리 정해놓은 궤변에 지나지 않는다"고 말했다(『동아일보』 2010년 7월 2일자).

[*] 형사소송법 제420조 중 과거사 사건에서 재심사유로 주로 쓰이는 것은 5호(유죄의 선고를 받은 자에 대하여 무죄 또는 면소를, 형의 선고를 받은 자에 대하여 형의 면제 또는 원판결이 인정한 죄보다 경한 죄를 인정할 명백한 증거가 새로 발견된 때)와 7호(원판결, 전심판결 또는 그 판결의 기초된 조사에 관여한 법관, 공소의 제기 또는 그 공소의 기초된 수사

재심사유와 동일한 사유로는 재심에 들어갈 수가 없었다. 불법 감금과 가혹행위 외에 새로운 법적 근거가 필요했다.

당시 대법원이 유죄 판결한 핵심 공소사실 모두를 무죄 취지로 뒤집기도 쉽지 않았다. 양이섭의 진술이 결정적 증거가 된 것은 제4공소사실(형법 제98조 간첩죄)뿐이었다. 함께 유죄가 선고됐던 제2공소사실(국가보안법상 반국가단체 결성 등)은 양이섭에 대한 가혹행위 등 불법 조사와 직접 관련이 없다는 점에서 쉽게 건드릴 수 없었다.

'조봉암 무죄'가 역사적 사실로 받아들여지고 있었다. 그것을 법률적으로 재구성하는 작업은 암벽등반과 다름없었다. 대법원에서도 "전부 무죄로 하기는 힘든 것 아니냐"는 의견이 나왔다. 제4공소사실에 대해서만 '일부 무죄'가 선고된다면 "사형은 심했지만 당시 대법원으로서는 조봉암을 처벌할 만한 근거가 있었다"는 지적이 나올 수 있었다.

그런데 당시 대법원 판결문을 정밀 분석하면서 제4공소사실과 제2공소사실의 연관성이 드러나기 시작했다. 제2공소사실, 즉 진보당을 반국가단체라고 판단하는 과정에서 제4공소사실을 활용했던 것이다. 당시 대법원 재판부는 다른 진보당 인사들에게 국가보안법 위반 무죄를 선고하면서 조봉암에 대해서만 '진보당 결성 목적이 양이섭과의 간첩활동에서 비롯됐다'고 판단했다. 제4공소사실에 있던 재심사유가 제2공소사실에도 스며들어간 사실이 드러남에 따라 두 혐의 모두에 대해

에 관여한 검사나 사법경찰관이 그 직무에 관한 죄를 범한 것이 확정판결에 의하여 증명된 때)다.

재심이 가능해졌다.

이제 마지막 관건은 어떻게 재심에 들어갈 수 있느냐였다. 불법 감금이나 가혹행위 말고 무엇으로 당시 대법원 판결을 다시 재판할 수 있을까. 비상구는 특무부대 수사권에 있었다. 특무부대 수사권에 대해 진실화해위원회는 이렇게 제시했다.

특무대는 양이섭(양명산)을 1958년 2월 8일부터 구속영장이 집행된 3월 8일까지 1개월여 외부와의 연락을 일체 두절시킨 채 여관에서 불법 감금한 상태에서 조사를 하였다. 조봉암과 양이섭은 그 혐의 내용이 국방경비법이 아니라 형법 제98조 및 국가보안법 위반이었으므로 특무대는 이들에 대한 수사권이 없었음에도 불구하고 특무대 수사관이 조봉암, 양이섭에 대해 수사를 행하였다. 위 각 불법행위는 당시 형법 제124조 타인의 권리행사방해죄(현 직권남용죄)를 구성하며 형사소송법 제420조 제7호, 제422조가 정한 재심사유에 해당한다.[19]

구(舊) 국방경비법을 확인해봤다. '조선경비대(국군의 전신)의 주둔지나 숙사, 진영 등에 간첩으로서 잠복 등을 했을 때'만 민간인을 수사할 수 있었다. 또 구 '헌병과 국군정보기관의 수사한계에 관한 법률'에서는 육군 특무부대와 같은 국군정보기관은 군인이나 군속의 범죄만 수사할 수 있도록 규정되어 있었다. 특무부대는 조봉암과 양이섭을 조사할 권한이 없었던 것이다. 대법원은 마지막으로 검찰에 "당시 특무부대가 민간인을 수사할 권한이 있었는지 관련 규정을 파악해 제출해달라"

고 요청했다. 관련 규정은 제출되지 않았다.

특무부대 수사관들의 조사행위는 당시 형법상 타인의 권리행사방해죄와 '헌병과 국군정보기관의 수사한계에 관한 법률' 위반*이었다. 형사소송법 제420조 7호에 규정된 재심사유 '사법경찰관의 직무에 관한 죄를 범한 것'에 해당했다. 새로운 재심사유가 등장하면서 재심의 길이 열렸다. 대법원 전원합의체는 2010년 10월 29일 "재심대상판결 대법원 1959. 2. 27. 선고 4291형상559 판결 중 피고인 조봉암에 대한 유죄 부분에 관하여 재심을 개시한다"고 결정했다.[20]

당시 피고인은 군인이나 군속이 아닌 일반인이었고, 위 공동피고인 1(양이섭)도 (…) 그 신분은 일반인이었을 뿐 달리 군인이나 군속은 아니었다. 또한, 피고인이 위 공동피고인 1과 만나거나 그에게 진보당과 관련된 문건 등을 수수하고, 금전을 교부받은 장소는 서울 시내에 소재한 음식점이나 태평로 등 노상이거나 광주시 소재 남한산성 등이었고 군부대의 주둔지나 숙사 혹은 진영은 아니었다, (…) 재심대상판결의 범죄사실 중 제4공소사실에 대한 부분과 제4공소사실의 일부를 인용하여 유죄로 인정한 제2공소사실에 대한 부분은 그 공소의 기초된 수사에 관여한 사법경찰관이 그 직무에 관한 죄를 범하였고 그러한 사실이 증명되었다고 할 것이므로 (…)[21]

....

* 해당 법률 제3조에는 "헌병이 직권을 남용하여 일반인을 수사하거나 헌병 이외의 국군기관이 일반인의 범죄에 대하여 수사를 행한 때에는 1년 이상 10년 이하의 징역에 처한다"고 규정되어 있었다.

일단 재심에 들어가자 속도감 있게 전원합의가 진행됐다. 조봉암 사형 판결의 기초가 된 양이섭의 진술 자체를 믿을 수 없게 되면서 무죄 결론이 나왔다. 논의 과정에서 "진보당 강령을 한총련 규약이나 민주노동당 정강과 비교해볼 필요가 있지 않느냐"는 문제제기도 있었지만 대세에는 지장이 없었다.

표결 결과는 12 대 0 전원일치였다. 간첩죄와 국가보안법 위반에 대해 무죄 판단이 나왔다. 조봉암이 권총 1정과 실탄 50발을 소지한 혐의(무기 불법 소지)에 대해서는 형의 선고를 유예하기로 했다. 대법원은 2011년 1월 20일 조봉암 사건에 대한 선고 공판을 열었다.[22]

"피고인 망(亡) 조봉암, 유죄 부분을 파기한다."

조봉암이 형장의 이슬로 사라진 지 52년 만에 무죄가 선고됐다. 단순히 조봉암 한 사람에 대한 신원(伸寃)에 그치는 것은 아니었다. 조봉암과 진보당 등 당시 진보세력에 대한 역사적 재평가를 할 수 있는 계기가 마련됐다. 판결문은 그 점을 명확히 밝히면서 당시 대법원 판결의 문제점을 지적했다.

진보당의 경제정책은 사회적 민주주의의 방식에 의하여 자본주의 경제체제의 부작용이나 모순점을 완화·수정하려는 데 있는 것이지 사유재산제와 시장경제체제의 골간을 전면 부인하는 취지가 아님이 분명하고, 진보당의 정치형태 역시 주권재민과 대의제도, 국민의 자유와 권리의 보장 등을 목표로 하는 것이지 자유민주주의를 부정하는 내용이 아님이 분명하므로, 이 사건 재심대상판결 당시의 구 대한민국헌법 및 현행 헌법의 각 전문 및 경제조항 등에서 규정하고 있는 대한민국의 민주적 기본질서 및 경제질서에 위배된다고 할 수 없다.[23]

판결문의 마지막 부분은 조봉암에 대한 평가였다. 건국의 주역이었던 조봉암을 재조명하면서 '이제 뒤늦게나마 (사형 판결의) 잘못을 바로잡는다'는 문구를 넣었다.

피고인은 일제강점기하에서 독립운동가로서 조국의 독립을 위하여 투쟁하였고, 광복 이후 조선공산당을 탈당하고 대한민국 건국에 참여하여 제헌국회의 국회의원, 제2대 국회의원과 국회 부의장 등을 역임하였으며, 1952년과 1956년 제2, 3대 대통령 선거에 출마하기도 하였다. 또한, 피고인은 초대 농림부장관으로 재직하면서 농지개혁의 기틀을 마련하여 우리나라 경제체제의 기반을 다진 정치인이었다. 그런데 그후 진보당 창당과 관련한 이 사건 재심대상판결로 사형이 집행되기에 이르렀는바, 이 사건 재심에서 피고인에 대한 공소사실 대부분이 무죄로 밝혀졌으므로 이제 뒤늦게나마 재심 판결로써 그 잘못을 바로잡고, 무기 불법 소지의 점에 대하여는 형의 선고를 유예하기로 한다.[24]

긴급조치 판결이 '박정희 시대'의 대표적 과오에 대한 것이라면 조봉암 재심 판결은 '이승만 시대'의 대표적 과오에 대한 것이다. 지체된 정의의 해악은 정의가 아니라는 데 그치지 않는다. 지체된 정의는 악(惡)을 조장하고 방치한다. 그 악을 바로잡는 데 몇 배, 몇십 배의 에너지가 소모된다.

　긴급조치와 조봉암. 이 두 개의 판결은 판사들에게 언젠가 자신의 판결도 후배 판사들에 의해 심판당할 수 있다는 무서운 교훈을 남겼다. 남들도 다 그렇게 재판한다고, 법에 따라 재판한다고 용서받을 수 없다. 판사의 삶은 자신이 내린 판결로 만든 집이다.

양승태 코트에서
후퇴한
긴급조치 판결

긴급조치로 체포·구금됐던 피해자들이 국가배상을 받을 수 있을까. 대법원이 대통령 긴급조치 제1호·4호·9호에 대해 위헌 판결을 한 뒤 하급심 판결이 엇갈렸다. 2015년 3월 대법원 3부(주심 권순일 대법관)는 이 문제에 대한 결론을 내렸다. 최모 씨가 국가를 상대로 낸 배상 소송 상고심에서 "최씨에게 200만 원을 지급하라"고 판결한 원심을 깨고 원고 패소 취지로 사건을 대전지법으로 돌려보낸 것이다.

최씨는 1978년 서울대 재학 중 중앙정보부(현 국가정보원) 소속 공무원에게 긴급조치 9호 위반 혐의로 체포돼 20여 일간 불법 구금됐다. 대법원 재판부는 긴급조치 9호에 대해 "표현의 자유, 영장주의, 신체의 자유 등을 심각하게 제한함으로써 국민의 기본권을 침해한 것이므로 위헌·무효"라는 판례를 인용했으나 민사상으로는 국가가 배상을 할 수 없다고 했다.

긴급조치 제9호가 사후적으로 법원에서 위헌·무효로 선언되었다고 하더라도, 유신헌법에 근거한 대통령의 긴급조치권 행사는 고도의 정치성을 띤 국가행위로서 대통령은 국가긴급권의 행사에 관하여 원칙적으로 국민 전체에 대한 관계에서 정치적 책임을 질 뿐 국민 개개인의 권리에 대응하여 법적 의무를 지는 것은 아니므로, 대통령의 이러한 권력행사가

국민 개개인에 대한 관계에서 민사상 불법행위를 구성한다고는 볼 수 없다.[25]

대통령의 정치적 책임과 민사상 책임을 구분해 국가배상을 인정하지 않은 것이다. '고도의 정치성을 띤 국가행위'나 '대통령은 국민 전체에 대한 관계에서 정치적 책임을 질 뿐'이란 문구는 '통치행위는 사법심사의 대상이 아니다'라는 권위주의 시대의 법리를 연상시킨다. 대법원 전원합의체에서 어렵게 나왔던 '긴급조치 위헌' 판단을 실질적으로는 뒤집은 것이다.

앞서 대법원 2부(주심 이상훈 대법관)는 2014년 10월 "당시에는 긴급조치 9호가 위헌·무효로 선언되지 않았으므로 긴급조치로 인한 복역은 국가기관의 불법행위가 아니다"라고 판결했다. "공무원의 위법행위로 유죄를 받았음이 입증되어야 국가의 배상책임을 인정할 수 있다"는 것이었다. 이 판결 후에도 긴급조치 피해자에 대해 국가배상 판결이 나오자 2015년 3월 판결을 통해 대법원의 입장을 보다 선명한 논리로 재확인했다고 볼 수 있다.

6개월 후 대법원 판결에 정면으로 반기를 든 하급심 판결이 나왔다. 2015년 9월 서울중앙지법 민사11부(김기영 부장판사)는 "긴급조치 9호 발령행위는 고의 내지 과실에 의한 위법행위"라며 "국가는 긴급조치 피해자 송모 씨와 그 가족에게 1억여 원을 배상하라"고 선고했다. 같은 해 3월 대법원 판결을 판결문에 언급한 뒤 그 논리에 따를 수 없음을 분명히 했다.

우리 헌법이 채택하고 있는 대의민주주의하에서 대통령은 국가의 원수이자 행정부의 수반으로서 국가긴급권 대통령의 긴급조치 제9호 발령행위는 대통령의 헌법수호의무를 위반한 것으로서, 긴급조치 제9호의 내용이 헌법의 문언에 명백히 위반됨에도 불구하고 대통령이 당해 국가긴급권을 행사한 것과 같은 특수한 경우에 해당하므로, 대통령의 긴급조치 제9호 발령행위는 고의 내지 과실에 의한 위법행위에 해당한다고 봄이 상당하다. (…) 긴급조치 제9호에 기한 원고 송○○에 대한 수사, 유죄 판결 및 징역형 집행행위, 이로 인한 원고 송○○의 469일간 수감 등의 피해는 위와 같은 긴급조치 제9호 발령행위로 인한 것으로 볼 수 있으며 (…)[26]

2016년 2월에는 광주지법 민사13부(마은혁 부장판사)가 긴급조치 9호 위반 혐의로 유죄 판결을 받은 손모 씨 등 3명이 국가를 상대로 낸 소송에서 "1인당 2725만 원~1억 44만 원을 배상하라"고 판결했다. 재판부는 "긴급조치 9호는 국가배상법상 위법행위"라며 대법원 판결을 비판했다. "새삼 긴급조치의 위헌성을 부인하는 것은 법치주의의 최후 보루로서 국민 기본권 보장을 위한 사법심사를 충실히 수행했다고 평가받는 긴급조치 위헌 결정의 역사적 의미를 훼손하는 일이다."

그러나 이러한 하급심의 항명은 다시 항소심에서 뒤집히고 있다. 2015년 12월 서울고법 민사8부(여미숙 부장판사)는 긴급조치 9호 피해자 송씨에게 1억여 원을 배상하라고 한 서울중앙지법 판결을 깨고 원고 패소 판결했다. 서울고법 재판부는 "대통령의 긴급조치 발령이 그 자체로 송씨 등에 대한 불법행위를 구성한다는 주장은 받아들일 수 없다"고 말했다.

열두 번 고쳐 쓴
과거사 백서

대법원은 사법부의 과거사를 백서로 정리하는 숙제를 남겨두고 있었다. 이용훈이 대법원장 취임과 함께 약속한 사안이었다. 1995년 『법원사』 편찬 이후 법원의 역사를 다시 정리할 필요도 있었다.

이용훈 대법원장 취임 1년을 앞두고 그간의 경과와 수집 판결문 분석, 재심사건 정리, 향후 계획 등을 담은 자료집을 발간하는 방안이 검토됐다. '사법 과거사 논쟁 종식을 위한 제언'이란 이름의 백서였다. 실무진은 백서에 과거사 판결들을 주요 죄명별, 연도별, 심급별로 정리하고 피고인과 담당 재판부를 모두 기재하자고 건의했다.

실무진은 '다시 쓰는 법원사 중간 보고'를 통해 "사법부는 과거사를 교훈삼아 사법권 독립의 각오를 다질 필요가 있다"면서 법원사 재정리가 필요함을 강조했다. 보고 문건에는 실무진의 의견이 담겨 있었다.

• 사법의 입장에서는 단지 실정법을 집행하였을 뿐이라는 변명을 할 수 있을지 모르지만, 많은 경우에 있어서 실정법조차도 왜곡 해석하여 독재정권 유지의 하수인 역할을 하였다는 비난에 대하여 결코 자유로울 수 없는 처지이고, 독재정권은 때로는 채찍으로(1971년 및 1980년 사태 시 해당 법관들에 대한 면직 등의 조치), 때로는 당근으로(전두환 독재정권 초기 법관들에 대한 대대적인 처우개선 등) 사법부를 협박, 회유하였고, 1980년대 서울형사지방법원장이나 수석부장 출신 대부분이 대법관으로 영전한 사

실에서 보는 바와 같이 인사를 통하여 사법부를 통제하여왔음.

(…)

• 현재 사회 모든 부문에서 과거사 정리가 활발하게 전개되고 있는 상황에서 사법이라고 해서 예외일 수는 없음.

• 특히 현재 재판 불신이 앞서 배경에서 본 사법의 과거 행정과 밀접하게 연관되어 있다고 보아야 하므로, 사법의 과거사 정리는 사법 신뢰 회복의 방법이기도 함.

• 그리고, 이는 대법원장님이 취임하시면서 약속한 사항임.[27]

대법원은 유신정권과 전두환 정권 때 재판한 시국·공안사건 중 불법 구금과 고문 등 재심사유가 있는 사건 224건을 추려냈다. 백서 발간을 위한 실무팀은 이용구 송무심의관이 맡았다. 이용구는 이용훈 대법원장에게 "참여정부에서 백서를 내야 한다. 그렇지 않으면 백서가 나오지 못할 수도 있다"고 보고했다. 이용훈은 "참여정부에서 (백서를) 내고 싶지 않다"고 했다. 자신이 노무현 대통령과 코드를 맞춘다는 말을 듣고 싶지 않았던 걸까.

이용구는 백서를 낼 수 있을지 반신반의했다. 백서 집필 작업을 계속했다. 이 작업은 이용구가 법원행정처에서 서울고법으로 전보된 뒤에도 이어졌다. 이민걸 기획조정심의관 등이 가세했다. 이명박 정부로 정권교체된 뒤 이용구는 이용훈에게 "백서를 내지 말자"고 건의했다.

"어느 쪽에서든 욕을 먹게 돼 있습니다. 진보 쪽에선 이게 뭐냐고 할 테고, 보수 쪽에서도 공격하고 나설 겁니다."

이용훈은 "그렇게 자신이 없느냐. 일단 잘 써보라"고 했다. 2008년 9월 법원행정처는 "올해 말 발간을 목표로 사법부의 지난 60년을 되돌아보는 가칭 '역사 속의 사법부' 편찬을 준비 중"이라고 밝혔다. 이용구는 초고를 법원행정처로 보냈다. 예상대로 브레이크가 걸렸다. 박병대 기획조정실장은 이용구에게 "법원이 잘한 일도 많지 않느냐. 왜 법원이 욕먹은 것만 썼느냐"고 했다. 다시 백서의 톤을 낮추고, 뺄 것은 빼는 작업이 이어졌다.

그렇게 12번을 고쳐 썼다. 계속 '균형감각'을 강조하는 주문이 내려왔다. 이명박 정부 출범 후 사법부가 전반적으로 보수화한 것도 무관치 않았다. 과거사 정리에 대한 내부의 보이지 않는 저항이 갈수록 커졌다. 이용훈은 백서에 대한 관심이 엷어졌다. "판결이 왜 그렇게 나왔는지 그 배후가 드러나지 않는 판결문들로 백서를 정리하는 건 큰 의미가 없다."

실무자인 이용구의 생각은 달랐다. 판결문만 읽어봐도 당시 사법부의 부끄러운 민낯이 드러났다. 판사들마다 성향에 따라 형량 차이가 작지 않았다. 학생에게 관대했지만 일반인에게는 중형을 선고한 흐름도 나타났다. 그는 자신의 온 힘을 쏟아부은 백서가 누더기가 되는 것이 안타까웠다. 백서 발간은 신영철 대법관 재판관여 논란 등이 터지면서 미뤄졌다.

이 책이 '역사 속의 사법부'라는 제목을 달고 세상에 나온 것은 2009년 12월이었다. '사법부의 연원과 변천' '사법부의 조직과 운영' '재판의 역사' '사법부의 행정' '사법부의 정보화와 국제화' 등 5부로 구성된

『역사 속의 사법부』는 개괄서 수준을 넘지 못했다.

유신시대와 5공 때의 과거사 사건들에 대해서도 간략하게 언급하고 넘어갔다. 해당 시기의 형사재판에 관한 설명은 전체 698면 중 34면에 불과했다. '사법살인'으로 비판받고 있는 인혁당 재건위 사건 등 주요 시국사건들도 사건 내용과 검찰 기소, 법원 판결, 재심 결과를 전달하는 데 그쳤다.

당시 독재정권의 요구에 부응했던 사법부에 대한 역사적 평가와 반성은 보이지 않았다. 수사기관이나 공안당국의 개입으로 사법부의 독립성이 훼손됐다는 식의 '사법부＝피해자' 논리가 두드러졌다. 법원 판결이 국민의 생명과 자유를 침해한 과거 앞에서 자기연민의 모습만 노출한 것이다.

발간사에서 이진성 대법원 사법사편찬위원회 위원장(당시 법원행정처 차장)은 "현재 우리가 서 있는 자리에서 지금의 시각으로 손쉽게 과거의 잘못을 매도하고 단죄하는 것은 역사를 대하는 옳은 길이 아니다" 라고 말했다.

공(功)은 공대로, 과(過)는 과대로 객관적인 자료와 근거에 따라 사실을 냉정하게 서술하되, 가치평가로 사실인정에 갈음하려 해서도, 사가들이 제대로 기록하지 못하고 있는 역사의 빈 곳을 모자란 지식이나 식견으로 서둘러 메우려 해서도 아니 될 것입니다. 이 책이 당초 뜻한 바를 어느 정도 이루었는지, 역사의 서술에 요구되는 절도와 균형감각을 제대로 지켰는지 곱씹어보면 두렵고 꺼리는 마음을 지울 수 없습니다.[28]

대법원 1103호에 보관되어 있던 판결문들은 PDF로 뜬 뒤 폐기됐다. 『역사 속의 사법부』는 이용훈 코트가 다짐했던 과거사 정리의 한계를 상징하는 리트머스 시험지로 남게 됐다. 과거사 정리에 대한 이용훈 대법원장의 의지가 철저하지 못했음을 보여준다.

이용훈은 유신시대와 전두환 정권에서 시국사건 재판에 참여하지 않았다. 그래서 과감하게 과거사 정리에 나설 것으로 기대를 모았다. 하지만 그 역시 시대의 아들이었고 그 한계를 벗어나지 못했다. 이용훈은 법원행정처 차장으로 있던 1993년 '정치판사' 논란이 커지자 이렇게 말했다.

"운 좋게 시국사건 재판을 담당하지 않았다고 해서 면죄부로 삼을 수 있느냐. 자신이 그때 그 재판을 담당했다면 올곧은 자세를 보일 수 있었을지 생각해봐야 한다."

과거사 사건과 관련된 판사들은 그의 친구이거나 동료, 선후배였을 것이다. 그는 역사의 다음 장을 넘기지 못했다. 한 손에 칼, 한 손에 저울을 든 정의의 여신이 두 눈을 가리고 있는 것은 눈이 이성적인 판단을 흐리기 때문이다. 사법부 스스로 '오욕과 회한의 역사'를 칼로 끊어낼 수 있는 기회를 놓치고 말았다. 오욕의 역사를 청산하지 못하면 그 역사를 되풀이하는 수밖에 없다.

08

촛불집회의 불길,
법원에 옮겨붙다

법원장의
"친전, 대내외비" 이메일

2008년 봄 이명박 정부는 크게 흔들렸다. 미국산 쇠고 기 수입 파동에 따른 촛불집회 때문이었다. 이명박 대통령의 지지율은 16.9퍼센트까지 곤두박질쳤다. 이 대통령은 위축돼 있었다. 스스로 "청 와대 뒷산에 올라가 시위대가 부르는 아침이슬을 들었다"고 말할 정도 였다. 그해 6월 현충일 행사에서 이용훈 대법원장은 같은 기독교 신자 인 이 대통령을 위로했다. "기도 열심히 하십시오."

이 대법원장은 이명박 정부가 촛불집회 참가자들을 무더기 사법처 리로 대응하는 데 대해 우려를 나타냈다. 대법관들에게 "정부 대응을 보면 하수(下手)"라고 말했다. "국민들을 껴안고 가는 것이 정치다. 절 반에 가까운 국민을 적으로 돌려서야 앞으로 어떻게 국정을 운영해갈 것이냐."

그의 예상대로 갈등과 분열은 형사처벌로 치유되지 않았다. 촛불집 회는 쇠고기의 문제도, 법질서의 문제도 아니었다. 소통의 문제였다. 이 명박 정부의 '법질서' 캠페인은 법치주의를 오히려 한 단계 비하하는 결과를 낳았다. 대화로 풀어야 할 문제를 법으로 해결하려다 법의 가치 만 떨어뜨린 셈이 됐다.

촛불집회 참가자들이 대거 재판에 넘겨졌다. 불길은 법원으로 옮겨 붙었다. 2008년 촛불집회 참가자들이 무더기로 서울중앙지법에 기소 됐다. 첫 사건이 접수된 것은 같은 해 6월 19일이었다. 이후 7월 11일까지 11건의 사건 중 8건이 특정 재판부에 집중배당됐다.[*] K 판사에게 배당됐던 촛불집회 사건이 다른 재판부로 재배당되면서 논란이 불거졌다. 7월 14일 저녁 형사단독판사들이 모여 재판 배당 문제를 논의했다.

"정말 심각한 문제 아닙니까. 그냥 넘어가선 안 됩니다."

판사들은 문제제기를 하기로 하고 모임을 마쳤다. 형사단독판사들이 판사실로 돌아와 야근을 하고 있는데 허만 형사수석 부장판사가 판사 서너 명을 불렀다. 판사들이 형사수석실로 들어갔다. 신영철 서울중앙지법원장과 허만 형사수석이 기다리고 있었다. 신 원장은 "잘 처리할 테니 조용히 넘어가자"고 말했다. 판사들이 "우리가 결정할 수 있는 사안이 아니다"라고 하자 신 원장은 "다음 날 자리를 만들겠다"고 했다.

다음 날인 15일 아침 8시 56분 신 원장은 형사단독판사들에게 이메일을 보냈다. '9시 20분에 법원장실 옆 소회의실에서 간담회(양형연구위원회)를 개최하고자 하오니 참석해주기 바란다'는 내용이었다. '대내외비' '친전'이란 단어로 이메일을 시작한 그는 메일 끝부분에 '요망사항'을 덧붙였다.

모임에서 논의된 사항이나 모임 그 자체도 대외적으로는 물론 대내적으로도 비밀로 해주시기 바랍니다. 법원장으로서도 모임 현장에서 언론

---

* 대법원 진상조사위원회 조사 결과 신영철 서울중앙지법원장 재직 시 형사단독 사건으로 접수된 촛불집회 사건은 총 106건으로 이중 62건은 일반 전산 방식으로 무작위 배당됐고, 25건은 일부 재판부로 범위를 지정해 전산으로 무작위 배당됐으며, 나머지 19건은 재판부를 특정하는 방식으로 전산 자동배당됐다.

의 자유를 얻기 위한 최소한의 요청입니다.

간담회에서 판사들이 촛불사건 배당 문제를 제기하자 신 원장은 재발 방지를 약속하면서 '보안 유지'를 요청했다. "앞으로 전산 자동배당을 하는 등 배당 문제가 재발하지 않도록 하겠다. 이런 사실이 외부로 나가면 법원 신뢰에 타격을 받을 수 있으니 나가지 않기를 바란다." 이후 한동안 컴퓨터를 통한 무작위 배당으로 돌아갔다.*

같은 달 24일이었다. 형사7단독 박재영 판사가 수입 쇠고기 반대 촛불시위를 주도한 혐의로 구속기소된 국민대책회의 조직팀장 안진걸 씨 첫 공판에서 피고인 안씨에게 말했다. "개인적으로 법복을 입고 있지 않다면 아이를 키우는 아빠의 입장에서…"(피고인 안씨가) 가족과 헤어져 있어 마음이 아프다. 재판도 일종의 커뮤니케이션이라 서로 간의 신뢰가 필요하고 재판부도 최선을 다하고 있으니 신뢰해달라."[1]

다음 달인 8월 11일 박 판사가 안씨에 대한 보석을 허가하자 일부 언론은 '불법시위 두둔한 판사, 법복 벗고 시위 나가는 게 낫다'[2] 등의 사설을 실었다. 형사단독판사들은 재판 독립에 영향을 미칠 수 있는 문제로 보고 법원 수뇌부에 사설에 대한 대응을 요청했다. 이때부터 무게중심은 다시 법원장 쪽으로 이동했다. 8월 14일 신 원장은 '친전, 대내외비'로 시작되는 이메일을 형사단독판사들에게 보냈다.

---

* 이후 접수된 촛불집회 사건 96건 중 61건은 일반 방식으로 무작위 배당됐으나 25건은 일부 재판부 사이에서 무작위 배당됐고, 나머지 10건은 특정 재판부로 지정배당됐다.

지난번 간담회 이후 그때 논의된 바에 따라 정치적인 냄새가 나는 사건도, 관련 사건으로써 특정 판사에게 집중배당하지 않고 널리 단독판사님들께 배당하기로 한 결과 거의 모든 판사님들이 몇 건씩 그런 사건들을 배당받아 진행하고 계십니다. (…)

그렇게 하기로 하면서 제가 요청의 말씀을 드린 것은 집중배당으로 달성하고자 하였던, 보편적 결론을 도출하기 위하여 노력하여 달라는 것이었습니다.

아직도 저의 이런 요청은 유효합니다. 아울러 재판 진행에 있어서도, 그 재판을 바라보는 제3자들이 많은 만큼, 엄정함을 유지하시고, 재판상 언행으로 별로 쓸데없는 물의가 빚어지지 않도록 해주시면 좋겠습니다.

10월 9일 박 판사는 집회 및 시위에 관한 법률 중 '야간 옥외집회 금지' 조항에 대해 위헌법률심판을 제청했다. 박 판사는 제청에 앞서 동료 판사들에게 의견을 물었다. "위헌 소지가 있으니 소신껏 판단하라"는 의견이 많았다. 위헌제청 후 박 판사는 법원장실로 불려갔다. 신 원장은 "가급적이면 튀거나 시끄러운 언행이 없어야 법원이 안정되지 않겠냐"고 했다.

다음 날 형사3단독 엄상필 판사는 "헌법재판소 심판을 기다릴 필요가 있다"며 박석운 진보연대 상임운영위원장 등의 보석을 허가했다. 며칠 뒤 신 원장은 역시 촛불집회 사건을 재판 중이던 최병선 판사에게 전화를 걸어 "시국이 어수선할 수 있으니 피고인 보석을 신중하게 결정하라"고 했다. 그날 오후 신 원장은 형사단독판사 14명이 참석한 가

운데 위헌제청 이후 사건 처리 방향에 대해 "위헌제청이 있었다고 해
서 재판 진행을 하지 않으면 곤란하다"는 취지의 발언을 했다.

같은 달 14일 신 원장은 오전 9시 26분부터 49분까지 23분간 이용훈
대법원장에게 업무보고를 했다. 이용훈은 신영철에게 이렇게 말했다.

"(야간 옥외집회 금지 조항이) 위헌이라고 생각하는 사람은 위헌심판을
제청하고, 합헌이라고 생각하는 사람은 재판을 진행하는 것이 맞다. 그
걸 일률적으로 할 수는 없는 일이다. 판사들이 스스로 알아서 재판을
하는 것이다. 판사들이 법과 양심에 따라서 소신대로 할 용기가 있어야
지, 그걸 남의 눈치를 보고 해서야 되겠느냐."

이용훈은 "현행법에 따라 재판을 진행하라"는 말도, "판사들에게 내
말을 전하라"는 말도 하지 않았다. 판사들이 소신대로 해야 한다는 데
강조점이 있었다. 법원으로 돌아온 신 원장은 10시 42분 판사들에게 메
일을 보냈다.

오늘 아침 대법원장님께 업무보고를 하는 자리가 있어, 야간집회 위헌
제청에 관한 말씀도 드렸습니다. 대법원장님 말씀을 그대로 전할 능력도
없고, 적절치도 않지만 대체로 저의 생각과 크게 다르지 않으신 것으로
들었습니다.

1. 위헌제청을 한 판사의 소신이나 독립성은 존중되어야 한다.

2. 사회적으로 소모적인 논쟁에 발을 들여놓지 않기 위하여 노력하여
야 하고, 법원이 일사분란(일사불란의 오기 — 필자)한 기관이 아니라는 것
을 보여주기 위해서도, 나머지 사건을 현행법에 의하여 통상적으로 진행

하는 것이 바람직하다.

구속사건 등에 대하여 더 자세한 말씀도 계셨지만 생략하겠습니다.

참고로 우리 법원 항소부에서는 구속사건에 대하여는 선고를 할 예정
으로 있는 것 같습니다(저와 상의하여 내린 결정은 아닙니다).

오해의 소지가 있으시면 제가 잘못 전달한 것으로 해주십시오.

'대법원장님 말씀' 중 2번 부분은 신 원장 자신의 생각을 가미해 작
문을 한 것이었다. 신 원장은 이메일을 보내는 한편 판사들과 식사 자
리도 자주 가졌다. 단독판사들을 절반씩 나눠서 만나거나 전부를 불러
회식을 했다. 신 원장은 "사법부가 흔들릴 수 있으니 가능하면 위헌제
청을 하지 않는 것이 좋겠다"고 말했다. 판사들은 '재판을 그대로 진행
하라'는 뜻으로 받아들였다. 11월 6일 신 원장은 판사들에게 다시 이메
일을 보냈다.

모든 부담되는 사건들은 후임자에 넘겨주지 않고 처리하는 것이 미덕
으로 여겨지기 때문에, 또 우리 법원의 항소부도 위헌 여부 등에 관한 여
러 고려를 할 것이기 때문에, 구속사건이든 불구속 사건이든 그 사건에
적당한 절차에 따라 통상적으로 처리하는 것이 어떠냐 하는 것이 저의 소
박한 생각입니다.

또 제가 알고 있는 한, 이 문제에 관심을 가지고 있는 내·외부(대법원과
헌재 포함)의 여러 사람들의 거의 일치된 의견이기도 합니다.

신 원장은 같은 달 24일에도 같은 취지의 메일을 보냈다. 이메일에는 어김없이 '친전, 대내외비'라는 문구가 적혀 있었다.

야간집회에 대한 위헌제청 사건을 2009년 2월에 공개변론을 한 후에 결정할 예정이라고 합니다.

변론하지 않고 연말 전에 끝내는 것을 강력히 희망한 바 있으나, 결정이 미뤄지게 되어 저 자신 실망을 많이 하였습니다.

그렇게 하여 위헌 여부의 결정을 반영하여 2월 재판부 변경 전에 어려운 사건을 모두 끝내고 후임 재판부에 인계하려던 저와 판사님들의 계획이 상당 부분 차질을 빚게 되었습니다.

피고인이 그 조문의 위헌 여부를 다투지 않고, 결과가 신병과도 관계없다면, 통상적인 방법으로 종국하여 현행법에 따라 결론을 내주십사고 다시 한번 당부 드립니다.

기자들이 낌새를 채고 취재에 들어갔다. 형사단독판사들은 신 원장과의 '비밀 유지' 약속에 묶여 함구했다. 다음 해인 2009년 2월 2일 박재영 판사의 사의 표명이 보도됐다. 박 판사는 "평소 가진 생각이 지금 정권의 방향과 달라 판사로서 큰 부담을 느껴왔고 정기 인사를 앞두고 법원을 나가기로 했다"고 말했다. "최근 검찰권이 계속 강화돼 법원이 큰 위기를 맞았다고 생각하는데 혼자만 도망친다는 생각에 미안한 마음을 금할 수 없다."[3]

사건 배당
어떻게 이뤄지나

'사무분담은 법원의 모든 것이다.'

사무분담은 판사들을 민사 재판부와 형사 재판부 등 어디에 배치시키느냐다. 특정 판사의 성향이 마음에 들지 않는다는 이유로 형사재판에서 배제한다면 그 자체로 법원 수뇌부가 재판에 개입하는 것이 된다. '튀는 판결'을할 우려가 있다고 해도 마찬가지다. 유신시대와 전두환 정권에서 법원 수뇌부가 자신들이 신뢰하는 판사들만 형사 재판부로 배치해 이른바 시국사건을처리하게 했다.

사무분담의 중요성을 상징적으로 보여주는 사건이 1963년 서울지방법원을 서울형사지방법원(서울형사지법)과 서울민사지방법원(서울민사지법)으로분리한 것이다. 정권의 입지에 영향을 미칠 수 있는 형사재판 담당 판사들을관리하기 쉽게 법원을 두 개로 쪼갰다. 1993년 3차 사법파동 후 사법개혁 과정에서 서울형사지법과 서울민사지법을 다시 통합한 데는 그릇된 과거를 청산한다는 의미가 있었다.

사건 배당에 있어서도 비슷한 논란이 거듭됐다. 정치적 사건에 대한 재판은 어떤 재판부가 맡느냐에 따라 결과가 달라질 가능성을 배제할 수 없다. 법원 외부는 물론이고 내부에서도 보수성향의 판사가 맡느냐, 진보성향의 판사가 맡느냐에 촉각을 곤두세우곤 한다. 구속영장 심사부터 재판까지 담당

판사와 재판장이 누구인지에 이목이 집중된다. 이 때문에 법원은 컴퓨터를 통한 무작위 배당을 원칙으로 하고 있다. '법관 등의 사무분담 및 사건 배당에 관한 예규' 제18조는 "사건 배당 주관자의 임의성이 배제되는 방법에 의하여 주관자가 보조자의 참여하에 행하여야 한다"고 규정하고 있다. 법원장이 자기 마음대로 사건을 배당할 수 없도록 하는 견제 장치다.

하지만 법원장이 예외 조항을 이용해 자의적으로 배당하는 경우가 적지 않았다. 신영철 대법관 사태 이후 대법원은 법원장 재량을 축소하는 방향으로 예규를 개정했다. "관련 사건, 쟁점이 동일한 사건, 사안이 복잡하거나 심판이 다수의 이해관계인 또는 사회에 미치는 영향이 중대한 사건 기타 특별한 사정이 있는 사건은 사건 배당 주관자가 적정한 심판 또는 사무분담의 공평을 고려하여 적절하게 배정할 수 있다"는 조항을 삭제한 것이다.

대신 "먼저 배당된 사건의 관련 사건이 접수된 경우에는 먼저 배당된 사건을 담당한 재판부에 배정할 수 있다"는 조항이 들어갔다. 또 부득이한 사정이 명백한 때에는 관계 재판장들과의 협의를 거쳐 다른 방법으로 배정을 조정할 수 있도록 했다. 2016년 최유정 전 부장판사 사건을 계기로 전관예우 논란이 일자 법원은 고교 동문, 대학 동기, 사법연수원 동기 등 연고가 있는 변호인이 선임될 경우 재판장이 재배당을 요청할 수 있도록 했다.

대법관 제청,
어디에서도 반대는 없었다

그즈음 신영철 서울중앙지법원장은 대법관제청자문위원회에서 두 차례 후보자로 추천됐다. 제청 단계에서 번번이 고배를 들었다. 앞서 2008년 여름 김황식 대법관이 감사원장으로 임명되면서 예정에 없던 대법관 인선이 시작됐다. 김 대법관 후임은 양창수 서울대 법대 교수로 정해졌다. 그때 만약 신영철이 대법관에 올랐다면 재판관여 논란은 없었을지 모른다.

신영철에게 세 번째 기회가 온 것은 2009년 초였다. 임기 만료로 퇴임하는 고현철 대법관 후임 물망에 오르게 됐다. 고 대법관은 신영철의 대전고 선배이기도 했다. 이용훈 대법원장은 신영철을 염두에 두고 법원 내부의 의견을 수렴했다. 반대하는 목소리는 없었다. 이용훈은 대법관 제청에 앞서 대법관들의 의견을 물었다. 대법관들은 신영철에 대해 "똑똑하고 유능한 것 같다"고 했다. 신영철과 사법연수원 동기(8기)인 전수안 대법관은 조금 다른 반응을 보였다.

이용훈은 대법관 후보들을 거론하면서 신영철에 대해 "문제 있는 사람 아니냐"고 넘겨짚었다. 전수안은 이렇게 답했다. "그걸 어떻게 아셨어요?" 이용훈은 전수안의 대답을 반어법으로 여기고 대수롭지 않게 넘겼다.[*]

....

[*] 신영철 대법관은 서울고법 부장판사로 재직 중이던 2004년 1월 김대중 내란음모 사건 재

이용훈은 신영철과 함께 근무한 경험이 없었다. 법률 실력을 검증해 볼 기회도 없었다. 최종영 전 대법원장 때 비서실장을 했고 서울중앙지법 형사수석 부장판사에 이어 수원지방법원장을 역임하면서 "사법행정을 잘한다"는 평이 많았다. 그를 서울중앙지법원장에 앉힌 것도 그래서였다.

이용훈은 신영철을 대법관 후보로 임명 제청했다. 청와대는 신영철 대법관 제청을 별 이의 없이 받아들였다. 이용훈은 다행으로 여기면서도 의아했다. 당시 촛불집회 재판을 놓고 시끄러웠던 서울중앙지법의 원장이라고 하면 이런저런 얘기가 있을 법한데 아무 이야기가 없었다. 청와대는 왜 신영철을 무사 통과시킨 것일까.

의문은 하나 더 있다. 법원행정처는 신영철 원장의 재판관여 의혹을 전혀 파악하지 못했던 것일까. 2008년 7월 이용구 판사가 서울고법에 있을 때였다. 매달 한 번씩 열리는 우리법연구회 세미나에 들렀다가 약속이 있어 일찍 빠져나왔다. 며칠 뒤 연구회 간사가 보자고 해서 저녁에 만났다.

"촛불집회 사건 배당 문제로 형사단독판사들이 회의를 하기로 했답니다. 알고만 계세요. 단독들이 의견을 모으기로 했으니…"

이광범 서울고법 부장판사는 배석판사로부터 형사단독판사회의 얘

심의 재판장이었다. 신 대법관은 김 전 대통령이 피고인석에 앉을 때까지 서서 기다린 뒤 김 전 대통령에게 말했다. "(최종영) 대법원장님께서 청와대 방문했을 때 대통령님을 뵌 적이 있습니다. 당시 제가 대법원장 비서실에서 일하고 있었거든요. 불편한 점이 있으면 말씀해 주십시오." 당시 법원에서는 신영철의 언행을 두고 과잉 의전 논란이 일었다.

기를 전해들었다. 이 소식은 김종훈 비서실장을 거쳐 박병대 법원행정처 기획조정실장에게 전달됐다. "알고 있어요? 단독판사들이 모인다는데…"

함께 회식 모임에 갔던 신 원장과 허 형사수석이 연락을 받고 법원에 돌아와보니 이미 단독판사 모임이 끝난 후였다.[*] 이용구는 다음 날 신 원장이 판사들에게 무작위 배당을 약속했다는 얘기를 전해들었다. 그는 며칠 후 김종훈에게 세 가지를 요구했다.

"K 판사를 보호할 것. 허만 형사수석을 전보시킬 것. 신영철 원장은 대법관 후보에서 제외할 것. 이 세 가지를 반드시 지켜주셔야…"

이용구는 대법원장이 김종훈을 통해 사태를 파악하고 있을 것이라고 생각했다. 그런데도 신영철이 대법관 후보로 제청되자 대법원장이 청와대와 타협을 한 것으로 받아들였다. 하지만 김종훈은 촛불집회 사건 배당 문제도, 이용구의 요구도 망각한 상태였다. 그는 당시 자신의 문제(비서실장 사직)로 경황이 없었다.

김종훈 비서실장이 사직한 후 사법정책실장과 비서실장을 겸하던 강일원은 다른 경로로 배당 문제를 전해들었다. 허만 형사수석과 판사들 간에 갈등이 있었는데 신영철 원장이 수습했다는 얘기였다. 강일원은 대법원장에게 그렇게 보고했고, 이용훈도 그런 줄 알고 있었다. 두 사람 모두 심각한 문제로 번지리라고는 인식하지 못하고 있었다.

----

[*] 허 형사수석이 형사단독판사들을 부른 것은 앞서 290면에서 설명한 바와 같다.

스모킹 건,
진실게임을 가르다

2009년 1월 17일 이용훈 대법원장은 신영철 서울중앙지 법원장을 이명박 대통령에게 임명 제청했다. 신 대법관 제청 당시 보도 자료에는 다음과 같이 적혀 있었다.

• 신영철 피제청자는 법조계 내에서 법률에 대한 해박한 지식과 사회에 대한 폭넓은 이해를 겸비한 법관의 전형이라는 평을 받고 있으며, 재판의 독립에 대한 강한 신념과 따뜻한 인간애를 바탕으로 재판과 행정 업무를 처리하여 옴으로써 주위의 신망이 두터움.
• 신영철 피제청자는 재판실무와 사법행정에 두루 정통한 법관으로서, 법과 원칙에 충실한 소신 있는 판결을 다수 남겼으며, 서울중앙지법 형사수석부장 재직 시 정책적 고려에 의한 구속 지양, 방어권 보장을 위한 불구속 확대, 소년범에 대한 특별 배려 등을 주요 내용으로 한 인신구속기준을 확립하여 형사재판제도의 선진화에 크게 기여하였음.[4]

'재판의 독립에 대한 강한 신념' '형사재판제도의 선진화'라는 표현이 눈에 띈다. 신 대법관 후보는 2월 10일 국회 인사청문회를 거쳐 같은 달 12일 임명동의안이 국회를 통과했다. 그때까지 서울중앙지법 형사 단독판사들은 침묵을 지키고 있었다. 청와대가 보수성향의 법조인을 대법관으로 밀고 있다는 소문이 돌면서 '그 사람보다는 신영철 원장이 낫다'는 판단도 있었다.

같은 달 18일 신영철이 대법관에 취임하자 흐름이 바뀌기 시작했다. 법원 정기 인사로 뒤숭숭한 가운데 법원 출입 기자들이 취재를 재개했다. 판사들 사이에서 "작년 7월의 '비밀 유지' 약속은 더 이상 지키지 않아도 되는 것 아니냐"는 말이 나왔다. '신영철 원장이 어떻게 대법관 감이냐'는 의문이 계속됐다. 그렇다고 꼭 그를 끌어내려야겠다는 생각까지는 없었다. 기자들의 취재에 하나둘씩 모자이크가 맞춰져 갔다.

촛불사건 재판 배당 논란이 보도된 것은 2월 23일부터였다. "서울중앙지법 소장판사들이 한 재판부에 촛불사건 재판을 몰아주기 배당한 것과 관련해 집단 반발했다"는 방송 뉴스가 나왔다.[5] 대법원은 해명자료를 냈다.

쟁점이 유사한 사건에 대해 동일 재판부에 배당하는 것은 여러 재판부에 배당할 경우 발생할 수 있는 재판부 간의 결론의 상이 또는 양형 편차를 가급적 없애기 위해 오래전부터 이루어진 법원의 관행이다. (…) 면담을 통해 판사들 각자의 의견을 청취한 법원장이 이러한 의견 및 건의를 받아들여 자동배당 방식으로 전환할 것임을 밝혔고, 이후로는 골고루 배당했다.[6]

같은 달 25일 대법원 윤리감사관실이 촛불사건 재판 배당 논란에 대한 조사에 착수했다. 다음 날 국회에 출석한 김용담 법원행정처장은 "배당에 정치적 동기는 없었다"고 말했다. 재판관여 의혹은 신영철 대법관과 형사단독판사들 간의 진실게임 양상으로 흘러가고 있었다. 이때 등장한 스모킹 건이 이메일이었다.

'신영철 원장이 판사들에게 보낸 이메일이 있다'는 얘기가 흘러나왔다. 취재 경쟁이 붙었다. 형사단독판사로 있다 지방 발령을 받고 현지에 부임해 있던 김기영 부장판사에게 기자들의 전화가 걸려왔다. 김 부장판사 주변 판사들은 이메일 공개를 만류했다. "이메일을 까면 대법원장과 신 대법관, 그리고 당신이 죽는다."

김 부장판사는 며칠간 고민을 계속했다. 법원을 위해 이메일을 공개하자고 결론 내렸다. '판사라면 진실을 밝혀야 하지 않겠는가.' 3월 5일 문제의 이메일이 방송에 보도됐다.

다음 날 이용훈 대법원장은 출근길에 만난 기자들에게 "그 정도 가지고 판사들이 압박을 받아서 되겠느냐. 판사들은 양심에 따라 소신대로 하는 용기가 있어야 한다"고 말했다. "(이메일을) 사법행정으로 볼지, 재판에 대한 압력으로 볼지에 대해 철저한 법률적 판단이 필요하다."

난데없는 이메일이 튀어나오자 이용훈은 충격을 받은 상태였다. 자신이 대법원장으로 있는 동안 일어나서는 안 될 일이 일어났다. "그 누구도 재판에 간섭하면 안 된다"고 기회가 있을 때마다 강조하지 않았던가. 불과 세 달 전인 2008년 12월 전국법원장회의에서 이용훈은 법원장의 재판관여 가능성을 경계했다.

일선 법원에서 사법행정의 책임을 맡고 있는 법원장 여러분은 판사 개개인이 독립하여 재판할 수 있도록 분위기를 조성하고 북돋우는 것이 자신의 가장 중요한 책무임을 자각하여야 합니다. 법원장이 사법행정 권한을 행사할 때는 항상 신중하고 조심스러운 자세를 지킬 필요가 있습니다.[7]

이용훈은 신영철이 자신의 말을 왜곡해 전달한 부분을 이해할 수 없었다. "대법원장이 '현행법에 의하여 통상적으로 진행하는 것이 바람직하다'고 말했다." 신영철은 왜 이메일에 그렇게 적었는가. 신영철이 대법관 추천부터 임명 제청, 인사청문회를 거칠 때까지 단독판사들은 왜 가만히 있었는지도 납득이 되지 않았다.

그날 저녁 퇴근을 하던 신영철은 자신을 기다리던 기자들에게 말했다. "헌법재판소법 제42조 1항에 따라 위헌제청신청 사건은 재판 진행을 정지하게 돼 있지만 나머지 사건은 그대로 진행하는 것이 법원의 명령이라는 취지를 판사들에게 보냈다. 법대로 하라고 한 것을 압력이라고 하면 동의하기 어렵다." 자진 사퇴할 의향이 있는지 묻자 "전혀 없다"고 잘라 말했다.

재판관여를 둘러싼 진실게임은 판사들 쪽으로 기울어졌다. 대법원은 진상조사단을 구성하고 조사에 들어갔다. 진상조사단은 단독판사들에 이어 신 대법관, 이 대법원장을 조사했다. 신영철은 재판관여가아니라고 주장했다. "야간 옥외집회 금지 조항이 합헌이라고 생각하면서도 다른 판사들의 눈치를 보거나 분위기에 휩쓸려 재판을 하지 않는것은 문제라고 생각했다. 평소 소신을 전달하기 위해 메일을 보낸 것으로 판사들에게 압력을 행사하려는 의도는 전혀 없었다. 증거조사 등 필요한 심리를 해놓고 헌법재판소에서 선고가 되면 곧바로 결론을 내릴 수 있도록 하는 것이 좋겠다고 생각해서 (…)"[8]

3월 16일 진상조사단은 "재판 진행에 관여한 것으로 볼 소지가 있다"고 조사 결과를 발표했다.

2008년 10월 13일 신 대법관이 판사에게 전화를 걸어 특정 사건의 보석재판에 관하여 언급을 한 것은 재판 내용에 관한 것으로 볼 소지가 있고, 10월 13일 회의 발언 및 10월 14일, 11월 6일, 11월 24일자 메일 내용이 (…) 합헌·위헌의 구별 없이 재판 진행을 독촉하는 의미로 읽힐 수 있는 메일을 반복적으로 보냈고, 실제 그와 같은 취지로 이해한 법관들이 일부 있었던 점 등을 종합하여 보면 이러한 일련의 행위는 재판 진행에 관여한 것으로 볼 소지가 있음. (…) 재판부 지정의 기준이 모호하고 일관되지 못한 점, 지정배당에 대한 납득할 만한 설명을 하지 못하고 있는 점 등에 비추어 보면 (…) 사법행정권의 남용으로 볼 소지가 있음.[9]

조사 결과에는 미온적인 부분이 많았다. 신영철이 판사들과 회식 자리에서 '위헌제청 자제' 발언을 한 데 대해 "개인적인 의견 표명의 수준을 넘는 재판관여로 단정하기는 어렵다"고 했다. 이메일과 판사들 진술에서 나온 내용만 언급했을 뿐 그 뒤에 숨은 의혹들은 하나도 규명되지 않았다. 신영철의 재판관여에 법원행정처 라인이 연루되어 있었는지, 재판관여 과정에서 청와대나 정치권과 접촉이 있었는지에 대한 조사가 이뤄지지 않았다. 눈앞에 보이는 일들만 보고 지나갔다.

조사 결과를 보고 받은 이 대법원장은 사건을 대법원공직자윤리위원회로 넘겼다. 대법원은 "진상조사 결과를 법적으로 평가하고 그 책임 소재를 규명하기 위한 것"이라고 설명했다. 판사들 사이에서 "왜 법관징계위원회에서 넘기지 않느냐"는 지적이 나왔다.

당시 신 대법관을 법관징계위원회에 넘긴다고 해도 그를 물러나게 할 방법은 없었다. 신영철은 "법관은 탄핵 또는 금고 이상의 형의 선고에 의하지 아니하고는 파면되지 아니한다"는 헌법 제106조 뒤에 있었다. 이용훈은 대법관을 법관징계위원회에 넘기는 게 온당한지도 판단이 서지 않았다.

4월 20~21일 이틀간 충남 천안의 상록회관에서 전국법관워크숍이 열렸다. 전국 법원 대표 75명이 모였다. '신영철 대법관의 행위가 재판 독립을 침해했고 부적절했다'는 의견이 많았다. 그 의견을 대외적으로 표명할지, 신 대법관 거취를 논의할지를 놓고 의견이 갈렸다. 아직 절차가 진행 중으로 사실관계가 명확하지 않다는 주장도 만만치 않았다. 이용훈 대법원장은 오전부터 가겠다고 했으나 참모들이 점심식사에 맞춰 가시라고 말렸다.

상록회관에 도착한 이 대법원장 눈이 붉게 충혈되어 있었다. 이용훈의 마음은 말할 수 없이 착잡했다. 자신이 제청해 대법관이 된 사람을 판사들이 신임하지 않고 있었다. 이용훈은 판사들에게 "사법권 독립은 국민의 신뢰를 얻기 위한 첫째 조건이다. 법과 양심에 따라 재판해달라"고 당부했다. "일선 법관들이 열정적으로 자기 의견을 개진하는 현상에 대해 긍정적으로 생각한다. (신 대법관과 관련한) 이번 사건을 긍정적으로 승화시킬 수 있는 기회로 삼자."[10]

"신영철 물러나면…"
난기류에 빠진 법원

사태 초기 신영철 대법관은 이용훈 대법원장을 찾아와 '판사들이 계속 문제를 삼는다면 사퇴할 수 있다'는 의향을 내비쳤다. "대법관 자리에 계속 있기 괴롭습니다." 이용훈은 "진상조사가 진행 중이다. 지금은 사퇴 문제를 거론할 단계가 아니다"라고 말했다. 물밑에서는 신 대법관 거취를 놓고 전쟁이 벌어지고 있었다. 청와대는 신 대법관 사퇴는 있을 수 없는 일이라는 입장이었다.

"신영철 대법관이 물러나면 그를 제청한 대법원장도 물러나야 한다." "신영철 대법관 사표 받으려면 사표를 두 장(이용훈·신영철) 가져오라." 밑도 끝도 없는 말들이 청와대와 국회, 서초동 법조타운 사이를 밀려왔다 밀려갔다. 그 말들이 대통령 뜻인지, 청와대 비서실 의견인지도 확인되지 않은 채 대법원 주변을 떠돌아다녔다. 일부 법조계 원로들도 신영철의 사법행정권 행사에는 문제가 없었다고 목소리를 높였다.

이용훈은 '사표 두 장' 얘기는 전해 듣지 못했다. 청와대 쪽에서 '신 대법관이 무엇을 잘못했다고 그만둬야 하느냐'는 반응을 보였다고 들었을 뿐이었다. 그는 임명권자(대통령)도 아닌 자신이 사표를 내라, 마라 할 수는 없는 일이라고 여겼다. 이용훈은 신영철 스스로가 결정할 문제

라고 생각하고 있었다. '신영철 자신의 양심에 비춰 재판에 관여하려고 생각했다면 사퇴해야 한다.'

대법원·법원행정처는 강경파와 온건파로 갈렸다. 김상준 사법정책실장 등은 원칙에 따라 처리해야 한다고 주장했다. "재판에 관여한 사람이 대법관 자리에 있을 수 없다. 신 대법관은 사퇴해야 한다." 법원행정처 수뇌부는 강경파를 설득했다. "사태를 확대하지 말자. 적절한 시점에 신 대법관 스스로 사퇴할 것이다."

서울고법에 있던 이광범 부장판사 등 외곽의 대법원장 지지 그룹도 움직이기 시작했다. 이광범 등은 '신영철 자진 사퇴'를 믿고 판사들을 설득했다. "법원장의 재판관여는 있을 수 없는 일이다. 신 대법관은 물러나야 한다. 하지만 지금 그만두면 대법원장도, 사법부 독립도 흔들리게 된다."

그 무렵 이 대법원장은 신 대법관을 참석시키지 않은 가운데 대법관회의를 열었다. 대법관회의에 배석하던 법원행정처 간부들도 부르지 않았다. 대법원장은 대법관들에게 신 대법관 문제에 대한 의견을 구했다. 아무도 입을 떼려고 하지 않았다. 이용훈은 한 사람씩 차례로 발언을 하도록 했다.

"대법원장님께서 잘 판단해서…"

박시환 대법관의 차례가 왔다. "의혹이 사실이라면 심각한 일 아닙니까. 결코 그냥 넘겨서는 안 됩니다."

아무도
부끄러워하지 않았다

대법원공직자윤리위원회는 5월 8일 신영철 대법관에 대해 주의 촉구 또는 경고 조치하라고 대법원장에게 권고했다. "신 대법관은 재판관여로 인식되거나 오해될 부적절한 행위를 했다." 징계를 권고하지 않은 데 대해 "사법행정권의 범위와 한계에 대한 기준이 확립되지 않았고, 재판권에 대한 개입행위를 시정할 제도적 장치가 없다"고 말했다. 판사들은 경고나 주의는 지나치게 약하다고 반발하고 나섰다. 대법원공직자윤리위원회 결정을 비판하는 판사들의 글이 코트넷에 잇따라 올랐다.

작은 희망을 간직하기도 했지만 이제 '그러면 그렇지' 하는 냉소를 스스로에게 보낸다. 이 사건을 전화위복의 계기로 삼아야 하는데 그런 의지가 수뇌부, 행정처, 우리 자신에게 있는지 의문이다.

결자해지 측면에서 신 대법관의 결단을 감히 부탁한다. 사법부가 더는 소모적 논쟁에 휘말리지 않게 하는 결단이 어떤 것인지 익히 알 것으로 믿는다.

대법원장이 읍참마속(泣斬馬謖)의 심정으로 모범을 보여야 한다. 신 대법관이 사퇴하지 않으면 징계 절차를 개시해야 한다.

이용훈 대법원장은 '엄중 경고'로 마음을 굳혔다. '법이 무엇인가를 선언하는 위치에 있는 대법관이 법원장 시절 있었던 잘못 때문에 대법원장의 경고를 받는 것, 그 자체만으로도 치명적인 일이다.' 대통령이 임명한 대법관을 사퇴하라고 하는 것은 대법원장의 권한 밖이라고 결론을 내렸다. '엄중 경고' 방침은 사전에 신영철 대법관에게 전달됐다. 강일원 기획조정실장이 신 대법관의 자택을 방문해 대법원장의 뜻을 전했다.

"신 대법관님. 상황이 굉장히 엄중하고 어렵습니다."

우회적이지만 알아들을 수 있게끔 얘기했다. 강일원은 다음 날 출근해 이용훈에게 보고했다. 5월 13일 이 대법원장은 신 대법관을 대법원장실로 불러 엄중 경고했다. 시종 어색한 분위기였다. 신 대법관은 이 날 코트넷에 글을 올렸다.

이번 사태로 말미암아 사법부 내부에서 재판에 대한 간섭이 이루어지고 있다는 오해의 빌미를 제공하고 모든 법관들의 자긍심에 손상을 줌으로써 제가 평생 몸담아온 사랑하는 법원에 크게 누를 끼치고 말았다는 생각에 내내 괴로웠습니다. 이번 사태를 통하여 제가 얻게 된 굴레와 낙인은 제가 이 자리에 있는 동안, 아니 제 남은 일생 동안 제가 짊어지고 갈 수밖에 없는 제 짐입니다. 아무쪼록 제 부덕과 어리석음으로 국민과 법원 가족 여러분께 드린 상처가 하루빨리 치유되었으면 합니다. 저의 일로 인하여 법원 가족 여러분께 여러 심려를 끼쳐드려 진심으로 송구스럽다는 말씀을 다시 드립니다.

다음 날 서울남부지법에서 첫 단독판사회의가 열렸다. "명백한 재판권 침해로 위법하다." 서울중앙지법 단독판사들도 회의를 열고 "신 대법관이 대법관 직무를 수행하는 것은 부적절하다는 것이 다수"라고 밝혔다.

이런 가운데 법원행정처 근무 경력이 있는 일부 판사들은 다른 목소리를 냈다. "판사들이 대법관 사퇴를 요구하는 것은 대법원장이나 사법부 독립을 더 어렵게 하는 것이다." 일부 법원행정처 판사들은 자제 요청 전화를 돌리기도 했다. 보수언론은 판사회의가 공무원법상 금지된 집단행동이라고 보도했다.

일선 판사들의 분노는 계속 타올랐다. 같은 달 15일 서울북부지법 단독판사회의에서 "신 대법관의 직무 수행은 부적절하다"는 결의가 나왔다. 판사회의는 전국 곳곳으로 번져나갔다. 고등법원의 중견 판사들도 판사회의를 열고 신 대법관의 용퇴를 우회적으로 촉구했다. 18일 의정부지법 판사들은 "신 대법관의 용기와 희생이 필요하다"고 했다.

19일자 신문에 박시환 대법관 발언이 실렸다.[11] 박 대법관은 "지금 상황은 5차 사법파동으로 볼 수 있다"며 "이번 사태를 신 대법관 개인의 일탈행위로 치부하고 넘어가면 또다시 이런 일이 벌어지게 될 것"이라고 말했다. "사법행정권자의 재판 개입은 유신시대와 5공 시절부터 계속돼 왔는데 1993년 사법개혁 당시 이를 깨끗이 단절하지 못했다. 역사적 흐름 속에서 원인 규명을 제대로 해서 이번에 끊고 가야 한다."

보도가 나오자 대법관 출신인 이회창 자유선진당 총재는 "스스로 물러나야 할 사람은 신 대법관이 아니라 뒤에 앉아서 부채질하고 있는 박시환 대법관"이라고 했다.[12] "법관은 자신의 신념과 양심을 가지고 재판을 통해 정의를 실현하는 것이지, 집단행동으로 정의를 말할 수는 없다. 박 대법관이 뒤에 앉아서 젊은 법관을 선동하는 것은 비겁하기 짝이 없는 짓이다." 이 총재 발언은 보수 법조인들의 시각을 대변하고 있었다.

'5차 사법파동' 발언 보도 후 박시환은 이용훈 대법원장과 신영철 대법관을 찾아가 사과했다. "내 생각은 보도된 그대로지만 공개적으로 말하려던 건 아니었다. 기자가 '인사드리고 싶다'고 찾아와서… 어쨌든 죄송하게 됐다." 대학 동기인 박시환과 신영철은 서로 겸연쩍은 얼굴로 대화를 주고받았다.

판사회의의 불길은 같은 달 23일 '노무현 전 대통령 서거' 뉴스가 나오면서 가라앉았다. 6월 5일 이용훈 대법원장은 전국법원장회의를 열었다. 대법원은 법원장회의에서 배당 예규 개선과 제도 개선 TF 구성, 재판권 침해 구제기구 설치 등 대책을 발표했다. 이 대법원장은 신 대법관 엄중 경고에 대해 "명예와 도덕성을 생명으로 여기면서 평생 재판 업무에 종사해온 사람으로서는 감내하기 어려운 일일 것"이라고 말했다.

이 경고는 다른 모든 대법관의 의견을 경청한 후에 내려진 것으로서, 대법원장을 포함한 대한민국 최고법원 법관들의 뜻이 담긴 것이기도 합니다. 이것은 한 나라의 법이 무엇인지, 정의가 무엇인지를 최종적으로 선언하는 대법관에게는 더없이 무거운 것입니다. (…) 사법행정을 책임지고 있는 저나 여러분으로서는 이번 일을, 법관들이 어떠한 외압이나 간섭 없이 소신껏 재판에 임할 수 있는 환경을 조성하는 것이 사법행정권 행사의 최우선적 목표가 되어야 한다는 점을 명심하는 계기로 삼아야 하겠습니다. 이번 사건은 법원장의 사법행정권 행사의 범위와 관련하여 일어난 일이기는 합니다. 그렇지만, 우리 모두는 법원의 관료화, 사법행정권의 집중화 현상이 그 원인 중의 하나라는 목소리를 가슴 깊이 새기며 스스로를 돌아보아야 합니다.

사건 발생보다 중요한 것은 수습 과정이다. 수습 과정이 잘못되면 후유증을 키우고 사태를 악화시킨다. 수습 과정에 필요한 것이 원칙과 반성이다. 원칙대로, 반성하는 자세로 수습을 해야 한 단계 더 성숙할 수 있다. 신영철 사태의 수습 과정은 타협과 절충으로 점철됐다. 진실이 무엇인지 밝히기보다 충격을 최소화하는 데 급급했다.

같은 해 8월에 있을 대법관 교체에 맞춰 신 대법관이 사퇴할 것이라는 얘기가 공공연하게 법원에 유통됐다. "불쑥 사퇴하는 것도 쉬운 일이 아니다. 다른 대법관 후보가 제청되거나 추천되는 시점에 자연스럽게 사퇴 의사를 밝힐 것이다." 신 대법관의 사퇴 표명은 끝내 나오지 않았다. 이후에도 '이제는 신 대법관이 사퇴할 것'이란 소문이 퍼졌다 잦아들곤 했다.

신영철은 임기 6년을 모두 채웠다. "재판관여 논란이 없었다면 신영철 대법관이 법원행정처장이 됐을 것이다. 그거라도 막은 게 어디냐." 판사들은 자조 섞인 말을 주고받았다. '적당한 때 사퇴한다'는 것도 신

영철 대법관이 직접 언급한 바 없으니 따질 수도 없는 노릇이었다. 신
영철은 2015년 2월 17일 퇴임식에서 이렇게 말했다.

건전한 상식을 가진 한 보편적인 인간으로서 사고할 뿐 아니라 치열한
프로 정신으로 무장한 전문가로서도 손색이 없는 재판을 하기 위하여, 제
가 가진 시간을 온전히 다 썼다고 자부합니다. 그리고 어폐가 있을 수 있
겠습니다만 정책 결정자로서의 시각으로 약간 다른 각도에서 사안을 보
려고 노력하기도 하였습니다. (…) 모름지기 법관은 자신에게 재판권이
부여된 뜻을 잘 헤아려 자긍심을 갖고 책임을 다하기 위하여 혼신의 힘을
쏟아야 합니다. 그렇게 하여야 법관과 재판에 대한 국민의 믿음과 신뢰가
회복되리라고 생각합니다.

신영철의 퇴임사에 사과나 유감 표명은 한 구절도 없었다. 그는 오히
려 '정책 결정자로서의 시각'을 이야기했다. 신영철은 퇴임 인터뷰[13]에
서 촛불사건 재판에 대해 "1000명이 넘는 사람들의 재판을 (위헌법률심
판 제청을 이유로) 마냥 미루는 것은 옳지 않다고 생각했다. 다시 그때로
돌아간다고 해도 똑같이 할 수밖에 없다"고 말했다. '외압' 논란에 대해
서는 "판사들의 소신에 관한 문제를 근무평정의 주제로 삼은 적이 없
다. 그런 의혹 제기 자체가 누구보다 법원을 사랑한 법원장의 인격에
대한 심한 모독"이라고 했다.

이용훈 대법원장이 자신의 자리를 걸고 신영철 대법관 사퇴나 중징
계를 밀어붙였다면 어떻게 됐을까. 신영철 사태가 남긴 마지막 의문이

다. 상당수 판사들은 "이 대법원장이 사표를 던질 각오로 임했다면 청와대에서도 감히 대법원장을 건드리지 못했을 것"이라고 아쉬움을 나타냈다.

"대법원장이 사표를 던지겠다는 자세로 신영철 대법관을 중징계했다면 청와대에서 과연 대법원장을 어떻게 할 수 있었겠는가. 판사들이 재판 독립을 들고 일어난 마당에 대법원장 거취가 이슈로 등장하는 건 정권으로선 최악의 시나리오다."

당시 법원행정처 간부들은 "단순히 대법원장과 대법관의 문제가 아니었다"고 말한다. 신 대법관이 사퇴했다면 대법원장뿐 아니라 사법부 전체가 흔들렸을 것이라는 얘기다. 이 논리 역시 공포를 과장하는 말일 수 있다. 오히려 재판 독립이 얼마나 중요한지를 국민들이 실감하는 계기가 됐을 수도 있다.

신영철 사태는 법원에 대한 국민들의 신뢰를 추락시켰고 판사들 마음에 트라우마를 남겼다. 그 사태를 일으킨 당사자는 임기를 채우고 법원을 떠났다. 이용훈 대법원장은 판사들과 정치권력 사이에서, 제청권과 임명권 사이에서 좌고우면하다 결단할 기회를 놓치고 말았다.

"신영철은 자진 사퇴할 것"이라고 말했던 이들도 자신들의 말을 더 이상 입에 올리지 않았다. 어떤 이는 그게 그렇게 큰일이냐고 했고, 어떤 이는 불가피한 선택이었다고 했다. 어떤 이는 속았다고 했다. 잘잘못을 가리고 책임을 묻는 일을 하는 법원과 판사들이 정작 자신들에게는 책임을 묻지 않았다. 모두가 부끄러워야 했지만 아무도 부끄러워하지 않았다.

대법원과 청와대의
피 말리는 신경전

"대법관 제청만 없으면
대법원장 할 만하다"

대법관 임명 제청은 한국적인 제도다. 미국 연방대법원의 경우 대통령이 의회의 동의를 거쳐 대법관을 임명한다. 이 과정에서 대통령이 대법원장과 대법관 후보를 상의하거나 대법원장의 제청을 받도록 하는 법 규정은 없다. 일본은 총리가 최고재판소 재판관을 지명할 때 최고재판소 장관(우리의 대법원장)의 의견을 듣는 정도다.

한국은 대법관에 대해 "대법원장의 제청으로 국회의 동의를 얻어 대통령이 임명한다"(헌법 제104조 2항)라고 규정하고 있다. 대법원장이 대법관 후보를 제청했는데 대통령이 받아들이지 않으면 작동하지 않는 구조다.

흔히들 대법원장 뜻대로 대법관을 앉힐 수 있다고 생각한다. 임명권자가 대통령임을 떠올리지 못하는 것이다. 대통령이 생각하는 대법관 후보와 대법원장이 생각하는 대법관 후보가 서로 다를 때 갈등은 필연적이다. 갈등이 표면화되는 것을 막기 위해 사전에 의견 교환을 거쳐 대법관 후보를 제청하는 것이 관행으로 굳어져 있다.

대통령과 대법원장 간의 의견 교환은 말처럼 쉽지 않다. 대법원장을 임명한 대통령이 재임 중일 때는 그나마 낫다. 정권이 바뀌어 새로 취임한 대통령과 전임 대통령이 임명한 대법원장은 상당 기간 불편한 동거를 해야 한다. 서로 소통에 어려움이 있을 수밖에 없다. 그나마 같은 보수성향이나 진보성향이라면 그 어려움이 작다. 성향이 다르면 의사

소통의 고충은 몇 배 더 커진다.

노무현 대통령은 이용훈 대법원장의 대법관 제청권을 존중했다. 이명박 정부로 정권이 바뀐 뒤로는 모든 게 껄끄러웠다. 이명박 대통령은 대법관 제청 문제를 직접 거론하지 않았다. "민정수석실과 얘기가 안 됐습니까?" "민정수석하고 이야기가 잘 돼가고 있습니까?" 대법원장이 청와대 민정수석과 직접 접촉할 수는 없는 노릇이었다. 이용훈으로서는 대법관 인선 자체가 지난한 과정이었다. "대법관 제청만 없으면 대법원장 할 만하다"고 말할 정도였다.

이명박 청와대와는 대화 루트부터 찾기가 어려웠다. 대법원장은 법원행정처 간부들을 비롯해 다양한 채널을 가동해 청와대나 정치권에서 흘러나오는 이야기로 대통령의 의중을 파악해야 했다. '청와대에서 ○○○을 원하는 것 같다'고 감을 잡는 식이었다. 법원행정처 기획조정실장과 청와대 민정수석이 공식 창구였지만 단일화된 창구는 아니었다. 대법원도 여러 접점이 있었고, 청와대도 여러 접점이 있었다. 여당의 유력 의원도 접점이 되곤 했다. 이런 접점들을 통해 대통령의 뜻을 추론해나가는 방식이었다.

이러다보니 의견 교환 과정에서 크고 작은 오해가 생기기도 했다. 갈등은 대개 청와대에서 대법원장의 대법관 제청 일정이 잡히지 않는 것으로 표면화됐다. 대법관의 임명권과 제청권을 나눈 것은 선출된 권력(대통령)과 선출되지 않은 권력(대법원장) 사이에 균형을 맞춰가라는 헌법의 명령이다. 문제는 한쪽이 너무 큰 힘을 가지면 균형이 깨져버린다는 데 있었다.

노무현 정부·이명박 정부에서 임명된 대법관

정부	대법관	재임 기간	출신고교· 대학	기수	주요 경력
노무현 정부	김용담	2003년 9월 ~ 2009년 9월	서울고· 서울대 법대	사법연수원 1기	법원행정처 차장· 광주고법원장
	김영란	2004년 8월 ~ 2010년 8월	경기여고· 서울대 법대	사법연수원 11기	대법원 재판연구관· 대전고법 부장판사
	양승태	2005년 2월 ~ 2011년 2월	경남고· 서울대 법대	사법연수원 2기	법원행정처 차장· 특허법원장
	이용훈 대법원장	2005년 9월 ~ 2011년 9월	광주제일고· 서울대 법대	고등고시 15회	법원행정처 차장· 대법관
	김황식	2005년 11월 ~ 2008년 7월 (감사원장 임명)	광주제일고· 서울대 법대	사법연수원 4기	서울고법 부장판사· 법원행정처 차장
	박시환	2005년 11월 ~ 2011년 11월	경기고· 서울대 법대	사법연수원 12기	인천지법 판사· 서울지법 부장판사
	김지형	〃	전주고· 원광대 법대	사법연수원 11기	특허법원 부장판사· 대법원장 비서실장
	이홍훈	2006년 7월 ~ 2011년 5월 (정년퇴임)	경기고· 서울대 법대	사법연수원 4기	서울지법 민사수석부장· 서울중앙지법원장
	박일환	2006년 7월 ~ 2012년 7월	경북고· 서울대 법대	사법연수원 5기	대법원 수석재판연구관· 서울서부지법원장
	김능환	〃	경기고· 서울대 법대	사법연수원 7기	대법원 수석재판연구관· 울산지법원장
	전수안	〃	경기여고· 서울대 법대	사법연수원 8기	대법원 재판연구관· 광주지법원장
	안대희	〃	경기고· 서울대 법대	사법연수원 7기	서울지검 특수1부장· 대검 중수부장

	차한성	2008년 3월 ~ 2014년 3월	경북고· 서울대 법대	사법연수원 7기	서울중앙지법 파산부 수석부장·법원행정처 차장
	양창수	2008년 9월 ~ 2014년 9월	서울고· 서울대 법대	사법연수원 6기	서울민사지법 판사· 서울대 법대 교수
	신영철	2009년 2월 ~ 2015년 2월	대전고· 서울대 법대	사법연수원 8기	서울중앙지법 형사수석부장·서울중앙지법원장
	민일영	2009년 9월 ~ 2015년 9월	경복고· 서울대 법대	사법연수원 10기	법원도서관장· 청주지법원장
	이인복	2010년 9월 ~ 2016년 9월	대전고· 서울대 법대	사법연수원 11기	서울고법 부장판사· 춘천지법원장
	이상훈	2011년 2월 ~ 2017년 2월	광주제일고· 서울대 법대	사법연수원 10기	서울중앙지법 형사수석부장·법원행정처 차장
	박병대	2011년 6월 ~ 2017년 6월	환일고· 서울대 법대	사법연수원 12기	법원행정처 기획조정실장· 대전지법원장
이명박 정부	양승태 대법원장	2011년 9월 ~ 2017년 9월	경남고· 서울대 법대	사법연수원 2기	대법관
	김용덕	2012년 1월 ~ 2018년 1월	경기고· 서울대 법대	사법연수원 12기	대법원 수석재판연구관· 법원행정처 차장
	박보영	″	전주여고· 한양대 법대	사법연수원 16기	서울가정법원 부장판사· 한국여성변호사회 회장
	고영한	2012년 8월 ~ 2018년 8월	광주제일고· 서울대 법대	사법연수원 11기	서울중앙지법 파산수석부장·법원행정처 차장
	김창석	″	휘문고· 고려대 법대	사법연수원 13기	대전고법 수석부장· 법원도서관장
	김신	″	부산고· 서울대 법대	사법연수원 12기	부산지법 수석부장· 울산지법원장
	김소영	2012년 11월 ~ 2018년 11월	정신여고· 서울대 법대	사법연수원 19기	법원행정처 정책총괄심의관·대전고법 부장판사

이명박 정부 출범 후 이용훈 대법원장은 '제청권은 명실상부하게 행사해야겠다'는 각오를 다지고 있었다. '대통령이 대법원장의 뜻을 끝내 무시하지는 못할 것이다.' 그 각오를 지키는 것은 피 말리는 과정의 연속이었다.

정권교체기에 임명 제청된 차한성 대법관을 놓고는 큰 문제가 없었다. 임기 말 대통령(노무현)에게 제청하고, 후임 대통령(이명박)이 임명장을 주면 됐다. 차 대법관은 인사관리심의관, 기획조정심의관, 건설국장, 사법정책연구실장, 법원행정처 차장 등 법원행정처 요직을 거쳤다. 그는 보수성향으로 알려져 있었지만 '합리적 보수'에 가까웠다.

이용훈 대법원장 취임 후 법원행정처 차장을 대법관으로 제청한 것은 김황식 대법관에 이어 두 번째였다. "법원행정처 차장이 바로 대법관으로 직행하는 과거 방식으로 회귀하는 것이냐." 법원 안에서 우려가 일었다. 이용훈의 생각은 달랐다. 그는 "법원행정처 차장은 대법관이 되면 어떻게 할지 잘 알 수 있는 자리"라고 했다. 그 자신도 법원행정처 차장 출신이었다.

다음 대법관 인사는 생각지도 못한 지점에서 돌출했다. 김황식 대법관이 감사원장으로 차출된 것이다. 2008년 6월 18일 아침 대법원장실로 전화가 걸려왔다. 청와대였다.

"아무래도 김 대법관이 감사원장으로 가야 할 것 같습니다."

이명박 대통령의 갑작스런 통보에 이용훈 대법원장은 불편한 심정을 내비쳤다.

"법원으로서는 좀 난감합니다. 대법원에 좋은 인재인데…"

"사법부에 좋은 사람 많은데요. 좋은 사람 골라서 대법관 하면 되지 않겠습니까."

김황식은 '무슨 일을 해도 잘할 사람'이라는 게 이용훈의 평가였다. 고교 후배인 김황식은 이용훈이 마음 터놓고 대화할 수 있는, 몇 안 되는 대법관 중 하나였다. 이용훈은 거듭 반대하고 싶었지만 '김황식 감사원장'은 돌이킬 수 없는 일이었다. 대법관이 감사원장 등 행정부로 자리를 옮긴 전례가 없는 것도 아니었다.*

7월 7일 이명박 정부는 촛불집회 사태를 수습하는 차원에서 소폭 개각을 단행했다. 6월 10일 한승수 국무총리를 포함한 내각이 일괄 사의를 표명한지 27일 만이었다. 전남 장성 출신인 김황식은 '고소영' '강부자' 내각이라는 비판을 받던 이명박 정부가 꺼낸 민심 수습용 '국민통합' 카드 중 하나였다. "심판(대법관)이 정권의 구원투수로 나서는 것은 사법부 독립을 훼손하는 것"이라는 비판이 제기됐다.

이용훈은 후임 대법관 후보를 물색해야 했다. 양창수 서울대 법대 교수가 물망에 올랐다. 양창수는 사법연수원 수료 후 5년 남짓 판사로 있다가 대학으로 옮겨 20년 넘게 민사법을 강의해온 민법학의 권위자였다. 그는 최초의 학계 출신 대법관 후보 1순위로 꼽히며 세 차례 연속** 대법관제청자문위원회가 추천한 대법관 후보군에 올랐지만 제청되지

---

* 이회창 전 한나라당 총재는 김영삼 정부 때 대법관을 하다가 감사원장으로 기용됐다. 이후 국무총리를 하면서 정치에 발을 내딛기 시작했다. 김황식 대법관도 이명박 정부에서 감사원장에 이어 국무총리로 임명된 뒤 정치인으로 변신했다.
** 양창수 교수는 2005년 10월, 2006년 6월, 2008년 1월 대법관 후보로 추천됐다.

못했다. 노무현 정부는 양창수에 대해 긍정적이지 않았다. 보수성향이라는 평가 때문이었다.

이용훈은 "대법관 13명 중에 학자 한 사람은 있어야 한다"고 강조해온 만큼 이번 기회에 양창수를 제청하기로 마음먹었다. 양창수는 검찰 대표(안대희), 학계 대표를 대법관에 앉혀야 대법원이 최고법원의 위상을 갖출 수 있다는 지론에 안성맞춤이었다. 청와대에서도 반대하지 않았다.

다음 대법관 제청은 고현철 대법관의 퇴임을 앞둔 2009년 1월 이뤄졌다. 대법관제청자문위원회는 신영철 서울중앙지법원장, 구욱서(사법연수원 8기) 서울남부지법원장, 정갑주(사법연수원 9기) 전주지법원장, 강병섭(사법연수원 2기) 변호사 등 4명을 새 대법관 후보로 추천했다. 이 가운데 주목을 받은 인물은 강 변호사였다.

강병섭은 서울중앙지법원장으로 있던 2004년 7월 김영란 대법관이 제청되자 사표를 냈다. 그는 당시 퇴임식에서 "사법권은 정치권력은 물론 여론이나 단체 등 어떠한 압력으로부터도 독립되어야 한다"고 강조했다. 강 변호사는 이명박 정부 출범 후 급성장한 법무법인 바른*소속이었다.

---

* 법무법인 바른은 이명박 정부 출범 후 정동기 청와대 민정수석, 강훈 법무비서관 등 소속 변호사들이 정부에 들어가면서 각광을 받았다. '노무현 정부는 법무법인 화우, 이명박 정부는 법무법인 바른'이란 말이 나올 정도였다. 하지만 급성장의 배경을 이명박 정부 출범에서만 찾는 것은 무리가 있다. 최종영 전 대법원장, 박재윤 전 대법관, 김동건 전 서울고법원장, 명로승 전 법무차관, 문성우 전 대검 차장, 이인규 전 대검 중수부장 등 법원·검찰의 고위 전관들이 대거 영입돼 '송무 로펌'으로 자리를 잡았다.

기수로만 보면 대법관을 할 시기가 지난 상태였다. 그런 그가 대법관 제청자문위원회를 통과하자 법원 안팎에서는 "청와대에서 강 전 원장을 밀고 있다"는 말이 돌았다. 뜬소문이었을까. 청와대는 '강병섭 대법관'을 거론하지 않았다. 신영철 서울중앙지법원장이 대법관 후보로 제청됐다. 이때까지만 해도 대법관 제청 갈등은 표면화되지 않았다. 갈등보다는 가벼운 신경전이란 표현이 어울렸다.

"예선에도 못 올려주나" 청와대의 불만

대법원과 청와대의 갈등이 본격화한 것은 2009년 8월 대법관 제청 때였다. 김용담 대법관 후임을 정해야 할 시기였다. 당시 청와대에서 대법관 제청을 강력히 희망하는 후보가 있었다. 길기봉(사법연수원 10기) 대전지법원장이었다. 대법원에서 난색을 표하자 청와대는 "예선만이라도 통과시켜달라"고 했다. '예선'은 대법관제청자문위원회의 복수 후보 추천을 가리키는 것이었다.*

----

* 대법관제청자문위원회는 대법원장 자문 기구로 법관 3인(선임 대법관, 법원행정처장, 대법관이 아닌 법관 1인), 법조 관련 직역 대표 3인(법무부장관, 대한변협 회장, 한국법학교수회장), 법조 외부 인사 3인으로 구성된다. 대법관제청자문위원회는 자율성을 갖고 있지만 선임 대법관과 법원행정처장 등이 들어가 대법원 입장을 전달하기 때문에 실제로는 대법원이 후보 추천에 상당한 영향력을 행사할 수 있다. 청와대 쪽에서도 법무부장관 등 법원 외부인사를 통해 대통령의 의중에 있는 사람을 추천하기도 한다.

예선을 통과하면 본선에서 어떻게 될지 모르는 상황이었다. 청와대에서 희망하는 인사를 후보군에 넣게 되면 대법원장이 제청권을 제대로 행사하기가 곤란해진다는 게 이용훈의 판단이었다. 대법관 후보를 놓고 대통령과 정면으로 맞닥뜨려야 하는 순간이 올 수도 있다.

이용훈은 법원행정처 간부들에게 "예선을 통과시켜주면 본선에서 어떻게 될지 누가 아느냐"고 했다. 대법관제청자문위원회가 없다면 대법원장이 제청하고 대법원장 자리만 걸면 되지만, 대법관제청자문위원회를 통해 대법관으로 추천되면 훨씬 더 복잡해진다. 4명 안팎의 후보군에 들어가 공식 발표까지 된 사람을 대법원장 마음대로 배제하기는 어렵게 된다.

길기봉 원장은 나쁘지 않은 카드였다. 비서울대(한양대) 출신인 데다 법원행정처 경험이 없다는 것도 장점이었다. 청와대에서 "아직까지 한양대 출신 중에 장관급 공무원이 한 명도 없다"는 말이 흘러나왔다.

그러나 이용훈은 길기봉 원장 카드를 받을 수 없었다. 청와대에서 요구하는 대법관 카드를 그대로 받는다는 것은 대법원장의 제청권, 나아가 사법권 독립에 영향을 미칠 수 있는 일 아닌가. 신영철 대법관 재판 관여 논란의 와중에 또다시 분란의 소지를 만들 수 없었다.

"길 원장 정도면 괜찮은데 받아들이시라." 일부 대법관이 건의했지만 길 원장은 예선을 통과하지 못했다. 대법원 주변에서 "(청와대에서) 강하게 대시하지 않았다면 길 원장이 됐을 것"이라는 말이 나왔다. 청와대에서 미는 힘이 클수록 대법원장으로서는 밀릴 수가 없었다.

8월 10일 대법관제청자문위원회는 권오곤(사법연수원 9기) 국제유고 전범재판소 부소장과 정갑주(사법연수원 9기) 전주지법원장, 이진성(사법연수원 10기) 법원행정처 차장, 민일영(사법연수원 10기) 청주지법원장 등 4명을 대법관 후보로 추천했다. 진통은 그때부터 시작됐다. 대법관 제청을 위한 대통령·대법원장 회동 일정이 잡히지 않았다.

통상적으로 대법관제청자문위원회가 새 대법관 후보 3~4명을 추천하면 2, 3일 내에 대법원장이 대통령과 만나 그중 한 명을 제청했다. 이번에는 제청 일정이 계속 미뤄졌다. 초반에는 언론에서 '청와대에서 대법관 후보를 철저하게 검증하고 있다'고 보도했다. 시간이 흐르자 '청와대와 대법원 사이에 이견이 있는 것 아니냐'는 추측성 보도가 이어졌다. 급기야 추천 후 열흘이 넘도록 제청 일정이 잡히지 않았다. '국회 인사청문회와 임명동의안 처리 일정을 감안할 때 김용담 대법관이 퇴임하는 9월 11일까지 후임 대법관을 임명하지 못할 수도 있다'는 보도가 나왔다.

청와대는 불쾌감 섞인 반응을 보였다. "대법관 제청 문제로 대법원장을 만날 이유가 없다. 대법원은 앞으로 대법관 후보를 서면으로 제청하라." 대법관 공석 사태가 장기화할 수도 있다는 우려가 커졌다. 이용훈이 결단을 내렸다.

"대통령이 세 명(현직 법원장급 후보인 정갑주·이진성·민일영) 중 한 사람을 선택하라. 대통령이 고르는 후보를 제청하겠다."

청와대에 와일드카드를 준 셈이었다. 그들 중 누가 되든 대법관 감으로 문제가 없다는 게 이용훈의 생각이었다. 추가 협의가 진행된 끝에 민일영 원장이 선택됐다. 경복고·서울대 법대를 졸업한 민일영은 민사

집행법 분야의 전문가로 알려져 있었다. 성향은 보수에 가까웠다.

이명박과 이용훈, 두 사람은 8월 25일 청와대에서 만났다. 대법관제청자문위원회 추천 후 보름 만이었다. 이미 합의는 끝난 상태였다. 대통령도, 대법원장도 그간의 일에 대해 왈가왈부하지 않았다. 1시간가량 환담을 나눴다. 이용훈은 전용차로 청와대를 빠져나오며 깊은 한숨을 내쉬었다. 대법관 제청에 자리를 걸지 않으면 대법원장 역할을 해내기 어렵겠다는 생각이 스쳤다.

갈등 속 대안으로 떠오른
이인복

다음 대법관 후보는 2010년 8월 퇴임하는 김영란 대법관 후임이었다. 김 대법관 퇴임을 앞두고 "여성 대법관을 한 명 더 제청해야 한다"는 목소리가 높아지고 있었다. 김 대법관이 퇴임하면 여성 대법관은 전수안 대법관 한 명만 남게 된다.

대법원은 "여성 대법관 후보군이 아직 두텁게 형성되어 있지 않다. 사법시험 합격자 수를 감안할 때 몇 년 만 기다리면 여성 후보군이 크게 늘어날 것이다. 그때까지는 성별로 다양성을 추구하기 어렵다"라고 했다.

'성별의 다양성'은 중요한 문제였다. 굳이 '존재가 의식을 결정한다'는 말을 떠올리지 않더라도 성(性)이 다르면 경험이 다르고, 경험이 다르면 생각이 다르기 때문이다. 학계에서 "대법관들의 인생 경로가 비슷하다보니 판결 성향도 대동소이해 각계의 의견을 담아내지 못하고 있다"[1]는 지적이 이어졌다. 김영란도 퇴임 인터뷰에서 "여성 대법관이 각 소부에 한 명씩, 최소한 세 명은 있어야 한다"고 말했다.[*]

'성별의 다양성'이 어렵다면 '생각의 다양성'이라도 추구해야 하지 않을까. 법조계에서 "여성 대법관을 제청하지 못한다면 진보적인 법조인을 제청해야 한다"는 주장이 힘을 얻었다. 이용훈 대법원장도 진취적인 대법관이 필요하다고 생각하고 있었다.

민일영 대법관 제청 때 긴 산고를 치러야 했던 대법원과 청와대는 대법관제청자문위원회 단계부터 조율에 들어갔다. 이용훈은 이상훈(사법연수원 10기) 법원행정처 차장을 염두에 두고 있었다. 청와대는 이상훈에 대해 거부 반응을 보였다. 그의 동생이 우리법연구회 출신의 이광범 전 사법정책실장(당시 서울행정법원 수석부장판사)이라는 점 때문이었다.

특히 이광범이 2010년 1월 용산 참사로 기소된 피고인들에게 미공개 수사기록을 공개하도록 결정하면서 이명박 정부의 역린(逆鱗)을 건드린 상태였다. 이상훈 자신도 이용훈의 고교·대학 후배로 대검 중수부의 론스타 수사 때 서울중앙지법 형사수석 부장판사로 검찰과의 갈등 전면에 서 있었다. 검찰 출신이 장악한 민정수석실의 문턱을 통과하

---

[*] 전수안 대법관은 2012년 7월 10일 퇴임사에서 대법관 성비 불균형 문제를 비판했다. 전 대법관은 "언젠가 여성 법관들이 전체 법관의 다수가 되고 남성 법관이 소수가 되더라도, 여성 대법관만으로 대법원을 구성하는 일은 없기를 바란다"고 말했다. 넉 달 뒤인 같은 해 11월 김소영 대법관이 임명됐다.

기가 쉽지 않았다.

이견이 좁혀지지 않자 이용훈은 새로운 인물을 제시했다. 이인복(사법연수원 11기) 춘천지법원장이었다. 이용훈은 이인복 원장을 진취적인 판사로 보고 있었다. 청와대도 중재안으로 제시된 이인복 카드를 받아들였다.

이인복은 법원행정처 근무 경험이 없었다. 일선 법원에서 재판만 해왔다. 명쾌하면서 부드러운 재판 진행으로 주목을 받았다. 춘천지법원장으로 근무할 당시 전국공무원노동조합 법원본부가 실시한 설문조사에서 가장 높은 점수를 받기도 했다. 서울지방변호사회가 발표한 법관 평가에서도 '우수 법관'으로 선정됐다. 형사사건에는 엄격한 죄형법정주의 관점에 섰지만* 다른 분야에서는 중도보수에 가깝다는 평을 받았다.

대법관제청자문위원회는 7월 19일 이상훈 법원행정처 차장, 이재홍(사법연수원 10기) 서울행정법원장, 이성보(사법연수원 11기) 청주지법원장, 이인복 춘천지법원장 등 4명을 대법관 후보로 대법원장에게 추천했다. 이용훈은 같은 달 22일 이인복 원장을 대법관으로 임명 제청했다. 이인복은 이용훈의 기대처럼 그렇게 진취적이지도, 청와대의 기대처럼 그렇게 보수적이지도 않았다. 양쪽이 비긴 게임이 되고 말았다.

---

* 이인복 대법관은 2011년 5월 뇌물수수 혐의로 기소된 박주원 전 안산시장 사건 상고심에서 유죄 판결한 원심을 깨고 무죄 취지로 서울고법으로 돌려보냈다. 그는 판결문에서 "검사의 공소사실과 이를 뒷받침하는 증거들에서 보이는 여러 불일치, 모순, 의문에는 애써 눈 감으면서, 오히려 피고인의 주장과 증거에는 불신의 전제에서 현미경의 잣대를 들이대며 엄격한 증명을 요구하는 것은 형사법원이 취할 태도가 아니다"라고 지적했다.

난형난제의 숙명,
이상훈과 이광범

이상훈·이광범 형제는 닮은꼴의 길을 걸어왔다. 두 사람은 모두 광주제일고와 서울대 법대를 거쳐 엘리트 판사의 길을 걸었다. 이용훈 대법원장의 두터운 신임 속에 법원행정처 요직을 거쳤다는 점에서도 같았다. 법원 내부에서는 두 사람을 두고 '난형난제(難兄難弟)'라고 했다.

한 사람은 대법관을, 다른 한 사람은 헌법재판관을 할 수 있다는 기대를 모으기도 했다. 그런데 이광범이 진보성향 판사들의 대표로 지목된 데다 2010년 1월 용산 참사 수사기록 공개 결정으로 이명박 정부의 눈 밖에 났다. 이 대법원장도 임기 중 그를 중용하기 어려워졌다.

이광범은 수사기록 공개 결정 직후인 2010년 2월 서울행정법원 수석부장으로 발령이 났다. 종전까지 지방법원 부장판사가 맡던 자리였다. '좌천성 인사'라는 얘기가 나왔다. 같은 정기 인사에서 이상훈 인천지법원장은 법원행정처 차장으로 기용됐다.

이광범이 법원에 있는 한 그의 형(이상훈)이 대법관에 오르기는 힘들었다. 2010년 7월 대법관 제청에서 그 사실이 분명해졌다. 김종훈이 이광범에게 사직을 권했다. "형제가 법원에 함께 있으면 이상훈 차장이 대법관되기 어렵다. 형을 위해 그만두는 게 어떻겠느냐."

이광범은 고민 끝에 대법원장실을 찾아갔다. 그는 이 대법원장에게 "사표를 내겠다"고 했다. 이용훈은 이광범을 만류했다. "형 때문에 그만둔다는 게 말이 되느냐. 다시 한번 생각해보라." 이광범은 사표를 내고 말았다. 그는 이후 언론 인터뷰에서 "형제가 같이 판사를 하는 순간, 기회가 우리 두 명에게 같이 오지 않는다는 것은 숙명이 돼버린 것"이라고 했다.[2]

2011년 1월 17일 대법관제청자문위원회는 김수학(사법연수원 9기) 대구지법원장과 이상훈 법원행정처 차장, 이재홍 서울행정법원장, 이진성 서울중앙지법원장 등 4명을 양승태 대법관 후임으로 추천했다. 이용훈이 이상훈을 제청하려고 하자 다시 청와대에서 제동이 걸렸다. 대법관 제청 일정이 잡히지 않았다. 대법원은 이 대법원장이 같은 해 9월 퇴임하는 상황에서 대법관 가운데 전남 출신이 한 명도 없다는 논리를 제시했다.

청와대는 더 이상 이상훈에 비토를 하지 않았다. 대법관 후보를 추천한 지 열흘 만에 이상훈은 대법관 후보로 제청됐다. 이광범이 사의를 밝힌 지 보름 후였다. 같은 달 31일 이용훈 대법원장은 이정미(사법연수원 16기) 대전고법 부장판사를 이공현 헌법재판관의 후임으로 지명했다.

법조계에서는 '이상훈-이정미 카드 교환설'이 제기되기도 했다. 이정미 부장판사가 이명박 대통령과 같은 고려대 출신이란 점 때문이었다. 이용훈은 "지금 헌법재판소에 비서울대 출신과 여성이 한 명도 없지 않느냐. 대법관과 헌법재판관을 놓고 바터를 한다는 게 말이 되느냐"고 했다.

2월 28일 열린 취임식에서 이상훈 대법관은 자신이 제청되는 과정에 적잖은 마찰이 있었음을 시사했다.

"저는 오늘 쉽지만은 않은 과정을 거쳐 대법관의 대임을 맡게 되었습니다. 그런 만큼 더욱 무거운 책임감과 사명감을 느낍니다."[3]

이광범은 이 대통령과 다시 악연을 맺게 된다. 이명박 정부 임기 말인 2012년 10월 '이명박 대통령 내곡동 사저 터 매입 의혹'* 사건 특별검사(특검)로 임명됐다. 이 대통령은 민주당이 특검 후보로 민변 출신 김형태 변호사와 이광범 변호사를 추천하자 재추천을 요청했다가 결국 이광범을 선택했다.

이광범 특검은 같은 해 11월 14일 김인종 전 청와대 경호처장 등 3명을 특정경제범죄가중처벌법상 배임 등 혐의로 불구속기소했다. 이 대통령 아들 시형 씨의 부동산실명제법 위반 의혹에 대해서는 불기소 처분을 했다. 부지 매입자금 12억 원은 시형 씨가 증여받은 것으로 판단해 세무서에 과세자료 통보했다.

이상훈 대법관은 대법원에 들어와서도 '쉽지만은 않은 과정'을 거쳐야 했다. 판결 성향으로 볼 때 그는 중도에서 오른쪽에 가까운 편으로 분류되어왔다. 하지만 양승태 코트에서는 보수화된 다수의견에 맞서 소수의견을 내며 '진보'로 재분류됐다.

----

* 이명박 대통령이 퇴임 후 거주할 목적으로 2011년 구입한 서울 서초구 내곡동 사저 부지 매입과 관련해 아들인 이시형 씨와 청와대 경호처의 부지 비율과 매입 비용의 차이 등에 대한 의혹이 제기됐다. 검찰이 2012년 6월 이 대통령의 아들 이시형 씨와 김인종 전 청와대 경호처장 등 관련자 7명 전원을 불기소 처분하자 '면죄부 수사'라는 비판 여론이 일었다. 2012년 10월 의혹 규명을 위해 특검이 출범했다.

과거로 회귀한
대법관 제청

2011년 5월 3일 대법관제청자문위원회는 조용호(사법연수원 10기) 광주고법원장, 이진성 서울중앙지법원장, 김용덕(사법연수원 12기) 법원행정처 차장, 박병대(사법연수원 12기) 대전지법원장, 강영호(사법연수원 12기) 법원도서관장 등 5명을 대법관 후보로 추천했다. 5월 말 정년퇴임하는 이홍훈 대법관 후임이자 이용훈 대법원장이 재임 중 마지막으로 제청할 대법관 후보였다.

대법관이 사법연수원 11기를 지나 12기로 넘어가는 시점에서 유력 후보는 박병대 원장과 김용덕 차장이었다. 연수원 동기인 두 사람은 판사 임용 후 줄곧 선두 경쟁을 벌여왔다. 김용덕은 고교 시절부터 '전국 1등'으로 주목을 받았다. 경기고를 수석으로 졸업한 뒤 서울대 법대 재학 중 사법시험에 합격했다.

김용덕은 박원순 서울시장, 박시환 대법관, 문재인 전 민정수석 등과 함께 사법연수원을 다녔다. 김용덕은 사법연수원을 수석으로 수료한 뒤 엘리트 판사의 길을 걸었다. 대법원에서 최장수 수석재판연구관 기록(4년 3개월)을 세우기도 했다. 조용하고 차분한 성격에 치밀한 법리로 대법원 재판을 뒷받침했다.

박병대는 입지전적 스토리로 알려져 있다. 그는 중학교를 마친 뒤 집안 형편 때문에 고교 진학을 포기했다. 담임 교사가 서울에 사는 친구에게 부탁했다. "재능이 아까우니 아들처럼 키우면서 학교에 보내달라." 서울로 올라온 그는 환일고 야간부를 거쳐 서울대 법대에 진학했다. 대학 재학 중 사법시험에 합격했다. 수년 전 양아버지가 별세했을 때 그는 상주로 끝까지 상가를 지켰다.

박병대는 1985년 서울민사지법에서 판사 생활을 시작했다. 재판 업무와 사법행정 분야에서 모두 두각을 나타냈다. 법원행정처의 요직을 거치며 '믿음직한 마무리 투수'라는 평가와 '유능한 사법관료'라는 평가를 동시에 받았다. 별명은 카리스마를 줄인 '박카리'였다. 사법연수원 교수 시절 연수생들이 붙여준 것이다.

이용훈 대법원장은 박병대 원장을 대법관으로 제청했다. 승부는 박병대가 일선 법원장으로, 김용덕이 법원행정처 차장으로 있다는 점에서 갈렸다. 이상훈 대법관이 법원행정처 차장에서 대법관으로 직행했는데 그 다음 대법관까지 법원행정처 차장을 앉힐 수는 없었다. 청와대에서도 별다른 이의가 없었다.

이용훈 코트 후반기의 대법관 제청은 기수 중심으로 이루어졌다. 기수를 획기적으로 낮추거나 연령대를 40대까지 하향하는 전반기의 실험들은 중단됐다. 여성 대법관도 전수안 한 명에서 멈췄다. 법원 내부 반발이 커지자 사법연수원 기수에 따라 대법관을 인선하는 방향으로 선회한 것이다.

이용훈은 인선의 속도를 높이면 자연스럽게 인적 쇄신의 효과를 낼 수 있다고 생각했다. 대법원장 임기(6년)에 맞춰 대체로 6개 기수 팀으로 돌아갔던 대법관 인선 대상을 연수원 4기(김황식·이홍훈)부터 12기(박병대)까지 9개 기수 팀으로 넓혔다.

이용훈은 기수·서열 파괴에 대해 '박시환, 김지형 두 사람으로 충분하다'고 판단했다. "두 사람도 대법원장에 막 취임했을 때 저질러버려서 가능했던 것"이라고 했다.

이명박 정부 들어 사법부가 전반적으로 보수화하면서 대법원 구성의 다양화는 빛을 잃어갔다. 양창수, 신영철, 민일영, 이인복, 이상훈…청와대와의 줄다리기 속에 제청된 대법관들도 보수나 중도보수에 그쳤다. 교수 출신인 양창수 대법관을 빼고는 법원장 아니면 법원행정처 차장이었다.

공통점은 '서오남'(서울대 출신·오십대·남성 판사). 데칼코마니처럼 같은 길을 걸어온 사람들에게서 새로운 것을 기대하기란 힘든 일이다. 판사라는 직업 자체가 보수적인 속성을 지니고 있다. 법률과 판례의 회로 속에서 다람쥐 쳇바퀴 돌 듯 살아간다. 게다가 법원은 조직에 길들여져야 인정받는 구조다. 고위직까지 오른 직업 법관이 보수성의 틀을 깨고 나오는 건 불가능에 가깝다.

이 대법원장은 이명박 청와대와의 갈등까지 감수하며 대법관 제청에 대한 정치적 입김을 배제하려고 했다. '행정부 입맛에 맞는 대법관 후보를 제청할 수 없다.' 그의 노력은 사법부 독립을 향한 의지에서 나왔을 것이다. 누가 대법관 감인지는 청와대보다 대법원이 더 잘 알 수 있다고 그는 믿었다.

하지만 그 갈등도 따지고 보면 보수적 판사 그룹 안에서의 작은 차이였는지 모른다. 비슷한 삶을 살아온 고위 법관들이 무엇이 얼마나 다를 수 있을까. 사회의 다양한 이해관계를 대변해야 할 대법관이 대통령과 대법원장 사이에서 정해지는 시스템의 한계이기도 했다.

과감하게 순수 변호사 출신이나 전문성을 지닌 법조인, 여성 법조인, 다른 생각을 가진 젊은 판사를 발탁하는 실험이 계속되지 못한 후유증은 길고도 깊었다. 왼쪽으로 이동했던 논의의 축은 2010년 8월 김영란 대법관, 2011년 5월 이홍훈 대법관이 퇴임하면서 다시 오른쪽으로 기울어졌다.

총성 없는 전쟁,
대법원 전원합의체

한 표 차이로 갈린
삼성에버랜드 사건

이용훈 코트 최대의 재판은 삼성에버랜드 사건이었다.[1] 이건희 삼성그룹 회장 형사처벌과 '편법 승계' 문제가 걸려 있었다. 대법원 내부의 토론 과정도 그 어느 때보다 격렬했다. 진보 대법관들과 보수 대법관들뿐 아니라 그들 안에서도 의견이 갈렸다.

삼성에버랜드 사건은 1996년 10월 30일 삼성에버랜드 이사회에서 전환사채* 발행을 결의하며 시작됐다. 액면총액 99억 5459만 원의 전환사채를 헐값(전환가격 주당 7700원)에 발행하기로 하면서 '주주에게 우선 배정한 후 주주들이 전환사채 인수청약을 포기해 실권할 경우 이사회 결의에 따라 제3자에게 배정한다'고 의결했다. 당시 이사회는 정족수 미달이었다.**

청약 만기일인 같은 해 12월 3일 오후 4시까지 삼성에버랜드 주주 중 제일제당만 청약했다. 나머지 주주들(97.06퍼센트)은 청약하지 않았다. 삼성에버랜드는 즉시 이사회를 열어 실권한 전환사채를 이건희 회장의 장남 이재용 씨(현 삼성전자 부회장) 등 자녀들에게 배정했다.

....

* 전환사채(CB)는 주식으로 전환할 수 있는 선택권이 부여된 사채를 말한다. 처음 기업이 발행할 때는 보통 회사채와 다름없지만 일정한 기간이 지나면 주식전환권을 행사할 수 있다.
** 삼성에버랜드 이사는 17명이었는데 이사회 의사록에는 '허태학이 의장석에 착석하여 조현호 등을 포함한 9명의 이사가 출석하여 성원이 되었음을 선언한 뒤 의안을 심리하여 출석 이사 전원의 찬성으로 의결'이라고 기재되어 있었다. 그러나 조현호 이사는 당시 외국 출장 중이었다. 의결정족수가 미달된 상태로 결의가 이뤄진 것이다.

같은 날 오후 5시 이재용 씨 등은 인수 대금을 납입하고 주식 전환 신청을 했다. 이로써 삼성에버랜드 대주주(합계 64퍼센트)가 됐다. 삼성그룹은 삼성에버랜드 → 삼성생명 → 삼성전자 → 삼성카드 → 삼성에버랜드의 순환형 지배 구조를 완성했다. 이재용 씨 등이 삼성그룹의 실질적인 지배권을 승계할 수 있게 된 것이다.[*]

1999년 2월에는 삼성SDS가 신주인수권부사채[**] 발행을 결의했다. 신주인수권 행사 가격은 주당 7150원이었다. 이 신주인수권부사채는 SK증권이 230억 원에 모두 인수한 뒤 삼성증권을 거쳐 이재용 등 이건희 회장의 네 자녀와 이학수 부회장·김인주 사장에게 넘어갔다. 당시 삼성SDS 주식은 장외시장에서 주당 5만 5000원에 거래되고 있었다. 이것 역시 이 회장 일가의 재산과 지분을 늘리는 데 쓰인 것이다.

삼성에버랜드 문제는 2000년 6월 곽노현 한국방송통신대 교수 등 법학 교수 43명이 이건희 회장 등 그룹 관계자 33명을 업무상배임 혐의로 고발하면서 검찰 수사로 이어졌다. 검찰은 3년여 만인 2003년 12월 1일 공소시효 만료를 하루 앞두고 허태학, 박노빈 삼성에버랜드 전·현직 사장을 기소했다. 공소시효가 다가오는 상황에서 전환사채 발행에 직접 관여한 경영진 2명을 우선 재판에 넘기는 분리기소안을 택한 것이다. 이에 따라 이 회장 등 다른 피고발인들의 공소시효가 정지

---

[*] 정부는 상속세법 전면 개정을 위해 1996년 10월 초 국회에 상속세 및 증여세법 개정안을 제출했다. 해당 개정안에는 전환사채 차익에 대한 증여간주 규정이 포함되어 있었다.
[**] 신주인수권부사채(BW)는 사채 발행 이후 해당 기업이 신주를 발행하는 경우 미리 약정된 가격에 따라 일정한 수의 신주 인수를 청구할 수 있는 권리가 부여된 사채를 말한다.

되면서 수사 확대가 주목됐다. 검찰은 1심, 2심에서 허태학·박노빈 대표에 대해 유죄가 선고됐음에도 수사에 나서지 않고 있었다.

2007년 10월 생각지 못한 변수가 돌출했다. 삼성그룹 법무팀장 출신의 김용철 변호사가 '삼성 비자금' 의혹을 폭로하면서 같은 해 12월 조준웅 특별검사팀이 출범했다. 조준웅 특검은 99일간의 수사 끝에 이 회장과 이학수 부회장 등 10명을 배임과 조세포탈 등 혐의로 불구속기소했다. 삼성에버랜드 전환사채 발행과 삼성SDS 신주인수권부사채 발행에 배임 혐의를 적용해 재판에 넘긴 것이다.

서로 연동된 두 사건은 1년 4개월의 시차를 두고 대법원에 올라왔다. 삼성에버랜드 사건은 2007년 6월, 삼성특검 사건은 2008년 10월이었다. 두 사건에 대한 하급심 재판부의 결론은 달랐다. 삼성에버랜드 사건의 경우 1심, 2심에서 모두 유죄가 선고된 반면 삼성특검 사건은 1심에서 무죄(삼성에버랜드)·면소(삼성SDS), 2심에서 무죄가 선고됐다. 사실상 같은 사건에 대해 상반된 판단이 내려진 것이다.

삼성에버랜드 사건의 쟁점은 기존 주주들의 전환사채 실권을 통해 주식을 이재용 씨 남매에게 저가 배정한 것을 업무상배임*으로 볼 수 있느냐였다. 구체적으로는 저가 발행으로 손해를 입는 피해자가 회사냐, 아니면 기존 주주냐였다. 회사가 손해를 입었다면 배임에 해당하지만 기존 주주가 손해를 입었다면 배임에 해당하지 않는다.

---

* 타인의 사무를 처리하는 자가 업무상의 임무에 위배하는 행위로써 재산상의 이익을 취득하거나 제3자로 하여금 이를 취득하게 해 그 본인에게 손해를 가하는 범죄를 말한다.

삼성에버랜드 사건과 삼성특검 사건에 대한 1심, 2심 판단

사건	삼성에버랜드 사건	삼성특검 사건
1심	**업무상배임죄 유죄** • 특정인에게 유리한 조건으로 회사 지배권 넘겨줄 의도였다면 경영진이 전환사채 발행권을 남용한 것임. • 제3자배정 방식에 해당함. • 주당 7700원 전환가격은 적정가격보다 낮으나 차액 산정할 수 없음.	**에버랜드: 무죄·SDS: 면소** • 주주배정은 배임죄 성립하지 않고 제3자배정만 배임죄 성립. • 에버랜드 전환사채 발행은 주주배정으로 무죄. • SDS는 주당 9192원으로 이득액이 5억 원 이상이나 50억 원 넘지 않음. 공소시효 완성 후 기소해 면소.
2심	**특정경제가중처벌법상 배임죄 유죄** • 의사회 결의가 무효임을 알면서도 유효로 가장해 전환사채 발행한 것은 임무 위배. • 제3자인 이재용 등에게 현저히 낮은 가격에 배정한 것도 임무 위배.(1주당 적정 전환가격은 최소 1만 4825원 이상) • 특정인에게 몰아줘 지배권 넘겨준 것도 임무 위배에 해당. • 89억 4025만 원 이상의 재산상 이익을 얻게 하고 에버랜드에 같은 금액 상당의 재산상 손해 입힘.	**에버랜드·SDS: 무죄** • 지배권 이전 목적의 신주 등 저가 발행은 회사 손해는 없고 기존 주주의 손해만 문제될 뿐임. • 자본거래에 해당하므로 출자금이 적정가격보다 적게 납입되었다 하더라도 회사 손익과는 무관함. • 적정가격으로 발행해 그에 상당하는 증자대금 등이 회사에 유입되도록 할 의무가 있다고 볼 수 없음.
대법원 재판부	대법원 2부(주심 김능환 대법관)	대법원 1부(주심 김지형 대법관)

항소심 재판부인 서울고법 형사5부(조희대 부장판사)는 "무효인 이사회 결의를 유효한 것처럼 가장한 뒤 전환사채를 제3자인 이재용 등에게 현저히 낮은 가격에 넘겨주고 지배권을 넘겨준 것은 배임에 해당한

다"고 판단했다. 1주당 적정 전환가격은 최소 1만 4825원으로 이재용 등에게 89억 4025만 원 이상의 재산상 이익을 얻게 한 것은 삼성에버랜드에 같은 금액 상당의 재산상 손해를 입힌 것이라고 했다.

삼성에버랜드 사건을 배당받은 대법원 2부는 삼성특검 사건이 대법원에 올라올 때까지 기다렸다가 본격적인 합의에 들어갔다. 주심은 김능환 대법관이었다. 몇 차례 소부 합의를 했지만 의견 일치가 이뤄지지 않았다. 대법원 2부의 대법관 4명 중 박시환 대법관만 유죄 의견을 고수하고 있었다. 박시환은 언론에서 말하는 '편법 상속' 프레임에 동의하지 않았다. 당시 그는 재판연구관에게 이렇게 말했다.

"삼성에버랜드 사건의 본질은 편법 상속이 아니다. 편법 탈취다. 계열사들이 주주로서 청약을 포기한 것처럼 보이지만 그 계열사 일반 주주들이 손해를 본 것이다. 일반 주주들 재산을 이건희 회장 자녀들에게 옮겨놓고 회사 지배권까지 넘겨준 것을 어떻게 그냥 넘길 수 있느냐."

대법원 2부 대법관들 사이에 유무죄 공방이 이어졌다. 이러는 사이 이용훈 대법원장 문제가 변수로 등장했다. 소부 합의를 이루지 못해 전원합의로 넘겨질 경우 변호사 시절 삼성에버랜드 사건 변호인을 맡았던 이 대법원장은 재판에서 빠져야 했다. 이용훈은 2004년 삼성 측 변론을 맡은 이종왕 변호사의 거듭된 설득에 삼성에버랜드 사건을 수임했다.* 이용훈과 이종왕은 동아일보 독자인권위원회, 김병관 동아일보

---

* 이 대법원장은 삼성에버랜드 사건을 수임한 뒤 2004년과 2005년 각각 5000만 원씩 받았다가 대법원장에 내정된 뒤 7500만 원을 돌려줬다.

회장 공동변론으로 인연을 맺었고, 노무현 대통령 탄핵심판 대리인단에서도 함께 활동했다.

'저가 발행을 했더라도 기존 주주가 인수를 포기해 실권이 됐다면 주주 자신의 손해(지분 희석)를 받아들인 것으로 배임에 해당하지 않는다.' 이 주주 손해론도 이용훈이 변호인으로 있던 당시 나온 논리였다.

"CJ(대법원장) 입장도 고려해야 하는 것 아니냐." 박시환을 향해 유·무언의 압박이 들어왔다. 소부 합의에 들어갈 때마다 박시환의 입장을 반박하는 듯한 검토보고서가 테이블에 올라와 있었다. 법원 밖에서도 "왜 박시환 혼자 고집을 부리느냐"는 말이 들려왔다. 박시환은 유죄 입장에서 한 치도 물러서지 않았다. 그는 가까운 후배 판사들에게 이렇게 말했다.

"경영진을 기소할지를 놓고 검찰이 3년 넘게 얼마나 난리를 쳤느냐.* 이런 사건 제대로 안 다루면 도대체 대법원은 무엇을 위해 존재하는 것이냐."

한국 재벌 구조의 병폐를 적나라하게 보여주는 사건에 대해 무죄라고 말할 수 없다는 박시환의 믿음은 확고했다. 개인적으로는 이 사건을 '소부 무죄'로 끝내면 고교·대학 동기인 곽노현 교수를 볼 면목이 없다는 생각도 들었다. 사건 고발을 주도했던 곽 교수는 해외에서 안식년을 보내던 중 검찰이 삼성에버랜드 경영진을 불구속기소하겠고 밝히자

---

* 검찰은 곽노현 교수 등의 고발장이 접수된 지 3년 가까이 지난 2003년 4월 수사에 착수했다. 삼성그룹 임원들에 대한 기소를 놓고 수뇌부와 수사팀이 맞서다 결국 같은 해 12월 피고발인 33명 중 허태학, 박노빈 두 사람을 먼저 기소했다.

인터넷 언론에 엄벌을 촉구하는 특별기고[2]를 하기도 했다.

전체 상황은 박시환에게 불리했다. 삼성특검 사건을 배당받은 대법원 1부(주심 김지형 대법관)는 삼성에버랜드 부분에 대해 무죄 결론을 내린 상태였다. 전수안 대법관은 "저쪽(대법원 2부)에서 반대가 없다면"이라는 전제를 달아 조건부 동의했다. 대법원 1부, 2부 대법관 8명 가운데 유일하게 박시환만 유죄 입장으로 7 대 1이었다.

박시환이 뜻을 굽히지 않자 이 대법원장이 그를 불렀다. "소부에서 합의가 되면 소부에서 하는 게 좋겠는데…" 이용훈은 당시 이명박 정부와의 긴장관계가 이어지는 와중에 자신이 전원합의 재판에서 빠지는 것만은 피하고 싶었다. "안 됩니다. 전합(전원합의)을 해야 합니다." 박시환은 완강했다.

대법원 2부 합의가 최종 결렬됐다. "어쩔 수 없네요. 전합으로 갑시다." 주심인 김능환 대법관이 고현철 대법관에게 전원합의체 회부를 보고했다. 이 대법원장이 전원합의에서 빠지면 선임 대법관인 고 대법관이 재판장을 맡아야 했다. 2009년 2월 퇴임을 앞두고 있던 고 대법관은 "이제 곧 퇴임인데 내가 재판장을 할 수 있겠느냐"고 했다.

그렇게 전원합의체 회부가 공중에 떠 있는 사이 돌발변수가 생겼다. 2월 15일 대법원 소부 개편이 단행됐다. 대법관 교체를 계기로 1·2·3부 대법관 구성을 대폭 변경하기로 한 것이다. 대법원이 소부 구성을 바꾼 것은 2005년 11월 박시환, 김황식, 김지형 대법관이 취임한 이후 3년 3개월 만이었다. 그전까지는 퇴임 대법관 자리를 새로 임명된 대법관으로 채워넣는 수준이었다.

대법원 1부는 김영란, 이홍훈, 김능환, 차한성 대법관, 2부는 양승태, 김지형, 전수안, 양창수 대법관, 3부는 박시환, 박일환, 안대희, 신영철 대법관으로 재구성됐다. 삼성에버랜드 사건 주심 김능환이 1부로 옮기고 삼성특검 사건 주심 김지형이 2부로 옮겼다. 3부로 옮긴 박시환은 자동적으로 삼성 관련 사건 재판에서 빠지게 됐다.

대법원 안팎에서는 '유죄 입장을 고수하는 박시환을 빼기 위해 의도적으로 소부 개편을 했다'는 관측이 제기됐다. 언론도 특정 대법관을 배제하기 위한 소부 개편이란 취지로 보도했다.[3] 얼마 후 개편된 소부에서 다시 합의를 시도한다는 소식이 들려왔다.

삼성에버랜드 사건이 전원합의 목록에 오르지 않은 사실을 확인한 박시환은 주심 김능환 대법관을 찾아갔다. 김능환은 박시환의 고교 2년 선배였다. "왜 삼성에버랜드가 전합 목록에서 빠졌습니까." 박시환이 물었다. 김능환은 "전합 회부가 확정된 상태가 아니다"라고 했다.

씩씩대며 사무실로 돌아온 박시환은 사표를 내야겠다고 결심했다. "나 혼자라도 책임지고 문제를 삼아야 하지 않겠는가." 가까운 지인들에게 자문을 구했다. "사표를 내라"는 답이 돌아왔다. 그는 마지막으로 김종훈 변호사를 만났다.

"내가 뭐 핏대 나고 그런 걸 떠나서 그냥 지나갈 순 없는 일이야. 대법관으로서 역사에 대한 책임이 있고, 이 문제를 알려야 할 책임도 있다고."

"MB(이명박) 정부가 이용훈 대법원장을 어떻게 하지 못해서 난리인데 이거 누구한테 떡 주는 건지, 생각해봐요. 형님이 사표 내면 대법원장님도 사표를 낼 수밖에 없어요."

누구 좋은 일 시키는 거냐는 말이 마음에 걸렸다. 당시 신영철 대법관 재판관여 논란으로 법원 전체가 흔들리고 있었다. 고민 끝에 사표내겠다는 마음을 접었다. 사표도 내지 못하는 자신의 처지에 더 화가났다. 박시환은 다음 날 잠깐 대법관실에 출근했다가 강릉 경포대로 향했다. 바닷가에서 운전기사와 함께 회를 먹으며 분을 삭였다.

당시를 되짚어보면 전원합의는 돌이킬 수 없는 상태였다. 김능환은 소부 교체 후 합의에 들어가기에 앞서 같은 소부 대법관에게 설명자료를 주며 말했다. "삼성에버랜드 사건을 전합에 올리기로 했는데 일단 소부 합의 절차를 거치고 가겠다." 박시환은 이 얘기를 전해들은 뒤에도 소부 교체가 자신을 배제하기 위한 것이라는 의심을 풀지 못했다.

지난한 과정을 거쳐 전원합의가 시작됐다. 재판장은 선임 대법관인 김영란이었다. '유죄' 의견이 한두 명에 그치면 무슨 망신인가. 박시환은 더 긴장할 수밖에 없었다. 기대를 걸었던 김지형도 무죄 의견이었다. 주요 사건에서 박시환과 김지형의 입장이 극명하게 엇갈린 건 이 사건이 유일했다. "김지형과 같은 소부에 있었다면 좋은 판례가 두 배는 더 나왔을 것"이라고 말하곤 했던 박시환으로서는 실망스러운 '이탈'이었다.

대법원 내부에서는 두 사람이 격론을 벌이다 먹살잡이 직전까지 갔다는 소문이 돌았다. 사실이 아니었다. 박시환은 대법원 구내식당에서 김지형을 만나 가볍게 항의했을 뿐이었다. "아니, 당신이 어떻게 그럴수가 있어?" 김지형은 "법리상 어쩔 수 없는 사건"이라고 답했다.

김지형은 '삼성의 행태가 비난받을 소지가 크지만 그렇다고 배임죄를 지나치게 확대 적용하는 것은 신중해야 한다'는 입장이었다. 복잡한 상법 이론에 학자들 의견도 두 갈래로 나뉘는 사안에 대해 형벌권을 행사하는 게 과연 옳은 일일까.

"소부 합의 때 견해(무죄 의견)를 바꿀 용의는 없어요?" 전원합의 과정에서 전수안이 김지형에게 의사를 타진해왔다. "글쎄요. 삼성이란 걸 빼고 일반적인 형사법적 관점에서 이 사건을 보면 제 생각이 맞는 것 같습니다."

7 대 1로 시작했던 삼성에버랜드 재판은 정작 본게임에 들어가자 유무죄 의견이 팽팽했다. 전원합의에 참여한 대법관 11명* 가운데 대다수인 10명이 '주주배정은 무죄, 제3자배정은 유죄'로 의견을 모았다. '전환사채를 주주에게 배정한 것이라면 회사에 손해를 끼쳤다고 볼 수 없다. 제3자에게 배정한 것이라면 회사가 확보할 수 있었던 최대한의 자금을 얻지 못하게 한 것으로 회사에 손해를 끼쳤다고 볼 수 있다'는 논리였다.

시가보다 낮게 발행가액 등을 정함으로써 주주들로부터 가능한 최대한의 자금을 유치하지 못하였다고 하여 배임죄의 구성요건인 임무 위배, 즉 회사의 재산보호 의무를 위반하였다고 볼 것은 아니다. 그러나 주주배

---

* 이용훈 대법원장은 삼성에버랜드 사건 변호인이었다는 이유로, 안대희 대법관은 삼성에버랜드 수사 당시 수사 지휘 라인인 대검 중수부장으로 있었다는 이유로 배제됐다.

정의 방법이 아니라 제3자에게 인수권을 부여하는 제3자배정 방법의 경우 제3자는 신주 등을 인수함으로써 회사의 지분을 새로 취득하게 되므로 그 제3자와 회사와의 관계를 주주의 경우와 동일하게 볼 수는 없다. (…) 이 경우에는 회사법상 공정한 발행가액과 실제 발행가액과의 차액에 발행주식수를 곱하여 산출된 액수만큼 회사가 손해를 입은 것으로 보아야 한다.[4]

'주주배정이든, 제3자배정이든 모두 무죄'라는 입장은 양승태 대법관 한 명뿐이었다. 그는 필요한 자금이 회사에 들어왔다면 어떤 경우에도 배임으로 처벌할 수 없다고 했다.

회사에 필요한 자금의 규모에 상응하는 수량의 주식이 발행되어 그 필요 자금이 조달되었다면 회사에 대해 이사는 그 임무를 다하는 것이며, 그로 인해 주주에게 불이익이나 손해가 발생하더라도 회사에 대한 임무 위배가 없는 한 이사를 배임죄로 처벌할 수는 없다. (…) 제3자가 신주를 인수함으로 말미암아 발생하는 기존 주주의 지분율 감소 및 저가 발행으로 인한 주식가치의 희석화는 모두 기존 주주가 입는 불이익일 뿐이므로, 주식 전환 조건을 기존 주주보다 불리하게 정하였다 하여 회사에 대한 임무 위배가 될 수는 없다.[5]

이 같은 법리 판단 아래 다시 토론이 진행됐다. 이제 쟁점은 삼성에버랜드 전환사채 발행을 주주에게 배정한 것으로 볼지, 제3자(이건회 회장 자녀들)에게 배정한 것으로 볼지였다. 양승태를 제외한 대법관 10명 중 김지형, 박일환, 차한성, 양창수, 신영철 대법관 등 5명은 '주주배정'이라고 봤다.

이 사건 전환사채의 발행은 주주배정 방식에 의한 것임이 분명하고, 에버랜드의 이사회가 실권한 전환사채를 이재용 등에게 배정한 것은 기존 주주들 스스로가 인수청약을 하지 않기로 선택한 데 기인한 것이므로 이 사건 전환사채의 발행이 제3자배정 방식에 의한 것이라고 선뜻 단정해서는 안 될 것이다. (…) 주주배정의 방법으로 주주에게 전환사채인수권을 부여하였지만 주주들이 인수청약하지 아니하여 실권된 부분을 제3자에게 발행하더라도 주주의 경우와 같은 조건으로 발행할 수밖에 없고, 이러한 법리는 주주들이 전환사채의 인수청약을 하지 아니함으로써 발생하는 실권의 규모에 따라 달라지는 것은 아니다.[6]

삼성에버랜드 사건은 '주주배정'인 만큼 배임죄로 형사처벌할 수 없다는 것이었다. 반면 김영란, 박시환, 이홍훈, 김능환, 전수안 대법관 등 5명은 '제3자배정'에 해당한다고 봤다.

이 사건의 실체는, 이 사건 전환사채 발행 결의 당시 시행되던 구(舊) 상법의 규정상 제3자배정 방식에 의한 신주의 발행이 허용되는지 여부가 분명치 아니하고 또한 에버랜드의 정관상 제3자배정 방식에 의한 전환사채의 발행을 허용하는 규정이 없으며 그에 관한 주주총회의 특별결의를 얻기도 어렵다고 본 피고인을 포함한 이사들이, 주주배정 방식으로 전환사채를 발행하되 표면이율 연 1퍼센트, 만기보장수익률 연 5퍼센트 등으로 사채로서 별다른 매력이 없는 발행조건을 정함으로써 주주들 대부분이 실권하도록 유도하고, 그 실권 부분을 이재용 등에게 배정, 인수하도록 한 것이라고 봄이 상당하고, 그러한 의미에서 이 사건 전환사채 발행의 실질은 제3자배정 방식에 의한 발행이라고 봄이 상당하며, 그 형식에만 좇아 주주배정 방식으로 볼 것은 아니다.[7]

제3자배정으로 회사에 손해를 끼친 것임이 분명함에도 지나친 형식 논리로 무죄로 판단해서는 안 된다는 것이었다. 이러한 11명의 의견을 다시 유무죄로 구분해보면 김지형 등 5명에 양승태까지 6명이 무죄였다. 6 대 5로 삼성에버랜드 사건에 대해 무죄 판단이 내려졌다.

비록 무죄 결론이 나오기는 했지만 박시환은 소기의 목적을 달성했다고 받아들였다. 처음 7 대 1에서 출발했을 때는 10 대 1 혹은 9 대 2가 될지 모른다고 불안해했는데, 한 표 차이까지 갔다는 건 할 만큼 한 것 아닌가.

2009년 5월 29일 대법원 전원합의체는 삼성에버랜드 사건을 무죄 취지로 서울고법으로 되돌려보냈다. 삼성특검 사건을 맡은 대법원 2부(주심 김지형 대법관)는 같은 날 삼성에버랜드 부분에 대해 무죄 취지로, 삼성SDS 부분에 대해 유죄 취지로 파기환송했다. 삼성SDS 신주인수권부사채 발행은 제3자배정에 해당한다는 데 이의가 없었다.

이건희 회장은 다시 서울고법에서 재판을 받았다. 2009년 8월 14일 서울고법 형사4부(김창석 부장판사)는 이 회장과 삼성 임원들에 대한 파기환송심에서 이 회장에게 징역 3년에 집행유예 5년, 벌금 1100억 원을 선고했다. 재판부는 465억여 원의 탈세와 증권거래법 위반에 삼성 SDS 배임 혐의가 추가됐음에도 기존 형량을 그대로 유지했다. '저가 발행이 적정가의 절반 가격 정도에 그쳐 비난 가능성이 매우 크다고는 말하기 어렵다. 삼성SDS 발전에 피고인들이 상당히 기여했다는 점을 인정할 수 있다.'

특검과 이 회장 측이 모두 재상고를 포기함에 따라 집행유예가 확정됐다. 같은 해 12월 이명박 대통령은 이 회장에 대해 원포인트 사면을 했다. "경제 살리기와 평창 동계올림픽 유치를 위해 이 전 회장의 사면이 필요하다는 경제계, 체육계, 강원도 등 각계의 의견을 받아들였다."

판결 후 김지형은 자신이 삼성특검 사건 주심을 맡게 되자 삼성 측이 긴장했다는 얘기를 전해들었다. 삼성 측이 그룹 계열사에 근무하던 그의 동생이 1999년 상사와의 의견 충돌로 회사를 나오게 됐다는 사실을 뒤늦게 파악하고 비상이 걸렸다는 것이다. 동생 일을 기억조차 못하고 있던 김지형은 쓸쓸한 웃음을 지었다.

삼성에버랜드 사건에 대한 대법원 재판 과정을 보면 한국 사회에서 삼성이 갖는 존재감이 드러난다. 법리 다툼 밑바닥에는 '삼성이라서 무죄라는 것 아니냐'는 불신과 '삼성이라서 유죄라는 것 아니냐'는 불신이 맞섰다. 양쪽 모두 '삼성이라서'에 주목했다.

물론 재벌이라고 해서 죄형법정주의에서 예외가 될 수는 없다. 법은 모두에게 평등한 얼굴을 보여줘야 한다. 삼성이라는 이유로 면죄부를 받아서도 안 되지만, 여론재판을 받아서도 안 된다. 그것이 공화국의 법치주의다.

문제는 형식논리다. 삼성에버랜드 사건을 보자. 이건희 회장 일가가 편법으로 주식과 경영권을 넘겨받은 것이다. 그렇지 않다면 왜 정족수 미달의 이사회 결의가 이뤄지고, 주주 실권 한 시간 만에 이재용 씨 등의 인수 대금이 납입됐겠는가. '주주 우선 배정'이라는 전환사채 발행 방식은 허울일 뿐이었다.

다수의견은 왜 맥락과 현실을 외면한 것일까. '주주들 스스로 인수 청약을 하지 않기로 결정한' 배후에 무엇이 있는지에 대해 왜 직시하지 않았을까.

정의는 법 논리와 법 감정, 머리와 가슴 사이에 있다. 맥락을 끊어낸 법리는 누구를 위한 것인가. 사법이 형식논리의 포로가 된다면 기득권의 편법과 탈법, 불법을 눈감아주는 결과를 낳는 것 아닌가. 재벌 사건에서 대형 로펌 변호사들이 벌이는 화려한 법 논리의 향연은 돈 없고 힘없는 시민들의 박탈감만 더할 뿐이다. 집행유예로 빠져나가는 재벌 회장들의 휠체어만큼 사법 신뢰를 위협하는 것은 없다.

1차 국가보안법 전쟁:
범민련·송두율 사건

이 법은 국가의 안전을 위태롭게 하는 반국가활동을 규제

함으로써 국가의 안전과 국민의 생존 및 자유를 확보함을 목적으로 한다.[8]

1948년 12월 제정된 국가보안법은 남북 분단 상황에서 한국 사회의 의식세계를 지배해왔다. '국가'가 그어놓은 금 밖을 조금이라도 벗어나면 처벌받을 수 있다는 인식을 잠재의식 깊은 곳에 심어놓았다. 특히 국가의 안전과 국민의 생존, 자유를 확보한다는 목적과 달리 정치적 반대세력을 탄압하는 데 악용되곤 했다. 독재시대에 민주화 요구가 커질 때마다 정부는 국가보안법 사건을 조작해 '정권안보'에 활용했다. 국가보안법은 표현과 사상, 양심의 자유를 보장한다는 헌법 조항을 한낱 장식품으로 만들었다.

김대중 정부 출범 후 남북 간 화해 무드 속에 '햇볕정책'이 등장하면서 국가보안법을 둘러싼 논란이 커지기 시작했다. 노무현 정부 들어 국가보안법 폐지 논란이 본격화했다. 2004년 8월 국가인권위원회가 정부에 국가보안법 폐지를 권고했다. 이어 노무현 대통령이 "독재시대의 낡은 유물인 이 법을 폐기하는 게 좋을 것"이라는 입장을 밝혔다.* 2005년 10월 천정배 법무부장관이 국가보안법 위반 혐의로 검찰 수사를 받던 강정구 동국대 교수에 대해 불구속 수사 지휘를 하자 김종빈 검찰총장

---

* 노무현 대통령은 '시사매거진 2580' 500회 특집 대담에서 국가보안법에 대해 "정권에 반대하는 사람을 탄압하는 데 압도적으로 많이 쓰여왔다. 이것은 한국의 부끄러운 역사의 일부분이고 지금은 쓸 수도 없는 독재시대의 낡은 유물이다. 낡은 유물은 폐기하고 칼집에 넣어 박물관으로 보내는 게 좋지 않겠느냐"고 말했다(『연합뉴스』 2004년 9월 5일자).

이 사퇴하기도 했다.

국가보안법 존폐 논란 속에 대법원은 관련 사건 처리를 늦췄다. 대법원 판결이 어떻게 나오느냐에 따라 존폐 논란에 영향을 미칠 수 있었다. 이용훈 대법원장이 취임하기 1년 전 대법원이 국가보안법 폐지론을 정면으로 비판한 것도 부담으로 작용했다. 2004년 8월 대법원 1부(주심 이용우 대법관)는 국가보안법 위반 사건에 대한 유죄를 확정하면서 이례적으로 국가보안법의 필요성을 강조했다.[9]

남북 사이에 정상회담이 개최되고 남북한 사이의 교류와 협력이 이루어지고 있다고 하여 바로 북한의 반국가단체성이 소멸하였다거나 대한민국의 안전을 위태롭게 하는 반국가활동을 규제함으로써 국가의 안전과 국민의 생존 및 자유를 확보함을 목적으로 하는 국가보안법의 규범력이 상실되었다고 볼 수는 없다는 것이 대법원의 확립된 견해이다. (…) 형법상의 내란죄나 간첩죄 등의 규정만으로도 국가안보를 지킬 수 있다는 등의 이유로 국가보안법의 규범력을 소멸시키거나 북한을 반국가단체에서 제외하는 등의 전향적인 입장을 취해야 한다는 주장도 제기되고 있다. 그러나 북한은 50여 년 전에 적화통일을 위하여 불의의 무력남침을 감행함으로써 민족적 재앙을 일으켰고 (…) 북한이 직접 또는 간접 등 온갖 방법으로 우리의 체제를 전복시키고자 시도할 가능성은 항상 열려 있다고 할 것이다.

대법원의 보수적 입장을 대변한 판결이었다. 그러다 노무현 정부 후반 국가보안법 논의가 수그러들었다. 사건 처리를 더 이상 미룰 수 없다는 분위기가 조성됐다. 보수 정부로 정권이 교체될 가능성도 커지고 있었다.

당시 대표적인 장기 미제 사건은 두 건이었다. 하나는 2003년 1월 서울고법에서 징역 2년 6월이 선고된 조국통일범민족연합(범민련) 남측 본부 임동규 전 부의장 사건이었다. 다른 하나는 2004년 7월 서울고법에서 징역 3년에 집행유예 5년이 선고된 재독 사회학자 송두율 교수 사건이었다. 2007년 하반기 대법원은 3~4년 동안 캐비닛에 들어가 있던 이들 사건을 꺼내 본격 검토에 들어갔다.

범민련 사건은 2001년 8월 임동규 전 부의장이 정부의 방북 승인을 받고 평양축전에 참가하면서 비롯됐다. 방북 조건은 '조국통일 3대헌장' 기념탑 관련 행사에 참석하지 않고 방북 목적 이외의 정치적 논의 및 합의서 채택을 하지 않는다는 것이었다.

하지만 임 전 부의장은 방북 첫날 통일의 거리에서 '조국통일 3대헌장' 기념탑까지 행진해 민족통일대축전 개막식에 참석했다. 범민련 남·북·해외 대표들과 '범민련 3자 협의회'도 개최했다. 검찰은 임 전 부의장을 국가보안법상 이적단체 가입, 특수탈출, 찬양·고무, 회합 등 혐의로 기소했다. 1심, 2심에서 유죄 판결이 나왔다.

"방북 승인까지 받아서 북한에 들어간 것을 탈출이라고 할 수 있느냐." "북한에서 박수 좀 쳤다고 해서 동조 혐의를 적용하는 것은 심하지 않느냐."

소부 합의 과정에서 문제가 제기됐다. "소부에서 처리하지 말고 전원합의에서 검토하자"는 주장과 "전원합의에서 국가보안법을 논의하기에 적절한 시점이 아니다"라는 반론이 맞부딪혔다. 범민련 사건[10]은 쟁점이 비슷했던 송두율 사건과 함께 전원합의로 넘겨졌다.

전원합의에서 국가보안법에 대한 대법관들의 시각 차이가 선명하게 드러났다. 쟁점은 세 가지였다. 범민련이 이적단체에 해당한다고 볼 것인가. 임 전 부의장의 북한 방문을 탈출로 볼 것인가. 동조 여부를 따지는 위험성 판단 기준을 어떻게 할 것인가.

"주한미군 철수, 핵무기 철거… 범민련 강령 내용을 보면 북한 정권의 주장을 그대로 따르고 있다. 이적단체에 관한 기존 판례를 그대로 적용하면 된다."

"북한 주장을 똑같이 주장했다고 해서 모두가 이적단체냐. 지나치게 광범위하게 국가보안법을 적용하는 판례를 바꿔야 할 때다."

표결 결과는 10 대 3. 박시환, 김지형, 전수안 대법관이 소수의견이었다. 다수의견*은 국가보안법을 엄격히 제한해 해석해야 한다는 점에 동의하면서도 실질적 해악을 끼칠 위험성이 있다고 판단했다.

어느 단체가 표면적으로는 강령·규약 등에 반국가단체 등의 활동을 찬양·고무·선전·동조하는 등의 활동을 목적으로 내걸지 않았더라도 그 단체가 주장하는 내용, 활동 내용, 반국가단체 등과의 의사 연락을 통한 연

---

* 이용훈 대법원장과 고현철, 김영란, 양승태, 김황식, 이홍훈, 박일환, 김능환, 안대희, 차한성 대법관.

계성 여부 등을 종합해볼 때, 그 단체가 실질적으로 위와 같은 활동을 그 단체의 목적으로 삼았고 그 단체의 실제 활동에서 그 단체가 국가의 존립·안전이나 자유민주적 기본질서에 실질적 해악을 끼칠 위험성을 가지고 있다고 인정된다면 그 단체를 이적단체로 보아야 한다.[11]

소수의견은 '국가보안법은 무장봉기를 일으키는 등 실질적 해악을 끼칠 '명백한 위험성'이 있는 경우에 한해 제한적으로 적용해야 한다'고 맞섰다. '인간 내면의 사유 영역은 불가침이다. 자유민주적 기본질서 등을 부정하는 사상을 가졌다는 이유만으로 형사처벌을 해서는 안 된다'는 것이었다.

그 사람의 의견·사상이 설사 자유민주적 기본질서와 양립할 수 없는 내용의 것(예를 들어 파시즘, 군주제 국가, 프롤레타리아 독재, 공산주의 등)이라 하더라도 이를 실현하는 방편으로 대한민국의 독립을 위협·침해하고 영토를 침략하여 헌법과 법률의 기능 및 헌법기관을 파괴·마비시키거나, 무장봉기, 폭력적·비합법적 수단을 통한 정부 전복을 꾀하거나 (…) 자유민주적 기본질서의 근간을 구체적이고 현실적으로 위협하는 방법을 동원하려 한 것이 아니었고, 다른 사람들을 상대로 그러한 방법을 동원할 것을 선전·선동하는 수준에 이르지 않는 표현행위 또한 실질적 해악성을 인정하여서는 아니 된다.[12]

두 번째 쟁점은 임 전 부의장의 방북이 국가보안법상 탈출에 해당하는지 여부였다. 선택지는 세 개였다. ①방북 승인을 받더라도 다른 목적이 있다면 탈출로 보아야 한다. ②밖으로 내세운 방북 목적이 단지 명목상의 구실에 불과한 경우가 아니라면 탈출로 볼 수 없다. ③방북 승인이 있었다면 어떤 경우든 탈출로 볼 수 없다. 이용훈 대법원장과 대법관 12명 등 13명 중 12명이 ②번 의견을 택했다. 임 전 부의장의 탈출 혐의에 대해 무죄 판단이 내려졌다.

북한 방문자가 오로지 법률상 허용될 수 없는 다른 행위를 하기 위하여 북한을 방문한 것이고 밖으로 내세운 방문 목적은 단지 북한 방문증명서를 받아내기 위한 명목상의 구실에 불과한 것이었다고 볼 수 있는 경우가 아니라면 (…) 국가보안법상의 탈출행위로 처벌하여서는 아니 될 것이다.[13]

전수안 대법관은 독자적으로 ③번 의견을 주장했다. "탈출의 의미는 언어의 통상적 의미와 용법에 따라 해석되어야 한다"는 전제 아래 '방문 목적에 따라 탈출인지 여부가 달라질 수 없다'고 제시했다.

애당초 탈출이라고 볼 수 없는 행위가 그 숨은 방문 목적이 어떠하였는지에 따라 탈출로 평가되어서는 안 되며, 통일부장관의 북한 방문증명서 발급이 적정한 것이었는지에 따라 탈출죄의 적용 여부를 달리하여서도 안 될 것이다.[14]

'조국통일 3대헌장' 기념탑 앞에서 열린 민족통일대축전 개막식에 참석해 박수를 치는 등 호응한 데 대해 동조죄를 적용할지를 두고도 의견이 갈렸다. 대법관 10명은 "북한 당국자의 연설에 박수를 치는 반응을 보였다고 하더라도, 그 행위만으로는 반국가단체 등의 활동에 호응·가세한다는 의사를 적극적으로 외부에 표시하는 정도에 이르렀다고 보기는 부족하다"고 봤다.

이에 대해 고현철, 김황식, 안대희 대법관은 "북한의 통일노선을 표방하는 조국통일 3대헌장 취지에 호응·가세하면서 그 지지의사를 밝히는 방법으로 이에 동조한 것이라고 보기에 충분하다"고 반박했다. 박수를 친 행위에 얼마나 큰 위험성이 있는지에 대한 대법관들의 민감도가 달랐던 것이다.

송두율 사건[15]의 쟁점은 국가보안법상 탈출죄 적용 여부였다. 1967년 독일로 유학을 떠난 송두율 교수는 1973년 조선노동당에 가입한 뒤 북한을 수차례 방문하는 등 친북 활동을 한 혐의로 구속기소됐다.[*] 범민련 임동규 전 부의장의 경우 방북 승인을 받고도 탈출 혐의가 성립하는지가 쟁점이었다면 송 교수는 외국 국적 취득자가 외국에 거주하다 방북한 경우 탈출 혐의가 성립하는지가 문제였다. 송 교수는 대한민국 국적을 상실하기 전인 1991년 5월부터 1993년 3월까지 네 차례, 국적 상실 후인 1994년 3월 한 차례 북한을 방문했다.

....

[*] 1심 재판부는 송 교수가 조선노동당 정치국 후보위원이 맞다며 징역 7년을 선고했으나 항소심 재판부는 다섯 차례의 밀입북 혐의(특수탈출) 등에 대해서만 유죄로 인정했다.

기존 판례는 '대한민국 국민이 아닌 사람이 외국에 거주하다가 반국가단체의 지배하에 있는 지역(북한)으로 들어가는 행위 역시 탈출 개념에 포함된다'는 것이었다. 대법관들 사이에서 "그러면 중국의 마오쩌둥이 북한에 가서 만세를 불러도 처벌해야 하는 것이냐"는 말이 나왔다. 외국 국적자는 탈출죄를 적용하기 어렵지 않겠느냐는 쪽으로 조금씩 분위기가 기울었다.

북한에 들어갈 목적으로 우리나라를 벗어나는 순간 탈출이 되는지, 북한으로 들어가야 탈출이 되는지도 문제였다. 해외에 살다 제3국을 거쳐 북한으로 들어간 경우는 더 복잡했다. 예를 들어 영국에 사는 한국 국민이 독일을 거쳐 북한에 들어가는 경우 영국에서 출국할 때 탈출이 되는지, 독일에서 북한으로 들어갈 때 탈출이 되는지 정리할 필요가 있었다. 해당 조항인 국가보안법 제6조 1항과 2항은 다음과 같다.

①국가의 존립·안전이나 자유민주적 기본질서를 위태롭게 한다는 정을 알면서 반국가단체의 지배하에 있는 지역으로부터 잠입하거나 그 지역으로 탈출한 자는 10년 이하의 징역에 처한다.

②반국가단체나 그 구성원의 지령을 받거나 받기 위하여 또는 그 목적 수행을 협의하거나 협의하기 위하여 잠입하거나 탈출한 자는 사형·무기 또는 5년 이상의 징역에 처한다.

1항이 단순 잠입·탈출이라면 2항은 적극적으로 북한과 연계 활동을 하기 위한 잠입·탈출이다. 다수의 대법관들은 제6조 1항에 대해서는 도착 개념을 적용하고, 2항에 대해서는 출발·도착 개념을 모두 적용하는 데 동의했다.

제6조 1항의 탈출은 '누구라도' 한국을 떠나 직접 또는 외국을 거쳐 북한으로 들어가는 행위와 '한국 국민이' 외국에 거주하다 북한으로 들어가는 행위가 포함되는 것으로 해석했다.

제6조 2항의 탈출은 1항의 경우들과 함께 '누구라도' 한국을 떠나 외국으로 나가는 행위도 포함된다고 해석했다. 한국 국적이 아닌 송 교수의 방북은 그중 어디에도 해당하지 않아 탈출 혐의가 적용되지 않는다는 결론이 나왔다.

다수의견에 대해 김지형, 전수안, 안대희 대법관은 "대한민국 영역 밖(외국 ─ 필자)에서 거주하다가 반국가단체 지배하에 있는 지역으로 들어가는 행위는 그 행위자가 대한민국 국민이든, 대한민국 국민이 아니든 가리지 않고 모두 국가보안법 제6조 제1항, 제2항에서 정한 탈출에 해당하지 않는 것으로 보는 것이 옳다"는 소수의견을 밝혔다. "탈출은 대한민국의 영역에 대한 통치권이 실지로 미치는 지역으로부터 이탈하는 행위만을 의미할 뿐"으로 '다수의견은 무리한 확대해석'이라는 것이다. 검찰 출신인 안대희 대법관이 김지형, 전수안 대법관과 함께 '엄격 적용' 쪽에 가담한 것이 눈길을 끌었다.

논쟁이 이것으로 마무리된 것은 아니었다. 박시환 대법관의 1인 별개의견이 있었다. 그는 근본적인 차원에서 문제를 제기하고 나섰다. 송 교수가 한국 국적을 상실하기 전 네 차례에 걸쳐 북한에 들어가 김일성을 만나는 등 방북 활동을 한 데 대해 '국가 존립·안전이나 자유민주적 기본질서에 해악을 끼칠 명백한 위험이 있다'고 본 다수의견에 반기를 들었다. 그는 다수자·강자의 소수자·약자 억압이란 측면에서 국가보안법 적용의 문제점을 진단했다.

다수자·강자는 소수자·약자의 자기와 다른 생각에 대하여 끊임없이 위험성의 의구심을 놓지 않으려 하고 있으며, 가능하면 이리저리 위험성의 덧칠을 하여 이를 규제하고자 하는 욕구를 억제하지 않고 있다. 이러한 상황하에서 우리가 해야 할 일은 그 위험성의 판단 기준을 더욱 엄격히 세우고, 이를 적용함에 있어 다수자·강자의 소수자·약자를 억압하고자 하는 욕구와 유혹에 맞서 사상과 표현의 자유를 강력하게 보호하는 일이라 할 것이다.[16]

그는 사람의 생각을 규제하기 위한 요건인 위험성의 기준을 다음 다섯 가지로 제시했다. ①그 위험은 명백하게 존재하는 것이어야 하고 ② 직접적인 위험이어야 하고 ③당장 급박하게 발생할 가능성이 높은 현존하는 위험이어야 하고 ④중대한 위험이어야 하며 ⑤위 조건을 모두 갖춘 위험한 생각이라 하더라도 생각 그 자체는 절대적 자유의 영역에 속하는 것으로서 제한할 수 없다.

'폭력적인 방법으로 생각을 실현시키려 하지 않는 한 그 어떤 생각도 처벌할 수 없다'는 게 그의 결론이었다. 다수의견의 '실질적 해악을 끼칠 위험성'이나 '명백하고 현존하는 위험'이라는 추상적 잣대로 이리 재고 저리 잰다면 세상에 위험하지 않은 일이 어디 있느냐는 반문이었다. 박수 백 번 친다고 대체 무엇이 달라지는가. 북한 안에서 같은 생각을 나누고 토론하고 학습했다고 해서 현실적 위험이 얼마나 더 커지겠는가. 박시환은 국가보안법이 횡행하던 시대를 이렇게 요약했다.

이와 같은 사상과 표현의 자유의 제한에 대한 엄격한 해석은, 지난 시기에 국가보안법이 정권안보 차원이나 비판세력에 대한 탄압 수단으로 오·남용되고 공안담당기관의 과잉의욕에 의하여 무리한 법 집행이 이루어짐으로써 국민의 인권이 침해당하고 오히려 자유민주적 기본질서의 중핵인 기본권이 위태롭게 되었던 지난 시대를 정리하고 다시는 그런 전철이 되풀이되지 않도록 과거로부터 확실한 단절을 긋는다는 의미에서도 반드시 확실히 해두어야 할 부분이기도 하다.[17]

성명서를 방불케 하는 이 대목은 제자리걸음을 하고 있던 사법부의 과거사 정리를 촉구하는 것이기도 했다. 그는 판결 후 한 후배 판사에게 말했다.

"대법관들과 논의를 하는데 '미군 철수 주장하는 자들 아니냐'는 반공논리가 거침없이 나왔다. 내가 '무슨 박정희 같은 얘기를 합니까'라고 버럭 소리를 질렀다. 국가보안법으로 고통받던 시민들을 떠올리며 지난 시대를 정리하자는 생각으로 마음먹고 소수의견을 썼다."

박시환은 그때 꼭 넣고 싶은 대목이 있었다. 보다 엄격한 기준을 세우지 않는다면 '국가보안법을 방만하게 적용해 법원 판결이 재심 판결로 무효화되는 치욕스런 과거'를 되풀이할 수 있다는 경고였다. 그는

"이건 좀 심하지 않느냐"는 지적을 받고 해당 문구들을 철회했다. 박시환은 문제의 대목을 따로 떼어 컴퓨터에 저장해두었다. 이 문구를 다시 쓸 기회를 얻기 위해 그는 2년을 기다려야 했다.

2차 국가보안법 전쟁: 실천연대 사건

대법원의 국가보안법 논쟁에 다시 불을 댕긴 건 남북공동선언실천연대(실천연대) 사건이었다.[18] 실천연대는 6·15남북공동선언을 기념해 민간 차원에서 통일운동에 나서자는 취지로 2000년 10월 결성됐다. 남북공동선언 실천을 위한 민간교류사업과 북한 바로 알기, 주한미군 철수 운동 등을 벌였다. 노무현 정부에서는 정부보조금을 지원받았다.

이명박 정부 출범 후인 2008년 말 검찰은 실천연대에 대한 수사에 나섰다. "적화통일과 주체사상을 옹호하는 명백한 이적단체다." 정부 보조금을 받던 단체가 하루아침에 이적단체가 된 것이다. 2010년 1월 서울고법이 이적단체 가입 등의 혐의로 실천연대 간부 김모 씨에게 징역 2년을 선고하면서 사건이 대법원에 올라왔다.

"남북공동선언을 실천하겠다는 단체를 정권이 바뀌었다고 이적단체로 규정하는 게 말이 되느냐." "미군 철수를 주장하는 단체에 정부보조금을 줬던 것부터 잘못 아니냐."

"정부보조금 지원 요건은 법에 정해져 있는 것이다.""단체에 대한 법적 평가는 상황에 따라 달라질 수 있다."

실천연대가 이적단체에 해당하는지를 두고 논쟁이 전개됐다. 표결 결과는 9 대 4. 다수 대법관들*은 실천연대의 구체적 강령 중 '반미 자주화' '미국의 한반도 지배양식 제거' 등이 6·15남북공동선언과 무관하고 북한 주장과 같다는 점 등을 들어 이적단체로 판단했다.

문제는 김씨에게 적용된 국가보안법 제7조 5항이었다. 해당 조항은 적을 이롭게 할 목적으로 문서 등 표현물을 제작·수입·복사·소지·운반·반포·판매 또는 취득한 자를 처벌하도록 하고 있다. 같은 행동을 했더라도 '이적행위를 할 목적'이 없다면 이 조항으로 처벌할 수 없다. 김씨는 실천연대 '2008년 정기 대의원대회' 자료집과 '우리민족끼리' 책자 등을 갖고 있었다.

이 문제를 놓고 다수 대법관들**은 '이적행위 목적 추정' 판례를 적용하겠다는 입장이었다. '이적표현물임을 인식하면서 취득·소지 또는 제작·반포했다면 그 행위자에게는 표현물 내용과 같은 이적행위를 할 목적이 있는 것으로 추정된다'는 1992년 판례***를 고수하겠다는 것이었다.

....

* 이용훈 대법원장과 김영란, 양승태, 김능환, 안대희, 차한성, 양창수, 신영철, 민일영 대법관.
** 이용훈 대법원장과 양승태, 김능환, 안대희, 차한성, 양창수, 신영철, 민일영 대법관.
*** 1992년 당시 대법관이었던 이회창 전 한나라당 총재는 이재성·배만운 대법관과 함께 반대의견을 냈다. 이 대법관 등은 "다수의견대로라면 단순한 취득·소지에 있어서도 이적행위의 목적이 추정되고 이러한 목적이 없음을 피고인이 적극적으로 입증하여야만 처벌을 면할 수 있게 되는데, 이것은 형사소송에 있어서 국가(검사)가 부담하는 입증책임을 합리적 근거도 없이 일률적으로 피고인에게 떠맡기는 것일 뿐 아니라, 피고인 자신이 이적행위의 목적이 없었다는 소극적 사실을 입증하기란 어려운 일이어서 사실상 처벌을 면할 수 없게 될

박시환, 김지형, 이홍훈, 전수안 대법관은 "표현물의 이적성*을 인식하고 있다는 것만으로 이적행위 목적이 있다고 추정한다는 게 말이 되느냐"고 반박했다. "이적행위가 될 수도 있다는 가능성을 인식하는 것과 이적행위를 적극적으로 의욕하고 목적으로 삼는다는 건 완전히 다르지 않느냐."

김영란 대법관은 별도의 반대의견에서 '김씨가 이적행위를 할 계획이나 의사가 있었다는 점이 입증되지 않았다'고 했다. "이적표현물 소지자에게 이적행위를 할 목적이 있었다는 점은 향후 그 표현물을 가지고 어떠한 이적행위를 할 계획이나 의사를 가지고 있는지가 구체적으로 드러나고 증명이 되는 경우에만 인정될 수 있다."

제2라운드는 전원합의가 끝난 뒤 시작됐다. 다수의견과 소수의견을 회람하는 과정에서 다수의견 대법관들 쪽에서 입장을 바꾸겠다고 통보해왔다. 다수의견 대법관들이 '이적행위 목적 추정' 판례를 변경하기로 한 것이다. 다수의견을 쓰다보니 논리를 세우기 힘듦을 알게 된 것일까. 한국 사회의 인식이 변화된 상황에서 18년 전 판례를 그대로 적용하기 어려움을 깨달은 것일까. 다수의견은 '이적행위 목적 추정' 판례를 폐기했다.

　실천연대가 비록 표면적으로는 정식 사회단체로 관청에 등록하여 비

것"이라고 지적했다(대법원 1992. 3. 31. 선고 90도2033 전원합의체 판결).
* 이적성(利敵性)은 책·인터넷 글 등 표현물이나 단체가 적, 즉 북한 정권을 이롭게 하는 것을 말한다.

영리민간단체지원법이 정한 형식적·절차적 요건까지 구비하여 정부의 보조금을 지원받은 적이 있다 하여도, 그 실질에 있어서는 반국가단체로 서의 북한의 활동을 찬양·고무·선전하거나 이에 동조하는 행위를 목적 으로 삼았고, 실제 활동 또한 국가의 존립·안전과 자유민주적 기본질서에 실질적 해악을 끼칠 위험성을 가지고 있는, 이른바 이적단체에 해당한다 고 보기에 충분하다 할 것이니 (…) 형사재판에서 공소가 제기된 범죄의 구성요건을 이루는 사실에 대한 증명책임은 검사에게 있으므로 행위자에 게 이적행위를 할 목적이 있었다는 점은 검사가 증명하여야 하며, 행위자 가 이적표현물임을 인식하고 제5항 소정의 행위를 하였다는 사실만으로 그에게 이적행위를 할 목적이 있었다고 추정해서는 아니 된다.[19]

다수의견은 그러나 김씨에 대해서는 이적행위 목적을 인정했다. 김 씨가 이적단체인 한국대학총학생회연합 등에 가입해 이적표현물을 취 득·소지·제작·반포하고 불법 집회·시위에 참가해 시위 진압 경찰관들 에게 상해를 가한 혐의로 유죄가 확정된 전력이 있는 점 등을 종합할 때 이적행위 목적을 인정할 수 있다는 것이었다.

행위자에게 이적행위 목적이 있음을 증명할 직접증거가 없는 때에는 표현물의 이적성의 징표가 되는 여러 사정들에 더하여 피고인의 경력과 지위, 피고인이 이적표현물과 관련하여 제5항의 행위를 하게 된 경위, 피 고인의 이적단체 가입 여부 및 이적표현물과 피고인이 소속한 이적단체 의 실질적인 목표 및 활동과의 연관성 등 간접사실을 종합적으로 고려하

여 판단할 수 있다.[20]

'추정'이 '인정'으로 바뀐 것 말고는 달라진 게 없는 것일까. 이적표현물을 갖고 있었다는 이유만으로 이적행위 목적이 추정되던 것과는 큰 차이가 있었다. 이전까지는 압수수색을 통해 이적표현물을 찾아내면 이적행위 목적을 추정하고 일단 수사에 착수하는 게 공안수사의 기본 공식이었다. '추정' 판례가 폐기되면서 보다 많은 증거를 확보해야 수사에 착수할 수 있게 됐다.

박시환, 김지형, 이홍훈, 전수안 대법관의 반대의견은 "국가보안법이 오·남용되지 않도록 주의하여야 한다"며 '단순한 경향성이나 막연한 개연성만으로 그 위험을 인정해서는 안 된다'고 지적했다.* 실천연대의 이적단체성 여부에 대해서는 "2006년과 2007년에는 그 활동의 의미와 역할을 긍정적으로 평가받아 공익활동에 수여하는 정부보조금까지 지원받았다"는 점을 강조했다.

적법단체로 활동해온 지 10년이나 지난 지금에 와서 그 단체의 활동과 실체가 갑자기 달라졌다는 별다른 징표도 없는 상황에서 이를 정반대의 불법 이적단체로 보아 처벌하기 위해서는 납득할 만한 근거가 제시되

---

* 반대의견은 "사상과 주장의 내용이 자유민주적 기본질서와 양립할 수 없는 주장이라 하더라도 무장봉기나 폭력혁명 등을 자유민주적 기본질서에 반하는 방법을 동원하여 이를 실현시키려는 것이 아니라, 자유민주주의 국가에서 통상적으로 허용되는 설득과 권유의 방법으로 다수의 지지를 획득하여 이를 실현시키려는 경우에는 명백·현존하는 위험의 정도에 이르지 못하는 것으로 보아야 한다"고 설명했다.

어야 할 것이다. 검사는 실천연대가 원래부터 이적단체였는데 지금까지 그 실체를 알지 못하다가 지금에 와서야 이를 알게 되었다는 것을 밝히든 지, 아니면 지금에 와서 실천연대의 실체와 활동이 완전히 바뀌었다는 점을 증명하지 못하는 한, 정부와 공안담당기관의 그때그때 기준에 따라 임의적·선별적 처벌을 한다는 비판을 면하기 어려울 것이며, 법적 안정성과 신뢰보호의 측면에서도 적지 않은 무리가 따른다는 점을 지적하지 않을 수 없다.[21]

이 실천연대 판결에서도 박시환 대법관의 1인 반대의견이 나왔다. 박시환은 북한을 반국가단체로만 보는 다수의견에 동의하지 않았다. 북한은 반국가단체의 성격을 갖고 있지만 대한민국과 교류·협력하면서 남북의 공존을 지향하는 측면도 병존한다는 주장이었다.

북한이 실질적으로 국가와 다름없는 체제와 구조를 갖추고 국제사회에서 국가로 활동하고 있으며, 대한민국 역시 북한을 여느 국가와 크게 다르지 않게 상대하여 각종 교류와 접촉을 하고 있으면서, 한편으로는 북한을 대한민국의 전복을 노리고 있는 반국가단체라고만 할 수는 없는 것이다.[22]

박시환은 이러한 북한의 이중적 성격을 인정하지 않으면 국가보안법이 오·남용될 수 있다고 보았다. 북한을 반국가단체라는 단 하나의 잣대로 봄에 따라 북한과 관련된 모든 행위를 국가보안법 적용 대상으로 삼은 뒤 교류·협력 목적이 확인된 다음에야 국가보안법 적용을 면제해주는 식으로 법이 운용된다.* 그 결과 공안기관은 북한과 관련이 있는 모든 사람에 대해 일단 국가보안법 위반으로 수사할 권한을 갖게 되고, 그중 일부를 선별적으로 골라 처벌한다는 것이 박시환의 문제의식이었다.

박시환은 국가보안법 적용 대상이 되는 주한미군 철수 주장에 대해서도 "특정 외국에 대하여 반대의 견해를 표시하고 그 외국 군대의 주둔에 반대하여 철수를 주장하는 것은 독립된 자주국가의 국민으로서 너무나 당연한 권리"라고 했다. '미국이 우리나라에 큰 도움을 준 우방국이라 하더라도 그 관계는 앞으로 얼마든지 변할 수 있는 것이다. 미국을 반대하는 것이 일본이나 중국을 반대하는 것과 하등 차이가 있을 수 없다.'

대법원 내부에서는 박시환의 의견을 급진적인 주장으로 받아들였다. 통상적인 판결문 스타일과 다르다며 고개를 갸웃거리는 판사들도 적지 않았다. 박시환은 의견 회람 과정에서 "북한의 이중적 성격 부분은 빼는 게 좋겠다"는 지적이 나오자 "삭제할 생각이 없다"고 거절했다.

그는 실천연대 사건을 국가보안법에 대한 자신의 생각을 펼 수 있는 마지막 기회라고 보고, 하고 싶은 이야기를 모두 쏟아냈다. 2년 전 국가

* 북한에 들어갔거나 북한 사람과 만났다면 일단 국가보안법 구성요건에 해당돼 수사 대상이 된다. 수사를 통해 북한을 이롭게 할 목적이 없었다는 점이 밝혀져야 위법성 조각을 받을 수 있다.

보안법 사건 판결문에서 빼야 했던 '법원의 치욕스런 과거'도 집어넣었다.

우리 법원이 지금이라도 과거의 판례로부터 과감하게 탈피하여 국가보안법의 해석 및 사상과 표현의 자유 제한에 대한 엄격한 기준을 세우지 않는다면, 다시 권위주의 정권이 들어서거나 공안담당기관이 권한을 과도하게 남용하여 국가보안법을 방만하게 적용하는 일이 생기는 경우, 과거의 인혁당 사건이나 김대중 내란음모 사건을 비롯한 20건 가까이 되는 사건과 같이 대법원 판결로 확정된 법원의 판결이 법원 스스로의 재심 판결에 의하여 무효화되는 치욕스런 일이 다시 되풀이될 가능성이 없다고 장담할 수 있을지 의문이다.[23]

양승태, 김능환, 차한성, 민일영 대법관은 다수의견에 대한 보충의견을 통해 박시환의 '북한의 이중적 성격' 의견을 강도 높게 비판했다. '북한의 실체에 어떠한 변화가 있었다고 볼 아무런 증거도 없는 상황에서 갑자기 북한의 반국가단체성을 종전과 달리 보자고 하는 것은 대법원 판례의 역사적 의미를 도외시한 것'이라는 반박이었다. 이들은 "반대의견은 다수의견을 오해한 나머지 근거 없이 비난하는 것"이라고 못 박았다.

(박시환 대법관의) 반대의견은 논리를 전도하거나 현실을 지나치게 일방적인 시각에서 평가하는 잘못을 범한 것이라고 말하지 않을 수 없다.

(…) 국가보안법은 각 개별 조문에서 "국가의 존립·안전이나 자유민주적 기본질서를 위태롭게 한다는 정을 알면서"라는 등의 구성요건 요소를 통해 반국가단체성과 관련 있는 행위만을 처벌대상으로 삼고 있고 (…) 북한이 남북관계의 발전에 따라 더 이상 우리의 자유민주주의 체제에 위협이 되지 않는다는 명백한 변화를 보이고 그에 따라 법률이 정비되지 않는 한, 국가의 안전을 위태롭게 하는 반국가활동을 규제함으로써 국가의 안전과 국민의 생존 및 자유를 확보함을 목적으로 하는 국가보안법이 헌법에 위배되는 법률이라거나 그 규범력을 상실하였다고 볼 수 없는 것이다.[24]

2010년 7월 판결이 선고된 후 박시환은 자신의 반대의견이 보도되면 보수성향의 시위대가 대법원에 몰려오지 않을까 예상했다. 이상하게도 그런 일은 일어나지 않았다. 대법원 공보관에게 확인해보니 실천연대 판결 보도자료에서 자신의 반대의견은 빠져 있었다. 박시환은 불쾌감을 감추지 못했다. 뒤이어 나온 판례공보의 요지 부분에서도 그의 반대의견은 보이지 않았다. 박시환은 분개했다.

"내가 아무리 형편없는 대법관이라고 해도 어떻게 대법관 의견을 빼버릴 수 있느냐고."

범민련 사건과 송두율 사건, 실천연대 사건은 한국 사회에서 국가보안법의 의미를 되새기는 계기였다. 진보 대법관들이 대법원에 존재하지 않았다면 국가보안법에 관한 논쟁도 존재하지 않았을 것이다. 특히 실천연대 사건에서 '이적행위 목적 추정' 판례가 변경된 것은 논쟁의 필요성을 확인시켜주고 있다. 진보 대법관들과의 논쟁을 거치며 보수 대법관들의 생각도 바뀌어갔다.

유무죄가 헷갈릴 때 판사들은 판결문을 써보고, 검사들은 공소장을 써본다. 일단 써보면 유죄 여부, 기소 여부에 대한 판단이 나온다. 글을 쓰다 논리가 나아가지 않으면 후퇴하는 수밖에 없다. 전국의 판사들이 대법원 판결을 주목하고 있는데 대법관들이 억지 논리를 펼 수는 없는 일이다.

다수의견과 소수의견이 치열한 논리 대결을 펼칠 때 판결의 질은 높아지기 마련이다. 우리는 여기에서 다시 한번 대법원 구성의 다양화가 절실한 이유를 발견할 수 있다.

파업은
과연 범죄인가

우선 이들 판사들의 친구 중 노동자, 특히 노조활동을 하는 노동자는 한 명도 없을 것이다. 이런 친구가 한 명도 없으니 노동자의 삶이 얼마나 스산하고 노조활동을 한다는 것이 얼마나 절실한 것인지를 피부에 와닿게 느끼지 못할 것이다. 그리고 판사가 맘 편히 가는 동창 모임이나 교회 모임 등에서 만나는 사람은 대부분 기업가 아니면 관리자일 것이고 (…)[25]

민변 노동위원장을 지낸 강문대 변호사가 '노동사건에 대해 연일 쏟아지는 야릇한 판결을 보며' 설정해본 가설이다. 이러한 가설이 나올 만큼 판사들의 이해도가 낮을 뿐 아니라 관심도 적은 분야가 노동사건이다. 민법을 '법학의 여왕'으로 숭상하는 이른바 '정통 법관'들은 노동자와 사용자의 관계를 민법의 관점에서 보곤 한다. 그 결과 노동자와 사용자의 불평등한 관계는 시야에서 사라지고 대등한 계약관계라는 착시를 일으킨다.

2011년 3월 대법원 전원합의체에서 나온 '노조 파업 업무방해' 사건 판결[26]은 가능성과 한계를 동시에 보여준다. 이 판결의 대상은 김영훈 당시 민주노총 위원장이었다. 김영훈 위원장은 철도노조 위원장이던 2006년 3월 4일간의 파업으로 한국철도공사(코레일)에 135억 원 상당의 재산 피해를 입힌 혐의로 기소돼 항소심에서 벌금 1000만 원을 선고받았다.

김 위원장에게 적용된 죄목은 업무방해였다. 형법 제314조 1항*에 규정된 업무방해죄는 파업 주도자 처벌에 있어 전가의 보도처럼 쓰여왔다. 파업을 '위력으로 사람의 업무를 방해한 것'으로 보고 일단 파업에 들어가면 업무방해로 처벌해온 것이다. 노동자들의 쟁의행위를 억압하면서 산업화를 이뤄온 권위주의 시대의 유물이다.

이 사건 주심을 맡은 이홍훈 대법관은 재판연구관에게 검토를 지시했다. '헌법에 단체행동권이 보장되어 있는데 파업 말고 무엇으로 단체

---

* 제313조의 방법(허위사실 유포 혹은 기타 위계) 또는 위력으로써 사람의 업무를 방해한 자는 5년 이하의 징역 또는 1500만 원 이하의 벌금에 처한다.

행동을 한다는 말인가. 이제 파업은 업무방해의 구성요건 자체에 해당하지 않는다고 선언할 때가 되지 않았나.' 기존 대법원 판례는 파업에 대해 당연히 업무방해죄의 구성요건에 해당한다고 간주하고 '정당성이 인정될 경우'에 한해 위법성 조각사유*를 적용했다. 파업을 업무방해죄의 울타리 안에 집어넣은 뒤 예외적으로 빼주는 방식이었다. 이 대법관은 사건을 전원합의체로 넘겼다.

파업에 대한 대법관들의 부정적인 인식은 예상보다 강했다. 파업을 업무방해로 처벌해온 것도 파업에 불법적인 요소가 당연히 들어가 있다는 고정관념 때문이었다. 여기에는 파업의 폭력성을 부각시키는 정부 발표와 언론보도도 영향을 미쳤을 것이다. 대법관들 사이에서 "집단으로 갑자기 일을 하지 않겠다고 하면 기업 하는 사람은 어떻게 되느냐" "기업이 아무런 보호장치 없이 위험에 노출돼도 되는 거냐"는 반응이 나왔다.

근로자가 파업을 하는 것은 헌법에 보장된 권리라는 점부터 설명해야 했다. "헌법 제33조 1항은 '근로자는 근로조건의 향상을 위하여 자주적인 단결권·단체교섭권 및 단체행동권을 가진다'고 선언하고 있다. 헌법상 권리를 행사하겠다고 나선 사람들에게 '죄는 되지만 정당하면 빼주겠다'는 게 말이 되느냐." 김지형 대법관 등은 쟁의행위를 무조건 업무방해죄로 처벌하는 관행에 제동을 건 헌법재판소 결정**을 근거로

----

* 위법성을 없애는 사유. 형법은 정당행위, 정당방위, 긴급피난, 자구행위, 피해자의 승낙 등을 위법성 조각사유로 규정하고 있다.
** 2010년 4월 헌법재판소는 재판관 전원일치로 '헌법이 보장한 단체행동권은 근로자가 자

제시했다. 김지형은 "파업은 부자연스럽고 해로운 것이라는 인식을 바꿀 때가 됐다"고 지적했다.*

공방이 계속되면서 '기존 판례를 더 이상 유지하기 힘들다'는 분위기가 형성되기 시작했다. 전면적인 판례 변경으로 이어지지는 않았다. 다수의 대법관들이 기존 질서를 깨뜨리는 쪽으로 판례를 뜯어고치는 것을 부담스러워했다.

표결 결과는 8 대 5였다. 다수의견**은 '전격성'과 '중대성'이란 요건을 달아 위력***에 해당하는 범위를 축소 해석하는 쪽으로 가닥을 잡았다. 전격성은 '사용자가 대비하지 못한 상태에서 느닷없이 파업이 이뤄지면 어떻게 하느냐'는 우려에서, 중대성은 '피해가 사소하다면 위력이라고 보기는 어렵지 않느냐'는 상식적 판단에서 나왔다.

근로자는, 헌법 제37조 제2항에 의하여 국가안전보장·질서유지 또는

신의 주장을 관철하기 위해 업무의 정상적인 운영을 저해하는 행위를 할 수 있는 권리로 쟁의행위의 핵심'이라며 '쟁의행위는 고용주의 업무에 지장을 초래하는 것을 당연한 전제로 하기 때문에 이를 원칙적으로 불법으로 볼 수는 없다'고 판단했다(2010. 4. 2.9. 2009헌바 168 헌법재판소 결정).

* 김지형은 언론 인터뷰에서 "의사 수술이 범죄가 아니듯 파업도 범죄가 아니다"라고 말했다. "의사가 하는 수술이 환자의 몸에 상처를 내고 신체기능을 훼손하는 형법상 상해죄에 해당되지만, 치료를 위한 불가피한 행위일 경우 위법성이 조각되는 '정당행위'라고 말하는 사람이 있을까. 어떤 법률가도 그런 말을 하지 않는다. 수술은 그 자체로 법적으로 문제 삼는 행위가 아니다. 쟁의행위도 마찬가지다"(『한겨레』 2014년 8월 22일자).

** 이용훈 대법원장과 양승태, 김능환, 안대희, 차한성, 양창수, 신영철, 민일영 대법관.

*** 다수의견은 위력에 대해 "사람의 자유의사를 제압·혼란케 할 만한 일체의 세력"이라고 설명하고 있다.

공공복리 등의 공익상의 이유로 제한될 수 있고 그 권리의 행사가 정당한 것이어야 한다는 내재적 한계가 있어 절대적인 권리는 아니지만, 원칙적으로는 헌법상 보장된 기본권으로서 근로조건 향상을 위한 자주적인 단결권·단체교섭권 및 단체행동권을 가진다(헌법 제33조 제1항). 그러므로 쟁의행위로서의 파업이 언제나 업무방해죄에 해당하는 것으로 볼 것은 아니고, 전후 사정과 경위 등에 비추어 사용자가 예측할 수 없는 시기에 전격적으로 이루어져 사용자의 사업 운영에 심대한 혼란 내지 막대한 손해를 초래하는 등으로 사용자의 사업계속에 관한 자유의사가 제압·혼란될 수 있다고 평가할 수 있는 경우에 비로소 그 집단적 노무제공의 거부가 위력에 해당하여 업무방해죄가 성립한다고 봄이 상당하다.[27]

'집단 파업으로 정상적인 업무 운영을 저해하고 손해를 발생하게 한 경우 당연히 위력에 해당함을 전제로 정당한 쟁의행위로 위법성이 조각되지 않는 한 업무방해죄에 해당한다.' 이 기존 판례를 변경한 것은 결코 작지 않은 성과였다. 다만 전격성과 중대성이란 개념이 추상적이라는 점에서 현실을 획기적으로 변화시키지 못했다. 실제로 다수의견은 철도노조 파업에 대해 '직권중재 회부 결정 후 전격적으로 파업에 돌입해 중대한 손해를 입혔다'고 판단했다. 김 위원장의 업무방해 혐의는 유죄였다.

한국철도공사로서는, 전국철도노동조합이 필수공익사업장으로 파업이 허용되지 아니하는 이 사건 사업장에서 구 노동조합 및 노동관계조정법상 직권중재 회부 시 쟁의행위 금지규정 등을 위반하면서까지 이 사건 파업을 강행하리라고는 예측할 수 없었다 할 것이다. 나아가 피고인이 주도하여 전국적으로 이루어진 이 사건 파업의 결과 수백 회에 이르는 열차 운행이 중단되어 총 135억 원 상당의 손해를 야기하는 등 한국철도공사의 사업 운영에 예기치 않은 중대한 손해를 끼치는 상황을 초래한 것임을 알 수 있다.[28]

이에 맞서 박시환, 김지형, 이홍훈, 전수안, 이인복 대법관은 해당 사건이 폭행이나 점거농성 등 폭력적인 수단이 수반된 경우가 아니라는 점을 강조했다.

이 사건은 피고인을 비롯한 전국철도노동조합 조합원들이 한국철도공사의 사업장에 출근하지 아니한 사안이다. 따라서 여기서 논의의 대상이 되는 것은 이와 같이 폭력적인 수단이 동원되지 않은 채 단순히 근로자가 사업장에 출근하지 않음으로써 근로제공을 하지 않는 경우(단순파업)이고, 이 점에서 폭력적인 수단이 수반되는 파업의 경우와 혼동되어서는 아니 된다.[29]

이들의 반대의견은 "헌법 제33조 제1항에 의해 보장되는 단체행동권의 행사로서 이루어지는 근로자들의 파업 등 쟁의행위는 근로관계의 유지 및 향상을 위하여 사용자와 대치하는 상황에서 근로자 스스로를 보호하기 위한 행동"[30]이라고 말했다. 단순파업을 '위력'으로 보고 업무방해로 처벌하는 것은 형벌로 집단적 근로제공을 강제하는 게 된다는 지적이었다.

죄형법정주의의 관점에서 보더라도 '위력에 의한 업무방해죄가 프랑스*·일본**에서 노동운동을 탄압하기 위해 고안된 것'으로 '위력'의 개념 자체가 매우 광범위하고 모호하다는 점을 들었다. 또 국제노동기구(ILO)가 동맹파업 참가에 대한 제재를 강제노동이라며 금지하고 있고, 유엔 경제적·사회적·문화적 권리위원회에서 비폭력적인 근로자의 단체행동을 업무방해로 처벌하지 않도록 권고하고 있음을 덧붙였다.

반대의견은 다수의견이 기존 판례보다 진일보한 것임을 인정하면서도 전격성과 중대성 개념을 도입한 데 대해 의문을 나타냈다. "어떠한 경우를 전격적으로 이루어졌다고 볼 수 있을 것인지, 어느 범위까지를 심대한 혼란 또는 막대한 손해로 구분할 수 있을 것인지 반드시 명백한 것은 아니다. (…) 자의적인 법 적용의 우려가 남을 수밖에 없다."[31]

이 사건을 보면 철도노조는 이미 총파업 시기를 예고하고 있었다. 또

---

* 1864년 프랑스 구 형법 제414조는 '임금인상이나 임금인하를 강요할 목적으로 또는 산업이나 노동의 자유로운 수행을 방해할 목적으로 폭력·폭행·협박 또는 위계로써 노동의 조직적 정지의 결과를 발생케 하거나 그 정지를 유지·존속케 하거나 그 실행에 착수한 자'를 처벌하는 조항을 두었다가, 1884년 개정된 프랑스 형법에서는 쟁의행위가 폭력의 행사를 수반하는 경우에만 처벌할 수 있도록 개정되었다(대법원 2011. 3. 17. 선고 2007도482 전원합의체 판결).

** 일본 구 형법 제270조는 '농공의 고용인이 임금을 증액시키기 위하여 또는 농공업의 경향을 변화시키기 위하여 고용주 및 다른 고용인에 대하여 위계·위력으로써 방해하는 자'를 처벌하는 규정을 두었다가, 현행 형법에서는 제234조에서 '위력으로써 사람의 업무를 방해하는 자'를 처벌하는 규정으로 개정되었다(같은 판결문).

총파업 개시를 불과 5시간 정도 앞두고 직권중재회부 결정이 내려졌다. 철도공사가 파업을 충분히 예견할 수 있었다는 점에서 '파업이 예측할 수 없는 시기에 전격적으로 이루어진 것'이라고 볼 수 있는지 논란이 있을 수밖에 없다. 노조 파업이 대개 교섭 → 결렬 → 파업 찬반투표 → 파업으로 진행되는데, 파업 돌입 사실을 사용자가 예상할 수 없는 경우는 거의 있을 수가 없다.

대법원의 판례 변경은 노동 현장에 변화를 이끌어냈다. 법원 판결은 물론이고 검찰 기소에서도 파업에 대한 업무방해죄 적용이 점차 줄어들고 있다. 김지형이라는 노동전문가의 대법원 진입이 노동사건을 바라보는 법원과 검찰의 관점을 변화시킨 것이다. 김지형 대법관 퇴임 후 노동전문가가 사라진 대법원은 다시 퇴행의 길을 걸었다. 통상임금이나 기업별 노조 전환 같은 노동사건에 민법 이론이 등장한 것이 그 증거다.

법조계에서는 노동사건을 전문적으로 다루는 노동법원을 도입해야 한다는 목소리가 커지고 있다. 지금처럼 순환 근무를 하며 '노동사건을 알 만하면 떠나는' 노동전담 재판부로는 한계가 있다. 노동법원이 생기면 노동 전문 판사, 노동 전문 변호사들을 양성함으로써 노동 현장의 분쟁을 보다 합리적인 방향으로 해결할 수 있지 않을까. 그리하여 기업 경영도 더 선진화되지 않을까.

2016년 여름 김포공항공사 청소 용역 노동자들은 비인간적인 처우를 폭로하고 한시적 파업에 돌입했다. 비정규직인 그들은 하루에 11시간씩 이틀 일하고 하루 쉬었고, 인격모독을 당했고, 성추행을 당했다.

이들은 "사람답게 살고 싶다"며 삭발하고 단식하고 투쟁했다. 소모품처럼 쓰이는 노동자들이 어디 이들뿐일까. 노동의 문제는 단순히 노동조합이나 파업의 문제에 그치지 않는다. 사람의 문제이고, 삶의 문제다.

인생관 따라 나뉜
연명치료 중단

　　이용훈 코트에서 대법관들은 사회적 이슈마다 불꽃 튀는 논쟁을 벌였지만 그렇지 않은 사건들도 많았다. 정치적 입장이나 사회적 지향과 관련 없는 일반사건에서는 개개인의 가치관이나 인생관에 따라 판단이 갈리곤 했다. 그 대표적인 사건이 연명치료 사건(김 할머니 사건)이었다.[32]

　　2008년 2월 76세 여성 김모 씨가 기관지 내시경으로 폐종양 조직검사를 받다가 식물인간 상태에 빠졌다. 폐혈관이 터지면서 과다출혈에 따른 심정지로 심각한 뇌손상을 입은 뒤 연명장치로 생명을 이어가고 있었다. 가족들은 김씨가 입원 중인 연세대 세브란스병원 측에 "무의미한 연명치료를 중단해달라"고 요구했다. 이 요구가 받아들여지지 않자 병원을 상대로 소송을 냈다. 1심 서울서부지법과 2심 서울고법이 가족들의 손을 들어줬다. 병원 측은 대법원에 상고했다. 2009년 2월 서울고법 민사9부(이인복 부장판사)는 병원 측 항소를 기각하면서 연명치료 중단에 대해 네 가지 원칙을 제시했다.

①환자는 회생 가능성이 전혀 없는 비가역적 진행 과정에 있어야 하며, 주치의 1명이 독자적으로 판단할 수는 없다. ②치료 중단 의사는 일시적 충동이 아니라 진지하고 합리적인 확인이 필요하다. 사전의료지시서가 좋은 예이지만, 사전의료지시서가 없더라도 판단은 가능하다. ③환자의 현 상태를 유지하는 연명치료에 대해서만 치료 중단의 결정이 가능하다. 고통을 경감시키기 위한 치료 등에 대해서는 치료 중단을 허용할 수 없다. ④치료 중단 실행은 반드시 의사에 의해 이뤄져야 한다.

이용훈 대법원장은 하급심 단계부터 이 사건에 주목하고 재판연구관들에게 사전 검토를 지시했다. 연명치료 중단 문제를 대법원이 반드시 다뤄야 할 이슈로 본 것이다. 김씨가 재판 도중 숨질 경우 판결을 할 수 없다는 점에서 재판 속도를 높여야 한다는 부담도 있었다.

주심은 김능환 대법관이었다. 관련 법률이 없는 상태에서 법원이 의학과 죽음의 문제를 다룬다는 것은 쉽지 않은 일이었다. 법의 사각지대에 가이드라인을 제시하는 작업이었다.* 대법원이 가이드라인을 제시하면 그 가이드라인에 따라 전국의 의료 현장에서 연명치료를 중단하게 된다.

의식불명과 식물인간, 뇌사 등의 단계를 어떻게 구분하는지, 응급치료와 연명치료의 경계를 어떻게 가르는지부터 막막했다. 다행히도 의

---

* '호스피스·완화의료 및 임종 과정에 있는 환자의 연명의료 결정에 관한 법률'(연명의료결정법)이 2016년 2월 제정돼 2017년 8월부터 시행된다. 그중 연명의료 중단에 관한 조항은 2018년 2월부터 시행된다.

사 출신인 노태헌 판사*가 당시 대법원 재판연구관으로 있었다. 노 재
판연구관은 대법관들에게 의료 분야 전문지식을 공급했다. 그는 일주
일에 이틀꼴로 밤을 새가며 기초자료와 해외 사례 등을 분석해 검토보
고서를 올렸다.

김 할머니 사건은 빼놓을 수 없는 선례가 있었다. 보라매병원 사건이
다. 이 사건이 일어난 것은 1997년 12월이었다. 58세 남성이 뇌부종으
로 인공호흡장치를 부착한 채 입원해 있던 중 부인이 경제적 문제를 이
유로 퇴원을 요구했다. 의사들은 퇴원을 만류했지만 부인이 계속 요구
하자 '귀가서약서'에 서명을 받고 퇴원시켰다. 환자가 숨진 뒤 의사 2
명이 살인방조 혐의로 기소돼 유죄를 선고받았다. 세브란스병원 측이
김씨 가족의 연명장치 제거 요구를 거절했던 이유도 '보라매병원의 악
몽' 때문이었다.

특히 대법관들을 고민에 빠뜨린 건 김씨에 대한 연명치료를 중단할
경우 호흡이 정지될 가능성이 크다는 사실이었다. 기본권 중 기본권이
라고 할 수 있는 생명권**을 법원 판단으로 결정하는 것이 과연 옳은 일
인가. 치료행위에 대한 자기결정권을 확대할 경우 존엄사***를 넘어 안락

---

* 노태헌 판사는 1996년 서울대병원 가정의학과 전문의 자격을 취득한 뒤 이듬해 사법시험
에 합격했다.
** 우리 헌법에 생명권에 관한 조항은 없지만 행복추구권과 신체의 자유 등 조항에 비춰 생
명권은 기본권 중 기본권으로 꼽는다.
*** 인간으로서 최소한의 품위와 가치를 지키면서 숨을 거둘 수 있도록 하는 것. 연명치료를
중단하는 것으로 소극적 안락사라고 할 수 있다.

사* 논란이 불거질 수도 있었다. 자살과의 경계도 모호했다.

대법관들은 논리 대 논리로 맞붙던 여느 사건과 달리 이 사건에서는 자신감이 적었다. "당신 주장대로 하면 이런 경우는 어떻게 하느냐" 정도의 말들이 오갔다. 자신이나 가족이 직·간접으로 겪은 경험담을 주고받기도 했다.

대법관들은 자기결정권**을 중심으로 토론에 들어갔다. "무의미한 연명치료 상태를 계속 유지할지 여부는 환자 자신이 선택할 수 있다"는 논리였다. 여기에 '치료 목적 전환' 개념이 추가됐다. 병을 고치고 몸을 낫게 만드는 긍정적 의미의 치료가 인간으로서의 존엄을 해치는 치료로 이어진다면 치료계약의 목적 범위를 넘어선다. 이 경우 연명치료를 계속할지 여부를 환자 스스로 판단한다면 의료진도 형사 책임에서 벗어날 수 있는 것 아닌가.

허용 기준을 어떻게 정할지를 놓고 토론이 이어졌다. "일반적인 기준을 제시하면 연명치료 중단을 조장할 수 있다." "정말 회복이 불가능하고 죽음이 임박한 상태라면 환자 동의가 없더라도 의사 스스로 중단할 의무가 있는 것 아니냐." "환자의 사전 동의가 없었다고 해도 가족들이 경제적 문제로 연명치료를 계속할 수 없다면 가족들 판단에 맡겨야 한다." 현실적인 우려부터 근본적인 차원의 문제까지 테이블 위에 올라왔다.

....

* 죽음이 임박한 중환자의 고통을 덜어주기 위해 환자의 생명을 단축시켜 사망하게 하는 것.
** 사적인 영역에서 국가의 간섭 없이 스스로 결정할 수 있는 권리.

대법관들의 의견은 9 대 2 대 2, 세 갈래로 나뉘었다. 9인의 다수의견*은 존엄사를 허용하되 그 기준을 엄격하게 제한하자는 쪽이었다. 치료 행위를 계속할지에 관한 환자의 자기결정권이 존중되어야 함을 대전제로 삼았다. 연명치료 중단의 대상이 되는 '회복 불가능한 사망의 단계'는 '의학적으로 환자가 의식의 회복 가능성이 없고, 생명과 관련된 중요한 생체기능의 상실을 회복할 수 없으며, 환자의 신체 상태에 비추어 짧은 시간 내에 사망에 이를 수 있음이 명백한 경우'로 규정했다.

이미 의식의 회복 가능성을 상실하여 더 이상 인격체로서의 활동을 기대할 수 없고 자연적으로는 이미 죽음의 과정이 시작되었다고 볼 수 있는 회복 불가능한 사망의 단계에 이른 후에는, 의학적으로 무의미한 신체 침해 행위에 해당하는 연명치료를 환자에게 강요하는 것이 오히려 인간의 존엄과 가치를 해하게 되므로, 이와 같은 예외적인 상황에서 죽음을 맞이하려는 환자의 의사결정을 존중하여 환자의 인간으로서의 존엄과 가치 및 행복추구권을 보호하는 것이 사회 상규에 부합되고 헌법정신에도 어긋나지 아니한다고 할 것이다.[33]

자기결정권 행사로 볼 수 있는 '사전의료지시'의 요건은 다음과 같이 제시했다.

----

* 이용훈 대법원장과 김영란, 양승태, 박시환, 김지형, 박일환, 전수안, 차한성, 신영철 대법관.

의사결정 능력이 있는 환자가 의료인으로부터 직접 충분한 의학적 정보를 제공받은 후 그 의학적 정보를 바탕으로 자신의 고유한 가치관에 따라 진지하게 구체적인 진료행위에 관한 의사를 결정하여야 하며, 이와 같은 의사결정 과정이 환자 자신이 직접 의료인을 상대방으로 하여 작성한 서면이나 의료인이 환자를 진료하는 과정에서 위와 같은 의사결정 내용을 기재한 진료기록 등에 의하여 진료 중단 시점에서 명확하게 입증될 수 있어야 비로소 사전의료지시로서의 효력을 인정할 수 있다.[34]

사전의료지시 없이 회복 불가능한 사망의 단계에 진입한 환자는 어떻게 해야 할까. 다수의견은 '의사를 확인할 수 있는 객관적 자료가 있는 경우 반드시 참고해야 한다. 평소 가치관이나 신념 등에 비춰 연명치료 중단을 선택했을 것이라고 볼 수 있는 경우 연명치료 중단에 관한 환자 의사를 추정할 수 있다'고 설명했다. 그 기준으로 평소 일상생활에서의 의사 표현, 다른 사람 치료에 대한 반응, 환자의 나이, 치료의 부작용, 고통 가능성, 현재의 환자 상태 등을 제시했다.[*]

이 다수의견에 대해 안대희, 양창수 대법관과 이홍훈, 김능환 대법관

----

* 다수의견은 김씨가 ①독실한 기독교 신자로서 15년 전 교통사고로 팔에 상처가 남게 된 후부터는 이를 남에게 보이기 싫어해 여름에도 긴팔 옷과 치마를 입고 다닐 정도로 항상 정갈한 모습을 유지하고자 했다 ②텔레비전을 통해 병석에 누워 간호를 받으며 살아가는 사람의 모습을 보고 "나는 저렇게까지 남에게 누를 끼치며 살고 싶지 않고 깨끗이 이생을 떠나고 싶다"라고 말했다 ③3년 전 남편의 임종 당시 며칠 더 생명을 연장할 수 있는 기관절개술을 거부하고 그대로 임종을 맞게 하면서 "내가 병원에서 안 좋은 일이 생겨 소생하기 힘들 때 호흡기는 끼우지 말라. 기계에 의하여 연명하는 것은 바라지 않는다"라고 말했다는 사실 등을 근거로 '연명치료 중단' 의사를 추정했다.

은 각각 다른 측면에서 반론을 폈다. 안대희, 양창수 대법관은 '환자의 가정적 의사를 자기결정권으로 연결 짓고 이를 근거로 연명치료 중단을 인정하는 것은 근거가 부족하다'고 제시했다. 가족들이 제시하는 환자의 평소 의사 표현 등으로 '연명치료 중단을 원했을 것'이라고 판단하는 것은 위험하다는 지적이었다.*

가정적 의사에 기한 연명장치의 중단을 인정한다면, 그것은 이른바 환자의 '보호자'가 자신의 사정들에 기하여 또는 자신의 편의나 이익을 위하여 그 가정적 의사의 존재를 뒷받침하는 사정들만을 제시함으로써 환자의 이른바 '자기결정'을 왜곡하여 의료기관의 연명치료 중단을 구하는 일이 쉽사리 일어날 수 있을 것을 우려하지 않을 수 없다.[35]

두 대법관은 환자의 가정적 의사보다 의료기관의 객관적 판단을 중시했다. '환자 본인의 명시적 또는 묵시적 의사가 인정되지 않는 경우에도 엄격한 예외적인 요건 아래서 연명치료의 중단이 허용될 수 있다'고 제시했다. 회복 불가능한 사망의 단계에 이르면 의료기관은 연명장치를 중단해야 할 의무를 지게 된다는 주장이었다.

....

* 안대희, 양창수 대법관은 다수의견이 근거로 든 김씨의 평소 의사 표현 중 ①이나 ②와 같은 정도의 말이나 태도 등은 누구라도 건강한 상태에서 흔히 할 수 있는 정도의 것에 지나지 않으며 ③의 경우 비록 남편이라고 하여도 역시 타인이 처한 상황에 대응해 나온 것으로서, 그것이 과연 자신의 운명에 관하여 숙고한 끝에 진지하고 지속적인 의사에 기하여 나온 것이라고 볼 자료가 없다고 판단했다.

중요한 것은 여기서 환자의 '가정적 의사'는 연명치료 중단의 허용 여부를 판단하는 유일한 또는 결정적인 요소는 아니라는 점이다. 즉, 환자의 가정적 의사가 연명치료의 중단에 찬성하지 않는 것으로 밝혀지더라도, 그 의사를 존중하여 연명치료를 계속하는 것이 환자의 인간으로서의 존엄과 가치에 반한다고 말할 수 있는 경우가 상정될 수 있다. 요컨대, 이 단계에서 연명치료의 중단 여부는 법질서 일반의 관점에서 행하여지는 당해 사안에 대한 객관적인 이익형량 내지 가치평가의 문제인 것이다.[36]

이홍훈, 김능환 대법관은 생명의 존엄성을 강조했다. 두 대법관은 '이미 환자의 신체에 부착되어 있는 인공호흡기 등 생명유지장치를 제거하는 방법으로 치료를 중단하는 것은 자살에 관여하는 것'이라며 허용 불가론을 폈다. '소극적으로 인공호흡기 등을 부착하는 것을 거부할 수 있지만 적극적으로 인공호흡기 등을 뗄 수는 없다'는 것이었다.

이미 생명유지장치가 삽입 또는 장착되어 있는 환자로부터 생명유지장치를 제거하고 그 장치에 의한 치료를 중단하는 것은 환자의 현재 상태에 인위적인 변경을 가하여 사망을 초래하거나 사망시간을 앞당기는 것이므로, 이미 삽입 또는 장착되어 있는 생명유지장치를 제거하거나 그 장치에 의한 치료를 중단하라는 환자의 요구는 특별한 사정이 없는 한 자살로 평가되어야 하고, 이와 같은 환자의 요구에 응하여 생명유지장치를 제거하고 치료를 중단하는 것은 자살에 관여하는 것으로서 원칙적으로 허용되지 않는다고 할 것이다.[37]

두 대법관은 "사람의 생명은 그 무엇과도 바꿀 수 없는 고귀한 것이고, 살아 있다는 것 자체로 가치가 있다"면서 다수의견은 "생명의 침해를 용인하는 결과로 될 위험이 있다"고 경고했다.

사람의 정신과 뇌의 기능은 오묘한 것이어서 단순히 물리적으로 또는 의학적으로만 판단하기 어려운 측면이 있음은 누구도 부인하기 어렵다. 지속적 식물인간 상태로 10여 년 이상의 장기간이 지난 후에 의식이 회복된 예도 있고, 자발호흡이 없어 인공호흡기를 제거하면 곧 사망에 이를 것이라는 판단 아래 인공호흡기를 제거하였으나 수년간을 더 생존한 예도 있음을 우리는 알고 있다.[38]

두 반대의견은 다수의견을 사이에 두고 대칭을 이루고 있지만 김씨의 연명치료 중단에 대해선 모두 반대 입장을 나타냈다. '김씨가 회복 불가능한 사망의 단계에 들어가지 않았다'는 것이었다. 안대희, 양창수 대법관은 "원고(김씨)를 치료하여온 피고(병원)의 담당 의사가 원고의 의식 회복 가능성이 5퍼센트 미만으로라도 남아 있고 원고의 현재 상태를 기준으로 하더라도 그 기대여명이 적어도 4개월 이상이라고 판단하고 있다"고 말했다. 이홍훈, 김능환 대법관도 "아직 뇌사 상태에 이르지 아니한 지속적 식물인간 상태라는 점에 대하여는 담당 주치의와 감정의의 의견이 일치되어 있다"고 했다.

이홍훈, 김능환 대법관의 반대의견에 대해 김지형, 차한성 대법관은 보충의견을 통해 재반박했다. '연명치료 중단＝자살' 논리에 대한 대응이었다.

죽음이란 삶을 살아가는 인간이 피할 수 없는 인간 실존의 한 영역이고 이러한 의미에서 죽음이란 삶의 마지막 과정에서 겪게 되는 삶의 또 다른 형태라 할 것이므로, 모든 인간은 죽음을 맞이하는 순간까지 인간으로서의 존엄과 가치를 보존할 권리를 보장받아야 한다. (…) (연명치료 중단은) 인위적으로 생명을 침해하는 것이 아니라 오히려 인위적인 신체 침해 행위에서 벗어나 환자의 생명을 환자 자신의 자연적인 신체 상태에 맡기도록 하는 것으로서 이를 자살로 평가할 수 없다 할 것이다.[39]

마지막으로 김지형, 박일환 대법관의 별개의견이 있었다. 이들은 연명치료 중단에 관한 법적 판단 절차에 관해 법원의 사전 판단을 받게 하는 방안을 제안했다.

생명권은 기본권 중의 기본권이므로 생명과 관련된 진료행위를 중단함에 있어서는 최대한 신중을 기하여야 한다는 측면에서 보면, 혹시라도 환자 본인의 의사가 제대로 반영되지 아니한 환자 측과 의료인의 판단만으로 연명치료 중단을 결정할 수 있는 여지를 없애고 법률이 정한 절차에 의한 법원의 사전 판단을 받도록 함으로써 생명존중과 적정의료 등의 목적을 동시에 달성할 수 있으며, 이러한 연명치료 중단 요구에 대한 허가는 현행법상 인정되는 가정법원의 후견적 기능이 가장 필요한 법적 영역이라고 할 것이다.[40]

2009년 5월 21일 대법원 판결이 나온 지 한 달 만인 6월 23일 김씨에 대한 연명치료가 중단됐다. "호흡기를 떼어 내겠습니다." 주치의가 김씨의 입과 코에 연결되어 있던 인공호흡기와 호스를 떼어낸 뒤 기계 전원을 껐다.

그날 대법원은 김씨 상태를 주시했다. 김씨가 호흡기 제거와 동시에 호흡을 멈춘다면 대법원이 목숨을 빼앗은 결과가 되지 않을까. 대법관들은 긴장과 우려 속에 뉴스를 체크했다. 김씨가 그날 밤을 넘기고 스스로 호흡을 계속 이어가면서 또 다른 논란이 불거졌다. 반년을 넘기자 대법원이 환자 상태를 잘못 판단했다는 지적이 고개를 들었다. 호흡기를 떼면 수일에서 수주 사이에 사망할 것이란 다수의견 대법관들의 예측이 깨지고 만 것이다.

"다수의견이 '회복 불가능한 사망의 단계'로 본 것은 잘못된 판단 아닐까요?"

"대법원은 법률심으로서 하급심의 사실 판단을 받아들인 것뿐인데…"

"기대여명을 4개월 이상으로 본 안대희, 양창수 대법관이 맞았을 수도…"

"그래도 인공호흡기를 떼어내도 사시고, 떼어내지 않아도 사신다면 떼어낸 편이 낫지 않습니까?"

김씨는 연명치료 중단 201일 만인 2010년 1월 10일 숨을 거두었다. "삶과 죽음은 신의 영역인 것 같습니다. 대법관들이 판단해봤자 결국 신이 결정하는 문제 아닌가, 죽음의 문제 앞에서 겸손해야 하는 것 아닌가, 그런 생각이 드네요." 한 대법관이 다른 대법관에게 말했다.

연명치료 중단 판결은 숙제를 남겼다. 안락사 문제다. 죽음보다 더 심한 고통을 느끼는 환자에게 죽음을 선택할 권리를 인정할 수 있을까. 안락사를 허용한다면 그 기준을 어떻게 제시할 수 있을까.

또 하나의 숙제는 철학의 문제다. 사람의 생명을 다루는 판결이었는데도 판결문에 법률 논리만 돋보일 뿐 철학은 두드러지지 않았다. 대법관들의 업무량이 과도하게 많은 탓이겠지만 평생 법조문을 읽으며 살아온 직업 법관들의 한계이기도 했다. 대법관들 사이에서도 "판결문 초고를 쓴 다음에 한 번 더 합의를 했다면 깊이 있는 판결문이 됐을 것"이라고 아쉬워하는 목소리가 나왔다.

이용훈 코트의
마지막 불꽃

검찰정치와
정치검찰

　　대법관은 대법원장의 제청으로 대통령이 임명한다. 대법원장은 그 누구의 제청도 없이 대통령이 지명한다. 누구를 대법원장에 앉히느냐는 대통령의 양식과 국회 동의 절차에 맡기는 수밖에 없다.

　　문제는 대통령 임기와 그 대통령이 임명한 대법원장의 임기가 엇갈린다는 데 있다. 이용훈 대법원장의 경우 노무현 대통령이 임명했지만 노 대통령과 함께 보낸 시간은 대법원장 임기 6년 중 2년 5개월에 불과하다. 나머지 3년 7개월을 이명박 대통령과 보내야 했다.

　　1987년 민주화 이후 이일규 대법원장을 제외한 모든 대법원장이 자신을 임명하지 않은 대통령과 임기 후반기를 보냈다. 윤관 대법원장은 김영삼 정부에서 임기를 시작해 김대중 정부에서 퇴임했다. 최종영 대법원장은 김대중 정부에서 임명돼 노무현 정부에서 퇴임했다. 그들에 비해 이용훈 대법원장은 훨씬 어려운 시간을 보내야 했다.

　　그 이유는 노무현 정부는 진보, 이명박 정부는 보수라는 정치성향에 그치지 않았다. 두 정부는 국정 운영 방식이 완전히 달랐다. 노무현 정부는 검찰 등 권력기관이 정치적 중립을 지키도록 하면서 행정부와 사법부 간의 균형을 중시했다. 반면 이명박 정부는 권력기관을 적극적으로 활용하면서 행정부와 사법부 간의 균형에 큰 가치를 두지 않았다.

　　보수정권의 시각에서 이용훈 코트는 눈엣가시 같은 존재였다. 노무현의 그림자가 어른거렸고, 법원 판결은 왼쪽으로 기울어진 것으로 비쳤다. 이용훈 코트 후반기에 "대법원장이 대통령의 신임을 잃었다"는 얘기가 계속해서 지라시(정보지)에 올랐다. 대법원과 청와대의 신뢰관계가 끊긴 상황에서 거대한 해일이 몰려오고 있었다.

2009년 4월이었다. 서울중앙지법 형사5단독 유영현 판사가 '미네르바'라는 필명으로 활동한 인터넷 논객 박대성 씨(당시 31세)에게 무죄를 선고했다. 박씨는 포털사이트 다음 아고라 경제토론방에 '환전 업무 8월 1일부로 전면 중단' 등의 글을 올린 혐의(전기통신기본법 위반)로 구속기소됐다. 유 판사의 판단은 단호했다. "피고인이 게시글의 내용이 전적으로 허위임을 인식하고 있었다고 볼 만한 증거가 없고, 설령 허위가 있었다고 하더라도 공익을 해할 목적이 있었다고 보기 어렵다."*

이때부터 여권과 검찰, 보수진영은 법원을 향해 곱지 않은 시선을 보내고 있었다. 불만은 같은 해 11월 '민주노동당 공소기각' 판결에서 폭발하고 말았다. 서울남부지법 형사5단독 마은혁 판사가 미디어 관련법 처리에 반대하며 국회에서 점거농성**을 벌인 혐의(공동퇴거불응)로 약식기소된 민주노동당 당직자 신모 씨 등 12명 전원에 대해 공소기각 판

....

* 박씨에게 적용됐던 전기통신기본법 제47조 1항은 "공익을 해할 목적으로 전기통신설비로 공연히 허위의 통신을 한 자는 5년 이하의 징역 또는 5000만 원 이하의 벌금에 처한다"고 규정하고 있었다. 이 조항은 이후 헌법재판소에서 위헌 결정이 나왔다.

** 민주당과 민주노동당 의원·당직자 150여 명은 2008년 12월 30일부터 한나라당의 미디어 관련법 상정을 저지하기 위해 국회 본회의장 앞 중앙홀에서 연좌농성을 벌였다. 김형오 국회의장은 질서유지권을 발동해 퇴거를 요구했다. 이들이 농성을 이어가자 김 의장은 "법안을 직권상정하지 않겠다"고 밝혔다. 그 직후인 2009년 1월 5일 새벽 1시쯤 민주당 쪽은 농성을 풀었다. 자리를 계속 지키던 민주노동당 농성자들은 새벽 3시 30분쯤 국회 경위들에게 체포됐다. 검찰은 이들 가운데 12명을 약식기소했다.

결을 했다. 마 판사는 검찰의 '선별 기소'를 공소권 남용으로 문제 삼았다. "민주당과 민주노동당 의원·당직자들이 연좌농성을 벌였는데, 민주노동당 당직자만 약식기소하고 민주당 쪽은 입건조차 하지 않은 것은 같은 사건 피의자들에 대한 차별 취급이다."

검찰은 즉각 항소 방침을 밝혔다. 검찰은 "국회의 자율권을 존중해 경위가 현장에서 현행범으로 체포한 사람들에 한해 형사처벌했다"며 "법률 해석의 예측 가능성과 안정성을 훼손한 판결"이라고 반발했다. 일부 언론은 "마 판사는 법원 내 특정 성향 사조직인 우리법연구회 소속"이라며 과거 판결까지 문제 삼았다.

뒤이어 '마 판사가 판결을 앞두고 노회찬 진보신당 대표 후원 모임에서 후원금을 냈다'는 보도가 나왔다.* 한나라당 안상수 원내대표는 "전무후무한 마 판사의 공소기각 판결은 노회찬 전 의원 후원 모임을 다녀온 지 6일 만에 나온 것으로 여러 의구심을 낳고 있다"며 우리법연구회를 거론했다. 그래도 이때까지는 법원 전체를 향해 날을 세운 것은 아니었다.

이듬해인 2010년 초부터는 일부 판사의 성향 차원을 넘어 '사법부 좌경화' 논란이 본격화했다. 1월 13일 서울고법 형사7부(이광범 부장판사)는 용산 참사 사건을 재판하면서 김석기 전 서울경찰청장 등에 대

----

* 마 판사 측은 1980년대 노동운동을 할 때부터 알고 지낸 노 대표가 한 달 전 자신의 가족상을 문상한 데 대한 답례 차원이라며 별 문제가 없다는 입장을 밝혔다. 노회찬 대표는 "문제의 후원 모임은 노회찬 개인이 아니라 연구소 후원 행사였다"며 "정치적 목적이 아니라 개인적 친분에서 참석한 것을 판결에까지 연결지어 공격하는 것은 매카시즘"이라고 했다.

한 재정신청 기록 중 미공개 수사기록을 열람·등사하게 해달라는 변호인의 신청을 받아들였다. 해당 미공개 기록은 경찰 진압 과정에 불법이 있었는지 등에 대한 검찰 수사 내용이 담겨 있다는 점에서 공개 여부가 주목되어왔다.

검찰은 다음 날 기록 공개 결정에 즉시 항고하면서 재판부 기피 신청을 했다. "재판부가 예단을 가지고 불공정한 재판을 진행할 가능성이 높다." 이광범은 이용훈 대법원장의 최측근으로 우리법연구회 회장을 지내지 않았는가. 다시 우리법연구회가 주목을 받기 시작했다.

태풍이 몰아친 것은 다음 날인 14일 서울남부지법 형사1단독 이동연 판사가 민주노동당 강기갑 의원의 '공중부양 사건'*에 무죄를 선고하면서였다. 강 의원은 국회에서 농성 중이던 민주노동당 당직자들에 대한 강제 해산에 항의하며 국회 사무총장 등의 업무를 방해한 혐의(공무집행방해 등)로 기소됐다.

이 판사는 "본회의가 열릴 가능성이 거의 없는 상태에서 질서유지권이 발동된 만큼 적법한 요건을 갖추지 못하고 있다"면서 "적법한 공무수행이 아니므로 공무집행방해죄가 성립하지 않는다"고 했다.

국회 사무총장실에 들어가 집기를 던진 행위에 대해서도 "국회 사무총장실은 국회의원이 들어갈 수 있는 공간이다. 강 의원은 당시 정

----

* 2009년 1월 5일 농성 중이던 민주노동당 당직자들이 연행되는 상황에서 강 의원은 항의하기 위해 국회 사무총장실을 찾았으나 사무총장이 없자 집기를 부수고 책상을 걷어차는 소동을 벌였다. 그 과정에서 강 의원이 책상 위에 올라가 뛰는 모습이 마치 공중부양을 한 것 같았다고 해서 '공중부양 사건'으로 불렸다.

당 대표로서 부적법한 직무 수행에 항의한 것으로 업무방해로 볼 수 없다"고 판단했다. 검찰은 "강 의원의 폭력 행사를 온 국민이 TV를 통해 봤는데 어떻게 무죄냐"며 강하게 반발했다.

보수언론은 일제히 "무죄 판결을 위해 억지로 법리를 짜맞춘 것"이라며 '기교 사법'이라고 비판했다. 대검찰청까지 나서 "의문투성이 판결"이라고 공격하자 대법원은 다음 날 공식 성명을 냈다. '확정되지 않은 재판에 대한 비판이 사법권의 독립을 훼손할 수 있음을 우려한다. 재판에 잘못이 있는 경우 상소 절차를 통해 바로잡을 수 있다.'

한나라당은 법원에 대한 공세 수위를 높였다. "사법제도 전반에 대한 개혁이 필요하다." "노무현 정부 때 이뤄진 법원 내 코드 인사의 후유증이다." 1월 19일 열린 국회 법사위 전체회의에서 한나라당 의원들의 질의 공세에 대해 박일환 법원행정처장은 "국회에서 1심 판결을 놓고 논란을 벌이면 법관이 영향을 받지 않고 재판을 할 수 있을지 걱정"이라고 답했다.

다음 날인 20일 양측의 긴장은 정점으로 치달았다. 그날 아침 대법원 청사 출입문 앞에서 기자들이 이용훈 대법원장을 기다리고 있었다. 이 대법원장이 차에서 내리자 기자들이 모여들었다. "입장을 정리하셨습니까? 법원 판결에 대해 논란이 커지고 있는데요." 이용훈은 걸어들어가며 딱 한마디를 던졌다.

"우리 법원은 사법부 독립을 굳건히 지켜낼 겁니다."

그날 오전 11시를 갓 넘겼을 무렵 인터넷 속보가 뜨기 시작했다. 'PD수첩 광우병 소 보도 허위 아니다.' 서울중앙지법 형사13단독 문성관 판사가 미국산 쇠고기의 광우병 위험 보도로 정운천 전 농림수산식품부장관 등의 명예를 훼손한 혐의로 기소된 조능희 PD 등 MBC PD수첩 제작진 5명에게 무죄를 선고했다. 기소한 혐의 내용을 조목조목 뒤집는 판결이 나오자 검찰은 격앙된 반응을 보였다. "제작진이 의도적으로 사실을 왜곡했다는 것이 명백히 인정되는 데도 법원이 전부 사실로 인정한 것은 납득할 수 없다."

한나라당의 대변인 논평은 이 대법원장을 직접 겨냥하고 나섰다. "국민의 사법부가 되어야 할 법원이 특정 배경과 성향, 이념에 치우쳐 변질돼가고 있음을 보여준다. 이런 사태를 방관한 법원 수장은 문제가 불거진 후에도 이를 시정하기보다는 오히려 비호하고 있는 것 같은 모습을 보여줘 문제의 진원지가 자신이라는 세간의 평가를 확인해주고 있다."[1]

대법원장의 '사법부 독립' 발언에 'PD수첩 무죄' 판결까지 겹치자 청와대는 민감한 반응을 보였다. 청와대는 표면적으로는 "언급할 사항이 아니다. 침묵으로 답변을 대신하겠다"라고 했다. 비공식적으로는 익명의 청와대 인사들이 기자들에게 "조직(법원)을 보호하기 위해서는 정권과 각을 세워도 된다는 것 아니냐" "사법부 수장으로서 무책임하고, 기회주의적인 처신을 하고 있다"고 말했다. 언론은 '사법부·여권 권력 대충돌'이라고 보도했다.[2]

당시 주요 형사사건에서 무죄가 잇따른 것은 '노무현 코드 인사의 후유증'도, '사법부의 좌경화'도 아니었다. 오히려 사태의 근본 원인은 '검찰정치'에 있었다. 촛불집회를 계기로 우경화한 이명박 정부는 검찰권을 적극적으로 정치에 활용했다. 촛불집회, PD수첩, 미네르바…
사회적 토론으로 풀어야 할 문제를 검찰의 수사권·기소권으로 정리하
려고 하면서 무리한 기소가 줄을 이었다.

검찰 조직은 이명박 정부의 출범과 함께 정부 시책에 복무하는 태세
로 전환했다. '검찰정치'가 재개되면서 '정치검찰'이 빠르게 복원됐다.
당시 한 판사 출신 변호사는 말했다.

"이명박 정부 출범 후 민정수석에 다시 검찰 간부 출신들이 임명됐
다. 청와대와 검찰 조직 간의 핫라인이 빠르게 복구됐다. 청와대가 정
치적으로 활용해줘야 정치검사들도 힘이 생기고 검찰권도 확대될 수
있는 것 아닌가."

"일선에서 수사하는 것을 보고 차기 검찰총장을 정할 것"이라는 말
이 청와대에서 공공연하게 흘러나왔다. 당시 한명숙 전 총리 등에 대한
'표적 수사' 논란과 한상률 전 국세청장 등에 대한 '봐주기 수사' 의혹
이 극명하게 대조를 이뤘다.

시끄러웠던 판결 논란들의 결과를 보면 어느 쪽이 문제였는지 드러
난다. 명예훼손 등 혐의로 기소된 PD수첩 제작진에게는 1심, 2심, 3심
에서 모두 무죄가 선고됐다. 촛불집회 참가자에게 적용됐던 집시법의
야간 옥외집회 금지 조항은 헌법재판소에서 헌법불합치 결정이 내려
졌다. 미네르바에게 적용했던 전기통신기본법 조항에 대해서도 위헌
결정이 나왔다. 검찰정치와 정치검찰의 재결합은 무죄, 헌법불합치, 위
헌으로 점철됐다.

법원 내부적으로는 2009년 2월 신영철 대법관 재판관여 논란 이후

임의배당 제도가 사실상 폐지된 것과 관련되어 있다. 법원장이 중요사건을 특정 재판부에 임의배당하는 것이 어려워짐에 따라 하급심 판결에 다양한 시각이 유입된 것으로 볼 수 있다.

하급심 판결에 문제가 있다면 3심을 거치며 바로잡힐 수 있다. 그것이 한국의 법치주의가 정한 절차다. 판결을 비판할지언정 법원과 판사를 공격해서는 안 되는 이유다. '강기갑 공중부양 무죄' '민주노동당 공소기각' 판결은 항소심에서 유죄로 뒤집혀 대법원에서 형이 확정됐다. 법원 전체의 신뢰성을 뒤흔든 결과치고는 고작 쥐 몇 마리가 나온 꼴이었다.

그렇다면 이 대법원장은 왜 '사법부 독립'을 언급한 것일까. 이용훈은 당시 여권의 공세를 '재판 독립 흔들기'로 인식하고 있었다. 이용훈은 법원행정처 간부들에게 "정치적 공격으로 재판 독립의 원칙이 흔들린다면 판사들이 어떻게 양심에 따라 재판할 수 있겠느냐"고 말했다.

"사법부가 독립을 지키지 못하면 외부의 개입을 허용했던 과거를 되풀이하게 될 것이다. 5·16 때 계엄군이 법정에 들어왔고, 외부 단체들이 판사 집을 습격하기도 했다. 그런 일이 다시 벌어진다면 판사 개개인이 양심에 따라 재판하기 힘들어진다."

이용훈에게 사법부 독립은 그 무엇과도 타협할 수 없는 가치였다. 신영철 대법관 사태에 '편향 판결' 논란까지 이어지면서 대법원장이 설 곳은 좁아지고 있었다. 이광범-김종훈 팀의 퇴장으로 개혁의 동력도 떨어진 상태였다. 사법부 독립은 임기 후반기 이용훈이 혼자서라도 지켜야 할 최후의 마지노선이었다. 이용훈은 '사법부 독립'에 자신의 모든 것을 걸었다.

청와대와 대법원에 냉기류가 흘렀다. 어떠한 메시지도 오가지 않았다. 사법부 독립을 지키겠다는 대법원장 공개 발언이 나온 뒤 대법원은 청와대의 대응을 주시했다. 청와대도 불쾌한 반응만 흘리며 침묵을 유지했다. 다음 날인 1월 21일 아침 보수단체 회원들이 "좌파적인 판결에 대한 책임을 지라"며 이 대법원장의 관용차에 계란을 던졌다.

2010년 이용훈 코트에 대한 여권의 공세 과정에서 대법관 증원론이 불거졌다. 한나라당 사법제도개선특위는 3월 17일 "현재 14명인 대법관 수를 24명으로 증원하는 방안을 추진하겠다"고 발표했다. 대법관 임명 자격도 기존의 '경력 15년 이상, 40세 이상'에서 '경력 20년 이상, 45세 이상'으로 높이고 대법관의 3분의 1은 법관 출신이 아닌 이들 가운데서 임명하도록 하겠다고 했다.[3]

바로 다음 날 박일환 법원행정처장이 기자회견을 열고 한나라당의 법원제도 개선안에 대한 대법원 입장을 밝혔다. "최근의 이른바 '사법제도 개선' 논의는 개별적으로 제시된 주장의 당부를 굳이 따질 것 없이, 사법부를 배제하고 일방적으로 밀어붙이려는 진행 방식 자체만으로도 매우 부적절하며 전례를 찾아볼 수 없는 일이다."[4]

예상을 뛰어넘는 고강도 성명이었다. 이용훈은 법원행정처 간부들과의 회의에서 자신의 입장을 분명히 밝혔다. "대법관을 24명으로 늘리면 전원합의체의 기능을 발휘하기 어렵다. 법원과 상의 없이 사법부의 구조 자체를 바꿔버리겠다는 것은 예의에도 맞지 않고, 있을 수도 없는 일이다."

대법원 성명에 안상수 한나라당 원내대표는 "사법부의 기득권을 지키려는 정치적 행위가 아닌가 우려하고 있다"며 "국회 논의 절차를 거치기도 전에 '사법개혁은 법원의 몫'이라고 반대하는 것은 국회 입법권을 침해하는 것"이라고 반박했다. 야당은 한나라당을 성토했다. 박주선 민주당 최고위원은 "대법관을 10명이나 늘리겠다는 것은 사법부에 먹이를 준다는 구실로 사법부를 장악하려는 저질스러운 음모"라고 했다.[5]

사실 상고심 개혁은 사법부의 오랜 현안이었다. 대법원에 접수되는 상고심 본안 사건이 2009년을 기점으로 한 해 3만 건을 넘어섰다. 대법원 12명(법원행정처장 제외)이 1인당 3000건 가까이를 처리해야 한다. 대법원이 중요사건을 재판해 국민 생활의 기준을 설정하고 사회가 나아갈 방향을 제시하는 정책법원의 기능을 제대로 할 수 없는 여건이다.

대법관을 24명으로 늘린다고 해도 한 해 1500건 가까이를 처리해야 한다. 재판기록을 제대로 들여다보고 판결하기는 불가능에 가깝다. 이용훈은 법원 간부들에게 "지금 대법원 청사에 대법관 24명이 들어갈 공간도 없는데 어디에 수용하라는 것이냐. 헌법이 대법원을 최고법원이라고 하는데 그 역할에 대한 결론부터 내려야지, 무턱대고 대법관부터 늘리자는 건 온당치 않다"고 했다.

대법관들도 대부분 대법관 증원에 반대하는 입장이었다. "대법관이 24명이 되면 전원합의를 손들어 찬반 표시하는 다수결 방식으로 하는 수밖에 없다. 현재 대법원장과 대법관 등 13명도 많다. 토론이 심도 있게 이뤄지려면 미국 연방대법원(9명)처럼 '싱글 디지트'(single digit, 한 자릿수)로 해야 한다."(박시환 대법관)

3월 25일 대법원은 대법관 증원 법안에 맞서 고등법원 상고심사부 추진안을 발표했다. 서울, 대전, 광주, 대구, 부산 등 전국 5개 고등법원에 8개의 상고심사부를 신설하는 방안*이었다. '상고심사부에서 소송 당사자의 의견을 들은 뒤 대법원 상고 허용 여부를 결정하도록 하자.' 이 방안을 제안한 건 강일원 기획조정실장이었다.

강일원은 고법 상고심사부를 통해 상고심 개혁을 이룰 수 있다고 봤다. 또한 상고심사부는 항소법원 시스템으로 가는 과도기적 단계였다. 항소법원 시스템은 1심 재판을 대폭 강화해 충실하게 사실관계를 심리하게 하고, 2심인 항소법원은 사후심**으로 하는 것을 말한다. 이렇게 1심과 2심 심리가 충실해지고 재판에 대한 신뢰가 높아지면 상고사건 수를 근본적으로 줄일 수 있다는 게 강일원의 복안이었다.

이용훈 코트가 항소법원 설계와 관련해 도입한 제도가 판사들을 고등법원 판사와 지방법원 판사로 분리하는 법관인사 이원화***였다. 지방법원 판사들의 지원을 받아 고등법원 판사로 근무하게 함으로써 고등법원 판사와 지방법원 판사 모두의 전문성을 높이자는 것이었다.**** 또 이원화를 통해 고등법원 부장판사 승진제도가 사라지면 사법관료화의 폐해도 줄일 수 있고, '베테

---

* 고법 상고심사부는 노무현 정부 때 추진됐던 고법 상고부를 모델로 한 것이다. 고법 상고부의 경우 각 지방에 상고심 역할을 하는 재판부가 생긴다는 점에서 지방분권에도 맞는 방식이다. 또 100퍼센트 변론주의가 적용돼 당사자가 직접 자신의 억울함을 이야기할 수 있다.

** 사후심은 항소심이 1심에서 제출된 소송자료만을 기초로 1심 판결이 맞는지를 심리하는 것이다. 이 경우 재판이 빠르고 효율적으로 진행될 수 있다. 이에 대해 "1심이 충실해지지 않는 상황에서 항소심이 사후심으로 진행되면 국민의 재판받을 권리를 침해할 수 있다"는 반론이 만만치 않다.

*** 해외에서는 1심 재판부와 항소심 재판부의 판사 자격이 다른 나라가 대부분이다. 우리나라처럼 판사들이 지방법원과 고등법원을 오가며 근무하는 나라는 드물다.

**** 이 경우 고등법원 판사들은 1심 재판의 잘잘못을 가릴 수 있는 법관으로서의 경험과 법률 실력을 키울 수 있다.

랑' 판사들이 승진에서 누락돼 법복을 벗는 것을 막아 전관예우 시비를 막을 수 있다.

법관인사 이원화로 결론이 난 것은 2011년이었다. 이른바 '10조 판사'* 제도 도입이었다. 새 대법원장 취임 후에 10조 판사를 도입하자는 의견이 만만치 않았으나 이용훈 대법원장은 임기 내 도입으로 결정했다. 이용훈은 "새 대법원장이 취임해 추진하려고 하면 또다시 상당한 시간이 걸리지 않겠느냐. 그 사이에 인사 운영이 어려워질 수도 있으니 지금부터 제도를 시행하자"고 했다.

그러나 양승태 코트 들어 고등법원 부장판사 승진이 계속되면서 법관인사 이원화는 흐지부지되고 있다. 양승태 코트는 대법원과 별도로 상고사건을 처리하는 상고법원 도입을 통해 상고심 개혁을 하려고 했다. 대법원이 정책법원 기능을 할 수 있도록 대법원에서 중요사건을 처리하고 상고법원에서 나머지 사건을 처리하자는 것이었다.

---

* 법관인사규칙 제10조 1항(고등법원 판사는 상당한 법조경력이 있는 사람 중에서 지원을 받아 보한다)에 따라 지원을 받아 고법 판사로 일하게 한다고 해서 '10조 판사'라고 부른다.

우리법연구회,
해체 압박 앞에 서다

대법원과 청와대·여권 사이에 전선이 형성되면서 우리법연구회*가 쟁점으로 떠올랐다. 2010년 1월 20일 한나라당 사법제도개선특위 위원장인 이주영 의원은 우리법연구회 홈페이지와 전 회장인 문형배 부산지법 부장판사의 블로그를 인용하면서 우리법연구회 해체를 주장했다.

"문 회장 글에 '우리법연구회는 대법원장을 지지하고 주류의 일원으로 편입된 이상 기존 주류의 잘못된 행태를 되풀이해선 안 된다'는 내용이 있다. '박시환 정신, 한기택 정신, 늘 푸른 당신과 함께 앞으로 나갈 것'이라고도 했다. 개인숭배로 볼 수 있는 이념 지향 단체의 성격을 분명히 하고, 사법 이슈 발생 시 지향점을 갖고 행동한다는 점을 드러낸 것이다."

판사 출신인 이 의원은 "과거 일본에 우리법연구회와 유사한 청년법률가협회가 있었으나 일본 최고재판소장은 소속 법관 징계, 형사재판 및 법관 재임용 배제 등을 통해 이 단체를 해체시켰다"며 방법론까지 제시했다.[6]

---

* 우리법연구회에는 당시 150여 명의 판사가 가입되어 있었다. 창립 이후 비공식 단체로 있다 대법원에 학술단체로 등록했다. 창립 회칙은 '법률 전문인의 비판적 시각에서 법률문화 현상을 조사·연구해 민주사회 발전에 이바지한다'는 것으로 법률 연구와 사법제도 개혁에 활동의 초점이 맞춰져 있다.

이에 대해 문형배 부장판사는 "우리법연구회는 노태우 정부 때부터 있었고 한나라당 의원을 지낸 사람(심규철 전 국회의원)도 이 모임 출신인데 우리를 좌편향이라고 주장하는 것은 이해할 수 없다"고 반박했다. 문 부장판사는 여권의 해체 요구에 대해 "연구회 활동이 법관 윤리에 어긋나는지는 대법원이 판단하고 이에 따른 대책을 결정하는 게 맞다. 정치인이 간섭할 수 있는 것이 아니다"라고 했다.[7]

한나라당 사법제도개선특위는 같은 달 27일 2차 회의를 열고 '우리법연구회 글모음'이란 자료를 공개했다. 우리법연구회가 발간한 논문집과 개인 블로그에 올린 글 등을 모은 것이었다. 효순·미선양 사건, 이라크 파병, 친일진상규명 특별법 등에 대한 연구회 소속 회원들의 글들이 공개됐다.[8]

대법원에서는 "이용훈 대법원장은 우리법연구회 해체를 원하고 있다"는 말이 나왔다. 법원행정처 고위 간부는 "이 대법원장은 2005년 인사청문회 때 이미 우리법연구회에 대해 부정적인 입장을 밝혔다"며 "이념 성향의 단체라서가 아니라 법원에 부담이 되기 때문에 해체되기를 바라는 것"이라고 했다.[9]

당시 이용훈 대법원장은 우리법연구회 해체 여부에 대해 언급한 적이 없었다. 법원행정처 일부 간부들이 이 대법원장의 과거 발언을 인용해 연구회 해체를 압박하고 나선 것이었다. 이용훈은 우리법연구회 회원이 누구누구이고, 무슨 연구를 해왔는지 구체적으로 알지 못했다. 그는 우리법연구회를 '사법권 독립을 제대로 지키자는 모임' 정도로 여기고 있었다. 김종훈과 이광범 등이 우리법연구회 출신이었지만 이용훈에게는 믿을 만한 후배들일 뿐이었다. 우리법연구회 출신을 중용한다는 인식 자체가 없었다.

우리법연구회는 "해체할 수 없다"는 입장을 거듭 밝혔다.* 한나라당은 이 대법원장과 박시환 대법관을 공격하고 나섰다. 주성영 의원은 2월 10일 사법제도개선특위 회의에서 전관예우의 전형적 사례로 이 대법원장과 박 대법관을 거론했다.

"현대화된 나라 중에서 우리나라에만 유일하게 존재하는 단어가 전관예우다. 이용훈 대법원장은 대법관을 마치고 5년 동안 변호사 수임료만 60억 원을 신고했다. 박시환 대법관도 부장판사를 그만두고 나서 22개월간 변호사로 일했는데 당시 수임료가 22억 원이었다."[10]

이용훈은 여당이 자신의 거취를 압박하는 것으로 받아들였다. 보수 언론에서도 대법원장을 우리법연구회과 연결지어 비판하고 공격하고 있었다. 이용훈은 공세에 밀려 자신이 사퇴한다면 사법부 독립을 스스로 훼손하는 것이란 판단에서 흔들리지 않았다. 자신의 거취가 문제될 수 있는 상황에서 누구와 마음 터놓고 상의할 수도 없었다. 집무실 안쪽 사실에 들어가 기도하는 날이 늘어갔다.

3월 3일 대법원은 우리법연구회 등 판사들이 가입해 활동 중인 단체들의 명단과 회원 수, 운영 방식 등에 대한 실태 조사에 착수했다. 대법원 측은 "특정 모임이나 단체를 겨냥한 것은 아니다"라고 설명했으나

---

* 2010년 2월 서울중앙지법에서 열린 정기 세미나에서 우리법연구회 회장 오재성 당시 수원지법 성남지원 부장판사는 정치권의 해체 요구에 대해 "외부 논의에 완전히 귀를 닫은 것은 아니지만 그에 대해 어떤 대응을 내놓는 성격의 모임이 아니고 그럴 수도 없다"고 했다.

정치권 요구에 우회적으로 응답한 것으로 볼 수 있었다.[*] 우리법연구회 판사들은 모임 해체를 놓고 치열한 토론을 벌였다.

"우리법연구회 회원이란 사실을 숨기면서 모임을 유지할 필요가 있느냐." "연구회로 인해 사법부가 받는 부담이 더 클 수 있다는 점도 감안해야 한다." "회원들 판결을 뒤지고, 기피 신청하고, 사무분담에서 배제한다면 심각한 문제다."

반대 목소리도 만만치 않았다. 모임이 오해를 받는다는 이유로 해체한다면 그간의 노력이 무의미해진다는 주장이었다.

"우리가 함께 사법부 독립이란 가치로 방어를 해야 하는 것 아니냐." "우리법의 존재는 법관 사회에 다양한 판사들이 존재할 수 있음을 보여줬는데 스스로 해체한다면 다양성을 스스로 상실하는 것이다."

연구회를 유지하자는 의견이 우세했다. 탈퇴 여부는 판사 개개인의 선택에 맡기기로 했다. 토론에서 몇몇 판사들은 이렇게 말했다.

"일부 회원들이 법원행정처에 갔다 오고, 특정 대법관 만들기를 한 것으로 보는 시각이 분명히 있다. 선배들의 잘못을 인정하고 비판하면서 새로운 출발을 해야 한다."

"진보적이기 때문에 편향되어 있다는 프레임을 깨자. 오히려 진보적이기 때문에 공정하다는 것을 보여줘야 한다. 모임을 유지한다면 그런 것들을 함께 고민했으면 한다."

---

[*] 2010년 3월 15일 대법원공직자윤리위원회는 "정치적이거나 법관의 공정성을 해할 수 있는 단체 활동을 자제해야 한다"는 가이드라인을 발표했다.

우리법연구회는 논문집을 통해 회원 60명의 명단을 공개했다.[11] 한때 150여 명의 판사가 가입한 것으로 알려졌으나 명단 공개 과정에서 탈퇴 기회를 주면서 그 수가 크게 줄었다.

우리법연구회는 이용훈 코트 내내 논란의 대상이었다. 박시환, 이광범, 김종훈 등 우리법연구회 출신들이 이용훈 코트의 개혁을 기획하고 주도했던 사실은 부인할 수 없다. 4차 사법파동을 통해 노무현 정부의 사법개혁을 이끌어냈다. 대법원 구성의 다양화도 그들의 노력에 힘입은 바 컸다.

동시에 이들은 이용훈 코트의 확장성을 가로막는 요인이기도 했다. 일부 판사의 자성처럼 '진보적이기 때문에 공정하다'는 것을 보여주지 못했다. 개혁의 방향성에 대한 법관 사회의 협력과 동의를 끌어내지 못했다. 자신들이 그토록 개혁하자고 외쳤던 사법의 관료화를 뜯어고치지 못한 채 오히려 편승한 측면도 있었다.

그렇다고 우리법연구회를 이념 구도로 보는 것은 과도하다. 판사들이 양심에 따라 독립해 재판할 수 있는 법원을 만들자는 고민에서 출발한 모임이었다. 진보를 종북이나 좌경으로 볼 수 없듯이 우리법연구회를 종북이나 좌경세력으로 볼 수는 없다.

당시 여당과 보수언론은 우리법연구회의 이념성을 부풀리고 덧칠한 뒤 '마녀 사냥'을 했다. 우리법연구회 회원이 아닌 판사들도 위축될 수밖에 없었다. 자기검열이 생활화되고 내면화되어갔다. 그 후유증은 양승태 코트에서 '관료사법' '보수사법'의 전면적 부활로 나타났다.

엘리트 판사들의
모임,
민사판례연구회

　우리법연구회 논란이 불거질 때마다 함께 거론되는 단체가 민사판례연구회(민판연)다. 민판연은 민법의 대가로 불리는 곽윤직 전 서울대 법대 교수가 1977년 제자인 법원 판사와 교수 등을 모아 결성한 학술연구 모임이다. 이용훈 대법원장도 곽 교수의 연구회 창립을 도운 초창기 멤버였다.

　연구회 정관에 나온 목적은 "판례의 연구를 통하여 민사법에 관한 이론과 실무의 조화로운 발전에 기여하고 회원 상호 간의 친목을 도모함을 목적으로 한다"는 것이다. 민판연은 매달 2~3건의 논문을 발표하면서 해마다 「민사판례연구」라는 이름의 논문집을 내왔다. 서울대 법대 출신에 법무관 경력이 있는 성적 우수자들을 추천받아 회원으로 선발하면서 엘리트 판사들의 모임이라는 지적을 받았다. '법조계의 하나회'라는 비판이 나온 것도 폐쇄적인 운영 방식 때문이다. 논란이 이어지자 민판연은 비서울대 법대 출신 판사와 변호사, 교수까지 영입 대상을 넓혔다. 선발 방식도 신청을 받아 심사하는 쪽으로 바꿨다.

　2015년 2월 민판연이 발간한 논문집 「민사판례연구」 37집에는 회원 230명의 명단이 포함되어 있었다. 이중 대법관 등 현직 판사는 110명, 판사 출신 변호사는 43명이었다. 당시 재직 중인 대법관 13명 중 민판연 회원은 박병대 법원행정처장과 민일영, 김용덕, 김소영 대법관 등 4명이었다. 양승태 대법원장도 민판연 회원이었으나 대법원장 취임 전 탈퇴했다. 전직 대법관으로는 손지열, 박재윤, 김용담, 김황식, 양창수 전 대법관이 명단에 올라 있었다.

법원행정처의 경우 박 처장을 비롯해 실장·심의관 등 8명이 명단에 포함되어 있었다. 고등법원·지방법원 부장판사로 근무 중인 민판연 소속 법관들도 상당수가 법원행정처 근무 경험이 있었다. 민판연 회원들이 법원의 주류를 이루고 있다는 속설이 사실로 확인된 셈이다. "민판연으로 인해 위화감이 커지면서 법원 운영에 부담이 되고 있다"는 지적과 "순수한 학술단체로 서로 끌어주는 관계가 아니다"라는 반론이 맞서고 있다.

명단에 오른 판사 출신 변호사 43명 중 절반 이상인 25명은 김앤장에서 근무 중인 것으로 나타났다. 법원 내부에서는 "아무리 학술연구단체라고 해도 전관예우 등의 오해를 받을 수 있다. 대법관이나 법원장, 고등법원 부장판사 등은 민판연을 탈퇴하는 게 바람직하다"는 지적이 나온다. 민판연 소속인 김재형 서울대 로스쿨 교수가 2016년 8월 대법관 후보로 제청되자 인사청문회 과정에서 민판연 논란이 일기도 했다.

마지막 전쟁의 서막:
4대강 집행정지 사건

2011년 대법원은 이명박 정부의 거대한 하수처리장이 됐다. 4대강, PD수첩, 전교조 시국선언… 이명박 정부에서 일어난 사건들이 부유물처럼 법원으로 밀려왔다. 이용훈 코트의 레임덕 속에 대법관들의 마지막 전쟁이 시작됐다.

이중 4대강 살리기 사업(4대강 사업)은 이명박 정부 최대의 국책사업이었다. 이명박 대통령은 2007년 12월 대선에서 '한반도 대운하' 사업을 공약으로 내놓았다. 그는 대통령 당선 후 '한반도 대운하'를 국정과제로 제시했다. 2008년 촛불집회가 커지자 "대운하 사업도 국민이 반대한다면 추진하지 않겠다"고 후퇴했으나 같은 해 12월, 4대강 사업 추진을 발표했다.*

4대강 사업이 법정에 서게 된 것은 야당과 시민단체들이 반발하면서였다. "4대강 사업이 법과 절차를 무시했다. 심각한 환경파괴가 우려된다." 야당과 시민사회단체들로 구성된 '4대강 사업 위헌·위법심판을 위한 국민소송단'은 공사취소 청구 소송과 집행정지** 신청을 4개 법원에 냈다. 권역별로 서울행정법원과 부산지법, 대전지법, 전주지법이었

---

* 이명박 정부는 4대강(한강, 낙동강, 금강, 영산강)에 총 사업비 22조 원을 들여 보 16개와 댐 5개, 저수지 96개를 만드는 공사를 4년 만에 마무리하겠다고 했다. 4대강 주변도 생활·여가·관광·문화·녹색성장 등이 어우러지는 다기능 복합공간으로 꾸민다는 계획이었다.
** 집행정지는 행정처분의 집행을 정지하는 것으로 회복하기 어려운 손해를 예방하기 위해 긴급하다고 인정될 때에는 당사자의 신청 또는 직권에 의해 할 수 있다.

다. 집행정지 신청의 내용은 '1심 판결 선고 시까지 4대강 살리기 마스터플랜과 사업에 따른 각 공구별 사업실시계획 승인처분의 효력을 정지해달라'는 것이었다. 2010년 3월 담당 재판부인 서울행정법원 행정6부(김홍도 부장판사)는 경모 씨 등 6000여 명이 국토해양부장관과 서울지방국토관리청장을 상대로 낸 집행정지 신청에 대해 "집행정지의 요건인 회복하기 어려운 손해가 있거나 이를 예방하기 위한 긴급한 필요가 있다고 보기 어렵다"며 기각했다. 2010년 6월 서울고법 행정9부(박병대 부장판사)도 같은 취지로 항고를 기각했다.

대법원 재항고 사건[12] 주심은 이홍훈 대법관이었다. 이 대법관은 법원 내에서 최고의 행정법 전문가로 꼽히고 있었다.* 그는 4대강 사업을 법치행정에 있어 중요한 의미를 갖는 사건으로 봤다. 그는 이 사업을 국가의 정책적 목적만으로 판단해서는 안 된다고, 국민이 권리 침해로 받는 불이익과 국가가 얻는 이익 사이에서 어느 것이 더 큰지 이익형량을 해야 한다고 판단하고 있었다.

우리나라의 젖줄인 4대강 본류를 건드리는 것은 환경에 장기적으로 중대한 영향을 미칠 가능성이 크지 않은가. 사업 추진 과정에서도 수십조 원의 예산이 들어가지만 10년, 20년 후 헐어내야 한다면 또다시 엄청난 국민 세금이 들어가는 문제 아닌가. 당시 이홍훈은 후배 판사들에

---

* 이 대법관은 '시민이 국가를 상대로 피해를 입었다면 민사소송인 부당이득 반환 청구뿐 아니라 행정소송인 무효확인 청구를 할 수 있다'는 대법원 전원합의체 판결의 주심이기도 했다. 이 판결은 행정법 학계에서 국민의 선택권을 크게 넓힌 판결로 받아들여지고 있다(대법원 2008. 3. 20. 선고 2007두6342 전원합의체 판결).

'4대강 살리기' 사업과 법원의 뒤늦은 판단

2008.	12. 15	국가균형발전위, 4대강 살리기 프로젝트 추진 의결
2009.	6. 8	4대강 살리기 사업 마스터플랜 발표
	11. 25~26	국민소송단, 전국 4개 법원에 공사시행계획 취소 소송
		집행정지도 함께 신청
2010.	3. 12	서울행정법원, 한강 살리기 사업 집행정지 신청 기각
	6. 25	서울고법, 집행정지 신청 항고 기각
	12. 3	서울행정법원, 한강 살리기 공사 취소 소송 원고 패소 판결
2011.	4. 21	대법원, 집행정지 신청 재항고 기각
	11. 25	서울고법, "한강 살리기 사업은 적법" 원고 패소 판결
2012.	2. 10	부산고법, "낙동강 살리기 사업 일부 위법"
2013.	2	4대강 살리기 사업 완료
2015.	12. 10	대법원, "4대강 살리기 사업은 적법" 원고 패소 확정

게 이렇게 말했다.

"4대강이 39억 년의 역사를 통해 만들어진 것이라면 되도록 자연 그대로 놔둬야 하는 것 아니냐. 자연은 자기 길이 있다. 물길이 있고 바람 길이 있다. 물길을 막아버리면 재앙으로 변할 가능성이 크다."

4대강 사업이 필요하더라도 부작용과 문제점을 충분히 검토하고, 국민 의견도 수렴하고, 법적 절차도 정확히 지켜야 한다는 것이 이홍훈의 판단이었다. 그는 사건을 전원합의로 넘겼다. 전원합의에서 이홍훈은 신속한 처리가 필요하다고 강조했다. "1심 판결 선고 시까지 집행정지 여부를 판단해달라고 신청한 만큼 1심 판결 전에 빨리 결정을 해야 하는 것 아닌가."

다수 대법관들의 반응은 달랐다. "본안(공사 취소 소송) 사건 선고가 임박해 있는데 대법원이 1심 재판부에 어떻게 판결하라고 사인을 줄 우려가 있다." 집행정지 대상이 되는지를 두고도 "회복하기 어려운 손해를 예방하기 위한 긴급한 필요가 있다는 원고 측 소명이 부족하다"는 의견이 우세했다. 이홍훈은 "환경이 중요하고 피해 대상이 광범위한 만큼 회복 가능하다는 것은 피고 측(정부)에서 입증해야 한다"고 반박했다.

이렇게 결론을 내리지 못하는 사이 1심 본안 소송 판결이 선고되고 말았다. 2010년 12월 3일 서울행정법원 행정6부(김홍도 부장판사)는 공사 취소 청구를 기각했다. "원고 측이 '4대강 사업이 국가재정법과 하천법, 환경영향평가법 등을 위반했다'고 주장하지만 이를 인정할 만한 절차상 하자 등이 발견되지 않았다." 재판부는 4대강 사업이 역효과를 부를 것이라는 주장에 대해서는 "행정계획에 대한 행정주체(정부)의 광범위한 형성의 자유에 따라 이뤄졌기 때문에 이익형량의 하자는 없다"고 판단했다.

서울행정법원 판결을 앞두고 외압 논란이 일었다. 서울고검 송무부장이 10월 19일 서울행정법원 법원장과 재판장 집무실을 방문해 '소송이 지체되고 있다'며 조속한 진행을 요구했다.[13] 이후 열린 재판에서 재판부는 '입증기회가 충분하지 않으니 시간을 더 달라'는 원고 측 요청을 받아들이지 않고 바로 선고기일을 잡았다. 국민소송단 측이 재판부 기피 신청을 했으나 기각됐다.

이같은 1심 판결이 나오자 대법관들 사이에 '이미 1심 판결이 나왔는데 집행정지 신청 기각 결정을 파기할 필요가 있느냐'는 논리가 등장했다. "지금 우리가 판단하면 2심 본안 소송에 영향을 미친다"는 주장도 나왔다. 대법원이 집행정지 기각 결정을 뒤집을지 여부를 놓고 5~6개월을 끌다가 1심 본안 소송 판결이 나왔다는 이유로 전원합의체가 아닌 소부에서 처리하자는 얘기였다. 그 경우 주문과 이유만 내고 반대의견은 쓸 수 없게 된다.

이런 분위기가 이홍훈에게는 '정부에서 하는 대형 국책사업인데 법원이 나설 필요가 있느냐'는 것으로 다가왔다. 박정희 시대처럼 개발이라면 불법도 통하고, 정부 일은 모른 척하는 것이 대법원이 할 일이냐는 생각에 분노가 치밀었다. 이홍훈은 대법관들 앞에서 일갈했다.

"대법원이 과거와 같이 정치권력의 눈치나 보고 있어서야 되겠습니까!"

법원 내 신사라는 말을 들을 정도로 점잖던 그로서는 이례적인 일이었다. 평소 이홍훈은 전원합의에서도 신중하게 고민하다 표결에 들어가곤 했다. 대법관들 사이에 찬반이 치열하게 맞붙을 때도 세모로 표시되는 경우가 많았다.

이후 이홍훈은 대법관실에서 두문불출했다. 한 달 동안 대법원 식당에 가지 않고 도시락이나 죽으로 점심을 때웠다. 성묘를 갔다가 쓰러져 응급실에 가기도 했다. 과로한 상태에서 신경을 과도하게 썼기 때문이었다. 그러던 어느 날 박시환, 김지형, 전수안 대법관이 이 대법관실을 찾았다.

"이 대법관님, 송구합니다. 힘내십시오."

"이 중요한 사건에 반대의견도 쓰지 못한다는 게 말이 됩니까."

우여곡절을 거쳐 "향후 유사 사건에서 진지하게 논의하는 계기가 될 수 있도록 소수의견은 남겨야 한다"는 이홍훈의 요구가 전원합의에서 받아들여졌다. 표결 결과는 9 대 4였다. 이홍훈 대법관과 함께 박시환, 김지형, 전수안 대법관이 반대의견 쪽에 섰다. 독수리 5남매 중 김영란 대법관이 퇴임하면서 8 대 5 구도가 9 대 4 구도로 전환된 것이다.

다수의견*은 기본적으로 국가정책에 사법부가 개입하는 것을 경계하는 입장이었다. 우선 4대강 살리기 사업의 정부기본계획(마스터플랜)에 대해 집행정지 대상인 행정처분에 해당하지 않는다고 제시했다.

이 사건 정부기본계획 등은 4대강 정비사업과 그 주변 지역의 관련 사업을 체계적으로 추진하기 위하여 수립한 종합계획이자 '4대강 살리기 사업'의 기본방향을 제시하는 계획으로서, 이는 행정기관 내부에서 사업의 기본방향을 제시하는 것일 뿐, 국민의 권리·의무에 직접 영향을 미치는 것은 아니라고 할 것이어서 행정처분에 해당하지 아니한다.[14]

....

* 이용훈 대법원장과 김능환, 안대희, 차한성, 양창수, 신영철, 민일영, 이인복, 이상훈 대법관.

'한강 살리기 사업'에 따른 각 공구별 사업실시계획 승인처분의 효력정지를 신청한 데 대해서도 효력정지 요건에 해당하지 않는다고 보았다.

이 사건 사업으로 인하여 토지 소유권 기타 권리를 수용당하고 이로 인하여 정착지를 떠나 타지로 이주를 해야 하며 더 이상 농사를 지을 수 없게 되고 팔당지역의 유기농업이 사실상 해체될 위기에 처하게 된다고 하더라도 그러한 손해는 금전으로 보상할 수 있는 손해일 뿐 아니라, 사회관념상 금전보상으로는 참고 견디기가 어렵거나 현저히 곤란한 경우의 유·무형의 손해에 해당한다고 보기 어렵다고 판단하였다. (…) 원심의 이 같은 판단은 정당한 것으로 수긍이 가고, 거기에 재항고이유로 주장하는 것과 같은 '회복하기 어려운 손해'에 관한 법리오해 등의 위법이 없다.[15]

또 항고심이 '4대강 사업에 따른 수질 오염, 침수, 생태계 파괴 등으로 인한 손해발생의 우려에 관한 소명이 부족하다'는 이유로 효력정지 신청을 기각한 데 대해서는 대법원이 법률심임을 강조했다. "사실심의 전권 사항인 증거의 취사나 사실인정이 잘못됐다는 취지의 것에 불과하므로 적법한 재항고이유라고 볼 수 없다."

9인의 다수의견이 4장에 그친 반면 4인의 소수의견은 17장에 달했다. 그 내용도 신청 사건 결정이 아니라 본안 소송 판결에 가까웠다. 법치행정이 왜 중요한지부터 제시했다.

헌법 제1조는 대한민국이 민주공화국임을 선언하면서, 대한민국의 주권은 국민에게 있고, 모든 권력은 국민으로부터 나온다고 규정하여 국민주권의 원리를 헌법의 이념으로 천명하고 있다. (…) 법치주의의 핵심인 법치행정(法治行政)의 이념을 실현하기 위해서는 행정에 대한 법의 지배 원칙에 따라 행정권을 행사하여야 하며, 또한 행정권에 의하여 국민의 권익이 침해받거나 받을 우려가 있는 경우에는 이에 대한 효과적인 권리구제 내지 행정통제 제도가 보장되어야 한다.[16]

나아가 4대강 사업이 사업지역 인근에 거주하거나 한강을 상수원으로 삼는 이들에 국한된 문제가 아님을 강조했다.

환경문제는 문제의 발생과 이로 인한 영향이 현실로 나타나기까지 상당한 시차가 존재하고, 어느 정도의 환경악화는 환경이 갖는 자체 정화능력에 의하여 쉽게 원상회복될 수 있지만 그 자체 정화능력을 초과하는 경우에는 환경악화가 가속화될 뿐만 아니라 심한 경우에는 원상회복이 어렵거나 불가능하게 되는 시차성(時差性), 탄력성(彈力性) 및 비가역성(非可逆性) 등과 같은 특성을 가진다. (…) 현재의 잘못된 정책으로 인하여 이 사건 사업지역 인근에 거주하거나 한강을 상수원으로 삼는 재항고인들 뿐만이 아닌 미래의 세대인 우리들 자손의 중요한 삶의 터전이 될 환경이 오염되거나 훼손되지 아니하도록 각별한 주의를 기울일 필요가 있다.[17]

이런 전제하에서 4대강 사업이 수자원장기종합계획의 범위를 벗어난 것이라고 볼 여지가 크다는 점을 강조했다. 또 보 설치 및 준설은 국가재정법상 예비타당성조사 제외 대상인 '재해예방 지원'에 해당하지 않고, 다른 대안을 구체적으로 검토하지 않았으며, 대규모 보 설치*에 따른 수질 부분 환경영향평가가 부실하다는 점을 지적했다. 특히 녹조의 원인이 되는 부영양화 가능성을 우려했다.

이 사건 환경영향평가서에서조차, 보를 설치할 경우 유속이 느려져 유기오염원이 관리되지 아니하면 부영양화가 초래될 우려가 있고, 수심이 깊어짐에 따른 태양광 투과율 감소는 일부 조류(藻類)에만 성장 장애요인이 될 것이라고 하고 있다. (…) 위와 같이 부영양화가 우려되고 있는데도 부영양화 관련 항목이 완화 또는 결여되어 있는 하천 생활환경 기준을 남한강 전 구간에 일률적으로 적용하는 것은 수질을 보전하기에 충분하다고 보기 어렵다.[18]

반대의견은 '예측이 빗나가 사업 시행으로 수질오염 등이 발생할 경우 생명이나 건강이 침해되고, 그 피해는 금전적으로 보상할 수 없으며, 일단 자연환경이 훼손되면 회복하기 어렵다'며 집행정지를 주장했다. 이에 대해 김능환, 안대희, 민일영 대법관은 다수의견에 대한 보충의견을 통해 '법률심인 대법원이 사실심 역할까지 하려고 해서는 안

* 이 사건 집행정지 대상인 사업은 남한강에 높이 6미터 내지 8미터의 보 3개를 설치하고 대규모로 하도를 준설하는 것 등이었다.

된다'고 반대의견을 재반박했다.

재항고 사건에서는 원심의 사실인정이 자유심증주의의 한계를 벗어나는 등 법령에 위반된 점이 있는 경우를 제외하고는 증거의 취사나 사실인정이 잘못되었다는 사유를 재항고이유로 주장하는 것이 허용되지 아니하고, 재항고심에서 사실심리를 새로이 해달라는 요구 역시 받아들일 수 없는 것이다. 따라서 단순히 원심의 사실인정이 잘못되었다는 것만으로는 적법한 재항고이유가 될 수 없다. 이는 대법원도 반복하여 강조하고 있는 법리이다.[19]

본안 소송에 대한 대법원 판결은 그로부터 4년 8개월 후인 2015년 12월 나왔다. 대법원 2부와 3부는 4대강 사업 시행계획을 취소하라며 국민소송단이 국토해양부장관 등을 상대로 낸 4건의 상고심에서 원고 패소 판결한 원심을 확정했다. 4대강 사업이 마무리된 지 3년 가까이 지난 다음이었다. 사후적으로 적법성을 부여한 꼴이 됐다. 대법원 판결도 황혼녘이 되어야 날개를 펴는 '미네르바의 부엉이'인 것일까.

반대의견에서 제시한 우려는 현실화하고 있다. 해마다 여름철이 되면 '녹조 라떼'라는 말이 나올 정도로 녹조현상이 심각해지고 있다. 22조 원이 넘는 사업비에 매년 수천억 원의 관리비가 들어가는 4대강 사업은 미래 세대에 재앙이 될 가능성이 커졌다.

문재인 정부는 출범 직후인 2017년 5월 22일 4대강 보 16개 가운데 6개를 상시 개방하기로 했다. 문 대통령은 4대강 사업에 대한 정책감사를 지시했다. 4대강 사업은 존폐의 갈림길에 놓였다. 만약 그때 대법관들이 4대강 문제에 대해 보다 적극적으로 나섰다면 상황은 달라지지 않았을까.

1970~80년대 간첩죄로, 긴급조치로 시민들을 고문하고 감옥에 가둔 것이 과거사 사건이었다. 이제는 국민들 세금으로 환경을 훼손한 4대강 사업 같은 일들이 '미래의 과거사' 사건이 되지 않을까. 정부의 국책사업에 대한 판단에서 비켜섰던 사법부의 판단자들은 어떤 판단을 받게 될까. 그때 그들은 무슨 말을 할까.

보수·진보 대격돌: PD수첩 사건

2008년 봄 한국 사회를 뒤흔든 촛불집회는 미국산 쇠고기 수입 재개에 따른 시민들의 먹거리 불안에서 시작됐다. 광우병 논란이 겹쳐지면서 '검역주권 포기' 논란, 이명박 정부 퇴진 요구로 이어졌다. 이명박 정부는 비판 여론을 정보 부족이나 괴담 유포자의 선동으로 일축하고 무시했다. 이런 정부의 태도가 시민들의 분노를 더 키우고 말았다. 5월 22일 이 대통령은 대국민담화를 발표하고 고개를 숙였다.

"앞으로 정부는 더 낮은 자세로 더 가까이 국민께 다가가겠습니다. 지금까지 국정 초기의 부족한 점은 모두 저의 탓입니다. 이제 모두 마음을 합쳐 앞으로 나아갑시다."

하지만 쇠고기 수입 재협상에 들어가고 촛불집회의 불길이 잦아들자 이명박 정부는 '떼법 문화 청산'의 깃발을 높이 들어올렸다. 검찰은 촛불집회 참가자 사법처리와 함께 MBC PD수첩 제작진에 대한 수사에 들어갔다. 촛불집회를 촉발시킨 PD수첩의 '미국산 쇠고기, 과연 광우병에서 안전한가?' 보도에 대해 반격에 나선 것이다.

PD수첩 수사는 마찰과 충돌로 이어졌다. 사건을 수사하던 임수빈 서울중앙지검 형사2부장은 MBC 제작진에 대한 기소 지시를 거부했다. "정부 비판 보도로서 정부는 명예훼손의 피해자가 될 수 없다." 제작진에 대한 체포영장 청구 등 강제 수사에도 나서지 않았다. 그는 2009년 1월 검사직에서 물러나야 했다. 검사가 임수빈만 있는 것은 아니었다. 검찰은 사건을 형사6부로 재배당한 뒤 MBC 본사 압수수색을 시도한 데 이어 제작진을 체포해 조사했다.

2009년 6월 검찰은 PD수첩 제작진 5명을 기소했다. 광우병 보도로 정운천 전 농림수산식품부(농림부)장관 등의 명예를 훼손하고 쇠고기 수입 판매업자들의 업무를 방해한 혐의였다. 수사팀은 프로그램 제작에 참여한 작가의 개인 이메일까지 공개해 사생활 침해 논란을 일으켰다. 앞서 농림부는 MBC PD수첩을 상대로 언론중재위원회에 정정·반론보도를 신청했다. 농림부는 언론중재위의 정정·반론보도 직권 결정에 MBC 측이 이의신청을 하자 정정·반론보도 청구 소송에 들어갔다.

대법원에 먼저 올라온 것은 정정·반론보도 청구 소송이었다.[20] 2009년 6월 서울고법이 PD수첩 보도의 7개 쟁점 중 일부에 대해 정정 혹은 반론 보도 청구를 받아들이자 정부와 PD수첩 제작진 모두 상고했다.

주목해야 할 것은 대법원의 판단 결과가 이명박 정부의 정당성에 직접적인 영향을 미친다는 사실이었다.

보도 내용에 대해 허위 판단이 내려진다면 이명박 정부는 정당성을 확인받을 수 있게 된다. 허위 판단이 내려지지 않는다면 정부의 정당성은 또 한번 흔들릴 수 있다. 그 진실게임이 대법원 전원합의체 재판에서 벌어지게 된 것이다. 한쪽에 이명박 정부, 그 반대쪽에 PD수첩 제작진이 있었다.

대법원은 2010년 상반기 합의에 들어갔으나 형사사건과 함께 처리하자는 의견이 대두됐다. 일부에서 "형사사건과 요건이 다르다"며 조속한 처리를 주장했다. "주요 쟁점이 형사사건과 연관되어 있다"는 반론이 제기됐다. 논의 끝에 '함께 검토한다'는 쪽으로 방향이 정해졌다.

형사사건에 대한 항소심 판결은 2010년 12월 나왔다. 서울중앙지법 형사항소9부는 PD수첩 제작진 5명에 대해 무죄를 선고했다. "일부 내용이 객관적 사실과 다른 허위사실에 해당하지만 명예훼손이나 영업방해 의도가 있었다고 보기 어렵다." 1심이 "보도 내용이 허위사실로 입증되지 않았다"고 한 것과 달리 '일부 허위'를 인정한 것이다.

대법원은 정정·반론보도 청구 사건과 형사사건을 묶어 검토에 들어갔다. 당시 양승태, 이홍훈 대법관이 교체되는 시기여서 이홍훈 대법관 후임인 박병대 대법관이 취임할 때까지 전원합의 재개 시기가 늦춰졌다.

전원합의는 정정·반론보도 청구 소송을 중심으로 이뤄졌다. 판단의 잣대는 두 가지였다. 우선 사실 주장이냐, 의견 표명이냐였다. 사실을 주장한 것이라면 허위 여부를 따져야 한다. 의견을 표명한 것일 뿐이라면 허위 여부를 따질 수 없다. 아울러 후속보도*가 이뤄진 부분에 대해서는 후속보도에 따라 정정보도를 할 필요가 사라졌는지 판단해야 했다. 항소심에서 다뤄진 PD수첩 보도의 7가지 쟁점과 판단 내용은 다음과 같았다.

PD수첩 보도에 대한 항소심 판단

보도 내용 중 쟁점	정정·반론 보도 소송 항소심	명예훼손 등 형사 항소심
① 주저앉은 소와 광우병 관계	허위(후속보도로 목적 달성)	허위
② 아레사 빈슨의 사망 원인	허위(후속보도로 목적 달성)	허위
③ 특정위험물질(SRM) 수입	허위 아니다	허위 아니다
④ 한국인 유전자형과 광우병 발병 위험성	허위(정정보도)	허위
⑤ 미국에서 인간광우병 발생시 한국 정부의 대응 조치	허위(정정보도)	기소 안 됨
⑥ 라면스프 등을 통한 인간광우병 감염 위험	사실적 주장 아니다	기소 안 됨
⑦ 미국산 쇠고기 수입위생조건 합의와 관련된 우리 정부의 협상 태도 문제	허위(정정보도)	허위 아니다

---

* PD수첩은 2008년 4월 29일 '미국산 쇠고기 광우병에서 안전한가' 보도에 이어 5월 13일 '미국산 쇠고기 광우병에서 안전한가 2', 7월 15일 'PD수첩 진실을 왜곡했는가' 등 두 차례의 후속보도를 했다.

이 7개의 쟁점 중 대법관들이 격론을 벌인 것은 ④번 쟁점과 ⑤번 쟁점이었다. ①번(주저앉은 소)과 ②번(아레사 빈슨의 사망 원인)의 경우 후속 보도로 충분한 정정이 이뤄져 정정보도를 청구할 이익이 없다는 항소심 판단에 이견이 없었다. 이들 쟁점에 대해 PD수첩 측이 상고했다면 허위냐, 아니냐를 다툴 수 있었지만 원고(농림부)측만 상고해 허위 여부를 다툴 여지가 없었다.

③번 쟁점인 특정위험물질(SRM) 수입 가능성의 경우 허위로 볼 수 없다는 항소심 판단에 대법관들이 모두 동의했다. ⑥번 쟁점, 라면스프 등을 통한 인간광우병 감염 위험 가능성에 대해서도 사실적 주장이 아니라는 항소심 판단이 받아들여졌다. ⑦번 쟁점(미국산 쇠고기 수입위생조건 합의와 관련된 우리 정부의 협상 태도)은 대법관들의 표결 끝에 9 대 4로 '의견 표명'이란 결론이 내려졌다.

④, ⑤번 쟁점을 두고 '허위로 인정할 수 없다'는 입장과 '허위로 인정된다'는 입장이 충돌했다. 한 치의 물러섬도 없는 전쟁이었다. 가장 격렬하게 부딪힌 지점은 ④번, 즉 한국인의 유전자형과 광우병 발병 위험성 문제였다.

"한국인 500여 명의 유전자 분석을 실시한 결과, 유전적으로 광우병에 몹시 취약하다는 것을 알 수 있습니다. 프리온 유전자 가운데 129번째 나타나는 유전자형은 총 3가지. 이 중 지금까지 인간광우병이 발병한 사람 모두가 메티오닌 엠엠(MM)형이었습니다. 즉 한국인이 광우병에 걸린 쇠고기를 섭취할 경우 인간광우병이 발병할 확률이 약 94퍼센트가량 된다는 것입니다. 그렇다면 미국인은 어떨까요? MM형을 가진 사람이 미국인의 약 50퍼센트인 것으로 나타났습니다. 보시다시피 한국인이 영국인의 약 3배, 미국인의 약 2배 정도 가능성이 높다고 볼 수 있습니다"라는 내용의 보도.[21]

이 보도에 대해 1심 재판이 진행 중이던 2008년 7월 15일 후속보도가 이뤄졌다.

"특정유전자형만으로 인간광우병이 발생할 확률을 예측하기 어렵기 때문에 MM 유전자형을 가진 사람이 94퍼센트라고 해서 인간광우병이 발병할 확률이 94퍼센트라는 것은 부정확한 표현입니다. 전하고자 했던 취지는 우리나라 국민의 94퍼센트가 인간광우병에 취약한 MM형 유전자를 가지고 있기 때문에 MM형 비율이 낮은 다른 나라들보다 인간광우병이 발병할 확률이 높다는 것이었습니다."[22]

이 후속보도로 정정보도를 청구할 필요가 사라졌는지를 놓고 논쟁이 벌어졌다.

"후속보도의 전체 취지는 MM형 특정유전자형과 인간광우병 사이에 연관성이 있다는 것이다. 이 정도 후속보도로는 당초 보도의 허위성을 충분히 정정했다고 볼 수 없는 것 아니냐."

"발병률 94퍼센트가 부정확한 표현이라는 후속보도로 충분한 정정보도가 이뤄졌다고 볼 수 있다. 보도 내용 중 '한국인이 다른 나라 국민에 비해 인간광우병에 취약하다'는 부분에 대해서는 정정보도를 청구하지 않았다."

이 논쟁 밑에는 타협할 수 없는 가치관의 차이가 놓여 있었다. 1차적으로 정부정책에 대한 언론의 감시·비판 보도에 대한 것이었다. 박시환, 김지형, 전수안, 이인복, 이상훈, 박병대 대법관 등 6명은 언론이 정부정책을 감시하고 비판하는 것은 언론 자유의 핵심이라는 데 방점을 찍었다.

반론의 기회를 제공하는 것을 넘어서 보도 내용 자체를 정정하도록 함으로써 언론기관의 편집권에 직접적인 제한을 가하게 되므로, 이를 과도하게 인정하는 경우에는 정부정책의 감시·비판, 올바른 여론형성이라는 언론 본연의 역할수행을 심각하게 억제하는 효과를 가져올 수 있고, 나아가 국민이 보고, 듣고, 읽는 이른바 '알 권리'의 보장에도 부정적인 영향을 초래할 수 있다.[23]

이들 중 박시환, 김지형, 전수안 대법관은 한발 더 나아갔다. 세 대법관은 별도의 반대의견을 통해 ④번 쟁점 관련 보도 자체를 허위로 볼 수 없다고 주장했다. '한국인에게 인간광우병이 발병할 확률이 94퍼센트라거나 영국인의 약 3배, 미국인의 약 2배 정도에 이른다는 부분은 사소한 부분에 오류가 있거나 수치를 다소 과장한 정도에 불과하다. 그 보도의 핵심 내용인 한국인이 유전적 특성상 인간광우병에 취약하다는 부분은 허위라고 증명됐다고 볼 수 없다.'[24]

반면 김능환, 안대희, 차한성, 양창수, 신영철, 민일영 대법관은 정부 정책에 대한 언론의 감시·비판 기능보다 언론의 책임 부분에 무게중심을 뒀다.

충분한 정정보도가 이루어져서 피해자의 정정보도 청구권의 행사에 정당한 이익이 없다고 보기 위하여는 후속 정정보도를 통하여 진실에 반하는 원보도로 인한 객관적 피해상태가 교정될 정도에 이르러야 한다. (…) 후속 정정보도를 접하는 일반의 시청자가 진실에 반하는 원보도에 관한 정정이 있었다는 점을 충분히 인식할 수 있을 것이 요구된다.[25]

'추가 정정보도가 필요하다'는 입장에 선 대법관들은 '불확실성을 내포할 수밖에 없는 과학적 연구는 신중한 자세로 보도해야 한다'고 강조했다. MM형 유전자와 인간광우병 발병 사이에 상관관계가 있다는 논문만으로는 과학적 사실의 진위가 밝혀졌다고 보기 힘들며, 따라서 관련 연구를 단정적으로 보도한 것은 허위라는 것이었다.

6 대 6의 팽팽한 구도는 ⑤번 쟁점을 놓고도 이어졌다. 차한성 대법관과 박병대 대법관이 서로 자리를 바꾼 것 말고는 대결의 진용은 같았다. ⑤번 쟁점은 미국에서 인간광우병 발생 시 한국 정부의 대응 조치에 관한 부분이었다.

"이춘근 PD! 과연 대통령이 협상 내용을 세세하게 잘 알고 있었을까 하는 의문이 드는데, 특히 문제가 생겨도 우리나라가 수입을 중단할 수 없다는 얘기는 무슨 얘기지요?"라는 송일준 PD의 질문에, 이춘근 PD가 "그 전에는 등뼈 같은 광우병 위험물질이 들어오면 해당 작업장의 승인을 취소하거나 검역중단 등의 조치를 취할 수가 있었습니다. 실제로 작년에도 두 차례나 등뼈가 나와서 검역중단 조치를 내린 적이 있었고요. 하지만 이번 협상으로 앞으로는 미국에서 인간광우병이 발생한다고 하더라도 우리가 독자적으로 할 수 있는 것은 아무것도 없습니다. 미국과의 협의를 거쳐야 합니다"라고 대답하는 내용의 보도.[26]

'관세 및 무역에 관한 일반 협정'(GATT) 제20조에 의해 수입중단 등 필요한 조치를 취할 수 있다는 이유로 이 부분을 허위로 판단한 항소심 판단을 놓고 논쟁이 붙었다.

"미국에서 광우병이 발생하면 GATT 제20조 등에 따라 수입중단 등 조치를 할 수 있다. 미국산 쇠고기 수입위생조건의 내용에 관한 사실적 주장에 대한 보도에 해당한다."

"당시 한국과 미국이 GATT 조항에 관해 상호 양해되어 있었던 것으로 보이지 않으며 정부도 이를 고려하지 못하고 있었다. 협상 결과를 평가하고 비판하는 의견을 표명한 것일 뿐 사실적 주장을 한 것으로 볼 수 없다."

똑같이 6 대 6이었던 ④번과 ⑤번, 두 쟁점의 결론을 가른 이는 마지막에 입장을 밝히는 13번째 대법관, 이용훈 대법원장이었다. 이 대법원장은 ④번 쟁점에 대해 '허위로 정정이 필요하다'는 쪽에, ⑤번 쟁점에 대해 '의견 표명일 뿐'이라는 쪽에 섰다. 캐스팅보트를 두 개 행사한 것이다.

격렬했던 대법원 전원합의에서 허위보도로 인정된 것은 ④번 쟁점 하나였다. 항소심에서 3개였던 정정보도 대상이 대법원을 거치며 1개로 줄었지만 이명박 정부 입장에서는 최소한의 명분을 확보할 수 있었다.* 2011년 9월 2일 대법원 전원합의체(주심 양창수 대법관)는 MBC 측에 추가 정정보도 의무가 있다고 선고했다.

"(PD수첩이) '한국인 중 약 94퍼센트가 MM형 유전자를 가지고 있어 한국인이 광우병에 걸린 쇠고기를 섭취할 경우 인간광우병이 발병할 확률이 약 94퍼센트에 이른다'고 단정적으로 보도한 것은 허위임이 증명되었다고 볼 것이다."

같은 날 대법원 2부(주심 이상훈 대법관)는 PD수첩 제작진 5명에게 무죄를 선고한 원심을 확정했다.[27] 대법원 재판부는 "보도 내용 중 일부가 다른 허위사실 적시에 해당하지만 피고인들에게 명예훼손의 고의를 인정하기 어렵다"고 말했다. 정부정책에 대한 언론보도의 보장에 무게를 둔 판결이었다.

정부 또는 국가기관의 정책결정이나 업무수행과 관련된 사항은 항상 국민의 감시와 비판의 대상이 되어야 하는 것이고, 이러한 감시와 비판은

<hr />

* 이명박 전 대통령은 회고록에서 "2011년 9월 2일 대법원 판결에서도 나왔듯이 이 프로그램의 주요 주장에는 문제가 있었다. 그 프로그램만 본다면 3억 미국인들과 우리 국민들은 식품이 아니라 독극물에 가까운 미국산 쇠고기를 먹은 셈이었다"라고 말했다(이명박 『대통령의 시간』, RHK 2015, 115면).

이를 주요 임무로 하는 언론보도의 자유가 충분히 보장될 때에 비로소 정상적으로 수행될 수 있으며, 정부 또는 국가기관은 형법상 명예훼손죄의 피해자가 될 수 없으므로, 정부 또는 국가기관의 정책결정 또는 업무수행과 관련된 사항을 주된 내용으로 하는 언론보도로 인하여 그 정책결정이나 업무수행에 관여한 공직자에 대한 사회적 평가가 다소 저하될 수 있다고 하더라도, 그 보도의 내용이 공직자 개인에 대한 악의적이거나 심히 경솔한 공격으로서 현저히 상당성을 잃은 것으로 평가되지 않는 한, 그 보도로 인하여 곧바로 공직자 개인에 대한 명예훼손이 된다고 할 수 없다.

제작진이 무죄 판결을 받았지만 이명박 정부는 수사와 재판을 통해 소기의 목적을 이뤘다. 검찰의 수사권과 기소권이 언제든 언론보도에 행사될 수 있음을 보여줬기 때문이다. '정권을 뒤흔드는 보도를 하면 몇 년씩 검찰 조사실로, 법정으로 불려다니며 곤욕을 치를 수 있다.' 이 메시지 하나면 충분했다.

정치적 해결사로 동원된 검찰 조직은 두고두고 불신을 자초하게 됐다. 헌법과 법률이 검찰에 기소독점권과 기소편의주의를 준 것은 이를 아무렇게나 휘두르라는 의미가 아니다. 꼭 필요하다고 판단될 때 합리적으로, 품격 있게 수사권과 기소권을 행사하라는 것이다. '1, 2, 3심 무죄'는 검찰 스스로 오답을 찍은 결과였다. 워치독(감시견)이 아니라 펫독(애완견)임을 자인한 셈이었다.

두 개의 판결에서 정부와 보수언론이 주목한 것은 '일부 허위사실'이었다. 보수성향 매체들은 일제히 MBC 측에 사과를 요구했다. 같은 달 5일 MBC는 'PD수첩 판결에 대한 문화방송 입장'이라는 제목의 보도자료를 냈다. "대법원이 형사상 명예훼손에 대해서는 무죄 판결을 내렸지만 보도의 주요 내용은 허위라고 판시해 진실 보도를 생명으로 하는 언론사로서 책임을 통감하고 있다." MBC는 같은 달 20일 회사 명예훼손을 이유로 제작진 5명을 중징계했다. MBC 노조는 "청와대와 여권이 회사에 강한 압박을 가한 결과"라고 반발했다.[28]

PD수첩에 대한 민·형사 소송은 언론보도 전반을 위축시키는 결과를 낳았다. 탐사·고발 보도는 기득권의 문제를 파고들 수밖에 없다. 정부에든, 기업에든 달갑지 않은 존재다. 탐사와 고발의 정신은 민·형사 소송이라는 신종 관리·통제 기법 앞에서 무력했다. 어떤 측면에서는 과거 독재정권 시대의 물리적 통제보다 더 교묘하고 잔인했다.

한편으로는 국민의 알 권리를 위해 결연히 언론 자유를 지키겠다는 언론인들 스스로의 의지가 부족했다는 방증이기도 했다. 제도권 언론들은 "PD수첩을 보라"며 내부 단속을 강화했다. 노무현 정부 때 언론사마다 우후죽순 생겨났던 탐사 취재 조직이 이명박 정부 들어 하나둘씩 사라졌다. 이명박 정부 후반 '나는 꼼수다'(나꼼수) 현상이 나타났다. 그 배경에는 정부와 기업에 순치돼 할 말을 하지 못하는 언론의 무기력이 있었다.

언론보도의 위축은 이명박 정부를 넘어 박근혜 정부로 이어졌다. 정권 초반부터 곪기 시작했던 최순실 게이트가 임기 4년차에 가서야 터져나온 것도 탐사·고발 보도의 실종과 무관하다고 할 수 없다.

'비판 정신이 사라진 언론'은 대법원 전원합의체 판결문에 예고되어 있었다. 박시환, 김지형, 전수안 대법관의 반대의견은 언론보도, 특히 정부정책에 대한 시사고발 프로그램의 문제제기성 보도를 엄격하게 제한해서는 안 된다며 그 후유증을 우려했다.

　진위 여부가 거의 확실하게 확인된 정도에 이르지 아니한 대부분의 언론보도가 단정성 측면에서 허위인 보도로 되어 정정보도의 대상이 됨으로써 언론의 자유가 심각하게 침해될 우려가 있다. (…) 이 사건과 같은 정도의 보도를 단정적인 보도로서 허위성이 있다고 본다면 정정보도의 대상에서 벗어날 수 있는 보도가 얼마나 있을지 의문이다. (…) 고발성 프로그램은 비판과 문제제기를 그 핵심적 요소로 하고 있으며 헌법상 보장되는 언론의 자유 중에서도 가장 중요한 기능을 하는 프로그램이다. (…) 일부 과장이나 오류에 무게를 두어 통상적인 사실보도와 동일한 수준의 제재나 사후조치를 요구하게 된다면, 결국 고발성 프로그램의 비판·감시 기능을 억제하는 효과로 나타나게 될 것이다.[29]

　'100퍼센트 확인되지 않은 사실'이라는 이유로 정정보도를 해야 한다면 언론이 자기검열에 빠져 감시와 비판을 머뭇거리게 될 것이라는 준엄한 경고였다. 언론의 자유, 표현의 자유에 대한 통제는 세상을 조용히 만들 수 있다. 하지만 세상의 다양한 목소리들을 죽여서 얻는 평화는 대체 누구를 위한 것일까.

이미 기울어진 운동장:
전교조 시국선언 재판

전교조 시국선언 사건 역시 이명박 정부의 정당성과 직결되어 있었다. 2008년 봄 촛불집회로 위기에 빠졌던 이명박 정부는 그해 하반기 국면 전환에 들어갔다. 법질서를 앞세운 무관용(zero tolerance) 정책이었다.

2009년 1월 서울 용산4구역 재개발 보상대책에 반발한 철거민과 전국철거민연합회 회원 등 30여 명이 남일당 건물을 점거하고 경찰과 대치했다. 경찰 병력이 진압 작전에 들어갔다가 화재가 발생해 6명이 숨지고 24명이 부상당했다. '용산 참사'였다. 같은 해 5월 노무현 전 대통령이 검찰 수사를 받던 중 스스로 목숨을 끊는 비극이 일어났다. 시민단체와 노동조합들은 이명박 정부의 국정 운영을 비판하는 시국선언을 잇따라 발표했다.

전교조는 6월 18일 1차 시국선언을 발표했다. "6월 민주항쟁의 소중한 가치가 더 이상 짓밟혀서는 안 됩니다." 전교조 소속 교사 1만 7000여 명은 시국선언을 통해 사교육비 부담 가중 등 교육정책의 문제점을 비판하는 내용과 함께 국정 운영의 전면 쇄신을 촉구했다.

과거 군사정권 시절을 떠올리게 하는 공권력의 남용으로 민주주의의 보루인 '언론·집회·표현·결사의 자유'가 심각하게 훼손되고 있습니다. '인권'이 심각하게 유린되고 있습니다. 촛불 관련자와 PD수첩 관계자에 대한 수사가 상식을 넘어 무리하게 진행되었습니다. 공안권력을 정치적 목적으로 동원하는 구시대적 형태가 부활되고 있습니다. 노 대통령의 비극적인 죽음도 이와 무관하지 않을 것입니다. 무모한 진압으로 용산 참사가 빚어졌고, 온라인상의 여론에도 재갈이 채워졌습니다. 민주주의 발전을 위해 공헌해온 시민사회단체들이 불법시위단체로 내몰려 탄압을 받고 있습니다.[30]

교육과학기술부(교과부)는 이 시국선언과 관련해 전교조 간부들을 검찰에 고발하고 시·도 교육청에 참가자 전원에 대한 징계 조치를 요구했다. 전교조가 징계 조치에 반발해 2차 시국선언을 하겠다고 밝히자 교과부는 7월 17일 "가중처벌하겠다"고 경고했다. 전교조는 같은 달 19일 다시 2만 8635명의 교사 명의로 '민주주의 수호 교사 선언'이라는 2차 시국선언을 강행했다.

우리는 대한민국을 민주공화국이라 가르치고 있습니다. 대한민국 헌법은 모든 국민에게 '언론과 표현의 자유'를 기본권으로 보장하고 있습니다. 국민의 일원인 교사에게도 '언론과 표현의 자유'는 당연한 기본권입니다. 그럼에도 불구하고 시국에 대한 입장을 밝혔다는 이유만으로 1만 7천에 이르는 교사들을 전원 징계하겠다는 사상 유래 없는 교과부의 방침을 접하며, 우리 교사들은 이제 민주주의를 어떻게 가르쳐야 할지 당혹스러움을 느낍니다. 입에 재갈이 물린 채 독재를 민주주의라고 가르칠 수밖에 없었던, 과거 군사독재 시절의 가슴 아픈 역사를 떠올리며, 깊은 분노

와 충격을 느끼지 않을 수 없습니다.[31]

2010년 2월 대전지법 형사5단독 김동현 판사는 1, 2차 시국선언을 주도해 국가공무원법상 금지된 '공무 외의 일을 위한 집단행위'를 한 혐의(국가공무원법 위반)로 기소된 이찬현 지부장 등 전교조 대전지부 간부 3명에게 무죄를 선고했다.

"민주정치는 표현의 자유를 전제로 하고 있고, 이 자유가 보장되지 않는 국가는 민주국가라 할 수 없다. 표현의 자유에 대한 제한은 국가의 존립과 자유민주적 기본질서에 명백하고도 현존하는 구체적인 위험을 발생시키는 경우에 한해야 한다."

김 판사는 청와대 부근 청운효자동 주민센터 앞에서 기자회견 형식의 미신고 옥외 집회를 한 혐의만 인정해 이 지부장에게 벌금 50만 원을 선고했다. 2심 재판부는 국가공무원법 위반 혐의를 인정했다. 이 지부장에게 벌금 200만 원, 나머지 간부들에 대해 벌금 70만 원씩을 선고했다. "교사들의 시국선언은 정치적 중립의무를 위반하는 집단행위다."

대전지법 판결까지 1심 판단을 보면 무죄(전주지법) → 유죄(인천지법) → 유죄(대전지법 홍성지원) → 무죄(대전지법)로 재판부마다 유무죄가 엇갈렸다. 언론은 '유죄 2 대 무죄 2' '유죄 4 대 무죄 2' 식으로 판결 상황을 보도했다. "재판이 무슨 축구경기냐"는 말이 법조계에서 나왔다.

대전지법 사건이 대법원에 올라오자 법조계의 이목이 집중됐다. 촛불집회부터 용산 참사, 검찰 수사까지 이명박 정부 전반기를 규정짓는 사건으로 받아들여졌다. 국정 운영에 대한 비판을 형벌권 행사로 막는 것이 과연 옳은지가 도마 위에 올랐다.

대법원에서는 전원합의체 판결로 하급심의 엇갈린 판결을 정리해야 한다는 데 이론이 없었다. 주심을 맡은 김지형 대법관은 재판연구관에게 검토를 지시했다. 뒤이어 또 다른 사건이 올라와 다른 대법관에게 배당됐다. 두 대법관으로부터 지시가 내려가면서 검토에 시간이 걸렸다. 2011년 여름을 앞두고 본격적인 전원합의가 진행됐다.

쟁점은 단순했다. 공무원의 정치적 중립의무냐, 표현의 자유냐. 시국선언이 정부정책에 대한 비판이냐, 특정 정치세력에 대한 반대냐. 몇 차례 전원합의체 합의가 진행됐다. 1, 2차 시국선언을 놓고 '무죄' 의견과 '유죄' 의견이 맞섰다.

"교사들은 정부의 특정 정책이나 무리한 검찰 수사를 비판하는 의사를 표현하고 개선을 요구한 것이다. 국민이 자유롭게 정치적 의사를 표현함으로써 국가정책을 논의할 수 있는 공론의 장을 형성하는 것이 민주주의 아니냐."

"정치적 중립의 한계를 벗어난 것으로 볼 수밖에 없다. 특정 정치세력에 반대해 대규모 서명운동을 주도한 행위는 교원들의 공무수행에 지장을 주고 학생들의 교육환경에 영향을 줄 위험성이 있다는 사실을 부정할 수 없다."

1차 시국선언과 2차 시국선언에 대한 논쟁의 강도는 달랐다. 징계조치에 반발한 2차 시국선언의 경우 무죄 의견이 다수였다. 재판의 핵심 대상인 1차 시국선언을 놓고는 유무죄 의견이 팽팽했다. 표결 결과 7

대 6으로 무죄 의견이 유죄 의견을 앞섰다. 6 대 6 구도에서 이용훈 대법원장이 무죄 의견 쪽에 섰다.

그해 11월 대법관 퇴임을 앞두고 있던 김지형은 자신이 생각했던 방향으로 결론이 나오자 행운으로 받아들였다. 다수의견 초안을 작성한 뒤 다수의견 대법관들에게 회람을 돌렸다. 다수의견 초안은 전원합의 과정에서 대법관들이 제시됐던 논거들을 중심으로 작성됐다. 새로운 내용은 없었다.

변수가 돌출한 것은 8월 초 다수의견에 가담했던 A 대법관이 문제를 제기하면서였다. 그는 김지형에게 다수의견 초안에 자신은 동의할 수 없다고 했다. 뜻밖의 얘기에 김지형은 당혹스러웠다. 그는 "부적절한 논거가 있다면 집필 과정에서 충분히 논의할 수 있는 문제다. 의견을 주시면 반영하겠다"고 했다. A 대법관은 가타부타 말이 없었다.

김지형은 다시 A 대법관을 찾아갔다. "결론에 관한 문제냐, 논거에 관한 문제냐. 분명하게 답을 주셔야 하는 것 아니냐. 논거에 관한 것이라면 표현을 다듬을 수 있으니 구체적으로 지적해주시길 바란다." A 대법관은 끝내 명확한 답을 주지 않았다.

김지형은 다수의견 초안을 재검토하고 수정했다. 강한 톤을 낮추고, A 대법관이 문제로 여길 만한 부분들을 뺐다. 다시 다수의견을 회람시켰다. A 대법관은 여전히 아무 반응을 보이지 않았다. 그가 결론을 바꾼 것으로 볼 수밖에 없었다.

그렇게 김지형이 속앓이를 하는 동안 또 하나의 변수가 생겼다. '1차 시국선언 유죄' 입장이었던 B 대법관이 김지형에게 의견을 바꾸고 싶다고 알려왔다. "다시 생각해보니 1차 시국선언 역시 무죄가 맞는 것 같습니다." 다수의견에서 A 대법관이 빠지고 B 대법관이 들어오면 '7 대 6' 무죄 결론은 그대로 유지되는 것 아닌가.

김지형은 이용훈 대법원장에게 이 사실을 보고했다. "B 대법관을 불러 확인해보시면 어떨지요. 선고기일까지는 아직 여유가 있으니 전원합의를 재개해서 표결을 다시 하시지요." 이 대법원장은 B 대법관에게서 입장 변경을 확인했다. 이제 재표결만 하면 예정대로 전교조 시국선언 사건에 무죄가 선고될 수 있었다. 임시 전원합의가 소집됐다.

그날 오후 열린 전원합의에서 주심 김지형 대법관이 재표결을 하게 된 경위를 설명했다. 구체적으로 어떤 대법관들이 입장을 바꿨는지는 말하지 않았다. 논의 내용에 변동이 있으니 다시 표결하는 게 좋겠다는 정도로만 이야기했다.

관례에 따라 한 명씩 자신의 의견을 밝혔다. "무죄" "유죄" "무죄"… 이제 B 대법관 차례였다. "무죄"라는 말이 떨어지길 기다리고 있는데 "유죄"라는 말이 튀어나왔다. 순간 김지형은 귀를 의심했다. 입장이 달라지지 않았다면 B 대법관은 대체 무슨 생각으로 그런 얘기를 했던 것일까. A 대법관은 예상대로 유죄 의견을 밝혔다. '입장이 바뀌었다'는 추측이 사실로 확인됐다.

이 대법원장도 당황한 빛이 역력했다. 무죄-유죄 의견은 7 대 6에서 6 대 7로 뒤집혔다. 이 대법원장은 선고기일인 9월 2일에 예정대로 선고를 해야 할지 생각해봐야겠다고 했다. 박시환 대법관이 테이블을 두드리며 말했다. "선고 일정은 그대로 진행하셔야 하는 거 아닙니까."

짧고도 길었던 전원합의가 막을 내렸다. 김지형은 박시환과 함께 이 대법원장을 쫓아갔다. 세 사람은 11층 대법원장실에 앉았다. 석고처럼 굳은 얼굴들이었다. 두 대법관은 대법원장에게 물었다.

"대법원장님, 어떻게 정리하실 겁니까?"

이 대법원장은 잠시 후 입을 열었다. 결론은 '선고 연기'였다. 9월 25 일 퇴임을 앞두고 있던 그는 자신의 임기 내에 사건을 처리하지 않겠다는 뜻을 밝혔다.

"재판장으로서 이런 사건에 유죄 판결을 선고하고 싶지 않다. 후임 대법원장에게 넘기는 게…"

두 대법관은 결론이 어찌 됐든 예정된 기일에 선고하자고 했다.

"후임 대법원장 코트로 넘어가면 지금 우리가 선고하는 것보다 이 사건에 대한 논조라든지 판결에 담을 내용이 퇴색될 수밖에 없습니다. 저희까지 퇴임하면 무죄 의견 숫자도 줄어들 겁니다. 1차 시국선언은 유죄가 나와도 2차 시국선언은 무죄가 나올 수 있는데…"

이용훈의 입장은 흔들리지 않았다. 대법원장으로서 관례대로 다수의견 쪽에 가담하는 것도, 그렇다고 소수의견 쪽에 서는 것도 마땅치 않았던 것일까.

두 대법관은 참담한 얼굴로 대법원장실을 나왔다. 박시환이 김지형에게 말했다. 가라앉은 목소리였다. "김 대법관. 우리 이렇게 당해도 되는 거야?"

선고는 연기됐다. 이용훈 코트 임기 중 판결 자체가 무산되고 말았다. 그간 진행한 전원합의도 무의미해졌다. 이용훈은 "(B 대법관이) 소정

외로(재판 절차 밖에서) 얘기하기는 했는데 재표결을 하면서 당초 자기 판단이 옳다고 다시 생각한 거겠지…"라며 씁쓸하게 웃었다. 이 사건은 이용훈 코트에서 다수가 소수로, 소수가 다수로 바뀐 유일한 케이스였다. 최종 표결에서 일부가 의견을 바꾸기도 했지만 결론 자체가 달라진 경우는 없었다.

이 대법원장 퇴임을 앞두고 대법관들이 모두 참석한 식사 자리에서였다. B 대법관이 식사를 마치고 나오면서 김지형에게 말했다. "김 대법관, 미안했습니다." 김지형은 무엇이 미안한지, 왜 입장을 다시 바꿨는지 물어볼 수 없었다. 따져묻는다는 것이 구차하게 느껴졌다. 표결 결과가 바뀌었다는 게 문제가 아니었다. 의견은 바뀔 수 있다. 표결에 따라야 하는 것은 재판하는 자의 숙명이다.

하지만 자신이 놓인 상황에 대한 회의감을 주체할 수 없었다. 행운이라 여겼던 주심 재판이 악몽으로 변해버린 현실이 받아들여지지 않았다. 대법관들이 그렇게 이해 못할 행동을 한 배경에 무슨 내막이 있는지 막막하기만 했다.

납득할 수 없는 이유로 재판의 결론이 뒤바뀐 이 상황을 어떻게 이해해야 하는가. 법관의 직을 내려놓을 이때, 유종의 미가 아니라 이런 일을 겪게 되다니… 김지형은 법조인이 된 것이 후회스러웠다.

전교조 시국선언 사건에 대한 대법원 판결은 박시환과 김지형이 퇴임한 다음인 2012년 4월 선고됐다. 대법원 전원합의체(주심 김용덕 대법관)는 1, 2차 시국선언 모두에 대해 국가공무원법 위반 혐의를 인정해 유죄를 선고한 원심을 확정했다.[32]

피고인들이 다른 전교조 간부들과 공모하여 1차 시국선언과 관련하여
한 행위는 뚜렷한 정치적인 목적 내지 의도를 가지고 정부의 주요 정책
결정 및 집행을 저지하려는 의사 내지는 비판적인 영향력을 집단적으로
행사함으로써 특정 정치세력에 대하여 반대하는 의사를 명확히 한 것으
로서, 공무원인 교원의 정치적 중립성 및 이에 대한 국민의 신뢰를 침해
하거나 그 침해에 대한 직접적인 위험을 초래할 정도의 정치적 편향성 내
지 당파성을 명확히 드러낸 행위라 할 것이다. 따라서 피고인들의 1차 시
국선언은 공무원인 교원으로서의 본분을 벗어나 공익에 반하는 행위로서
공무원으로서의 직무에 관한 기강을 저해하거나 공무의 본질을 해치는
것이어서 직무전념의무를 해태한 집단적 행위라 할 것이므로, 국가공무
원법 제66조 제1항이 금지하는 '공무 외의 일을 위한 집단행위'에 해당한
다고 봄이 상당하다.[33]

박시환과 김지형의 예상처럼 소수의견에 선 대법관 수는 5명[*]으로
줄었다. 다수의견에 대한 비판의 톤도 크게 낮아졌다. 정치적 중립의무
위반으로 볼 수 없음을 뒷받침하는 논거들이 충분히 들어가지 않았다.
대신 '설령'이나 '쉽사리 단정하여서는 안 된다' 같은 유보적 표현이
두드러졌다. 소수의견 대법관 수를 늘리기 위한 절충의 결과였다.

1, 2차 시국선언은 특정 정치집단이나 정파에 대한 반대가 아니라 정

----

[*] 박일환, 전수안, 이인복, 이상훈, 박보영 대법관.

부의 특정 정책이나 개별 공권력 행사에 반대하거나 그것을 비판하는 의사를 표현하고 그 개선을 요구한 것에 불과하므로, 설령 그것이 일부 정치집단이나 세력과 의견이 같아 보이더라도 특정 정치집단에 대한 규탄이나 지지를 위해 행해진 것이라는 등의 특별한 사정이 나타나 있지 않은 한, 이를 공무원의 정치적 중립의무를 위반한 것으로 쉽사리 단정하여서는 안 된다.[34]

그나마 판결문에 생명을 불어넣은 것은 '해산 명령 불응'* 유죄 판단에 대한 전수안 대법관의 1인 반대의견이었다.

집회장소의 선택은 집회를 통하여 표명하고자 하는 의견이나 그 의견 표명의 상대방과 밀접한 관련이 있어 집회의 목적을 효과적으로 달성하려는 의도하에 결정될 것이므로, 장소 선택의 자유 없이 집회의 자유를 말하기는 어렵다. (…) 대법원이 선언하는 법리는 구체적인 사건에 있어 분쟁의 해결 기준으로 실제로 적용될 때에만 그 의미가 있다. 다수의견과 같이 이 사건 집회에 대한 해산 명령을 적법한 것으로 보게 된다면 이는 결국 미신고 집회에 대해서는 위험 발생의 개연성만으로 해산 명령을 할 수 있다는 법리를 적용하는 것과 다를 것이 없고, 그로써 다수의견이 내

* 이찬현 지부장 등 전교조 간부들은 2009년 6월 29일 교육당국의 1차 시국선언 고발조치에 항의하기 위해 서울 종로구 청운효자동 주민센터 앞에서 신고 없이 집회를 열었다. 이 지부장은 청와대 쪽으로 진행하려다 경찰의 제지를 받자 인도를 점거·연좌해 농성을 벌이고 해산 명령에 불응한 혐의로도 기소됐다.

세운 법리는 그 의미가 퇴색할 수밖에 없다.[35]

다수의견이 "원심의 이유설시 중 이 사건 집회가 미신고 옥외집회라는 이유만으로 해산을 명할 수 있다고 판단한 부분은 적절하다고 할 수 없다"면서도 "절대적 집회금지 장소인 청와대 쪽으로 진행하려 한 사실" 등을 들어 유죄라고 본 대목을 지적한 것이다.

"대법원이 선언하는 법리는 구체적인 사건에 있어 분쟁의 해결 기준으로 실제로 적용될 때에만 그 의미가 있다."

대법원 판결은 거창한 미사여구와 원칙론으로 장식되어 있다. 막상 눈앞의 구체적 사건에 대해서는 여러 이유를 들어 원칙의 예외로 밀어놓곤 한다. 전수안은 6년간 소수의견을 내면서 절감했던 대법원 판결의 한계를 말하고 싶었던 것일까.

2011년은 독수리 5남매에게 안간힘의 시기이자 환멸의 시기였다. 이미 운동장은 오른쪽으로 기울어져 있었다. 박시환 대법관에게도 임기 마지막 해인 2011년은 힘겨운 나날들이었다. 그에게는 늘 동료·후배 판사들의 기대에 부응해 자신의 역할을 다해야 한다는 부채의식이 있었다. 매일 끊임없이 올라오는 사건들을 처리하면서도 전원합의체 판결로 진보적 가치를 제시해야 한다는 압박감에 시달렸다.

양심적 병역거부부터 특신상태*까지 서너 뭉치가 그의 캐비닛에 있

----

* 특신상태(특히 신빙할 수 있는 상태)란 경험자가 직접 법정에서 진술하지 않고 다른 형태로 간접적으로 제시된 전문(傳聞)증거에 증거능력을 부여하기 위한 요건을 말한다. 진술 내용이나 조서 또는 서류의 작성에 허위 개입의 여지가 거의 없고 그 진술 내용을 뒷받침할 구

었다. 한 뭉치당 10~20건씩이었다. 어떻게든 결론을 내보려고 모아온 사건들이었다. 박시환은 그해 한 뭉치씩 전원합의에 가져갔다. '양심적 병역거부 무죄'만큼은 대법원 판례로 만들고 싶었다. 전수안 대법관 등 일부 대법관이 동조했지만* 절대적 열세였다. 전원합의에서 유죄 판결이 나오면 기존 판례만 굳히는 결과가 될 수 있었다. 사건을 다시 소부로 가져왔다. 박시환은 눈물을 머금고 양심적 병역거부자들에게 징역 1년 6월형을 확정했다.

특신상태에 대해서는 보다 엄격한 기준을 제시하고자 했다. "실무(재판)에 너무 큰 충격을 줄 수 있다. 소부에서 중간 단계쯤으로 판결하는 게 좋겠다"는 결론이 내려졌다. 소부에서 함께 합의해야 할 대법관이 협조해주지 않았다. 표현을 몇 번이고 수정했지만 결과는 달라지지 않았다. 박시환은 재판연구관에게 "테러리스트의 심정이 이해가 된다"고 말했다.

시간이 갈수록 패색이 짙어졌다. 김지형의 표현을 빌리자면 '관운장이 큰 칼 차고 나가듯' 거침없이 논리를 밀어붙이던 박시환의 힘도 떨어졌다. 혼자서는 나아갈 수 없었다. 독수리 5남매의 지원이 있을 때 가능한 것이었다. 그 동료들도 퇴장했거나 퇴장을 앞두고 있었다. 소수의견을 펼 수 있는 자리도 남아 있지 않았다.

....

체적이고 외부적인 정황이 있는 경우를 말한다.

* 전수안 대법관은 2012년 7월 퇴임사에서 양심적 병역거부 처벌의 문제점을 지적했다. 그는 "아버지가, 그 아들이, 그 아들의 형과 동생과 다시 그 아들이 자신의 믿는 바 종교적 신념 때문에 징역 1년 6월의 형을 사는 사회이어서는 안 된다는 것, 이런 견해들이 다수의견이 되는 대법원을 보게 되는 날이 반드시 오리라고 믿으면서, 떠납니다"라고 말했다.

'다섯'이란 숫자가 깨지면서 균형추는 불안하게 떨리고 있었다. 그 균형추에 따라 한국 사회도 급변침했다.

12

이용훈 코트
퇴장하다

양승태,
대법원장에 임명되다

2011년 8월 18일 청와대는 차기 대법원장에 양승태 전 대법관을 내정했다고 발표했다. 김두우 청와대 홍보수석은 이날 저녁 대법원장 내정 배경을 설명했다.

"36년간의 법관 생활 동안 판결의 일관성을 유지해온 데다 우리 사회의 중심 가치인 자유민주주의를 지켜나갈 안정성과 시대 변화에 맞춰 사법부를 발전적으로 바꿔나갈 개혁성을 보유했다."

앞서 양승태는 대법원장 지명을 위한 정보제공동의서를 제출하지 않으면서 고사설이 나왔다. 그는 미국 캘리포니아주의 존 뮤어 트레일을 여행하던 중 귀국했다. 부산 출신으로 경남고와 서울대 법대를 졸업한 양승태는 사법연수원 2기로 1975년 서울민사지법에서 판사 생활을 시작했다. 양승태는 법원행정처 송무심의관과 송무국장, 사법정책연구실장, 법원행정처 차장 등 법원행정처의 요직을 차례로 거쳤다.

그의 경력 중 특히 주목되는 것은 두 가지다. 하나는 초대 서울중앙지법 파산수석 부장판사다. 외환위기 직후 국제통화기금(IMF)이 구제금융 지원 조건으로 도산 관련법 정비를 요구하면서 1999년 2월 서울중앙지법에 처음으로 파산부가 생겼다.

양승태가 파산부를 진두지휘할 당시 파산부에서 관리한 기업들 자산이 30조 원에 달했다. 파산 재판 절차를 간소화하고 신용불량자 구제제도를 정립했다. 판사들은 "양승태 대법원장은 파산수석을 하면서 국가 경제와 기업이 얼마나 중요한지 피부로 절감한 것 같다. 그 경험이 대법관 시절 판결에 반영된 것으로 보인다"고 말한다.

다른 하나는 법원행정처 차장이다. 법원행정처 차장은 대법원장과 법원행정처장을 보좌하면서 행정처 조직을 실질적으로 움직이는 자리다. '사법관료의 정점'이라고 할 수 있다. 양승태는 2003년 2월 법원행정처 차장으로 발령받았다. 대법관 제청 논란 속에 4차 사법파동이 터지면서 7개월 만에 차장 직에서 내려왔다. 당시 양승태는 사법파동에 대한 책임을 지고 사직하려고 했다. 최종영 대법원장은 사표를 반려하고 그를 특허법원장으로 보냈다. 2005년 2월 최 대법원장은 재임 중 마지막 대법관 제청권을 양승태를 위해 행사했다.

양승태는 2011년 2월 대법관을 퇴임하기까지 보수성향으로 분류됐다. 전원합의에서 독수리 5남매와 접전을 벌일 때가 많았다. 그는 보수의 철학을 담은 보충의견으로 다수의견을 이론적으로 뒷받침했다. 그는 퇴임 인터뷰에서 "내가 전원합의에서 소수의견을 적게 썼는데 그건 일부러 다수의견에 가담한 것이 아니고 어떤 면에서는 내가 낸 의견이 다수가 공감한 의견이었기 때문"이라고 말했다.[1]

그가 주심을 맡았던 주요 사건 중에 용산 참사 사건이 있었다. 대법원 2부는 2010년 11월 용산 참사 당시 화재를 내 경찰관을 숨지게 한 혐의(특수공무집행방해치상 등)로 기소된 용산4구역철거대책위원회 위원장 등 농성자 9명에게 징역 2~5년 형을 선고한 원심을 확정했다. 재판부는 "피고인들에 의해 뿌려진 세녹스에 화염병이 더해져 화재가 발생했다고 판단한 원심에 위법이 없다. 경찰이 진행한 진압작전을 위법한 직무집행이라고 볼 수 없다"고 판단했다.

양승태는 2011년 1월 금지금(金地金, 순도 99.5퍼센트 이상 금괴) 사건에 대한 대법원 전원합의체 판결[2]의 주심이기도 했다. '탈세 목적으로 금괴를 변칙 유통한 수출업체가 최종적으로는 적법한 세금계산서를 제출했더라도 변칙 유통 단계에서 발생한 세금을 징수할 수 있다'고 판결했다.

그러한 수출업자에게까지 다른 조세수입을 재원으로 삼아 매입세액을 공제·환급해주는 것은 부정거래로부터 연유하는 이익을 국고에 의하여 보장해주는 격이 됨은 물론 (…) 전반적인 조세체계에 미치는 심각한 폐해를 막을 수도 없다. (…) 보편적인 정의관과 윤리관에 비추어 도저히 용납될 수 없으므로, 구 국세기본법 제15조에서 정한 신의성실의 원칙에 반하는 것으로서 허용될 수 없다.*

또 양승태가 중앙선거관리위원장으로 있던 2010년 중앙선거관리위원회는 6·2지방선거를 앞두고 벌어진 4대강 반대 캠페인을 선거에 영향을 끼칠 수 있는 불법행위로 규정했다. 선관위는 '친환경 무상급식' 서명운동을 선거법 위반으로 고발하기도 했다.

----

* 이 다수의견에 대해 전수안 대법관은 "구 부가가치세법에 열거된 사유가 아닌 '정의관과 윤리관'을 기준으로, 합법성의 원칙을 희생하더라도 신의칙을 적용하는 것이 이 사건에 있어 정의로운 과세권의 행사라고 보고 있으나, 이는 실정법 규정을 넘어서는 해석일 뿐 아니라 그 기준이 모호하여 과세관청의 처분기준으로 용인하기 어렵다"고 반대의견을 냈다.

양승태는 판사 시절 이용훈과 같은 민판연 회원이었지만 가까이 지낸 사이는 아니었다. 이용훈은 대법원에서 5년 넘는 시간을 양승태와 함께 지내면서 '다소 보수적이지만 흠잡을 데 없는 대법관'으로 평가했다. 하지만 사법에 대한 양승태의 철학은 이용훈과 거리가 있었다. 이용훈이 상대적으로 다양성을 추구했다면 양승태는 통일성에 무게중심을 뒀다.

대법관 시절 양승태는 "나는 대법원장을 하고 싶은 생각이 전혀 없다"고 말하곤 했다. 2011년 초 퇴임을 앞둔 양승태에게 강일원 기획조정실장이 "퇴임 후 어디 해외로 나가지 말고 계시라"는 청와대의 뜻을 전달했다. 양승태는 "나는 (대법원장 자리에) 아무 생각이 없다. 그때쯤(대법원장 교체 시기)이면 나는 국내에 없을 것이다"라고 답했다.

양승태는 자유로운 삶을 추구했다. '산악인'으로 불릴 정도로 산에 자주 올랐다. 2005년 대법관으로 임명되기 직전에는 오토바이 면허도 땄다. 법원 생활이 끝나면 오토바이를 타고 다닐 계획이었는데 대법관이 되면서 꿈을 이루지 못했다.

그가 임명 과정에서 대법원장 직을 고사했던 것은 대법원의 큰 자산으로 평가됐다. 대통령이나 행정부의 요구에 휘둘리지 않을 수 있는 기본 여건이 확보된 것이다. 하지만 결과는 크게 다르지 않았다. 이명박·박근혜 정부에서 양승태 코트는 법질서와 국가 재정, 기업 우위의 기조를 지켰다. 대법원이 보수정권의 방향에 맞춘 것이 아니었다. 양승태 대법원장 자신의 사법 철학이 그러했기 때문이었다.

"박 대법관, 왜 이러나?"

2011년 9월 8일 이용훈 대법원장은 한남동 대법원장 공관에서 마지막 기자간담회를 가졌다.[3] 그는 "안철수 교수가 왜 갑자기 스타가 됐는지 생각해봤다. 국민들이 이제 좌파·우파, 진보·보수로 갈라 싸우는 모습을 보기 싫어하는 것 같다"라고 했다.

"국민은 싸우는 정치권이 아니라 국민통합의 새로운 리더십 출현을 원하고 있다. 나의 퇴임도 국민이 사법에 바라는 것이 무엇인지 표출하게 하는 계기가 됐으면 좋겠다."

이용훈은 새 대법원장에게 거는 바람을 이렇게 말했다. "전원합의체에서 가장 중요한 사회문제를 골라 1년에 40~50건만 하면 좋겠다. 대법원 위상이 달라질 것이다." 그는 "지난 6년간 대법원, 고등법원, 지방법원 어디에도 단 한 번도 사건으로 얘기한 적이 없다. 재판 독립을 보장하기 위해서였다"고 강조했다. 보수진영의 '사법부 좌편향' 비판에 대해서는 "나를 '좌파'로 보면 대한민국 사람 중 누가 '우파'라고 할 수 있느냐"고 말했다. 재임 시절 '좌편향' 논란에 시달렸던 그로서는 자신이 특정 정치 성향에 따라 사법부를 운영하지 않았음을 말하고 싶었던 것일까.

9월 23일 대법원 청사에서 이용훈 대법원장 퇴임식이 열렸다. 법복을 입은 그의 뒤로 그 자신이 제청했던 대법관들이 법복을 입은 채 앉아 있었다. 국기에 대한 경례를 하는 순간 그는 두 눈을 지그시 감았다.

퇴임사를 읽어 내려가는 대법원장의 목소리가 가볍게 떨렸다.

오늘 저는 제14대 대법원장의 임기를 마치고 지금까지 몸담아 왔던 정든 사법부를 떠납니다. 내 인생의 거의 전부라고 말할 수 있는 사랑하는 법원을 떠나면서 내 마음속에 그리던 사법부의 모습을 제대로 이룩하지 못한 아쉬움이 큽니다. 그러나 사법부는 어느 한 사람의 사법부가 아니기에 홀가분한 마음으로 여러분 곁을 떠나려고 합니다.[4]

그는 지난 6년을 '진통의 시간'이라고 불렀다. 또 자신의 노력이 원했던 성과를 거두지 못했음을 인정했다.

여러분과 함께했던 지난 6년간은 잊을 수 없는 소중한 시간이었습니다. 국민으로부터 신뢰받는 사법부를 만들기 위한 진통의 시간이었습니다. (…) 국민의 사법에 대한 신뢰도는 아직도 만족할 만한 수준이 아닙니다. 오늘의 사법부 현실과 국민이 여망하는 사법부 사이에는 커다란 틈새가 있다는 사실을 심각하게 받아들여야 합니다. 우리는 이러한 틈새를 메워 국민의 신뢰를 반드시 얻어내야 합니다.

이용훈은 이어 사법부 독립을 거듭 강조했다. 사법부 독립은 그가 끝내 지키려 했던 가치였다. 재임 기간 중 내내 그를 힘들게 했던 주제이기도 했다.

법관이 국민의 신뢰를 받는 재판을 하기 위해서는 무엇보다도 먼저 사법부의 독립을 반드시 확보해야 합니다. 지난 사법의 역사는 사법부 독립의 역사라고 해도 과언이 아닙니다. 그만큼 사법부의 독립을 지키는 것은 매우 힘들고 어렵습니다. 우리나라가 민주화를 제대로 이룩하였다고 하지만, 아직도 사법부의 독립을 위협하는 요소는 도처에 산재해 있습니다. 사법부의 독립을 지켜내는 것은 법관 여러분 개개인의 불굴의 용기와 직업적 양심에 달려 있다는 사실을 명심하시기 바랍니다.

그리고 자신이 못다 한 가슴 속 꿈과 소망을 판사들이 해내주길 희망했다.

다수결의 원리가 지배하는 민주주의 사회에서 자칫 소외되거나 외면당할 수 있는 소수자를 보호하는 것은 사법부에 부과된 기본 책무 중의 하나입니다. (…) 저는 6년 전 대법원장에 취임하면서 가슴 속에 품었던 꿈과 소망을 여러분에게 남겨두고 떠납니다. 국민으로부터 신뢰받는 사법부, 더 나아가 존경받는 사법부를 이룩하고 싶은 저의 꿈과 소망을 여러분이 이루어줄 것이고, 그 꿈은 반드시 이루어질 것이라고 굳게 믿습니다.

퇴임사를 마친 후 선임 대법관인 박시환이 기념패를 전달하자 이용훈은 활짝 웃으며 기념패를 들어올렸다. 역대 대법원장 초상화들 옆에 그의 초상화도 걸렸다. 청사를 나와 법원장들과 일일이 악수를 나눈 이용훈은 꽃다발을 받은 뒤 판사들과 직원들의 박수를 받으며 차에 올랐다.

두 달 뒤인 11월 18일 대법원 청사에서 박시환, 김지형 대법관의 퇴임식이 열렸다. 박시환과 김지형은 양승태 대법원장 좌우에 나란히 앉았다. 퇴임사를 읽기 위해 단상에 선 박시환의 눈가에 눈물이 고여 있었다.

6년 내내 자괴심과 부채감이 저의 마음을 무겁게 짓눌러 왔습니다. (…) 다수의 이익과 행복을 좇아 결론내리는 것은 어쩔 수 없는 일이겠지만, 그 과정에서 소수자, 소외된 자, 약자의 행복이 그 대가로 지불되도록 해서는 안 된다는 점을 꼭 기억해주시기 바랍니다. (…) 소수자, 약자의 아픔에 귀를 기울이기 위해서는 소수자, 약자의 처지에 공감을 하는 분들이 법관 속에 포함되어 있어야 하고, 특히 최고법원을 구성하는 대법관은 반드시 다양한 가치와 입장을 대변하는 분들로 다양하게 구성되어야 함을 다시 한번 강조하고 싶습니다. (…) 법관을 통제하고 자기편으로 길들이려는 욕구는 한시도 멈추지 않고 끊임없이 시도되고 있습니다. 결국 법관의 자율은 법관 스스로가 싸워 지킬 수밖에 없습니다. (…) 법원이 다수의 뜻에 순치된 법관들로만 구성되는 경우에는 그 사회는 사법부가 존재하지 않는 비극적인 사회로 전락되고 말 것이라는 점을 말씀드립니다. 이제 저는 물러갑니다. 남아 계신 여러분들에게 제 꿈을 넘겨드리고 갑니다.[5]

뒤이어 김지형 대법관이 단상에 올랐다.

제가 법관으로서 도달하려고 했던 목표는 한 가지였습니다. 고통받는 이에게 조금이라도 위로가 되는 것이었습니다. (…) 거짓과 위선이 난무하는 세상에서는 진실을 찾아내는 것 자체가 정의의 출발입니다. 그러나 실체적 진실이 밝혀졌다 하더라도 올바른 법이 적용되지 않는다면, 그것이 얼마나 심각한 부정의일지는 자명합니다. 사실을 그릇 인정한다면 1인에 대한 부정의에 그칠 수 있지만, 법관이 그릇된 법을 선언한다면 이는 만인에 대한 부정의임을 모를 수 없습니다. (…) 어느 사회가 법관과 법원을 믿지 못한다면, 그것은 매우 불행한 일입니다. 자신의 생각과 같거나 유리한 판단에는 고개를 끄덕이지만 자신의 생각과 다르거나 불리한 판단에는 고개를 돌린다면, 법원에 대한 믿음은 기대할 수 없습니다. (…) 법관의 독립은 생명과 같습니다. 이것을 잃으면 생명을 잃는 것이니 법관 스스로 이를 지켜내야 합니다. 그러나 법관의 진정한 독립은 법관이 외로이 법과 정의를 제대로 선언하는 책무를 다할 때 지켜낼 수 있다는 생각도 잊지 말아야 합니다.[6]

그날 저녁 두 사람은 이용훈 전 대법원장과 함께 저녁식사를 했다. 이용훈이 두 사람을 위해 마련한 퇴임 기념 만찬이었다. 박시환은 폭탄주 두세 잔을 연달아 마신 뒤 이용훈 앞에서 고개를 숙였다. 그리고 굵은 눈물을 흘렸다. "죄송합니다. 대법원장님."

쉴 새 없이 흐르는 눈물은 이용훈에 대한 미안함에 그치지 않았다. 6년의 시간에 대한 회한, 이루지 못한 판결의 꿈, 가슴을 짓눌렀던 중압감의 기억이 복잡하게 얽혀 있었다. 눈물을 흘리며 그는 자신이 지고 있던 짐을 온전히 벗었다. 김지형도 눈시울을 붉히고 있었다.

"박 대법관, 왜 이러나?" 이용훈은 그만하라고 손짓을 하다가 말없이 박시환을 바라보았다. 그의 마음도 착잡하고 허전했다. 지난 6년 법원에 자신의 모든 것을 부었다. 가슴 벅찬 포부로 시작했으나 남은 것은 아쉬움뿐이었다. 이루고 지킨 것도 있었지만, 그르친 일도 있었다. 맞서기도 했고, 물러서기도 했다. 상황의 한계, 자신의 한계와 싸우다 지쳐가기도 했다. 이용훈은 무대 밖으로 퇴장하고 있었다. 꿈과 회한을 후배들에게 남긴 채.

자신과의 싸움을
멈추지 않을 때
우리는 정의롭다

내가 이용훈 코트와 독수리 5남매에게 주목한 까닭은 이용훈 코트가 유독 공정했기 때문이 아니다. 다섯 대법관의 소수의견이 옳았기 때문이 아니다. 논쟁이 존재했기 때문이다. 논쟁은 한국 법원 역사에서 유례가 없는 일이었다.

과거에도 소수의견은 있었지만 현실에 영향을 미치지 못했다. 이용훈 코트의 소수의견은 달랐다. 힘이 셌다. '다섯'이라는 최소한의 숫자가 확보되면서 논쟁다운 논쟁이 펼쳐졌다. 그들의 소수의견은 다수의견과 맞서고 부딪히면서 다수의견을 변화시켰다. 판례를 변화시켰고, 사회를 변화시켰다.

획기적인 변화라고 말할 수 없을지 모른다. 한때의 일회성 사건이라고 불러야 할지도 모른다. 절반은 맞고, 절반은 틀리다. 그들의 퇴장과 함께 대법원 전원합의체 판결은 퇴행의 길을 걸었다. 하지만 역사는 한번에 나아가지 않는다. 2보(步) 전진 후 1보 후퇴할 수도 있고, 1보 전진했다가 2보 후퇴할 수도 있다.

단 한 걸음이라도 나아갔던 경험은 잊히지 않는다. 1보 전진한 곳에서 바라본 세상이 이전과 같을 수 없다. 그 경험을 잊을 수 없는 사람들은 다시 1보, 아니 2보, 3보를 전진하려고 할 것이다. 이용훈 코트가 중요한 이유는 무엇보다 희소성에 있다. 그 희소성이 빛나는 건 한국 법치주의의 어두운 그림자 위에서다.

보라, 한국의 법률가들을. 그들은 사회의 변화와 개혁에 제대로 기여한 적이 없다. 극소수의 인권변호사라도 없었다면 어찌 했을 것인가. 이 나라의 헌법은 4·19의 학생들이, 5·18의 시민군이, 6·10의 학생·시민들이 목숨 걸고 쟁취한 것이었다. 그 열매를 먼저 따먹은 건 법률가들이었다.

군(軍)과 정보기관과 경찰의 폭력적 지배가 사라지자 검찰이 빈자리를 채웠다. 그들은 시민들이 되찾아준 권한으로 조직과 정치권력을 위해 복무했다. 1퍼센트의 성골 검사들은 정치적 수사를 하다가 청와대로, 국회로 들어갔다. 검찰을 정치에 동원했고 검찰을 비호했다. 그것이 한국의 보수를 버티게 한 '검찰정치'다.

검찰권을 견제해야 할 사법부는 무엇을 했는가. 한홍구 교수의 지적처럼 판사들은 민주주의를 외치다 고문당한 피고인들에게 "바짓가랑이를 걷어보라"고도 하지 않았다. 더러운 현실을 화려한 법 논리로 가리거나 용기를 내야 할 때 '균형감각' 뒤로 숨었다. 모두가 균형감각을 갖고 있는 사회는 건강하지 못하다. 오른쪽으로 기울어진 세상에서 균형감각이 있다는 건 오른쪽으로 기울어져 있다는 뜻이다.

'균형감각 갖춘' 판사, '유능한' 검사들이 구축한 세계가 '관료사법'이요, '관료검찰'이다. 그들은 법복을 벗자마자 전관예우의 뻐꾸기 둥지 위로 날아갔다. 재판하고 수사하며 배운 노하우들을 아낌없이 치부(致富)와 권력을 잡는 데 쏟아부었다. 그 결과가 2016년 정운호 게이트, 진경준 주식대박, 우병우 의혹, 최순실 게이트다. 대학부터 체육계까지 대한민국을 '정유라의 라라랜드'로 만들려 했던 최순실의 야심찬 프로젝트도 법률가들의 엄호 없이는 불가능했다.

2016년 겨울, 2017년 봄은 길었다. 광장은 시민들의 함성으로 메아리쳤다. "대한민국은 민주공화국이다." "박근혜를 구속하라." "재벌도

공범이다." 누군가에겐 불온하게 느껴졌을 그 구호들이 어느새 현실이 됐다. 시민들이 또 한번 역사의 방향을 바로잡았다.

기존 체제는 함성 앞에서 무력했다. 시민들의 목소리에 응답하지 못했다. "나는 대통령을 위한 봉사자가 아니다"라고 말하며 스스로 물러난 공직자는 한 명도 없었다. "지금의 상황에서는 사직하는 게 도리다." 법무부장관의 사퇴는 누구에 대한 도리였을까. 웃지 못할 일은 박근혜 전 대통령 문제의 해결을 박근혜 정부 최대의 지원세력이었던 검찰의 칼에 맡겨야 했던 것이다.

시스템을 재설정(reset)해야 할 때다. 사법부 개혁이 동반되지 않는 검찰 개혁은 — 검찰의 수사 결과 발표에 대해 박 전 대통령 변호인이 한 말을 빌리자면 — '사상누각'이거나 '환상의 집'일 뿐이다. "법률가는 기득권을 지키기 위해 발명된 직업이다." 이 말은 "법률가는 인권을 지키고 시민에게 봉사하는 직업이다"로 수정되어야 한다.

대통령 노무현이 서 있던 자리에 이제 대통령 문재인이 서 있다. 우리법연구회가 있던 자리에 국제인권법연구회가 있다. 검찰도 그때 그 자리로 돌아와 있다. 이 지독한 기시감 속에서 개혁이 어떻게 제 갈 길을 찾아갈지 집요하게 지켜봐야 한다. 그 과정에 이용훈 코트의 경험이 도움을 줄 것이라고, 나는 믿는다.

대법원장을 정점으로 하는 관료사법은 어떻게 개혁될 수 있을까. 관료사법이 사라진 자리에 정의와 진실을 향한 판사들의 겸손한 열정이 들어설 수 있을까. 주권자가 배척당하고, 다수가 소수자 취급을 받고, 정작 보호받아야 할 소수자가 외면당한다면 대법원은 무엇을 위해 존재하는가. 보수의 것도, 진보의 것도 아닌 대법원은 가능할 것인가.

이용훈 코트가 기획한 대법원은 논쟁의 콜로세움이었다. 보수와 진보가 팽팽한 긴장 속에 자신들의 입장을 논증하고 설득해야 했다. 토론의 대상은 법리를 위한 법리에 그치지 않았다. 정부 국책사업부터 검찰수사, 재벌 문제, 노동사건, 국가보안법, 언론보도, 긴급조치까지 종횡무진했다. 대법관들은 한 치의 물러섬 없이 논리의 끝까지 밀어붙였다. 판결문에 담긴 반박과 재반박, 재재반박은 치열한 논쟁의 흔적들이다.

이용훈 코트는 재판의 무대를 검찰 조사실이나 판사실에서 법정으로 옮기려고 했다. 법정에서 당사자들이 직접 내놓는 진술과 증거를 통해 공정하고 투명하게 진실을 가리자는 것이었다. "검찰과 피고인을 대등한 반열에 놓자"는 점에서 비정상의 정상화이기도 했다. 그것은 60여 년간 법원을 지배해온 '서류 재판'과의 싸움이었다. 검찰의 수사 관행은 물론이고 법원 내부의 변화를 요구하는 이 싸움은 갈등과 저항으로 진퇴를 거듭했다.

다섯 대법관의 소수의견은 '현실을 외면한 이상주의'라는 반론을 피할 수 없다. 이용훈 대법원장 임기 후반, 대법원 구성의 다양화와 법원개혁 실험이 동력을 잃어간 과정을 모두 이명박 정부 탓으로 돌리기는 어렵다. 다만 부정할 수 없는 것은 그들이 과거와 다른 정의를 추구했다는 사실이다. 그들이 추구했던 방향이 틀리지 않았다는 사실이다.

이 책을 쓰고 싶다는 뜻을 품었던 것은 5년 전이었다. 출발은 자괴감이었다. 2009~10년 중앙일보 법조팀장으로 있던 나는 재판관여 의혹과 '편향 판결' 논란을 취재하고 보도했다. 당시 보수에 불리한 판결이 나오면 보수진영은 반발하고 진보진영은 '재판의 독립'을 옹호했다. 거꾸로 결론이 나오면 정반대의 상황이 연출됐다.

그 싸움터에서 종군기자 노릇을 하면서 부끄러움을 느끼곤 했다. 기사는 말초적이었고, 해설은 도식적이었다. 결론이 중요할 뿐 그 결론이 나온 과정은 중요하지 않았다. 법원과 검찰, 대법원과 청와대의 충돌을 갈등 프레임으로 전달하는 데 바빴다. 어느 쪽이 옳고 어느 쪽이 그른지를 따질 능력도, 의지도 없었다.

그렇게 이용훈 코트가 막을 내린 지 1년쯤 지났을 때였다. 박시환 전 대법관을 찾아가 "다섯 대법관에 관한 책을 쓰고 싶다"고 했다. 그는 초면의 기자가 갑자기 책을 쓰자고 하니 마땅치 않았던 모양이다. 아무 소득 없이 헤어지고 말았다.

"이용훈 코트에 대해 쓰는 게 어때요?" 한 판사의 권유에 김종훈 변호사에게 전화를 걸었다. 그의 대답 역시 퉁명스러웠다. "대법원장께서 고려대 로스쿨 석좌교수로 계시니 학교로 전화해보시죠." 연구실로 전화를 걸었지만 연락이 닿지 않았다. 나는 인연이 없는 것으로 여기고 마음을 접었다.

그후 논설위원으로, 사회부장으로 바쁜 나날을 보냈다. 논설위원이 머릿속에 온 세상을 집어넣고 끙탕을 한다면 사회부장은 온전히 몸으로 버텨내는 자리다. 밤늦게까지 회사 책상을 지키고 있는 것 자체가 일이었다. 하루가 밀물처럼 밀려왔다 썰물처럼 쓸려갔다. 이용훈 전 대법원장과 다섯 대법관은 서서히 기억에서 멀어졌다.

2015년 12월 논설위원으로 복귀했다. 저녁 송년 모임에서 이용훈의 이름이 나왔다. 그가 책을 준비 중이라는 소식이었다. 불현듯 이용훈 코트, 그리고 독수리 5남매에 대한 기억이 되살아났다. 몇 주 뒤 광화문 인촌기념회 사무실로 이용훈 전 대법원장을 찾아갔다.

"회고록을 준비하고 계시다고 들었습니다."

"생각만 하고 있어요. 자화자찬이 될 것 같아서…"

책은 차후의 문제이고 기록을 남겨야 한다고 그를 설득했다. 몇 차례의 만남 끝에 승낙이 떨어졌다. 그때부터 쉬는 날마다 이 전 대법원장과의 인터뷰가 이어졌다. 2~3시간씩 16개의 녹취록이 나왔다. 전원합의체 판결의 흐름을 잡기 위해 대법관들과도 만났다. 이용훈 코트를 가까이에서 지켜봤던 전·현직 판사들의 이야기도 들었다.

만남은 독일제 소형 녹음기를 사이에 두고 이뤄졌다. 이용훈과의 만남은 늘 긴장됐다. '법정이 재판의 중심이어야 한다'는 신념에는 흔들림이 없었다. 독수리 5남매의 등장도 이용훈이라는 대법원장이 있었기에 가능했음을 확인할 수 있었다. 그런 그도 세금 탈루 논란이나 재판 관여 의혹이 불거진 당시를 회상할 땐 깊은 회한에 잠기곤 했다. 말주변이 없는 나는 한마디 위로도 건네지 못하고 침묵했다.

내가 만난 이들 중에는 이미 법복을 벗은 이도 있었고, 법복을 입은 이도 있었다. 누구나 하나씩 가슴 아픈 사건을 품고 있었다. 상처는 긴 시간이 흐른 후에도 그대로 남아 있는 듯했다. 당시를 기억하면서 누구는 오늘 일처럼 분개했고, 누구는 눈시울을 붉혔다. 이용훈 코트 6년은 그 시공간 안에 있던 이들에게 도전이자 좌절이었다. 희망과 절망, 믿음과 불신, 설렘과 환멸이 서로 반목하는 시대였다.

누군가의 숨겨진 목소리를 듣는다는 것은 엄청난 에너지를 소진하는 일이었다. 인터뷰가 끝난 뒤 탈진해 소파에 몸을 기대기도 했다. 돌이켜보면 행복한 시간들이었다. 학위 없는 대학원 과정. 언제 또 이런 기회가 있을까. 어렵게 꺼낸 질문에 마음을 열고 답해주신 분들께 감사드린다.

인터뷰 작업이 끝을 향해가면서 노트북 자판을 두드리기 시작했다. 지난해 늦가을 의외의 변수가 생겼다. 신문에서 방송으로 옮겼다. 직업을 바꾸는 것과 다름없는 일이었다. "어떤 일을 한 지 20년이 넘으면 자기 분야에 적응하며 도태되기 쉽다. 새로운 일을 배울 수 있고, 또 겸손할 수밖에 없다는 건 행운이다." 한 선배의 조언이 위안이 됐지만 내내 마음에 걸린 건 이 책이었다.

촛불집회, 탄핵심판, 특검 수사… 새로운 일상은 실로 전쟁에 가까웠다. 휴일의 24시간도 손가락 틈새로 빠져나갔다. 책에 손을 댈 엄두가 나지 않았다. '기록을 남긴 것만으로 너의 책임은 다한 것이다.' 유혹의 속삭임이 들렸다.

단언하건대 부채의식만큼 무서운 감정은 없다. 지난 1년간 묻고 들었던 말과 말이 계속 나를 쫓아다녔다. 부채의식은 무언가를 해내도록 추동하는 힘이 있지만 스스로를 들볶이게도 한다. 대법관들이 대법원에서 받아야 했던 압박감도 비슷한 것이었을까.

다시 책상 앞에 앉았다. 쉬는 날, 시간을 쪼개가며 한 땀 한 땀 글을 써갔다. 포기하고 싶을 때가 많았다. 그때마다 '역사를 살면서 역사를 쓴다는 것'의 의미를 생각했다. 그것은 또한 '왜 기자로 사느냐'는 물음에 대한 나 스스로의 답이기도 했다. 좀 더 시간이 있었다면 하는 아쉬움이 남지만 어쩔 수 없는 일이다.

관련 인물들을 가능한 한 만나려 했지만 여의치 않았다. 만나길 꺼려한 이도 있었고, 약속을 미루는 이도 있었다. 시간이나 기회가 닿지 않은 이도 있었다. 조금 더 들어가면 뭔가 잡힐 것 같은데 문 앞에서 돌아서기도 했다. 그럼에도 책을 내는 것은 「책머리에」에서 말했듯 이것이 나의 시각이요, 입장이기 때문이다. 시각과 입장에 따라 이 책이 말하는 진실과 다른 진실도 존재할 거라고, 나는 생각한다.

"그는 자신과 싸워서 이겨낸 만큼만 나아갈 수 있었고, 이길 수 없을 때는 울면서 철수했다."

전수안 전 대법관은 대법관직을 퇴임하면서 알피니즘의 거장 라인홀트 메스너(Reinhold Messner)를 묘사한 작가 김훈의 글을 인용했다. 나도 같은 문장으로 책을 마무리하고자 한다. 이 책의 등장인물들은 임기 6년간 각자 자신과의 싸움을 벌여야 했다. 그들도 그 싸움에서 이긴 만큼만 나아갈 수 있었고, 이길 수 없을 때는 울면서 철수했다.

그러나 이길 수 없었다고 해서 패배한 것은 아니다. 철수했다고 해서 포기한 것은 아니다. 시민들이 다시 세운 나라다. 패배할 수도, 포기할 수도 없다. 정의를 위해 스스로와의 싸움을 멈추지 않는 순간 우리는 정의롭다. 정의는 명사가 아니다. 살아 움직이는 동사다.

주

프롤로그 양승태 코트 6년이 남긴 사법관료화의 역설

1 대법원장(양승태) 임명동의에 관한 인사청문특별위원회 회의록, 2011년 9월 6일.

2 같은 회의록.

3 대법원 2015. 7. 16. 선고 2015도2625 전원합의체 판결.

4 대법원 2013. 5. 16. 선고 2012다202819 전원합의체 판결.

5 대법원 2013. 12. 12. 선고 2013다201844 판결.

6 대법원 2015. 3. 26. 선고 2012다48824 판결.

7 대법원 2015. 8. 20. 선고 2013도11650 전원합의체 판결.

8 같은 판결문.

9 대법원 2015. 7. 23. 선고 2015다200111 전원합의체 판결.

10 대법원 2013. 12. 18. 선고 2012다89399 전원합의체 판결.

11 대법원 2016. 2. 19. 선고 2012다96120 전원합의체 판결.

12 『한국일보』 2016년 10월 10일자.

13 『경향신문』 2015년 12월 29일자.

01 그 모든 일은 2003년 여름 시작되었다

1 코트넷, 2003년 1월 18일.

2 코트넷, 2003년 1월 19일.

3 『연합뉴스』 2003년 8월 13일자.

4 민변 논평 「변화와 개혁을 거부하는 대법원장의 대법관 제청권 행사에 대해 참담함을 금치 못한다」, 2003년 8월 13일.

5 참여연대 성명 「대법원은 언제까지 자신들만의 성(城)에 갇혀 있을 것인가」, 2003년 8월 13일.

6 '"여러분, 반드시 승리하십시오!" 노무현 대통령, 88년 현대중공업 연설과 왜곡보도 파동', 노무현 사료관 웹페이지에서 재인용(http://archives.knowhow.or.kr/president/story/view/947).

7 『연합뉴스』 2005년 9월 11일자.

8 이용훈 대법원장 취임사, 2005년 9월 26일.

9 대법원 2004. 12. 16. 선고 2002도537 전원합의체 판결.

10 대법원이 국회에 제출한 '헌법과 법률이 정한 대법원장의 지위와 권한' 자료.

11 이헌환 「대법원장의 지위와 사법행정권」, 『서강법학』 Vol.11, 2009.

02 독수리 5남매, 대법원에 뜨다

1 전수안 대법관 퇴임사, 2012년 7월 10일.

2 김지형 「노동관계 바로 읽기 — 회고와 전망을 곁들여」, 제4차 해밀포럼 발표문, 2014년 12월 12일.

3 김영란·김두식 『이제는 누군가 해야 할 이야기』, 쌤앤파커스 2013.

4 『경향신문』 2010년 7월 26일자.

5 『한겨레』 2004년 7월 23일자.

6 김영란 대법관 퇴임사, 2010년 8월 24일.

7 『중앙일보』 2010년 7월 23일자.

8 세계인권선언 제55주년 기념식 대통령 연설, 2003년 12월 10일.

9 『국민일보』 2005년 10월 26일자.

10 『경향신문』 2005년 11월 30일자.

11 특별소송실무연구회 퇴임 기념 논문집 헌정식 소감문, 2012년 6월 29일.

12 같은 소감문.

13 김홍중 「소명으로서의 분열: 「사당동 더하기 22」가 사회학에 제기하는 문제들」, 『문학과 사회』 Vol.12, 2012.

14 참여연대 『사법감시』 제26호, 2005.

15 KBS 1라디오 '라디오정보센터 박에스더입니다', 2006년 7월 11일 방송.

16 『중앙일보』 2009년 11월 14일자.

17   한홍구『사법부』, 돌베개 2016.

03 소수의견 꽃피운 대법원 전원합의체 판결

1   대법원 2009. 3. 19. 선고 2008다45828 전원합의체 판결.

2   같은 판결문.

3   대법원 2006. 6. 22. 자 2004스42 전원합의체 결정.

4   대법관·재판연구관에 대한 필자의 취재와 더불어 박시환「대법원 상고사건 처리의 실제 모습과 문제점」,『민주법학』62권, 2016을 참고했다.

5   『중앙일보』2010년 7월 23일자.

6   대법원 보도자료 '중요사건의 적시처리 방안', 2006년 2월 3일.

7   『국민일보』2006년 2월 17일자.

8   대법원 2006. 3. 16. 선고 2006두330 전원합의체 판결.

9   같은 판결문.

10   같은 판결문.

11   같은 판결문.

12   같은 판결문.

13   같은 판결문.

14   같은 판결문.

15   대법원 2007. 3. 22. 선고 2005추62 전원합의체 판결

16   같은 판결문.

17   같은 판결문.

18   같은 판결문.

19   같은 판결문.

20   같은 판결문.

21   같은 판결문.

22   대법원 2007. 5. 17. 선고 2006다19054 전원합의체 판결.

23   같은 판결문.

24   같은 판결문.

25 대법원 2007. 9. 28. 선고 2005두12572 전원합의체 판결.

26 같은 판결문.

27 같은 판결문.

28 같은 판결문.

29 같은 판결문.

30 같은 판결문.

31 대법원 2007. 11. 15. 선고 2007도3061 전원합의체 판결.

32 같은 판결문.

33 같은 판결문.

34 대법원 2011. 5. 26. 자 2009모1190 결정.

35 대법원 2009. 10. 22. 선고 2009도7436 전원합의체 판결.

36 같은 판결문.

37 같은 판결문.

38 같은 판결문.

39 같은 판결문.

40 같은 판결문.

41 같은 판결문.

42 같은 판결문.

04 "재판의 중심은 법정이다"

1 『한국일보』 2006년 3월 2일자.

2 신평 「사법권의 독립 중 법관의 직무상 독립」, 『고시계』 제554호, 2003.

3 전국법원장회의 훈시, 2005년 12월 2일.

4 『중앙일보』 2006년 2월 18일자.

5 『조선일보』 2006년 2월 17일자.

6 신임법관 임명식사, 2006년 2월 20일.

7 『문화일보』 2006년 2월 21일자.

8 『한국일보』 2006년 2월 22일자.

9 『중앙일보』 2006년 2월 22일자.

10 신임법관(법무관 전역자) 임명식사, 2006년 4월 3일.

11 대법원장 비서실, '여론 청취 결과 보고 및 대책', 2006년 3월 13일.

12 『미디어오늘』 2006년 9월 21일자.

05 검찰, 대법원장을 흔들다

1 사법정책실 '대립적 검찰관계 정립 방안 검토', 2006년 7월 11일.

2 전국법원장회의 훈시, 2006년 8월 16일.

3 『한겨레』 2006년 11월 3일자.

4 『경향신문』 2006년 11월 5일자.

5 『연합뉴스』 2009년 11월 18일자 등.

6 『국민일보』 2009년 11월 18일자 등.

7 대법원 내부 보고, 2006년 11월.

8 대법원 내부 보고, 2006년 11월.

9 『중앙일보』 2006년 11월 20일자.

10 SBS 8뉴스, 2007년 1월 3일 방송.

11 『동아일보』 2007년 1월 4일자 등.

12 『한국일보』 2007년 1월 4일자.

13 『한겨레』 2008년 2월 14일자.

14 『조선일보』 2007년 1월 8일자.

15 『동아일보』 2007년 1월 9일자.

16 사람사는세상노무현재단 편·유시민 정리 『운명이다』, 돌베개 2010, 275면.

06 정권 바뀌면 "대법원장이 30명 생긴다"

1 이일규 전 대법원장 영결사, 2007년 12월 6일.

2 대한민국 사법 60주년 기념사, 2008년 9월 26일.

3 사법 60주년 대통령 축사, 2008년 9월 26일.

07 미완에 그친 과거사 정리

1 『동아일보』 2005년 9월 30일자.

2 '사법부의 과거사 정리 문제에 관한 검토' 보고서.

3 대한민국 사법 60주년 기념사, 2008년 9월 26일.

4 법원행정처, '과거사위의 실명 공개 관련 대법원의 입장 표명 검토', 2007년 1월.

5 공보관실, '진화위의 긴급조치 판결 판사의 실명공개에 관한 보도 참고자료', 2007년 1월 31일.

6 『연합뉴스』 2007년 1월 31일자.

7 민복기 제6대 대법원장 취임사, 1973년 3월 14일.

8 이영섭 대법원장 퇴임사, 1981년 4월 15일.

9 대법원 1975. 4. 8. 선고 74도3323 판결.

10 같은 판결문.

11 『경향신문』 2007년 1월 29일자.

12 대법원 2010. 12. 16. 선고 2010도5986 전원합의체 판결.

13 대법원 2004. 3. 26. 선고 2003도7878 판결.

14 대법원 1977. 5. 13. 자 77모19 전원합의체 결정.

15 대법원 2010. 12. 16. 선고 2010도5986 전원합의체 판결.

16 같은 판결문.

17 같은 판결문.

18 2013. 3. 21. 2010헌바132 헌법재판소 결정.

19 진실화해위원회 『종합보고서』 제4권, 49면.

20 대법원 2010. 10. 29. 자 2008재도11 전원합의체 결정.

21 같은 결정문.

22 대법원 2011. 1. 20. 선고 2008재도11 전원합의체 판결.

23 같은 판결문.

24 같은 판결문.

25 대법원 2015. 3. 26. 선고 2012다48824 판결.

26 서울중앙지방법원 2015. 9. 11. 선고 2013가합544225 판결.

27 '사법 과거사 정리 문제' 보고서, 2006년 8월.

28 「발간사」, 『역사 속의 사법부』, 사법발전재단 2009.

08 촛불집회의 불길, 법원에 옮겨붙다

1 『연합뉴스』 2008년 7월 24일자.

2 『조선일보』 2008년 8월 13일자.

3 『연합뉴스』 2009년 2월 2일자.

4 대법원 보도자료, 2009년 1월 17일.

5 MBC 뉴스데스크, 2009년 2월 23일 방송.

6 『뉴시스』 2009년 2월 24일자.

7 전국법원장회의 훈시, 2008년 12월 5일.

8 진상조사단 조사 결과 발표문.

9 같은 조사 결과, 2009년 3월16일.

10 『연합뉴스』 2009년 4월 21일자.

11 『경향신문』 2009년 5월 19일자.

12 『연합뉴스』 2009년 5월 20일자.

13 『조선일보』 2015년 2월 3일자.

09 대법원과 청와대의 피 말리는 신경전

1 『중앙일보』 2011년 1월 19일자.

2 『법률신문』 2014년 11월 3일자.

3 이상훈 대법관 취임사, 2011년 2월 28일.

10 총성 없는 전쟁, 대법원 전원합의체

1 대법원 2009. 5. 29. 선고 2007도4949 전원합의체 판결.

2 『프레시안』 2003년 11월 26일자.

3 『한겨레』 2009년 2월 15일자.

4   앞의 판결문.

5   같은 판결문.

6   같은 판결문.

7   같은 판결문.

8   국가보안법 제1조 1항.

9   대법원 2004. 8. 30. 선고 2004도3212 판결.

10 대법원 2008. 4. 17. 선고 2003도758 전원합의체 판결.

11 같은 판결문.

12 같은 판결문.

13 같은 판결문.

14 같은 판결문.

15 대법원 2008. 4. 17. 선고 2004도4899 전원합의체 판결.

16 같은 판결문.

17 같은 판결문.

18 대법원 2010. 7. 23. 선고 2010도1189 전원합의체 판결.

19 같은 판결문.

20 같은 판결문.

21 같은 판결문.

22 같은 판결문.

23 같은 판결문.

24 같은 판결문.

25 「판사를 이해하는 방법」, 『매일노동뉴스』 2016년 3월 14일자.

26 대법원 2011. 3. 17. 선고 2007도482 전원합의체 판결.

27 같은 판결문.

28 같은 판결문.

29 같은 판결문.

30 같은 판결문.

31 같은 판결문.

32 대법원 2009. 5. 21. 선고 2009다17417 전원합의체 판결.

33 같은 판결문.

34 같은 판결문.

35 같은 판결문.

36 같은 판결문.

37 같은 판결문.

38 같은 판결문.

39 같은 판결문.

40 같은 판결문.

11 이용훈 코트의 마지막 불꽃

1 『뉴시스』 2010년 1월 20일자.

2 『중앙일보』 2010년 1월 21일자.

3 『동아일보』 2010년 3월 18일자 등.

4 박일환 법원행정처장 성명, 2010년 3월 18일.

5 『세계일보』 2010년 3월 19일자.

6 『연합뉴스』 2010년 1월 20일자.

7 『중앙일보』 2010년 1월 22일자.

8 『연합뉴스』 2010년 1월 27일자.

9 『중앙일보』 2010년 1월 23일자.

10 『연합뉴스』 2010년 2월 10일자.

11 『연합뉴스』 2010년 5월 25일자.

12 대법원 2011. 4. 21. 자 2010무111 전원합의체 결정.

13 『한겨레』 2010년 11월 1일자.

14 앞의 결정문.

15 같은 결정문.

16 같은 결정문.

17 같은 결정문.

18 같은 결정문.

19 같은 결정문.

20 대법원 2011. 9. 2. 선고 2009다52649 전원합의체 판결.

21 같은 판결문, 별지 4.

22 MBC PD수첩 'PD수첩 진실을 왜곡했는가', 2008년 7월 15일 방송.

23 앞의 판결문.

24 같은 판결문.

25 같은 판결문.

26 같은 판결문, 별지 5.

27 대법원 2011. 9. 2. 선고 2010도17237 판결.

28 『매일경제신문』 2011년 9월 21일자.

29 대법원 2011. 9. 2. 선고 2009다52649 전원합의체 판결.

30 전교조 1차 시국선언문, 2009년 6월 18일.

31 전교조 2차 시국선언문, 2009년 7월 19일.

32 대법원 2012. 4. 19. 선고 2010도6388 전원합의체 판결.

33 같은 판결문.

34 같은 판결문.

35 같은 판결문.

12 이용훈 코트 퇴장하다

1 『법률신문』 2011년 2월 25일자.

2 대법원 2011. 1. 20. 선고 2009두13474 전원합의체 판결.

3 『세계일보』 2011년 9월 23일자 등.

4 이용훈 대법원장 퇴임사, 2011년 9월 23일.

5 박시환 대법관 퇴임사, 2011년 11월 18일.

6 김지형 대법관 퇴임사, 2011년 11월 18일.

대법원, 이의 있습니다
재판을 통한 개혁에 도전한 대법원장과 대법관들

초판 1쇄 발행 / 2017년 7월 20일
초판 4쇄 발행 / 2020년 6월 29일

지은이 / 권석천
펴낸이 / 강일우
책임편집 / 윤동희 홍지연
조판 / 신혜원
펴낸곳 / (주)창비
등록 / 1986년 8월 5일 제85호
주소 / 10881 경기도 파주시 회동길 184
전화 / 031-955-3333
팩시밀리 / 영업 031-955-3399 편집 031-955-3400
홈페이지 / www.changbi.com
전자우편 / nonfic@changbi.com